正再读春秋·伯业

ZHENGZAI DU CHUNQIU BOYE

杨正再 著

北京理工大学出版社
BEIJING INSTITUTE OF TECHNOLOGY PRESS

版权专有 侵权必究

图书在版编目（CIP）数据

正再读春秋·伯业 / 杨正再著. -- 北京：北京理工大学出版社，2022.3
ISBN 978-7-5763-1116-7

Ⅰ. ①正… Ⅱ. ①杨… Ⅲ. ①中国历史 – 研究 – 春秋时代 Ⅳ. ① K225.07

中国版本图书馆 CIP 数据核字 (2022) 第 037937 号

出版发行 / 北京理工大学出版社有限责任公司
社　　址 / 北京市海淀区中关村南大街 5 号
邮　　编 / 100081
电　　话 /（010）68914775（总编室）
　　　　　（010）82562903（教材售后服务热线）
　　　　　（010）68944723（其他图书服务热线）
网　　址 / http://www.bitpress.com.cn
经　　销 / 全国各地新华书店
印　　刷 / 保定市中画美凯印刷有限公司
开　　本 / 710 毫米 ×1000 毫米　1/16　　　　　　　　责任编辑 / 徐艳君
印　　张 / 24　　　　　　　　　　　　　　　　　　　文案编辑 / 徐艳君
字　　数 / 357 千字
版　　次 / 2022 年 3 月第 1 版　2022 年 3 月第 1 次印刷　责任校对 / 周瑞红
定　　价 / 98.00 元　　　　　　　　　　　　　　　　　责任印制 / 李志强

图书出现印装质量问题，请拨打售后服务热线，本社负责调换

序：为什么读春秋？

因为春秋打很多仗

那是一段"峥嵘岁月稠"。他们一样有生产生活，但被记载下来的内容却多是战争。于是，他们或者在打仗，或者在去打仗的路上，或者是在酝酿打仗。

那些年，哪家要是几十年不打仗，估计出门都不好意思和邻居打招呼。当然，许多时候他们打招呼的方式也就是打仗。所以关于打仗的事，被打的事，鼻青脸肿的事，都可以大胆地说出来，谁也不会笑话谁。

春秋有近200个诸侯国，能被我们记住的也就小几十个，剩下的都在这段时期灭亡了。如何灭亡？不是自生自灭，不是上吊自杀，而是生生被人灭了。这是一场竞赛，为了不被灭掉，就必须进行内政改革保持强大，如果做得好，不但不被灭，还能灭别人。为了不被灭掉，还必须加强外交，抱团取暖，互相制约、互相利用，才能且行且珍惜。

因为这份且行，使得"国家"的概念越来越具体。

因为这份且珍惜，使得国家的运行越来越成熟。

他们尝试过各种改革。伟大不只属于胜利成英雄的诸侯，还包括失败成炮灰的贵族，他们的一正一反都是历史的宝贵财富。

因为春秋死很多人

有战争就有死人。他们不会因为同伴的死而畏惧战争，相反会因为战争的需要而看淡死亡。死亡的方式有很多种，有人死于战场，有人死于准备战场，还有人死于争论战场。

有人为了保家卫国，有人为了名誉，有人为了心中的礼仪道义，当然，也有人因为贪欲。

他们用死，"只有一次的死"在史书里写下故事；我们用生，似乎"有无数可能的生"从史书中读出死、死的含义和死的意义。

因为愿意死，可以死，还真死去，使社会不断消融矛盾，不断融合文明。他们的牺牲为不同的群体找到了最恰当的融合点。

死的人多了，终于形成了民族记忆。

他们的死不管是重于泰山，还是轻于鸿毛，都在周礼之下，都在民族之中。他们的生死让后人看到了对的样子、错的样子以及人类社会该有的样子。

因为春秋说很多话

这是大争的时代。诸侯想提升国家的综合力、群体的作战力和个体的影响力，就必须改革。他们总是讨论、争论、议论，都试图建立自己的观点群。

人狠话也狠，人多话更多。他们讲到了为什么要这样做，这就是周礼；他们又讲到了为什么不这样做，这就是礼崩乐坏；他们还讲到了准备怎么做，这就是改革，是诸子百家。

百家争鸣，争着争着就把文化争出了道德。

从一个国，到一个家，再到一个人，不同的事被讲到了同一的本——仁义礼智信。我们形成了国家与民族捆绑在一起的思想。这种思想，统一的时候是财富，分裂的时候是劫难。财富和劫难一起，组成今天的文明。

话有对有错。不是哪句话对，哪句话错，而是每一句都有它对的时候与错的时候，关键要看说的人和听的人所处的位置。许多话流传下来，经过不断验证，就形成了民族的智慧，形成了道德的约束。

这便是春秋，有国家，有记忆，也有道德。

这便是正再追读的春秋。

目 录
CONTENTS

前篇　姬周王朝：天下本源……………………………（1）

一、商朝的故事背景……………………………………（3）

　　商人………………………………………………………（4）

　　商汤………………………………………………………（5）

　　商族………………………………………………………（8）

　　分封………………………………………………………（11）

　　纣王………………………………………………………（13）

二、老周的祖宗家底……………………………………（15）

　　后稷………………………………………………………（15）

　　太王………………………………………………………（16）

　　周朝………………………………………………………（18）

　　周礼………………………………………………………（20）

三、幽王的败家模式……………………………………（24）

　　爷爷………………………………………………………（25）

　　爸爸………………………………………………………（30）

　　褒姒………………………………………………………（32）

　　幽王………………………………………………………（35）

　　诸侯………………………………………………………（39）

　　犬戎………………………………………………………（40）

四、平王的英雄气短……………………………………（42）

　　赏赐………………………………………………………（43）

迁都·······················（44）
　　秦国·······················（47）
第一篇　郑霸庄公：实在亲戚··················（50）
　五、东周的开放舞台·····················（51）
　　开局两王····················（52）
　　诸侯时代····················（54）
　　社会秩序····················（57）
　六、郑国的三代彪悍·····················（60）
　　桓公置地····················（60）
　　武公拓城····················（62）
　　真假母亲····················（64）
　　庄公不装····················（67）
　　周郑交质····················（68）
　　周郑交恶····················（72）
　七、寤生的初露锋芒·····················（73）
　　卫国简历····················（73）
　　州吁之乱····················（75）
　　五国围郑····················（77）
　　郑国回击····················（79）
　　石碏灭亲····················（80）
　八、郑国的实践封霸·····················（82）
　　结交陈国····················（82）
　　矫借王命····················（83）
　　郑盟攻宋····················（85）
　　灭许存许····················（90）
　九、周郑的矛盾升级·····················（93）
　　桓王发怒····················（93）
　　繻葛之战····················（95）
　　周郑言和····················（97）
　　庄公霸业····················（98）

十、鲁国的姬翚乱政 ……………………………………（101）
鲁国简历 ………………………………………………（101）
隐公不和 ………………………………………………（103）
姬翚弑立 ………………………………………………（105）

十一、宋国的华督之乱 …………………………………（109）
爹坑儿子 ………………………………………………（109）
大臣坑王 ………………………………………………（111）
殇公之殇 ………………………………………………（113）

十二、陈国的叔侄互杀 …………………………………（116）
陈国简历 ………………………………………………（116）
妫佗篡位 ………………………………………………（117）
蔡国干预 ………………………………………………（118）
陈完奔齐 ………………………………………………（120）

十三、卫国的兄弟相俦 …………………………………（121）
宣公纳媳 ………………………………………………（122）
兄弟矛盾 ………………………………………………（123）
惠公失位 ………………………………………………（127）
姬朔复国 ………………………………………………（129）
弑君逻辑 ………………………………………………（132）

十四、郑国的四子轮庄 …………………………………（134）
庄公家事 ………………………………………………（134）
宋国贪贿 ………………………………………………（136）
祭足失足 ………………………………………………（139）
厉公赖账 ………………………………………………（142）
鲁国调和 ………………………………………………（144）
郑鲁友好 ………………………………………………（147）
祭足智谋 ………………………………………………（151）
厉公两空 ………………………………………………（152）

十五、郑国的霸业终结 …………………………………（155）
昭公复位 ………………………………………………（156）
齐弑姬亹 ………………………………………………（159）

姬婴安分…………………………………………………（160）

祭足成就…………………………………………………（162）

厉公复国…………………………………………………（164）

郑国两难…………………………………………………（168）

是也郑国…………………………………………………（170）

非也郑国…………………………………………………（171）

第二篇　齐霸桓公：富贵人家…………………………（175）

十六、禄甫的领尽风骚……………………………………（177）

齐国简历…………………………………………………（177）

僖公能耐…………………………………………………（181）

齐郑友好…………………………………………………（182）

忧儿忧女…………………………………………………（185）

齐纪立仇…………………………………………………（188）

十七、诸儿的荒诞人生……………………………………（189）

击杀妹夫…………………………………………………（190）

文姜夫人…………………………………………………（194）

诱杀姬亹…………………………………………………（195）

吞灭纪国…………………………………………………（195）

回顾纪国…………………………………………………（197）

再立姬朔…………………………………………………（199）

连锁反应…………………………………………………（199）

十八、小白的渔利登场……………………………………（204）

无知无畏…………………………………………………（205）

雍廪弑疑…………………………………………………（207）

姜纠憾败…………………………………………………（208）

召忽臣节…………………………………………………（213）

十九、管鲍的小白霸业……………………………………（215）

龙套起步…………………………………………………（216）

人生转折…………………………………………………（219）

中华一相…………………………………………………（223）

完善功勋…………………………………………………（229）

二十、霸起的齐鲁相争 (233)

- 霸业机会 (233)
- 齐国有备 (235)
- 齐鲁矛盾 (236)
- 曹刿品德 (237)
- 曹刿论战 (241)
- 齐鲁四战 (243)

二十一、霸继的九合诸侯 (244)

- 治国为先 (245)
- 宋鲁和好 (247)
- 南宫之乱 (248)
- 宋国风头 (251)
- 曹沫放彩 (254)

二十二、霸成的杀鸡儆猴 (256)

- 宁戚谋宋 (256)
- 助突夺郑 (259)
- 踌躇满志 (259)
- 收服鄣国 (261)
- 燕国夜话 (261)
- 驱戎救燕 (263)
- 灭孤强燕 (266)

二十三、霸主的日理万机 (271)

- 姬般遇刺 (271)
- 庆父难鲁 (274)
- 鲁立三桓 (278)
- 懿公好鹤 (280)
- 卫国悲歌 (281)
- 桓公存卫 (286)
- 北狄毁邢 (286)
- 齐国救邢 (287)

二十四、齐楚的召陵之盟 (290)

- 楚国必修 (291)
- 成王敲郑 (292)
- 齐国打蔡 (294)
- 齐楚斗嘴 (296)
- 郑国悲催 (300)
- 管仲秘密 (301)

二十五、齐霸的指点江山 (302)

- 周王幺儿 (303)
- 郑国反复 (306)
- 文公杀子 (307)
- 人生巅峰 (309)
- 子嗣留恨 (311)

二十六、小白的霸业消沉 (313)

- 再无管仲 (313)
- 弥留遗言 (314)
- 孤独小白 (316)
- 苍白末日 (318)

第三篇 宋霸襄公：礼想主义 (323)

二十七、宋国的贵族血统 (324)

- 商朝衣钵 (325)
- 襄公继位 (327)
- 厚黑设想 (329)

二十八、兹甫的丰功伟绩 (331)

- 齐国危急 (331)
- 无亏主丧 (333)
- 宋君兵齐 (336)
- 无亏有亏 (337)
- 齐乱朝堂 (339)
- 襄公香功 (341)

二十九、宋襄的礼霸测试 …………………………………………（342）
    岁月催人 ……………………………………………………（342）
    恐怖会盟 ……………………………………………………（343）
    攻打曹国 ……………………………………………………（346）
    借夷制夷 ……………………………………………………（348）
    楚王强吃 ……………………………………………………（349）
    目夷救宋 ……………………………………………………（353）

三十、宋楚的仁义之战 …………………………………………（357）
    郑国挑头 ……………………………………………………（357）
    泓水之战 ……………………………………………………（360）
    仁义不败 ……………………………………………………（362）
    暗香残留 ……………………………………………………（365）
    人生舞台 ……………………………………………………（367）

前篇　姬周王朝：天下本源

对市井来说，中国历史的"靠谱"脉络要从商朝开始算起。商朝的历史记载有一定的依据，可以在我们现行的理念里找到比较合理的逻辑解释。**商以前的尧、舜、禹，夏等王朝的故事，有不少神话内容和人为界定，如果我们想参照历史的标准相信，可能还要依靠一点感情——民族感情。**

我们把手放在心上说，"我信你""我挺你"。

因为"大家都这么说"，"不挺不是××人"。

但事实有时候真不是这样，不能如我们的意。

先举个例子：有一个村子，住着100户人家。现在我只告诉你其中一户的故事，然后说这是整村的故事，你同意吗？如果这一户是贫困户，那全村就是贫困村？如果这一户在闹离婚，那全村的婚姻都不稳定？

再举一个例子，叫"你比我猜"的游戏。游戏的规则很简单，第一个人写个词语给第二个人看，然后第二个人把词语的意思比画给第三个人看（猜），第三个人再比画给第四个，大家都不能开口，就一直比画到最后一个人，最后这个人要猜出词语是什么。通常，这游戏不是看他猜得有多准，而是有多离谱。

这两个例子看似没什么关系，但不妨先备着，我们马上要用到。

1. 广袤的中华大地上，原始社会的部落成百上千个。他们起起落落、新建、拆分、消亡。许多部落根本没有机会留下信息，我们无法获悉每个部落的具体情况。其中某个部落却可能非常巧合地被记录、传颂或者考古出来，他的故事就会成为当时的社会故事，代表我们说的那段历史。

这个部落不一定最强，但一定最幸运。

我们已经无法知道，当时是A部落打赢B部落，还是B部落打赢A部落？**其实不管多大的事，只要时间够久，在历史长河里都会变成鸡毛蒜皮的事。**我们现在更关心这里是不是曾经有过部落？

聊胜于无，这一户人家要肩负着代表整个村的责任。

2．文字出现前，老祖宗们看见什么事物，发生什么事情，都要靠口口相传，以讹传讹，他们只能说我爷爷的爷爷说"他听他的爷爷说，那什么什么"。这样的渠道如同"**我们坐在高高的谷堆旁边，听妈妈讲那过去的事情**"。

一件平常的事情经过三人以上传递，都容易变成"传说""谣言"，即"三人成虎"。而爷爷们、妈妈们讲的故事要经过几百人，跨度几千年，包含时间与空间的交错，还能有多少"原汁原味"？

不过，这种掺和个人感情的"传话"其实也有强大的现实意义。经过几代人的修饰后，他们的故事会更加饱满，更能说教。**"乱比乱猜"后的历史故事就会成为民族文化。**这也是历史本该发挥的作用。

好在这两个问题也没能存在多久，到商王朝这里，就自动解锁了。

一是因为出现文字。现在不用比画，当事人可以直接写，诚实一点写，后人直接看，认真一点看，不用瞎猜。我们现在很难识别商朝的甲骨文，因为相隔太久，知识传丢了。但作为商朝的时间邻居，周朝人应该很熟悉。然后，他们再用周的文字复述流传下来，绝对比口述的传说要靠谱。**这是物证（书籍）。**

二是因为出现职业。从周朝开始，王朝设置了史官。史官的主要职责是尽量真实地记载王朝的事。他们为了说清楚自己的问题，也会记载商朝的事，以保证故事的来龙去脉有合理的因果关系。**这是人证（史官）。**

三是因为出现文明。周灭商，并没有斩草除根，而是按照"祭祀"的理论为商朝保留商的宗脉，即后来的诸侯宋国。宋国存在的意义就是为了祭祀商朝的历代祖先，所以宋人很完整地保留着商朝的传统文化。他们是那个时代的非遗文化。**这是口供（礼仪）。**

看破还要点破，我们故事就要从相对靠谱的商朝开始——"它起的头"。

一、商朝的故事背景

商王朝的第一个王叫汤，成汤。成汤带领部落的汉子们灭掉夏王朝后，商就由部落升格为王朝。这事说起来容易，做起来难。

不过也不会太难。我们不能按照后代王朝，按照电视剧文学里面描画的汉、唐、宋等封建时代的王朝去想象夏、商等部落时代的王朝。

他们不一样。

我们也不一样。今天的科技让人口交流、道路交通、信息交汇等都变得十分便捷高效。中央的政策要去任何地方，针对任何人群，只要发条指令便可即时到达。即使派专员去，也就几个小时的事。另外，我们还有完善的社会管理制度，可以让各地的行政长官有权力做事，但没有权力割据。

当时没有这些条件。设备没有，管理制度也没有，怎么管？

拳头打出去，实现一米的威力，加上走路、跑步、骑马，一天顶多也只能打到几十公里外的对手，过后还要休息几天补补血。好比"一山一虎"，你再怎么能，**有也只能有**一个能管辖得住的势力范围。因为本能（能力）的限制，给你更多的地盘，你就管不住了！所以那时的部落，也会因为群体覆盖能力的局限，最终只能控制一个特定的区域。其他部落总能在广袤无边的中华大地上找到生存空间。

惹不起的话肯定躲得起。

夏王朝就是一个最牛的部落，可能还是华夏的中心部落。开始，周边的部落基本打不过他，只好承认夏是老大（王）。老大的打架能力无法无天，但管理的能力有底有边。**管理不是打架，管理天天有，但打架不能天天打**。最终，夏部族也只能控制一个自己能力所及的势力范围，超过这个范围，就由别个部落各自生活，时时称臣，定时纳贡便可，很像"古惑仔"电影里的帮会。

那么，夏部落用什么手段控制别的部落，体现自己的老大地位？不听话的可以打，那听话的呢？或者说，听话的部落都听什么？种地、打猎、盖房、杀人什么的，"夏大哥"基本不管，因为地域、能力、对象等许多因素都不一样，他想管也管不了。但有一件事情必须一样，必须管，那就是鬼神。

夏部落控制着一件极其重要的事——祭祀，祭天祭地。

而且，别人想祭也祭不了，因为没有顶级的巫师。

在今天看来，这算多大的事？不祭就不祭，我还省事了，还可以去唱歌喝酒撸串。是的，我们很轻松是因为我们不信。但部落的头头们很信，所以祭祀就是他们最大的事。部落酋长的权力很大，但不能割据独立，不能自主祭祀。一是实力不足，怕被夏大哥打；二来信心不足，怕被神仙打。

那时部落之间的"社会模式"应该是**"信仰的紧密管理，建设的松散管理"**。在这种背景下，哪个部落如果出现充满智慧的发明家或充满魅力的管理者，他们就可能快速强大起来。

商部落就是这样强大起来的。

商人

商部落的六世祖叫王亥，是一个伟大的发明家，同时也是杰出的管理者。他的成就之一是驯化了牛。他驱使牛耕田提高种植业的效率和产量。他还进一步发明了牛车。牛车在当时的地位就相当于今天的动车，能走更远的路，拉更多的货。

当时人们的日常事务主要发生在部落内部，部落之间的交往不多。比如说狩猎，运气好的时候多围杀几头野猪，吃不完但没有冰箱无法保存，只能眼巴巴看着腐烂，浪费了（后来学会做腊肉或者肉干）。商部落不一样，他们有牛车。王亥找到处理猪肉的新思路，他用牛车把剩余的猪肉运到别的更远的部落去，交换其他生活必需品。他提升了资源的利用率和以货易货的水平。

王亥带领商部落今天和这个部落换兽皮，明天和那个部落换水果。运气好的话，还能换几个老婆（俘虏）回来。时间一久，"王亥们"发现有些东西根本不用自己生产，只要在部落之间换来换去，"雁过拔毛"揩点油就有了。今天我们管这事叫"做生意"。其他部落也渐渐发现这个叫商的部落很会来回换东西，于是**人们就习惯把倒腾交换"做生意"的人都叫商（部落），商人。**

最终，商部落通过经商变成实力最强的一个。

俗话说"饱暖思淫欲",有钱人习惯获得物质财富后就会惦记起权力。到第十四祖成汤这里,商部落的汉子们已经吃多了猪肉牛肉,他们吃饱了撑着就想要获得祭祀天地的权力,想要做老大。

有能力、有想法、有信心的商人开始准备向夏王朝(部落)争夺这个权力。

夏王朝经过几百年的差异发展,也无法一直保持领先的优势。

"花无百日红",猴王也有衰老的一天。随着时间的推移,猴崽子们会纷纷发育,总会有几只好吃好长,会特别强壮。部落也会像猴子一样分化,他们通过各自的渠道发展起来,最终一定会产生一批诸如商一样发育得很健壮的部落。

于是,情势要酝酿一场关于调整猴王的战斗。

商汤

夏桀是夏朝最后的王,据说是个十恶不赦的暴君。我们给他的人设(王设)就是怎么暴虐,怎么让人民困苦不堪,然后成汤起兵灭了他,拯救大家于水火。这是胜利者编写故事的习惯性手法。**实际上,就算夏桀什么都没干,也一样要被打。只要被打死,也一样要被说做了许多坏事。**

真正的原因是夏祖先通过拳头打出来的威信经过几百年后,保质期、有效期早就过了。小弟们已经强大起来,压抑多年的小宇宙即将爆发,"天青色等烟雨,而我在等你"。现在唯一能阻止他们扣响扳机的因素是迷信,而不是实力。为什么?因为一直以来,夏王朝控制着祭祀天地的特权,说明夏人才有这个资格,才是神认可的部落。

商不怕得罪夏,但是怕得罪神。

问题是攻打夏王朝的主要目的就是要求这个特权。晕,那不是鸡生蛋,蛋生鸡的问题吗?还真不是,因为商面临的"死循环"可以解套。解套的办法就是"问神"。

你问神,神如果说可以,就说明神要抛弃夏选择你。

夏:等等,不是说你们不可以问神的吗?

商:对!原来不问是因为怕你揍我,现在不怕了。谁揍谁还不知道呢。

这就对了,商人此时问神不是问自己可不可以祭祀,而是问神腻不腻？要不要换个人祭祀？换我商人祭祀。但还有一个问题：万一神不答应咋办？这也好办，那就过几天再问呗！

问神这事，说白了就是概率问题，所以问多了神，总会有答应的时候。

神：好烦呢！行了，爱咋咋的！

神同意后，就没有什么可以再阻碍大家挑战猴王，老猴王，老不死的猴王。

有这种想法的部落不只商。比如，缗部落也是这么想的。

相对来说，商部落的做法比较明智。他们是先攻打周边的部落，鲸吞蚕食。他们前前后后已经吃下十几个小部落，发育得越来越好。但这事闹腾这么久（大），终于还是传到夏王朝。夏桀感到危机，背后发冷。

夏桀想立即出兵把商部落一顿闷杀，扼杀在摇篮中。但还没去摸摇篮，缗部落就先跳出来，以"不作死就不会死"的方式跳出来。

胸怀大志的缗部落挑战夏桀的做法比较**洒脱**。但对比商部落只有**傻**，没有**脱**。他选择直接攻打夏桀，企图像下象棋一样，来一招"直捣王庭"将军毙命。

缗：我这人比较直，有什么做得不对的地方请您多包涵。

但大家去看看历史，中国历朝历代在改朝换代的时候，第一个跳出来的"实在人"都死得很惨——"老惨了"。因为老猴王终究是瘦死的骆驼比马大。

夏桀：那我就包涵了，来杀鸡儆猴！

果然，缗部落干不过夏王朝，成功地把自己祭了王旗。

历史老师通常会在这个节点告诉我们：起义虽然失败，但给予统治者沉重的打击。没错，老师没骗你，夏王朝的精锐部队干完缗部落后也损失巨大，杀敌一千自损八百。

成汤看在眼里，喜在心里："是时候表现我真正的绝技了！"

成汤手下最重要的谋士伊尹却不同意。夏部落虽然衰落，但还有三个铁哥们，分别是韦部落、顾部落和昆吾部落，他们的实力都不容小觑。

万事小心为上。自己现在是捕蛇者，可不能被蛇给咬了。

成汤就问伊尹："那我们现在做什么？"

伊尹说，忍耐。

好一个"忍耐"。夏桀怀疑成汤，就骗成汤去夏王朝开会，然后直接把他关起来。就像某些大佬去参加贵族聚会，聚着聚着中途就被"绑票"了。异曲同工。

等等，这故事是不是很熟悉？周文王也是这样被商纣王囚禁了。**看来谷堆上讲的故事高度相似**。反正那时候也没版权，谁说谁做就算谁的。

伊尹赶紧运作。好在作为富×代的商部落有的是财宝和牛肉干。送大臣、送后宫、送夏桀，见者有份。不久，能让鬼推磨的钱这次也能让商汤无罪释放。

注意：这才是夏桀做得最错误的一件事。 放虎归山只是其次，最大的"打脸"是他侧面证明了商汤是无罪的，无辜的。

既然商汤无罪释放，那犯错的就应该是夏桀。

商部落就到处宣传这事。正好，出去做生意的"商队"也可以兼职做"宣传队"。大家说："我们阿汤哥无缘无故被抓，受了不少折磨，然后要用很多钱才能赎回来，太冤枉，太残暴。说白了，这种性质的扣留，就是绑票。"

"还好，我商部落有钱。那你们呢？你们是否比我商部落有钱？"

部落酋长们一摸口袋，没有啊！我连口袋都没有。

于是，大家就对夏桀产生畏惧与厌恶，纷纷找商部落交友。既然官×代靠不住，那就找富×代吧。

成汤看着时机成熟，就立即收买、忽悠、团结新来的无知小伙伴，一起把夏桀的两个铁兄弟——韦部落和顾部落给灭了。

昆吾部落一看情形不对，商部落的阿汤哥好像很有野心啊！

能看出这一点是好事，不过他没看仔细，没把自己看仔细。他不去称一称自己几斤几两，居然主动对商发起进攻。说真的，你自己咋样心里就真没一点数吗？结果，昆吾反被商汤给灭了。这下好了，夏桀最得力的三个老铁全没了，太快了！

夏桀：我还没反应过来呢！

要的就是没有反应过来，这叫剪除羽翼。一年后，时机完全成熟，商汤就在鸣条与夏桀打起大会战，史称**鸣条之战**。开战前，商汤做了动员令，就是著名的**《汤誓》**，然后干净利落地干掉夏桀并灭了夏朝。是不是有点像某些综艺节目里，沉迷艺术无法自拔的歌手随便唱首歌就能把对手给唱死？其实，这与"擒贼先擒王"一个道理。你能把老猴王干掉，自然就是新猴王，不用一只一只猴挨个打下去。

大家现在都服你了。于是，商部落鸟枪换炮变成商王朝。阿汤哥也成为商王朝的第一个王。

商族

成汤这么牛，王亥会养牛，然而商部落真正的牛人却是契——商的祖宗。

契也有老爸，他的老爸叫帝喾，三皇五帝之一。为什么商的祖宗就认到契，不认到帝喾，甚至更上面呢？契在世的时候也要祭拜祖先，那他祭拜的先人是谁？这就是"祖先"的界定问题。

【祖先】每一个确定的祖先 A 都有父亲 A+，儿子 A-，后人再 A--、A--- 等一直下去。这个事实没毛病。之所以 A- 们只认到 A，一定是 **A 做了一些非常厉害，有绝对意义的事，使他变成一个节点**。这个"节点"**为此后的 A- 们都打上特定的符号**。也就是说，A 能成为 A- 们的祖先，是因为他开创出"A"这个符号。

就像树枝一样，它在树上时是树枝。你把它折了再扦插，就成为一棵新的树。

所以"祖先"的重点不只是血源的源头，更是文化的源头。按照人们对世界的理解，全体中华儿女都属于同一个父母。所以为了区分，就必须标识出各个部落。"部落"就是第一种符号。

契的伟大就在于他创建了一个叫商的符号。

有人叫商人，有人叫韦人，叫顾人。韦人有自己的祖先，就是那个开创"韦"符号的人。顾人也一样，但他们最终被灭了，所以他们的祖先是谁就不重要了，因为没有人去祭拜。

契的父亲生了不少儿子。契的兄弟比较多，就像农村孩子一样，长大后要各自去讨生活。契的身体素质不错，他选择去"参军"，参加**大禹治水**的大军——"水军"。契很有天分，发明了记号（文字的雏形），在治水中立下大功。等到治水成功后，禹被推为首领，立过功的契就跟着发达了。

总之，他跟对老大了！

禹把一个叫"商"的地方封给契。意思是商地以后就由契去建设管理。所以商当时就是一个部落，但地位相当于后来的诸侯。

类似的部落很多，但许多部落走着走着就没了，不是被自然灾害给害了，就是在某次冲突后被隔壁邻居给霸了，所以能持续几百年的并不多。持续下去到最后还能把少东家（夏是禹的后裔所建立）给祸害掉，也就商部落这一家。

比起当年参加治水那点事，这了不得的功勋，简直就是要上天的节奏。

以前没钱只好穿布衣，现在有钱就要买套西装。如同明星们出场要播放背景音乐一样，"上天"的商朝子孙当然也要给祖先契加包装，添色彩。

商人就宣布他们的祖先契不是一般人，是天上的神鸟。

一出手就扔出王炸！

帝喾的老婆很多。大老婆**姜嫄**很顺利地生个儿子，叫后稷（周朝的族人注册为祖先）。小老婆简狄结婚两年都生不出孩子，丈母娘很着急，就带着简狄去拜女娲娘娘，求子。

当时没有观音，而女娲又会造人，所以这个"申请"没毛病。

在回来的路上，简狄和她的妹妹去泡温泉。突然有一只神鸟飞来，生下一个蛋就飞走了。这不是一颗普通的蛋，而是五彩的蛋，很漂亮，成功地吸引了姐妹的注意。姐妹俩就抢来夺去地开玩笑，简狄一不小心就把这颗五彩蛋给生吞了。

生吞的鸡蛋都很补，更何况是五彩蛋。所以，简狄就怀孕了。

帝喾：那这里有没有我什么事？

女娲：你负责肉身方面！

不久，简狄就生下契。

因此，商人说自己是**"天命玄鸟，降而生商"**。

商人的这个传说很生动，不管你信不信，反正全体商人都信了，反正商人的祖先已经成功贴上神秘而高贵的色彩。这种"包装"有好处，有巨大的好处，因为古人信这个。所以有天命的故事铺垫后，别的部落就会更加"心悦臣服"于你。

毕竟你上面有人，你是女娲的人。

就像**朝中有人好做官**一样，你天上有人就好做王。

商人可以说："我们取代夏王朝是神仙打架，和你们普通老百姓没关系。如果有兴趣，欢迎围观，别掺和。"

商人还可以说："做谁的老百姓不是做呢？何况我们还有背景。"

不过商人没说，背景的本质其实就是攀高枝。

【攀高枝】 如果对手很强大，我打不过，那就要找工具、加外挂辅助自己。如手中握住刀、枪之类的武器，对方会被震慑住。如果对手太多，而且形形色色，还要求时时刻刻，那枪也不管用了。这个时候就要说我爸爸是军长、州长之类的背景武器。但计划生育后，州长、局长、军长们的儿子毕竟有限，所以有时候搬出"亲戚""干爹"之类的雷同故事也能暂时顶一顶。

因为能力有限，借助更高更强的人或事物来抬升自己在特定范围的威望，这就是攀高枝。人人都喜欢攀，但不是谁都能成功攀上。就像吹牛要有一个基本的立足点，如果你家和领导们八竿子打不着，没有一个可以发力的支点，缺乏枝，你想攀也攀不上去，就叫"高攀不上"。

按道理，商部落说契是帝喾的儿子，就已经够厉害了，完全可以团结本部落，威压邻部落。但他们打败夏朝后，想要再威压其他部落诸侯时，却发现这个背景还不够硬。那些年没有计划生育，许多部落都会把祖宗和三皇五帝扯上关系。尤其是夏部落，人家的祖宗是禹的儿子启，说白了还是契的老板。此一时彼一时，商人要与时俱进，就必须搬出更大的背景来，要和女娲扯上亲戚。这就是高攀。

其实我们也很想说上面有人，也想高攀。

正好，契的母亲简狄也是厉害的人物，是某个牛气部落的女儿。她本身自带流量，有属于自己的故事传奇，所以商人就有了搬救兵（女娲）的枝。最终，他们顺利实现攀高枝。

而我们实在找不到理由，干瘪瘪说上面有人根本没人信，也就是高攀不上。

解说：商终于成功地解决这个问题，成功地攀上，攀上了，攀上了！伟大的玄鸟不给夏部落任何机会。

以夏为首的顽固分子就乖了，认尿。在实力上，他们打不过人家，屈服；在面子上，他们讲不过人家，认服。毕竟对手已经不一样，他们是女娲的人，所以夏不是输给商，而是输给女娲，服也不是服商，而是服神，都不丢面，也就没必要再要死要活地争个不停。

于是商朝稳定了。他们在中华大地上传了31个王，600多年。

分封

商王朝在中华的文明史上十分重要，是国家机构、社会管理的开创者。商朝在农业、畜牧业、手工业、科技等方面都有很大的发展。这里简单介绍一项与东周故事紧密相关的制度——分封，解释他们为什么要设立部落的升级版——诸侯。

因为"诸侯"的分封制度是春秋故事的基础。

分封的主要原因有两个：一是管理能力的限制，和前面介绍"部落"的理由一样；二是团结的需要，除了牛肉干和女人，土地也是最重要的"赏赐"。

分封的第一类对象是管理能力局限性衍生的对象。商人在建立商朝时打下的部落很多，疆域很大，商汤如果都想要，都想按私有财产的标准来管理，就有一个能力辐射的问题。

韩信曾经吹过一个管理能力的牛，说一个人能管多少手下是有峰值的，超过这个数，你就管不好，刘邦也就管几万人的水平，而他是多多益善。

你在河南，要管理山东的事，你派一个人去管理，因为太远，发生什么事都要很久才能传到河南，而且传到河南后，山东的情况可能又变了，如果没有合适的渠道，甚至有可能永远都传不到。所以你派去的官员在山东一段时间后，很容易"脱管"——不是被当地人给杀了，就是自己搞独立，相当于你失去一块土地。为了避免这种风险，消除隐患，按照"肥水不流外人田"的原则，不如一开始就封给亲戚们，给他们自主的权力，直接压制当地的小部落。从本源来说，反正都是一家人，只要他们一样拜"契"为祖先就可以。因为**契的正统牌位**在我这里，认这个祖先就等于认我为中心。

所以这一波的分封基本是同姓家族。这也是管理的最好结局。

分封的第二类对象是来自商王朝建立过程中投诚的部落。这些部落原本名义上是夏朝的部属，他们都是识时务的俊杰，很早就改旗易帜，宣布要和商朝合作，认商人为大哥。

对商来说，他们的投诚是大利好，宣传效果极佳。毕竟，华夏这么大，你不可能挨个都打一遍。能用撸串解决的事真没必要动刀子。啤酒最好还是用来喝，而不是用来砸脑袋开瓢。就像今天公司的成长一样，资本要进入别的城市别的国家，最好的办法就是找一家本土企业，谈合作、加盟、收购。我们不去你的城市开店，不和你竞争，我们就把你收购了，你不损失，我们也得以进入城市。那时有一大半部落是以这种友好合作的方式加入商王朝的。商王朝就像一个券商或风投公司，入驻那些有潜力、有实力的部落，贪吃蛇一样最终做成大股东。剩下没实力的小部落就如同《西游记》里没有背景的小妖怪一样，直接打死。

这是最直接、最高效、最快速建立帝国的办法。

还有一个理由可能与当时的生产水平有关：社会生产能力低下，物质单调。不同于现在，几十块钱可以买一部手机，几百、几千、几万还有相应级别的手机，你有几百元，就想要赚几千几万，小目标之后还有大目标。在夏商时期，没有那么多区分的东西，衣服可能就三种：草、麻、皮。区别很小，你**想高档也高不起来，想奢靡也奢不起来**。你要过上顶级的物质生活，时尚、奢侈、高贵等所有可以臭屁的需要，有个几万人的封国（手下）就可以搞定。超过一定额度，就都是重复，无非是一件老虎皮和两件老虎皮的区别。

所以分封不是问题，不会拖累帝国的发展。

能影响发展的诱因应该是战争与独立。实际上，**战争和独立这两个问题本身就是问题**。事物总是循环发展，哪有永世不变的和平？比起其他办法，分封解决不了战争与独立，但可以最大限度地延长王朝的寿命，这就足够了。可以说，如果没有分封就不一定有商、周王朝。就算有，也就几十年、几代人就结束。你我根本不知道这件"奇怪"的衣服对他们有多合身。

有人说分封让权力变小。

权力？那时还不能叫权力，**就像猴王一样，那不是权力，是武力**。权力要基于严密管理之后才能形成。而且基于当时的条件，你多余的"权力"也没地方用，总不能没事就天天杀人吧？

所以分封一定是一个好办法，能好个几百年。

几百年对王朝来说很久，但我们讲故事也就一句话的事。如同小时候看的电影，常常会出现字幕"十八年后"；如同夏朝倏地一下到桀一样，商朝的故事也要倏倏两声传到纣王。

终于，这一波"分封"的成果也要走到它最后的生命周期。

字幕：五百年后。

纣王

商朝的灭亡和夏朝的灭亡几乎一模一样，就像同一个结构化程序，只是输入的函数参数不一样而已。

表面上，也是因为周族的兴起，然后灭掉商。周成功上位后，一样说商无道、自作孽、寻死路，周人只是迫于无奈，替天行道。

比起夏桀，商纣王被描绘得更黑，因为周的文化更发达。《周礼》都出版了，说明他们的描绘能力更强大，做黑锅能做得更圆润。

周人：我还不信说不死你？

他们的涂鸦很成功，生生把"纣"字涂成了贬义字，而且是贬到极致的那种"贬"，只要和这个字沾边的词语都可能被传染成贬义词。翻身是不可能了，这辈子都不可能，甚至沾亲带故的还要跟着遭殃。

夏桀杀忠臣龙逢，商纣杀忠臣比干；夏桀有个后宫叫妺喜，商纣有个老婆叫妲己；夏桀在被灭之前去打缗部落，实力大减，商纣在被灭之前去打东夷，一样损耗巨大。总之，两家故事非常对仗。

另一边，商汤有伊尹，姬昌有姜子牙；商汤被夏桀关过，姬昌被商纣关过。

最后，商汤在鸣条之战灭掉夏，姬发在牧野之战灭掉商。

故事细节没什么好说，全靠对仗，说多了容易被告抄袭。

但一样的故事，却有完全不一样的名声。

夏桀坏也就纯坏，一个结论而已。商纣的坏却有点被文人玩坏的感觉，坏事做得有板有眼、有理有据。而且光玩人还不够，一定要再加入神魔鬼怪之类，比如《封神榜》。

商纣王在位 26 年，其实大部分时间都在打战，哪有空天天在后宫搂着妲己杀人？纣王可能还是商朝比较有作为的君王，至少想法很积极。他不断开拓商的疆域，平叛想要独立的诸侯，一直努力加强中央集权。但诸侯们不这么认为，他们说商纣老打战，老死人。

尤其是打了那么多仗，还赢下大部分。

那些被打得半死的诸侯部落们能不恨他？所以在纣王失败后，原来被揍的诸侯肯定会死命地骂他。这个逻辑就是"**你打我，我们是仇人，如果你是坏人，那我就是好人**"。

关键是我说你是坏人，你还不能反驳，因为你已经死翘翘。

这样的例子后世的封建王朝很多。聪明的官员就做一件事，顶多得罪一个人，然后剩余的时光就专心做文章，专心安抚那个人，再各种吹各种拍，吹功绩，吹辛苦，拍百姓马屁，拍同僚马屁。而愚干的官员做了十件事，得罪十个人，肯定会有一两件没做好，结果那十个人就拿这一两件事做文章，一直告你。

然后，聪明的官员赢得上级的肯定、百姓的拥护、同僚的赞美，上下一致好评。愚干的官员，好一点的话，降级处分赶紧退休，万一还有哪儿不干净没做好，那就要被抓去做文学典型。最后，聪明的官员提拔了，享受着愚干官员那八件事情产生的成效，心里窃喜，但面上还要骂那个愚干的官员。

聪明的官员还要一直强调：群众的眼睛是雪亮的，上级的决策是英明的。

那时的商纣才是商王朝的法人代表。周人作为诸侯，是商朝的手下，是子公司的经理、小股东而已。商纣拼命地打仗，为商王朝做一堆好事，也给商王朝制造出一堆麻烦。而姬昌父子就做好两件事情：一是把西岐建设好；二是把黄雀训练好。

等螳螂把蝉吃了，黄雀再把螳螂吃掉。然后在螳螂肚子里，也是在黄雀肚子里的蝉居然对黄雀感激涕零，因为它帮它报了仇。

蚯蚓挂在鱼钩上，鱼把蚯蚓吃了。人把鱼钓上来，再把鱼吃掉。蚯蚓是不是应该感谢人？蚯蚓为什么不问责是谁把它们挂在鱼钩上？

商纣把不听话的诸侯打得屁滚尿流，周再过去拍拍他们的肩膀，他们就跟小周走了。**这不是小周做人好，而是小周做好人。**父母为了女儿好，又打又骂地管着，女儿哭哭啼啼地伤心，结果来个小伙子，唱唱"爱情"就把她骗走。

世间无奈的故事大抵如此。来得早不如来得巧。

二、老周的祖宗家底

周朝建立后,与商朝一样,也要搬出关于祖宗的话题。

周朝认的祖宗是后稷。后稷也是帝喾的儿子,和商的祖先契属于同父异母。所以,商与周的交接,也算沃土只留自家耕。

天下还是帝喾的天下,炎黄子孙。

后稷

帝喾的大老婆姜嫄生的儿子叫弃。弃的同父异母弟弟叫契,两人的名字读音一样,不知道是不是两个王朝抢注的时候混淆了?就像"南少林",莆田抢注一个南少林,泉州也抢注一个。

弟弟是商的祖先,哥哥是周的祖先。弟弟擅长水利,参加大禹治水;哥哥却从小就对种植业感兴趣,表现出强烈的农业天分。弟弟成为大禹的"水利部部长",分封到商;哥哥也成为大禹的"农业部部长",后人习惯称他为"后稷"。

"稷"就是一种农作物,为五谷之首,谷神。

"后"不是后面的意思,"皇天后土",后也是帝王的意思。

两兄弟的名字都不是问题,都很响亮。问题是,为什么哥哥的周朝是姬姓,而弟弟的商朝是子姓?

【**姓名**】 包括三个层面的意思,姓、氏、名。开始,部落里的人只有名,用作内部交往的区别。随着生产发展,人们的交际范围跨越部落,就要求除了区分个人,还要区分各部落,便出现了姓。"姓"字是女字旁,说明那时是母系社会。因为文明水平不高,部落之间打来打去是常有的事,流行着"男的杀掉,女的留下"之类的规矩,所以新生儿的父亲很难确定是哪个。但母亲是谁则完全可以确定,孩子跟着母亲划分比较准确,也相对简单。上古的八大姓(姬、姜、姒、嬴、妘、妫、姚、姞)都是女字旁,这是母系社会的最好证明。

所以哥哥和弟弟的姓不一样,在当时很正常,因为妈不是同一个。各自的妈还都很有背景,"名门正派",都是大部落的女儿。

后来,人类进入男权社会,男方开始做主。家庭的概念已经形成并进一步完善：原来家的概念可能偏"游牧"，母亲是正经母亲，但父亲一时半刻确定不了；现在家的概念偏"农耕"，母亲还是母亲，但孩子的父亲也一样能确定。此时社会要体现男权，体现私有，所有属于他的人、财、物都要打上"他"的记号，这便是氏。如果说"姓"体现的是血缘，那"氏"体现的就是地位。"男主外，女主内"，氏的来源通常就是男方的封地、官职等。

这样，有母亲的要素，有父亲的要素，还有你自己的要素，组合起来就形成姓、氏、名。姓是用来区分血统，作为通婚的重要参照，而氏是用来区分身份，作为地位的重要体现。接下来，社会再继续发展，文化也要加入进来。社会的文明程度越来越高，社会的分工就越来越细，人与人之间光区分血统和出身还不够，为了把"我们不一样"的歌唱得更彻底一点，就出现"字、号"等用来体现自己的社会阶层、文化品位等不同的新"符号"。

好了，现在姓名的问题解决了，就继续谈工作吧！

后稷的工作很出色，一点不逊弟弟，所以大禹也给他分封了一块地。但这块地的位置和成色都不好，地皮的名字并没有流传下来。"反正你会搞农业，你去改良啊。"他的六世孙"公刘"（刘是名字，公是后世对他的尊称，类似今天的"老刘"），带着部落迁移到一个叫"豳"（bīn）的地方。"豳"字说明他们已经掌握了驯养猪的本领，或者这里的野猪比较多。总之，豳是一个好地方。他们大概还围起来，造了"城"墙。

猪肉的味道很香。老刘能闻到，附近的部落也能闻到。这就出现一个新问题：抢劫。抢猪、抢肉、抢人都可以。总之"酒香不怕巷子深，肉香就怕部落不深"，豳的魅力无法阻挡，老吸引着其他部落来劫掠。

这不只是打不打，赢不赢的问题。这是就算你能打赢，但他们老来骚扰的问题，这已经是每晚睡觉能不能安稳的问题。于是，为了躲开"小流氓"的骚扰，为了能睡个安稳觉，他们又要开启新的迁徙。此时他们的首领叫"亶"（dǎn）。

太王

姬亶，也叫公亶（亶公）。后人祭拜他的时候会再加一个"父"字，男性长辈的意思，所以又叫公亶父（古公亶父）。他带领族人从豳迁徙到岐山以北，此地叫"周"。部落也由此固定了自己的名字，周部落，周人。

部落此前也有名字，但是没记载，没流传下来，权当作没有。

这是一次十分重要的迁徙，不光找到一个笔画简单又通俗易懂的好名字，更找到一个风调雨顺、土地肥沃、位置隐蔽的好去处。擅长农业的周人有了施展才艺的舞台，很快就强大起来。公亶父的努力不白费，他为周的发展打下了坚实的基础，所以周的后人也给公亶父追封了庙号，尊为"周太王"。

周太王是一个很勤劳的首领。他一方面经营周地，另一方面也没有完全放弃对豳地的控制，还常常回去搞建设、搞管理，相当于经营自留地、后花园、私人牧场之类的财产。毕竟，周人此时的实力已经大增，开始扩张的步伐，别人的领地尚且要去吞并，自己的老家还能随便放弃？

周太王的崛起奠定了周灭商的基础。

周比商还有一个明显的进步。周人记载事情的方式（文化传承）更加高级。商人部落时，遇到什么开心不开心的事就喜欢篝火跳舞。没什么烦恼不是跳一场舞吃一顿烧烤解决不了的，如果有，那就再跳一场，再吃一顿！

陈慧琳：谈恋爱不如跳舞。

周人采用的排解方法是唱歌，**"周朝好声音"**。他们把许多有意义的事编成歌谣、谚语，有事没事就吼两嗓子，然后一代一代就流传下来。

歌曲流传的统一性比舞蹈强，表达也更清楚，不会被随意篡改、丢失。这就是《诗经》的雏形。

周太王的许多事迹就是以诗歌、歌谣的形式流传下来的，耳熟能详，相辅相成也进一步提升了他的形象，包容了他的错误。晚年的周太王在挑选子嗣的时候，出了一点戏剧事故。他喜欢小儿子**季历**的儿子姬昌，想把位置传给季历，以便最后能传给姬昌，但又不好意思说，就成天唉声叹气地发牢骚。最后大儿子太伯、次子仲雍终于看透了他的心思，**哥俩体谅父亲的偏心和昏暗**，卷起铺盖离家出走了。他们一顿乱跑后，居然创立了吴国。

至于你信不信，反正故事就是这么传的。

吴国：我觉得很合理。

大哥二哥奔跑后，季历也就顺理成章地继承了周部落的首领之位。

季历的事迹不多,最突出的贡献就是生了儿子姬昌,即周文王。说实在的,上面老爸牛,下面儿子牛,我要是有这样的人生,还奋斗什么?

周朝

姬昌与商汤的经历和操盘手法几乎一样。唯一不同的是,最后干掉前朝的不是他本人,而是他的儿子周武王。所以周太王偏选子嗣,最大的受益者是姬昌和姬发。投桃报李,周朝建立后,姬昌父子成为周家故事传送、记载、解释的主持者,再追封太爷爷姬亶一个"太王"的荣誉称号,也不算过分吧?

季历:孙子,我就被跳过了?

何止不过分?这个故事还暗喻一个十分"坚硬"的逻辑,一个很传奇的梗:故事说周太王看重的不是季历,而是季历的儿子姬昌,认为姬昌一定会将周部落发扬光大。这个逻辑不只说明爷爷周太王料事如神,还要说明孙子姬昌继位,进而灭商的操盘几乎是命中注定的事,提前好久就被内定了。

"天注定"就是最大的内幕,就是内定!老天最大嘛!

天注定是人类故事里最牛的解释,也是最不需要逻辑的解释、最不需要解释的解释。唯一的要求就是你要有解释权。正好,周武王有这个解释权。他主持、认证并推广他认为合理的解释。只是,周武王在周朝建立两年后就去世了。

这是一个十分危险的信号。帝国才建立,规矩和秩序都还没正常化。新继任的周成王只是个孩子,功臣们、旧贵族们因此跃跃欲试。

果然,不久就爆发了"三监之乱"。"三监之乱"是一场典型的监守自盗。

【祭祀】 商、周时代,人们对死的理解基本一致。死并不是生命的结束,而是人存在状态的转变。一个人死了,只是结束了在这个世界的生活,他还要接着去另一个世界。这边的存在状态称为"人",那边的存在状态就称为"鬼"。人鬼虽然殊途,但通过某种途径还是可以联系的。鬼找人一般是托梦、见鬼之类,而人联系鬼最典型的办法就是祭祀。可能在鬼的世界里,物质比较匮乏,"他们不生产水,就需要我们做搬运工",

也可能是鬼在那边吃住不习惯，要求人这边逢年过节送点东西过去。

送的方式不是快递，而是祭祀。

祭祀有一个十分特别的要求："谁家的鬼只收谁家的货"。死去的商朝先王们变成"鬼"后，只收商朝子孙祭祀的供品，别人就算想给，他们也收不到。如果许久收不到祭品，鬼就可能挨饿，就会找过来，探查究竟为什么没有祭祀。一查，原来是周人灭了商人啊！

好，你搞我，我就搞你、整你，让你见鬼。

为了避免出现见鬼的麻烦，周人在灭掉商纣后，就特地为商保留一支子孙，以照顾商的祖先。周武王封商纣的儿子武庚为诸侯，即宋国。宋国要祭祀的对象是王，所以爵位非常高——公爵。

这是"灭国不绝祀"的原则。

其实大家都清楚什么叫斩草除根。周王朝顾忌祭祀问题，不得已分封商纣子孙，也担心商人不服新王朝出来寻仇。怕死人又担心活人，周王室瞻前顾后，费尽心思，总算想出了一条自以为能够"防患于未然"的好办法——"三监"。

新建立的周王朝就是一只新股上市，一堆原始股的股东都想发财，所以周武王一口气封五十来个自家的兄弟、堂兄弟为诸侯。鉴于宋国的特殊性，他又专门安排三个亲弟弟——**管叔、蔡叔、霍叔**，驻守在宋国周边，即卫、鄘（yōng）、邶（bèi）三国，负责监督，后世称"三监"。

关于如何防范宋人造反？周武王踌躇满志，要下一盘很大的棋，哪承想自己第二年就死了。儿子姬诵还未成年，身体、才能、心理都来不及准备就匆忙上位接班。好在周武王已经安排了两个能干又忠心的亲弟弟周公旦、召公奭（shì）作为辅政大臣。

周公旦的封地在鲁国，召公奭的封地在燕国，但他们都没去封国，而是留在镐京，在公司总部上班，有点拿双份工资赚外快的嫌疑。他们各自的封地都叫儿子去管理。

这波人事安排让管叔很不爽。按照年龄，管叔比周公大，应该是他做辅政大臣才对。是不是旦旦弟弟修改了遗诏？

同样，离开京城的蔡叔、霍叔也有相似的不满，感同身受。

宋国的武庚很快觉察到"三监"的情绪波动，就主动和他们联系，聊天、交心、送温暖。经过一段时间吃吃喝喝、哭哭啼啼、卿卿我我后，武庚成功地培养出感情，鼓动三个"傻叔叔"联合起来造反。这就是著名的"三监之乱"。

晕，这不是"灯下黑"吗？探头居然偷录自己。

不过，他们小看了周公。

周公：我不只是会解梦哦。

召公奭开始也有点犯傻，一度被外界的谣言蒙蔽了双眼，居然赌气离开，不肯帮助周公平乱。但周公牛哄哄，用一己之力平叛了"三监之乱"。最后管叔被杀，蔡叔被流放，霍叔被废为平民，武庚也因此被杀掉。周公另找了纣王的庶兄微子来接管宋国。

动乱平叛了，但代价很大，周帝国如同动了一场大手术。周公痛定思痛，一直在反省查找问题的根源。新建立的周朝太依赖君王的个人威信（能力），所以武王一去世，周帝国就松散一大截。如何才能保持不松散呢？要定制一套规矩来规范社会秩序，用制度管人，做到**王在与不在一个样，做到这个王与那个王一个样**。这就是"周礼"。

周礼

《周礼》（《礼记》）这本书现在很难确定是谁写的，但是书中涉及的大部分内容应该是周公旦所为。

礼仪，说到底就是一个秩序和分配的问题，论先后再论多寡。

秩序中最常见的问题叫"排队"。大家去银行柜台办事，如果一窝蜂围过去，那么什么事都没办法办，要一个一个来，要有先后。"排队"要讲规矩，按照时间标准，先来后到；按照功勋标准，军人优先；按照事务标准，设应急通道；按照财富标准，定 VIP 通道……很明显，有没有规矩比规矩合不合理重要得多，大家至少都可以找到自己的位置。

"周礼"讲述的内容，就是规矩的问题。它涵盖的内容很多，有关于国家的管理，如分几个部门，部门要设置几个官员，官员都有什么权力；有关于事务的细节，如祭祀、朝见、丧葬等国家大事；也有不少关于家庭个人的规范，如房子规格、服饰要求等。定制规矩，可以让你明白并时刻提醒你明白，你是谁，干什么，要怎么干。你看到谁要怎样打招呼，你可以穿什么样的衣服，住什么样的房子，喝酒聚会你要坐哪里，等等。这些都是儒家倡导的周礼，鲁迅说的"繁文缛节"。经过多次改造升级后，功能相当于今天我们"搞文明建设，定行为规范"。

简单地说，周礼就是把一堆"废铁"加工成各种机器配件，周公再把这些配件组装起来，造出"周王朝"大机器。

各司其职、各安其位、各行其路，贯穿每个人工作、生活的每个角落。

周礼表面上给每个人、每件事定下规矩，本质上是要解决秩序问题。大家会感觉到被约束，可社会的事务变得顺畅了。**社会曾流行一种解决也制造矛盾的方式，那就是"拳头"**。现在不用武力，大家按规矩来，谁不守规矩就惩罚谁。贵族很高兴，在日常生活中可以处处体现尊贵的身份等级，很有成就感。民众也高兴，上层的贵族有一定的"约束"就不会随心所欲乱来。另外，只要你精通"周礼"，甚至还可以和贵族们讲道理。

所以周礼很快就在全国推行开来，发挥了很大的作用。

第一个作用是确定个人身份。人从来都分三六九等，过去是，现在也是。而且大类分了，还要继续分小类，比如贵族内部也分等级、公、侯、伯、子、男。周礼规定每一种身份都有对应的礼制，涵盖吃、住、行、交往等。这等于做一次政府信息公开：大家相互清楚对方几斤几两。周礼定规矩后，诸侯只要不想造反，就会感觉到**更多**的权力。一年去周王那边朝见一次，当一个月孙子，回来后剩下的日子就是诸侯国的王，就可以做大爷。不爽吗？性价比老高了！

礼仪规矩确定后，对于个人来说，就会出现权利和义务。个人再组成国家，**就形成国家的政权与制度**。

第二个作用是加强思想建设。宗教是怎么让信众相信那些教义的？一个重要的办法就是重复，反复，天天在你耳边循环。和尚天天念经，教徒也搞礼拜唱诗。同样的道理，礼仪做得更全面、更深入，每个人的一举一动都时时刻刻在告诉自己，你在贯彻周礼，你是周朝的人。作为诸侯，身边的每个人、每件事都在提醒，**你是诸侯，也只是诸侯**。哪里还会还敢轻易产生超越周王的念头？

第三个作用是形成相互监督。个人身份确定后，你是 A 等级就是 A 等人，哪天要想做出 B 等人的动作，大家都看得见，就会质疑你凭什么？一定是你升到 B 等级，而不是装作 B 等人。作为诸侯，自己什么级别、什么配置都很清楚。规定说周王可以配置六军，诸侯一般就配置一军，你哪天想要扩军，立即就会被喊停。隔壁邻居再傻也能知道你想干什么，就会上京去告状。你能不顾忌吗？

这三个作用是对王朝的国家建制而言，其实周礼的"威力"远不止于此，可能连周公旦都没有想到他制定的周礼会对整个华夏民族产生如此深远的意义。

周礼的表现形式有点像宗教，但又比宗教更优越。宗教要建立在你信的基础上，所以影响的主要对象是信徒。周礼借助国家政权的力量来推广，可以强制性影响到每个人。你可以不是诸侯，不是官，但你至少是一个父亲，首先是一个儿子吧？你一定有一个身份。有身份就有规范。所以，周礼是国家级的"宗教"，成熟后就是全国范围的思想统一。

周人还用周礼延伸另一个标准，认为遵守周礼的诸侯国叫中原（或者华夏、中华），不遵守周礼的部落叫异族。很像现在欧美那些国家界定的"文明"标准，他们定了一套"人权"，如果不按他们规矩行事就叫"没人权"。楚国就是这个霸道标准的最大受害者。楚国也是周朝分封的诸侯，但中原诸侯就一直瞧不起他。为什么？不是因为他爵位低，而是楚人不尊周礼，或者说不完全遵照周礼生活。

楚人：我冤啊！

楚国有独特的文化——楚文化，也是中华灿烂的文明。但**周礼就是这么强大、任性、蛮狠，然后就可以"有理取闹"**。楚国对此还真没办法，还真被文化差异排挤出自卑的心理。楚庄王为了发展，也不得不尝试主动融入中原。也正是因为这一点，中原人才勉强愿意承认他的"霸业"。

所以中国在秦始皇统一土地疆域、国家制度之前，人们的思想早就在周礼的指导下开始了统一的步伐。秦朝之后的王朝，遇到牛人帝王，会把国家机器运转得舒心流畅，遇到土鳖帝王，会被人打得一塌糊涂，所以领土疆域时大时小。这是**人民外在的发展**，是民族融合，是一种硬实力的表现。周礼的作用是**人心内在的结合**，是中华软实力的表现。所以**中华文明分分合合、兴衰胜败，不管走到哪一处，最后还会在一起，叫分久必合。**

中华文明能持续几千年，世界唯一，不是巧合。

理由很多，除了礼，还有乐。

【礼乐】 孔子说过，春秋的问题是"礼崩乐坏"。他把"礼"和"乐"凑在一块，说明两者有很大的相关性。"礼"上面说了，本质是体现人与人的关系，而"乐"的本质则是体现人与鬼神的关系。人与人的交流用语言，人与鬼神的交流用什么？古人在自然界里悟到各种动物、植物乃至万物都有自己的声音，人的声音是用舌头说话，石头的声音可以通过敲打。所以就形成一种认识：敲打某些特制器皿发出的声音可以实现与祖宗、神灵交流。这种交流十分神秘，技术含量高，不是谁都可以胜任的。

周人认为只有巫师才可以。

巫师是当时的科技工作者，是最具智慧的人。他们是第一批掌握乐器的人。注意：我们不能用今天的"音乐"来理解孔子说的"乐"，两者差距很大。那时的"乐"要在很严肃的场合才可以演奏，不是随便搞几个人就可以要死要活地哭啊，流泪啊，比惨啊什么的。

"乐"和今天挂着艺术头衔到处圈钱骗钱的假音乐完全是两码事。

古时的"五音"各有严格的象征意义。古人的音乐是要提升自我，净化心灵，达到与自然对话、与鬼神对话的目的，是克制欲望、走向高雅的途径。今天的音乐多是以好听为第一要务。好听是什么？好听是满足人类动物性的本能需求，所以怎么快活怎么来，怎么刺激怎么来。两个方向，完全是两码事。

以前的乐念 yuè，悦，是心里的愉悦，现在的乐多念 lè，是大脑表皮的激素。

乐这么重要，所以朝廷一定要把乐的曲谱和乐器的制作牢牢地掌控在手里。周朝会把"乐"的"产品"当作尊贵的物品纳入立功赏赐的清单中。如果诸侯能得到乐器、乐师的赏赐，说明他立了很大的功。

礼与乐的影响，如蝴蝶效应一样延续到今天我们提出的"自信"——文化自信。西方国家的科技比我们强大、先进，因为我们起步晚；但要说到文化这一波，不是吹，全世界早晚都得看东方。

因为文化起于礼仪，固于内心，没一定的时间沉淀，根本表现不出来。

周朝前后经历八百年，到东周时就已经是松散混战的阶段。如果没有周礼的框束，估计就没什么东周，西周一结束各诸侯就会宣布独立，而中华的文明可能就再也聚拢不回来。因为诸侯会自问，我们各家过各家，不是好好的,为什么要合在一起?这样就会变成欧洲的路,非洲的路,美洲的路。

不管哪条路,只要是另一条路,就没有今天的你我!

还好就是这条路。我们的祖先走上这条路,开启几千年的文明。我们现在才能在这里"讨论"共同的过去,那段辉煌、无可取代、无可比拟的过去。我才能在这里聊叙"正再读春秋"。

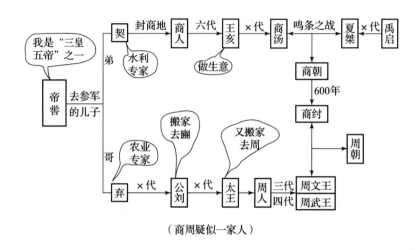

(商周疑似一家人)

三、幽王的败家模式

在后世的人看来,有些人似乎携带着上天明确的使命而来,就像快递员一样,把"任务"送到人间。比如爱迪生,他的使命就是发明,据说他一生有2000多项发明,简直就是流水线的机器人。

中华大地上,2800年前一个叫姬宫湦(shēng)的人**也被后人(上天)赋予了明确的使命:亡国**。市井流传说他什么好事都没干,就是信任佞臣、宠爱褒姒,成天喝酒唱歌、腐化堕落,外加一个经典IP:烽火戏诸侯。

封建文官体系里有一个通行标准:迎合上级的下级都是馋谄面谀的小人,而敢于直言顶撞老大的官吏就是忠臣贤臣,至于谀什么、撞什么都不说。反正**气势比内容重要,态度比效果重要**。他们不但用这个标准来要求自己,评论他人,甚至还喜欢用**这个标准来推论过去**。西周亡了,那么周幽王一定是昏君。他身边的"三公"(虢石父、祭公、尹球)就肯定是坏人，就必须具备坏人的各种特征（包括长相）。就像我奶奶当年教我看莆仙戏，说一束胡子的大臣是奸臣，三束胡子的官员是忠臣。

其实，这都是后人根据某个事实做出"事后诸葛亮"加"黑锅"的推论。

在历史发生的现场，哪个大臣会说自己是奸臣？谁会在自己脸面上写个"奸"字？还傻傻地挂着一束胡须晃来晃去？

爷爷

周幽王：掉落的树叶和脱落的树皮，牺牲自己，化作春泥，才能更好地呵护新芽的生长。

孔子：这就是你们亡国的理由？

周幽王：我爸是王，我是王，我儿子还是王，我亡的哪门子国？

孔子：你亡的是周礼，礼崩乐坏！

"礼崩乐坏"的故事要从周幽王的爷爷周厉王说起，然后再说他爸爸周宣王，以及他老婆，最后才能说这个主角。

铺垫：我是认真的！

周厉王姬胡是个"暴君"，暴得有理有据。他已经是王了，还贪财。俗话说"靠山吃山，靠海吃海"，但周厉王说，不许靠，不许吃。

他违背周人共同享有山林川泽以利民生的典章制度，颁布命令要求以国家名义垄断山水开发，创办大型"王企"，不准国人依山泽谋生，借以剥削人民。很奇怪，他是王，国都是他的国，还非要规定山里的树木野兽都是他的"财产"？老百姓不能去砍，不能去围猎，似乎是标准的"与民争利"。

所以反推过去：当时肯定还没形成"普天之下，莫非王土"的概念。

政策推行后，人民的利益受到侵害，各种舆论就出现了。

带着"三把胡子"的召公劝谏说："大家都说你'暴虐'"。

厉王说："没事，我有办法让他们闭嘴。"于是，厉王就派巫师去监控调查，看看都有谁，都说什么，只要说厉王坏话，就杀了他。

在厉王的眼里，闭嘴的最好办法是闭眼。

果然，国人都不再说他坏话，甚至连话都不怎么说。言多必失，毕竟巫师们掌握着说话内容的解释权。大家在路上见面打招呼，也不说话，就用眼色。如同我们上街可以忘记带钱包，但是一定要记得带手机一样。那时人们上街，一定要记得带眼神。

给你一个小眯眼，你懂的！

厉王很满意，对召公说："你看，现在没人瞎嘚嘚了吧。"

召公说："何止没人说话，现在连班都没有人愿意上。你这是堵住别人的嘴，却堵不住别人的心，'防民之口甚于防川'"。

但噤若寒蝉实在让人憋得难受。所以三年后，百姓们不约而同起来反抗，动乱"造反"。一吐为快，不吐不快！

百姓们憋了三年，这次一起大声喊：去死吧！

周厉王吓坏了，跑路跑到彘地躲起来。估计躲得比猫猫还严实，国人找不到他，也杀不了他。于是，随机性很强的百姓就修改了斗争路线，准备去召公家杀太子姬静。然后，不可思议的事情发生了，召公居然用自己的儿子代替姬静，交给国人。（这都是些什么人啊，还说召公贤？虎毒不食子啊！）

我有一个冒险的猜测：会不会是召公已经把姬静交出来杀掉？等事件平息后，再把自己的儿子拉出来说上次杀的"太子"是我儿子，这个才是真正的姬静。

真假太子？太子换狸猫？

经国人这么无政府主义一闹，周王朝出现一个戏剧的局面。厉王没有死，就还是君王，天无二日，国无二君，因此太子姬静也不能登基称王。再说了，现在外面风声那么紧，命都保不住，还登什么基。于是，贵族们一顿商议，最后决定由两位传统政客召公、周公带着群臣共同打理国事，**史称共和行政**。这个名字非常现代吧。所以不要和我们说什么制度什么民主，西方国家搞的那一套都是我们老祖宗玩剩下的。

随便丢一本《东周列国志》出去，就够他们玩一辈子。

共和行政 14 年后，人们终于确认逃亡在彘地的姬胡已去世——总算把他等（熬）死了。国人的气愤也消失了，于是太子姬静上台，史称周宣王。

但关于厉王的故事有瑕疵。事情还有另一个角度的说法。

实际上，厉王的暴力不是暴权力，而是暴规矩，暴了孔子说的周礼。

首先，他不用周公、召公这两位政坛"铁帽子王"。查看西周的历史，几乎每个周王身边都有这两个名字,他们不是两个人,而是两个爵位。姬奭跟哥哥姬发打下天下后,姬发变周武王,姬奭就变成召公,姬发通过生儿子一直周王王下去,姬奭也通过生儿子一直召公公下去,这是**世袭罔替**。同理,姬发的另一个弟弟姬旦也用同样的方法开发出周公模式,生儿子一直周公公下去。而且,周朝规定这两家公公要一直参与行政。周厉王却破坏了这个规矩,启用在经济、军事上有专长的荣夷公和虢公长父。这事让贵族们很不爽,因为他能破坏这个规矩,就能再破坏其他保护老贵族利益的规矩,以及维护社会秩序的礼。

不按套路出牌的王,他们控制不住。

【周公召公】 前面解释此二公是怎么来的,再看看他俩是怎么没的。

他俩一直在周朝上班,那封地鲁国、燕国要谁去管理?世子去,交给儿子去。所以就形成一个很特别的现象:周公旦在镐京上班,世子在鲁国管理,然后等待周公旦死了后,世子就离开鲁国去镐京补员继续上班,于是鲁国就又要由世子的世子管理。这样推论,鲁国国君们就都要在做世子的时候管理鲁国,等做了国君反而要去镐京上班?

但从后来的发展看,周公这个爵位已经慢慢虚化了。鲁君发现待在鲁国明显更舒服,别人伺候与伺候别人,哪里能比?所以就不怎么去京城,那么在镐京的"周公"要么另有其人,要么就"没周公"。

你都不去上班,周王为什么还要喜欢你、重用你?

另外"周公"就是一个官职爵位,许多人都当过。但一般来说,只要说"周公"就特指周公旦,因为只有"旦"才配得上简称,其他人都要把名字加上,比如周公某某。

为什么旦这么牛?不解释!不解释!不解释!前面说了啊!

等到后面不是旦,那周公也就只是周公,和其他公一样,谁都可以是,没那么了不起!所以鲁君不去上班,也可以是鲁君的弟弟替他去。

同样,召公的情况也大抵如此。

周厉王时期,"周公召公"就不再那么有威信,那么值钱。厉王想改革,就先把他俩改了,很不当回事的样子。当然,贵族们也不傻,撸掉周公召公只是起个头,后面一定还有其他节目。说好的改革又不是请客吃饭,怎么可能只有一招?果然,厉王马上就使出第二招:收回山林川泽归国有。这个动作的本质绝对不是国人说的"他贪财,与民争利"。

周王朝此时的情况早就不一样。一是国库空虚，如果想要和周边民族开战，根本不够军费开支；二是这些山林鱼塘和普通老百姓没有半点关系。那时是奴隶社会，资产都是贵族私有。国人就是小贵族、平民，不是人民。厉王将其收归国有只是把贵族的财产转成国家的财产，但贵族却搬出国人、百姓等概念来说事。这已是一种套路，某些"民运分子"**喜欢打着为民请命的旗帜来谋求自己的利益**也是如此。老去找周王瞎叨叨的召公就是其中一个。如果周厉王真有那么混蛋，你召公不就是说他坏话的人，为什么没有被杀掉？而且，收回山林川泽的周厉王还十分重视农业，很快盘活国有资源，生产出更多的农产品。

有钱有人了，那就要使出第三招：战争。实际上"大一统"的西周只得到诸侯们的认可，周边游牧民族才不理你，该杀杀，该抢抢，只要赶上有需求，赶上好时候，就放马过去，烧杀劫掠周王朝。

他们不读周礼，和周王朝一直都不是一路人。

蛮夷：我们读书少，不要骗我。

从厉公的曾祖父开始，周朝就常常被各路外族"海扁"。到厉公手里，国力更加衰弱，更容易被扁。终于到这次改革后，才有能力反扁回去，才能给夷一点颜色瞧瞧。**南方的楚国因此也畏惧了，国君熊渠立即把刚刚由"楚子"升为"楚王"的称号再改回去，继续当"厨子"**。

通过周厉王累死累活的努力，王朝总算有点起色，但贵族们不高兴，因为那时打仗主要是贵族出钱出人上前线。习惯安逸生活的贵族们，他们热爱生活，热爱家人，爱好和平，志趣高雅，他们只喜欢天天读各种心灵鸡汤的软文硬文，最讨厌打打杀杀不合周礼的野蛮行径。现在"你侬我侬"的生活却被周厉王整没了！他们能爽吗？

所以大家看出来了吧，所谓的国人起义，十有八九就是召公这种人在背后煽风点火，推波助澜。

放个屁还假装无辜地瞅着别人，其实就是你放的。

不过他的如意算盘得逞了！可能他拿儿子的命出来赌，就赌赢了。

新上台的姬静马上改弦更张，重新重用两位传统公公。并且认定这次"叛乱"就是由于老爸的私欲妄为造成，进而同意用包含贬义的"厉"字给老爸做谥号。当然，也可能是更后的后人整出的报复行为。

好厉害的一个屎盆。

【谥号】 普通人去世后开追悼会，一般要简单介绍此人生平的基本情况、成绩和功劳，开完就算完，以后如果再讨论到他，顶多就感叹一下，××是好人，可惜去世了。但君王、王后、重臣不一样，他们是影响一代人的符号，要经常被引用、被讨论。君王的生平很多很杂，引用的时候，不可能每次都长篇大论，出一堆定语，要用简单版、精简版，简到一两个字，这就是谥号。

活人叫号，死人叫谥号。号是自己取的，要体现理想和志向，谥号是后人取的，评价他一生的得失。

评价用的字一般分三类：褒义、平义、贬义。三国的孙权比较变态，谥号叫"大帝"，算是空前绝后。这事大概从周朝开始，但很奇怪，商朝的许多君王也有，估计是后朝的好事者追补的吧。

定谥号看起来很普通，就取个名，有点"文字游戏"的嫌疑，但实际意义却超乎想象。它相当于增加一种对君王的约束手段，有点类似紧箍咒。君王活着的时候什么都有，什么都可以决定，但死后做不了主，就会顾忌死后的名声。为了身后的"荣誉称号"，君王们会有所畏惧，做事也会有所收敛。

大家都相信死人也是"人"，只是不会说话，不会争辩。君王们在那边也担心后人天天对自己指指点点。

定谥号的依据、评价的内容，主要与你一生做了什么事，怎么做事有关。但实际操作起来，与谁来主持评价工作更有关。如果是你亲儿子主持，带着一班你留下的大臣班底组成的评定委员会来讨论，那么结论就算坏，也坏不到哪里去。如果你的继任是政变上台的君王，或者已经改朝换代，那么怎么评都不会好。所以说要完全客观评价，肯定不可能，不过是有一点依据罢了。谁都知道，不管干什么都要有人，有人好办事。连死人也想着要有人，有自己人。

除了谥号，还有庙号。谥号一般在文学中应用，不是庙堂里供奉的牌位，供奉的"牌位"是庙号。谥号比庙号更常用，更有知名度。比如刘彻，大家都知道他叫汉武帝，这是谥号；他的庙号叫汉世宗，就很少有人知道。

秦朝是个例外。秦始皇认为儿子没有资格评价老子，就取消了这项制度。他比较喜欢数字化管理，要求子孙按照数字排开，一世，二世，N

世，N+1世，直到永远。可惜数字化没成功，到二世就没了。二进制，直接进入汉朝。

姬胡被定为"厉"肯定有点冤。但在神话故事里，厉王确实做了一件十分祸害子孙的事。人家的好奇心害死猫，他的好奇心害死孙子。

这是一个关于盒子的故事，说来话长，留到幽王的章节再讲更适合。

爸爸

姬静继位后，重新启用一班老臣，同时又广进谏言、安抚百姓，让周朝重新恢复元气，史称"宣王中兴"。**当然，"中兴"是老臣们自己拿出的评价，实际上"兴"得很勉强，**因为传到宣王的儿子，西周就灭亡了。

但贵族们不能说没有中兴。我们的中兴是必需的，结论只能是儿子周幽王实在是太昏聩。贵族评价君王的倒推逻辑似乎总是沿着这种思路进行。西周没了，这是一个事实。接下来的问题就是：到底是谁的责任？

如果周幽王很正常，那么周宣王的中兴就是假中兴。

如果周宣王是真中兴，那么周幽王就是真败家。

现在要比一比谁是必需的？二位公公说，宣王赢。

"不是我要反省为什么容易生气，而是你要反省你为什么要惹我生气？"我说中兴就是中兴，不是手机。所以有任何问题都是你们自己造成的结果。

宣王早期对外用兵确实厉害，胜多负少，周边的部落也很畏惧周王朝。但为什么晚年又老打输呢？尤其是**"千亩之战"**，周朝被姜戎打得屁滚尿流，南国之师几乎全军覆没。

这是姬静有能力吗？不是。这是周朝的能力用光了！

因为打仗就是消耗国力，他继位初年用的军费是他老爸积累的财富，等财富花光了，打仗的实力自然就削弱了。

周宣王早年打胜仗的时候也是意气风发。家中红旗不倒，门外彩旗飘飘的盛景掩盖了他的"短视"和不作为。比如，他认为不起眼的"井田制"，就在他的不作为下被严重破坏。

【井田制】土地以"井"字形状分割，是上中下左中右共9块地。周边8块是私田，中间一块是公田。周边8户人家在耕种完自家的田后，必须到中间的田地上劳动，赚工分，为国家生产粮食。

到周宣王时期，许多公田已经被贵族占用。国家土地被肆意占用是很严重的事，会严重影响财政收入。大臣虢文公是个明白人，看破还要说破，常常劝宣王要主动做点什么，把这些田地收回来。但宣王不同意。

宣王说："当年我老爸收山林川泽时，你们不是说'与民争利'吗？"

虢文公说："那不一样。厉公是去拿别人的东西，你是要拿回自己的东西。"

宣王：真能说？是不是你虢文公没有占到？

虢文公不肯罢休，又劝他在春耕、耨（nòu）耘和收获时，去田间地头一线，拜拜天地，搞点仪式，既能鼓励人民种田，也可宣告土地的国家所有权。但宣王还是不同意。

宣王：虚伪。

实际上，在占用公田的贵族名单里甚至包括周宣王自己。 想想就可怕。

于是，被孔子给予厚望的"井田制"也就慢慢变成"围棋田"。既然私田包围公田，那就吃掉公田。

这是宣王"不作为"的表现，配对着还有"乱作为"。事情总是这样，**一个人如果不搞自己的事，就会喜欢去搞别人家的事。**

公元前817年，鲁武公带着长子公子括、少子公子戏给宣王拜年。周宣王不知道哪根神经突然抽风，感觉公子戏更有"戏"，就很霸道地要求让公子戏来做鲁国的世子。这是傻到冒烟的指令。废长立幼不合礼制，极易引起动乱，大家一直都想着法避免出现。他倒好，一个心血来潮就主动制造。有些头头就是这样：有问题时他解决不了问题，没有问题时他就是问题。

一个大老爷们，咋这么不正经？

几个月后，鲁武公去世，公子戏按照王朝的任命上台了，即鲁懿公。9年后，公子括的儿子伯御起兵杀死鲁懿公，自立为王，即鲁废公。10年后，面子上过不去的周宣王突然想到这事，就出兵打鲁国。两家的军事实力对比太悬殊，就像大人打小孩一样，宣王顺利干进鲁国，杀了伯御，改立鲁懿公的弟弟公子称为君。动乱虽被平息，但影响很不好。

宣王把政治当儿戏。诸侯都感觉他不靠谱，威信也就大大降下来。

宣王晚年，仗还在打，但经常打败仗。而宣王打败回来后，不是想如何填补国力亏空，而是惦记着如何报仇的事。

一个性情中人，始终秉承"有仇必报"的性格。

君王的宝座上有一颗江湖的心。

报仇也是打仗，那就继续征兵吧。但负责管理人口的官员说，没什么人了！

宣王追问三连："你登记好了吗？你清点好了吗？你算好了吗？"

大家都说："算过几遍，真没多少人，家底也没多少了！"

宣王说："我不信。"

大家说："不信你自己点？"

宣王说："好。"

哪承想他就真点了，**开始搞"人口普查"**。这很可能是中国史、世界史、人类史上搞的第一次人口普查。在当时的条件下，普查是一项十分劳民伤财的工程。另外，这事让那些管理人口的官员很不爽：你这是在怀疑我们的专业素质。

好矛盾的周宣王：**人家是用人不疑，他是用人不不疑！**

另外，他的晚年还有一项重要的举措几乎断送周王朝，就是再分封诸侯。因为打仗就会出现功臣，有功臣就要封赏。但此时周王朝可不比建国初年，已经没什么矿，经不住豪。

不错，你是会打仗会赚钱，但是更会花钱啊！手一挥，拿出土豪的气势，底下掌声阵阵，这种感觉很爽。爽之后呢，就是败家。

在这批分封中，**封给他的弟弟公子友的国叫郑国**。三代后，郑国直接和周王朝干仗，打了东周周平王一记响亮的耳光，扫灭掉周天子仅存的半点尊严。

天子都被揍，哪里还有什么周礼？

这就是爷爷和爸爸留给周幽王的家底。击鼓传花后，周家这只股已经变成ST股，大户都在跑，但宫涅却只能接过来。毕竟是"被亲生"的孙子，必须接这个盘。他和他的老婆们也准备好一起接。

他的老婆叫褒姒，知名度比他还高。

褒姒

网络上有个"春秋前四大妖姬"的说法，分别是夏桀的老婆妹喜、商纣的老婆妲己、幽王的老婆褒姒、献公的老婆骊姬。四个大美女在败家的道路上，可以一字排开，难分伯仲。

当然，败家也不是随便谁都可以败的。首先，她要有资本。

"妖"字十分到位，就是迷人。她们迷的是阅人无数的君王，这得有多迷人？但更主要的原因是她们**被认为**深层次地介入、影响到国家政治。这是文官最受不了的地方，所以文人一定要给她们一人一口黑锅！

褒姒的黑锅还很传奇。

这个传奇告诉我们，锅乃天注定。既然故事和历史都由后来者编写，那么褒姒的锅"是不是天注定"本身也不是最终目的。目的是要推论出那些从"褒姒"因果关系中走出来的人，他们的地位是天注定。

总之，不管说死人什么话，其一定是为了活人。

所以他们的故事是要告诉反对派们：不要瞎操心，这是天意。

褒姒的"注定"还要从夏朝开始，妥妥的、跨代的注定，定得死死的。传说夏朝末年，突然有两条神龙停在夏帝的宫廷前，众人正不知道要干什么时，它们自我介绍说道："我们是褒国的两个先王。"

夏帝很迷茫。不知道为什么也不和龙直接对话，其实可以直接问它们要干什么就可以。但人家偏不，非要启动拿手好戏——占卜。"卜"的结果是杀掉龙、赶走龙或留下龙，都不吉利。只有请求得到**龙的唾沫**并储藏起来，才吉利。

实在搞不清楚口水有什么用？不过，联系后面的情节，我们很容易坏坏地想，还有一种液体和口水也有点像，而且是两条龙？直播吗？

夏帝就陈列玉帛，并写文告请神龙（可能神龙听不懂人的话，但看得懂人的字）。龙很配合，果然留下唾沫后离去。夏帝用匣子把唾沫装起来，并除掉地上的唾沫痕迹。

夏朝灭亡，这个匣子就传到商朝。到目前为止，这个故事并没有解释"吉利"到底吉在哪里（夏都灭亡了）？然后，商朝十分安分守己，直到商朝灭亡也没有打开，匣子又传到了周朝。

周朝开始也很正常，但到周厉王这里就不安分了。他不知道是神经错乱还是好奇心重，总之"我就想看看"。打开盒子后，唾沫流到宫中地板上，无法除去。那么问题来了，当年在夏朝时，人家是可以除掉地上的唾沫痕迹的，为什么现在就除不掉了？秘方失传，还是放久变质了？

周厉王就命令妇女赤着身子对它大声呼喊，这个场面估计是自己吓得乱叫吧。但厉王为什么要叫大家赤着身子呢？

这些疑团根本无法让我们走进科学，只能走出科学。

然后，唾沫突然变成一只黑蜥蜴，也被吓得乱跑乱窜，慌忙中跑到周厉王的后宫。后宫有个侍女，刚七八岁，碰巧遇上它，可能又撞到一起了。

十几年后，到周宣王时期，这个侍女已经成年，居然直接怀孕了，没有丈夫却生下一个女婴。她很害怕，就将那个女婴丢弃到野外。

看到了吧！整个传说就这段情节靠谱。为什么要从夏朝开始？反正扯得越远越无法考证。为什么非要两条龙？一样都是扯皮。

老师：明明是你没有写作业，居然编造说上学路上被人绑票，还把作业本给抢走了。劫匪就那么爱学习？

事实可能是周宣王跟某个宫女生了一个女儿，或者是这个宫女私通外人，生了孩子。但因为周宣王要戴着"中兴之主"的光环，那些维护礼仪的召公周公们就不允许有这样不光彩的历史。反正宣王是不可以和亡国有什么瓜葛的。亡国是幽王和他身边佞臣的事，和宣王无关，更和这些召公周公等贤臣无关。

然后他们就说了一个劫匪抢劫作业本的传奇。

我们现在也只能尊重这个传奇。毕竟，故事还在继续，继续得有边有角。

周宣王某天上街，听见一个小女孩唱着歌谣，大意是："桑木做成的弯弓，箕木制成的箭袋，你们这是要灭亡周国啊。"宣王很生气：这造反的言论也太直接了吧，毫无掩饰啊！当我死了吗？他就把小女孩抓来问，小女孩说是有一个红衣人教他们唱，教完就跑了。歌谣是古文，一个小女孩也不懂什么意义，估计调子好上口，就跟着咿咿呀呀唱开。周宣王没有再计较，不想跟小孩子一般见识，但就在这一刻恰好又看见一对夫妇在卖桑弓和箕箭袋，周宣王就派人去抓他们，准备杀掉。

实在太吻合那段童谣。他们根本就是为那首歌而生的吧！

所以，管他是真是假？杀了最安全，防患于未然嘛！

这对夫妇也不傻，平时看到官吏都会跑，现在士兵拿着刀气势汹汹赶来，当然更要跑。跑出城后，他们准备去褒国。就这么巧，他们在逃跑的路上，发现了那个被侍女丢弃在路旁的女婴。孩子在夜间啼哭，很凄惨，夫妇俩可怜她，便将她收养了，一并带去褒国。

故事一步一步，越来越接近女主角。这个女孩长大后就是褒姒。褒姒不是姓褒，而是姓姒，只是在褒国长大而已。可以推论那对夫妇应该姓姒，但这个故事没点明这些，不重要。

【信则灵】 这是一种奇怪的预言。"信则灵"的逻辑规则，说明世间的事情多是互为因果，因可以是果，果也可以是因。如果宣王不信那首童谣，就不会去追杀摆摊卖弓箭的夫妇，就没有抱养孩子的事，就没有褒姒，童谣就不灵了。所以"宣王相信"是这个预言里十分重要的一个环节。正是因为他信了，预言才灵，如果他不信，预言就什么都不是。

生活中许多时候也是这样。A感觉B对自己有敌意，预感B会害自己，所以就处处防着B。B本来没有什么，后来发现A怎么有点故意针对自己，心里就害怕起来，而且一次又一次的事实证实A果然是故意如此。于是，B可能就会在某件事上对A给予反击。然后戏剧出现了，就在B反击的时候，A立即证实了自己的未卜先知——好幸运啊，幸亏我早就看穿了B。

这就是信则灵的逻辑循环。这就是"什么样的人，他身边就会有什么样的人"。我们总是在默默地、潜意识地、自信地培养出自己的理想。

道理解释后，我们回到故事本身。故事的传奇说明褒姒是三代君王一起努力的结果。爷爷负责好奇地打开盒子，**这是生**；父亲负责好心办坏事，**这是养**；轮到孙子，说要打褒国，褒国吓坏了，求他别打，送个美女褒姒过来赎罪，**这是用**。

要是没有亡国，这三代人的合作场面还真的很温馨。

周厉王：孙子，送个美女给你。

幽王：好的！等等，是要让我亡国吗？

贤臣：多嘴，你接着就是了。

开始是一起玩，后面就是玩完了。说实话，这样绕来绕去要绕到周幽王，也真是不容易啊！

幽王

各种铺垫、各种传奇都是为了说明一个事实：周幽王一定是猴子派来的救兵，一定要来亡我西周。

小朋友都说自己的事情自己做。终于轮到周幽王上场。

周宣王时期，有一个大夫叫杜伯，他可能有点二百五，比较自以为是。宣王此前派他去追查那个侍女所生的女婴下落。三年了，周宣王又想起这件事，就问："那个妖女的事，查得怎么样？为什么这么久都没给我回话？"

杜伯说："我查过，但没发现什么特别的。考虑到'谣言止于智者'，就不再继续搜查，免得大家又开始说三道四。"

周宣王：你的意思是你是智者？

周宣王很生气。"什么意思，你自己就做主不查了？你当我是空气？你眼里还有我这个王吗？你明显就是没有执行命令，阳奉阴违，还搞出一套什么智者不智者的理论？你是智者，那我是智障？不说了，拉出去砍头！"

这玩笑开大了。今天扯淡顶多也就拘留几天，那时候扯淡是要死人啊！

杜伯的好朋友左儒急忙站出来，说不能杀！因为明君不杀贤臣。何况，如果现在杀杜伯，等于重提旧事，那关于妖妇的谣言就又要传开了。

课后作业：论贤臣的自我定义。

周宣王更生气，"你俩诚心的吧？这个不执行命令也不报告的二百五，最后还是贤臣？你俩合起伙来玩我是吧？"就问："左儒你什么意思？你为了给朋友说好话，不惜顶撞我，是只要义不要忠吗？"

左儒解释说："忠义我都要。朋友和君王有矛盾，我没有偏袒任何一方，谁有道理我听谁的！这次是杜伯比较有道理。"

"谁有道理我听谁的"是全世界最扯淡的一句话，没有之一。
明明就是听你自己的。

周宣王大怒，"去你的！顶撞就是顶撞，分配工作就是分配工作，杜伯不做就是藐视王权。我跟你讲权威，你跟我讲道理？来来来，杀掉杜伯。至于左儒，赶紧回家对着柱子继续讲你的'谁有道理'吧！"

没想到，左儒回家也不讲，就一直想，还想不开，认为自己不是"左儒"，是"受辱"，一股劲解不开，自杀了。

但这件事还没完，才起一个头。有一句话叫"我做鬼也不放过你"。

没几天，宣王出去打猎，居然遇见杜伯和左儒的鬼魂来索命。

我也是醉了，就这样两个人，**一言不合就死给你看，死后做鬼都不放过你？然后还标榜自己是忠臣？**

你们不但会讲道理，还会讲脸皮吧，特别厚的那种。

"鬼"当然是胡扯的说法，事实应该是宣王病了，产生了一些幻觉。我们做梦也会梦见死去的亲人。这样的事不奇怪，只是被小说夸大成周宣王去世的直接原因就有点"霸道"了。反正重点是宣王死了，他是病死的。

老爹死后，14岁的儿子姬宫涅继位，即周幽王。

按照市井的说法，周幽王一上台就按照周礼关于对"昏君"的定义要求自己，立即开启破坏模式，非常敬业的样子。

周幽王：放开周王朝，让我来。

至于具体怎么个"昏"法，我们都不清楚，找不到多少具体案例，能看到的主要内容都是结论，什么沉湎酒色、不理国事、重用奸臣虢石父，等等。

太坏了，坏到大家都不想举例说明。

有一天，岐山的守城报告说，泾、渭、洛三条河的周边同时发生地震。这是一件很严重的事，天灾被认为是上天对天子失政的"**警告**"。而且岐山是周朝是发源地，那里地震等于动伤周朝的根本，问题更严重，应该算是"**严重警告**"，甚至"**留位查看**"。

"警告"这种事也很神奇。如果君王做错事，上天直接警告他本人不行吗？给他托个梦，噩梦，吓他半死不是更直接？非要用洪水、地震来欺负无辜的老百姓。用老百姓的死来传递上天的愤怒？

可怜我们这些躺着也中枪的老百姓吧。

至于周幽王呢？他只是悠悠一笑，地震就地震，自然现象，不必大惊小怪。大家继续工作生活吧！

呵呵，老天爷演砸了吧，你这次警告未遂了吧！

但幽王"无神论"的淡定态度让那些忧国忧民的大夫很着急，也很生气，他们就开启重复的劝说模式。开始劝说还比较靠谱，说"你要去救灾，要去祭天"，**后来就越劝越离题，说"你不要老是和虢石父那个大奸臣在一起"**。

"终于说出了最后的要求",原来纠结在这里啊!

这话让周幽王很生气。"就你们是好人,我喜欢的老虢就不是忠臣?好吧,你们是忠臣,那我就把你们抓起来。今天我们玩'抓忠臣'的游戏。"

忠臣们一听来真的,要抓?晕,上街搞"民主游行"还带坐牢啊?于是不管蒙面没蒙面的,就全跑了!

幽王笑掉大牙,"还以为你们准备忠到以身殉国呢!"

在"奔跑吧,忠臣们"的队伍里,褒国的老大褒珦(xiàng)可能表现得最卖力,搞不好还是个小队长。所以就算跑回家,幽王还是狠狠地记住了他,威胁要打褒国。褒国人吓蒙了,完全没有对策。正好褒珦的儿子洪德在乡间"收租"的时候看见了褒姒。人间竟有如此尤物?他把褒姒买回家,训艺术教礼数,再香汤沐浴,然后送到镐京给幽王,去赎罪。

你不是忠臣吗?不是说忠言吗?为什么又心虚要赎罪?

可能是时间太仓促,褒姒的礼数教学也没学透,入宫后居然没有去拜见后宫之主王后申后。申后本来就因为老公这几个月如失魂一样,天天待在褒姒那里,心里有火,再想到她不来拜见,完全不把她放在眼里,心里就越发郁闷,满脸愁苦。正好儿子进来问安,申后就向儿子大吐苦水。儿子是太子,叫姬宜臼(jiù),也就是东周的第一位王。

儿子听后很生气,立即表示要为母亲出头。

但"出头"没策划,也没套路,就是逮个空,在后花园把褒姒一顿暴揍。

形式简单,成效明显,不但让当事人解恨,还能给"历史"捅篓子。

哈哈,看热闹不嫌事大的吃瓜群众就喜欢这样的"熊"孩子。

褒姒不怎么会笑,但很会哭。周幽王知道后很生气,太子太无理。不过还是劝褒姒先去拜见申后"问他妈好",这是周礼,是规矩。褒姒说:"我不懂规矩,杀了我,我也认。但我肚子里有你的骨肉,实在不行,你就放我出去,保全我们这可怜的母子吧!"

这话题切换的,至少有89度吧?但幽王就吃这一套。哇,怀孕了?那就是太子太粗暴,什么素质?居然打孕妇?

第二天,幽王惩戒太子,说太子没礼貌没风度,应该去申国他外公那里好好反省。还有太子的老师们,怎么教太子礼数的?完全不称职,那就全部革职吧。

然后，戏剧就开始它该有的套路，进入导演的轨道。

不久，申后想念儿子，想给儿子写封信，结果被褒姒说是她想联系太子，里应外合害自己。接着，褒姒又趁热打铁，与虢石父、祭公、尹球等人联合起来，三下五除二就把申后给废掉，再顺势把自己扶正。她的儿子伯服"子凭母贵"也跟着当上了太子。

换太子、换王后都是涉及王朝国本的事，按照周礼规制很难成行，但被幽王轻而易举地"呵呵"了。这说明朝廷上所谓的忠臣确实也没剩多少，说明帝国依赖的周礼已经走在崩坍的边缘。

诸侯

褒姒如愿了！但她并没有笑，就算当上王后，也不好笑。

褒姒是天生的酷姐，不喜欢笑。

偏偏周幽王又是一个重感情的男儿，看到自己喜欢的女人老不笑，就以为褒姒的心里没有开怀。

港片：做人呢，最重要的就是开心。

于是，周幽王本着"独乐不如众乐"的单纯，每天就想着如何讨好褒姒，让她开心，并说谁能让王后笑，就赏赐他千金。

听到这个悬赏，虢石父笑了，这可能是一道送分题。

他大胆地提出一个大型舞台剧的创意——**"映像镐京"**。

周王朝首都镐京的周边设计了不少烽火台，烽火台的主要功能是传递信息。如果有外族入侵，攻打到镐京，就把烽火台点起来，火冒出来黑烟会冲到高空，很远的地方都能看得见，看见的人又在自己守望的烽火台点起火来，这样一个传一个，把信息传到诸侯的兵营，诸侯们就可以派兵来勤王救驾。

虢石父的意思是现在没有外族入侵，也点起来，然后诸侯们喊打喊杀地赶过来，像傻愣一样找不到敌人，在城墙外转圈圈，一定很好玩。

确实很好玩。据说，褒姒看着那些蒙圈的士兵真的笑起来。

确实很好玩。据说，后来外族敌人真的杀来，烽火台再次点起来，诸侯却不再来，把周王朝彻底玩完了！

这就是鼎鼎大名的历史舞台剧：**"烽火戏诸侯"**。故事的情节很简单，但场面很宏大，规格很高档，影响很深远。

作为舞台剧可以，但作为历史事实有点不可靠！

有人提出专业质疑，说烽火台是秦汉才有的军事设施，周幽王时是用打鼓来传递信息的。还有故事说，周幽王觉得效果不错，就多点几次，最后诸侯终于不再相信。钓鱼钓到鱼都不开口了！

我们就说故事本身吧。这种玩法有个巨大的缺陷，就是耗时间。你点烽火传过去要时间，那边集结部队出来也要时间，赶到镐京一样需要时间。古代的车马步兵跑到一个需要一批烽火才能看见的地方，至少也要个把天吧！

算起来，玩这游戏比钓鱼还考验耐力。

周幽王说，夫人，我们玩一下诸侯吧。然后点个火就去做别的事，几个时辰后（或者明天）再回来看戏？请问，游戏提起的兴致能坚持多久？等诸侯赶到，上午（昨天）那种下套的心情估计早没了！

所以**烽火戏诸侯这事，有点戏完诸侯戏读者的意思**。

但真假已经不重要，重要的是使命感这么强的周幽王必须加快败家的步伐，不能只顾自己开心，忘记"野史"交给他的正事。同时，老丈人申公也表示要出来帮忙搭把手。既然镐京的艺术这么走心，那申国的愤怒也要长点心。

犬戎

申侯获悉，也可能是猜测，周幽王要派兵来攻打申国。这本是一个无厘头的理由，但想想有太子打孕妇的事，申人成天疑神疑鬼也情有可原。

周幽王：受孽狂？

申人决定先发制人。

申侯是个空手套白狼的高手。申国没有什么军队，他就去隔壁找那个十分彪悍的外族犬戎。

犬戎主问："我有什么好处？"

申侯说："我给你钱！"

犬戎主说："就这一点点？"

申侯说："这是首付，剩下一大笔在镐京，你攻打进去，要多少有多少。"

"我今天只是来办理抵押贷款。"

犬戎主认为申侯说的有道理。那就开始吧！犬戎出兵很快就围攻镐京。那些烽火台经过几次游戏，已经彻底报废，烧到没柴也不见有人来救。幽王没办法，只好派人迎战。但这是扔鸡蛋砸石头，而且鸡蛋还没有石头多，没一会儿就扔完了。

那就跑吧！

来不及了。犬戎在申公的协助下已经攻进镐京。结果，周幽王和几个宠臣都被杀死。还有一个叫姬友的司徒也无辜被杀，他是周宣王的弟弟、幽王的叔叔，郑国第一任国君——郑桓公。

为什么要特别提出来？因为在春秋舞台上，郑国要唱第一出戏。

另外补充说明一下，据说褒姒因为美貌，被饶过一死。犬戎主的决定你懂的，先带回家。

申公听说幽王被杀，表现得很吃惊。虽然他心里可能希望幽王被杀掉，但毕竟"弑君"是大逆不道的事，就赶紧叫人去找尸体，准备葬礼。

不过对申公来说，幽王的死还不是最麻烦的事。犬戎主准备赖在镐京不走才是他又吃惊又头痛的大事——请神容易送神难。

犬戎主也是，东西可以抢走，幽王可以杀掉，宫殿可以烧毁，都没问题。但赖着不走是啥意思？尾款都加倍付清了啊，还想当周朝的主？

申公的肠子都悔青了。有些朋友真不能交。

没办法，申公只好以暴制暴。他写信请求诸侯们发兵京都。王已经没了，救驾是没得救，只好说是来平乱。郑国离镐京最近，世子掘突更是勇猛非凡。申公就特别给他讲了不少大道理，当然，最后一句最关键，"对了，你老爸姬友刚刚也被犬戎杀死"。

掘突听说父亲被杀，第一个赶到镐京，而且情绪高涨，一到现场水都不喝一口，直接就要打打打。但年轻总是要付出代价，就在他攻城的时候，犬戎派出的埋伏部队赶到。两边一夹击，三明治肉夹馍，郑军马上由进攻转变成败退。

还好，掘突在败退逃跑的路上，碰到卫国的部队。卫武公姬和虽然已80多岁，但为了平乱，当仁不让，还是决定亲征。

亲人啊！掘突哭着把事情的经过说了一遍。卫武公安慰说没事，马上帮你报仇。但老大爷所谓的"马上"其实就像你在小饭馆吃饭催菜时听到的"马上"一样。**我们要求的是时间，他们表达的是态度。**为嘛？因为"姜还是老的辣"，卫武公说"我们人数还不够多，先等一等秦晋两国再说"。

还好，没多久秦晋也来了。

现在是万事俱备，只欠申公。大家就等着申公放出"里应外合"的信号。

耗在镐京的申公刚刚听说掘突的贸然冲突，心里正感叹不已，小孩子还是太嫩，后又听说四国合兵而来，心里顿时豁然开朗。在与卫武公一顿暗地沟通后，两个老爷子的阴谋就形成了。

申公去找犬戎主说，"老弟，你看这么多财宝，放在这里终究不安全，要不你叫孛丁先搬运一些回去？"

犬戎主觉得有道理，申公果然专业，心细，想得真周到。

于是，强悍的孛丁就带着一部分部队先回家了。

申公又说，"老弟啊！你这几天打来打去也很累，郑国刚刚被你打跑，估计这几天不会有什么大部队来攻打。你安心休息吧，我来值班！"

犬戎主觉得有道理，申公果然专业，贴心，服务也周到！

谁知道夜半三更时，申公按照和卫武公的约定，把城门打开了。结果，睡梦中的犬戎主连衣服都来不及穿，慌乱中就带了几个部下直接跑回家。幸亏有孛丁此前带上一批财宝回家，否则**今晚的假裸奔就成为这次出兵的真裸奔！**

果然是"申公这个糟老头子，坏得很"！

犬戎跑了，四国部队顺利进入镐京，立即开展"灾后重建"工作。大家商量幽王死也死了，国不可一日无君，伯服母子就是乱国的源头，不可能让太子伯服来继位，只有请**前太子姬宜臼**回来主持大局。

于是，从申国赶回来的姬宜臼就在外公和四国的拥簇下继位了，即周平王。**历史把他算作东周的第一个国君。**

他大概也是最窝囊的开国之君。

四、平王的英雄气短

新入职的周平王也没什么好高兴的，因为手里除了一张公选出来的任命书，什么都没有。没有宫殿，没有办公室，整座城市被犬戎劫掠一空，吃、住、行每一件都是头痛的事！

但平王再平也是王，那就先行使王权吧！

赏赐

第一步论功行赏，一个一个来，先赏张名片。

我们今天喜欢叫人家吴总、杨总什么的，表示尊重，其实人家可能就是个副职，或者根本就是部门经理、业务经理。这种称呼也不能一概说成拍马屁，"**语言升级**"也有预祝的心意。现在美女帅哥、男神女神也没限制，满大街都是，又怎能怪一个杨总呢？同样，只是侯爵的申君、卫君也习惯被称呼申公、卫公。

这次平乱后，平王说申国、卫国有功，以后就正式叫申公、卫公，进位公爵。可以通知改印名片了。

卫公呵呵一声，笑纳！

他虽然已经 80 多岁，"公"不了几年，但爵位是世袭的帽子，儿子孙子还可以继续"公"下去！

可申公大呼不敢。他解释说，犬戎入京虽然帮助他们"纠正"昏君，但后面却又行凶劫掠。他对这场失控的"换君"负有责任。

其实申公最大的问题是引狼入室，是弑君，是以下犯上。这是灭族的大罪，但这只老狐狸避重就轻，把政治问题说成经济问题。关键是大家似乎又认可他的"自我批评"。看来礼仪、规矩遇到合适的机会也可以有弹性。

然后是晋侯。平王虽然没有颁布"晋公"的文凭，却加封给他黄河以内附庸的土地。"附庸"两字很生动，说明这块地当时可能已不是**周朝稳定的国土**，可能已被犬戎等外族所占领。

最实惠的是秦国。秦在此前还不是正式的诸侯，只是附庸国，属于后备干部。周平王现在宣布正式启用，封伯，成为秦伯。公、侯、伯、子、男，直接提拔为三等贵族（楚国才是子爵）。这是秦的第一波收获，还不止，后面还有土地。算起来，秦国最应该感激周平王。

还有郑国掘突。按照辈分，姬掘突是姬宜臼的叔叔。首先叔叔继位郑，袭伯。然后再来点实惠的硬菜，加封肥田千顷。大家都是实在亲戚，也算肥水不流外人田吧？嗯，现在是算，但不久后，周人就会发现这不是肥水不肥水的问题，而是养虎还是养狼的问题。

封赏结束后，大家都有点皆大欢喜的和谐。账面上没问题，都有分红。但时代已经不一样，名分与土地的意义也变得不一样。老干部卫武公和申公按照传统观念，拿着爵位心里乐呵呵。他们哪能想到，进入春秋后，卫国算根毛，至于申国，连毛都不算。而拿着土地凭证的晋、秦、郑虽说去收割的时候千辛万苦，但拿到后，实惠和威力很快就表现出来，他们相继成为历史的主角。

所以许多事情早就埋下伏笔，只是我们看不透而已。我们在自己的年代里，大多数时间也只会和卫武公、申公一样，傻傻地乐呵着。

周平王问："大家有没有意见？爽不爽"？

大家都说："大王英明。"

周平王说："那接下来说说我的事。你们都看到了，现在的镐京，要啥没啥，吃的菜没有油，住的屋还漏雨。大家来开会，我都没办法请夜宵，那以后咋办？"

能咋办？大家纷纷指责犬戎不是人，没素质，是偷是抢就不说了，拿走就拿走，轻拿轻放都不会吗？拿不走就别拿，至于又砸又烧吗？无耻，损人不利己！

周平王说："好，既然大家都这么爱国！那请问周成王有了镐京，为什么又要营造一个洛邑？"

为嘛？一般采用这种口气问的问题，很有可能就是自问自答！问的人看似求问，实质是提问。逗哏的有了，他自己就是，现在需要一个捧哏。

迁都

洛邑的问题是一个常识问题。平王要问，大家就争先恐后地抢答，毕竟又是一道送分题。

当年周成王为了控制诸侯，尤其是商朝的后裔贵族，就在地理（地图）比较中间的位置划出一块，命令周公旦按照镐京的模样，**复制粘贴**建设一座新城当作副首都（备都），这就是洛邑。在朝会的年份，天子可以去洛邑接见诸侯，名义是方便诸侯，提高效率，实际就是为王朝增加一个控制诸侯的据点。

当时的生产力水平低下，通信、交通等都不成熟，要控制一个这么大的国家很困难。而且周取代商，是直接打败在都城朝歌的纣王，不是把商的诸侯国一个一个消灭。**商朝的老贵族的确讨厌纣王，但不等于就喜欢周武王**。尤其是武王死后，儿子成王继位，老商与新周就更加陌生了。这是周朝的隐患，也是一种事实，造成"三监之乱"的事实。

痛定思痛，成王和周公平定"三监之乱"后就不断总结经验，研究治理王朝的措施。除了周礼，还要从管理的角度考虑用多种方法来制衡这些老贵族，再通过时间慢慢消化他们。移民和建副首都就是两个重要的举措。在洛邑，不是说房子和镐京要一样多，一样华丽，而是要有和镐京一样的运行机制，**要在某些诸侯国的门前加装一个高清摄像头**。

这段历史，大臣都能解释清楚，但平王不高兴，他又不是问这个。

大家知道平王要问哪个，但这种大事谁都不敢乱说。万一今天讨论没有通过，以后别人就会说是他挑的头。别人还有机会继续做好人，他却没了。所以要说也只能平王自己说，你是王！

这件事情就是**迁都**。

开玩笑，迁都又不是搬家。**从风水来说，迁都动的是国之根本，从历史学来说，直接就由西周迁成东周**。

这一点谁都知道，出工赚工分的朝臣们可以装聋作哑，但周平王不行。谁叫你是王，满满的责任啊！

是时候让大家看看宜臼同志的担当了！

平王就弱弱地问："镐京这个地方，好是好，但犬戎把我们底牌摸清楚了，有一趟就有两趟，跟逛菜市场似的。这样搞，大家以后都没有安全感，要不，我们搬家去洛邑吧？"

听说那里适合种牡丹！

太宰阻赶紧接上话，说镐京被烧得一塌糊涂，重新建设的话要花很多钱，老百姓也会很辛苦。而且建好后，万一犬戎再来烧，又如何是好？所以，他坚决赞成大王关于迁都去洛邑的决定。

天子和太宰都这样说，大家就纷纷表达自己的意见，添油加醋的那种意见，无非是用新的词语来解释上面两点。那态度就像早在洛邑买好房子似的。

但"年高望重"的卫武公却提出不同观点。他说："我都八九十岁的人了，承蒙大王不嫌弃，让我位列六卿。我如果知道又不说，那是不忠；

但我说出来如果又违背大家的意愿,那是不友。在'忠'和'友'的面前,我还是选择忠。"

这是典型的官场老狐狸,一句话还没说,先把后路铺好。

他说,镐京周边有殽函、陇蜀形成天然城墙,土地肥沃、山川水利,**是天下难得的好地方,王气十足**。洛邑在中国之中,地势平坦,易攻难守,所以以前虽然建有两京,但平时都是住在镐京。另外,周朝的发源地岐山也在镐京这边,这是风水宝地啊!

没错,军事、风水这些都是实实在在的理由。

周平王就问,那犬戎来了咋办?

没错,犬戎是比风水更现实的问题。

武公说:"军事上的事情要用军事对待,不能他一打我们就跑,那样镐京没了,以后丰京也会没。大王应该励志图强,节省开支,爱护子民,练兵训武,像先王们那样南征北战,把戎主俘虏过来,当作猪羊一样宰了祭拜祖宗,一雪前耻。"

卫老爷子还真是唱高调,他在叫年轻的平王多喝鸡汤,但又不说鸡汤能补脑,还是能补身体?他是典型的倚老卖老,针对戎狄,提出一堆的意见,就没他自己啥事,逻辑严密,条理清晰,处处都对的样子。平王还真反驳不出什么。

眼看平王"受阻",太宰阻就赶紧出来救驾,缓解尴尬的局面。

太宰说,武公说得有道理,但什么事都不能一成不变。以前人犁地,后来不是牛耕田吗?农户也知道变通。此一时彼一时,目前这种状况变通明显比保守更实效。**你说的是巧妇,我说的是无米**。犬戎随时都可能再打进来,现在要钱没钱,要人没人,拿什么练兵?哪有时间练兵?

这理由叫"好汉不吃眼前亏",听起来似乎更有理。现在轮到老卫的脸有点挂不住。

老卫明显出现情绪波动,抱怨说:"说来说去还是犬戎的问题,那你可以直接找申公,他能把犬戎借过来,肯定就有办法把他们赶走。"

这是典型的气话,人家申公为这事连提拔都推辞了,就怕被人盯上,没想到还是跑不脱老卫的这张嘴。

正好,申国快递到了(申通?),大家说拆开看吧!

原来犬戎让申公骗过一回,不爽了。现在倒没有再来打周王,而是改去打申国。申国撑不住，向周朝求救。

开什么玩笑！你哄我去睡觉，原来是为了去开城门。我把你当兄弟，你居然出卖我。要不是我跑得快，别说犬戎，现在可能连犬犬都做不成。这仇能不报吗？

平王说，好了，申国现在自己都火烧屁股，就不要再指望他们了！大家还是研究搬家的事情吧。

看到平王决心已下，武公又说："既然大王已经决定，那我就去发通知安排搬家事宜。祖宗的牌位也要搬走。"

范厨师：呀！这是什么造型，挺别致啊？

大忽悠：这叫华丽的转身。

这是卫武公的厉害。武公有武功，终于明白人家为什么能活八九十岁了。其实他早就同意搬家，只是想表现一下真知灼见，老成谋国，有言在先。以后"历史"万一怪罪下来，大家也好替他作证。等这些小心思都扯淡完，"人设"画好了，他立即就开开心心地和大家做朋友，同意迁都的提议，成功地装出一副"我是有主见，我不是随波逐流"的死样。

等卫武公这种人装完后，迁都也就开始了。

都城从镐京到洛邑，周朝也就从西周到东周。

如果这样算，那么**周平王既建立了东周，也断送了西周。**

周幽王呢？他和儿子都在镐京登基，都是西周？当然不能这样算，西周是在他手里被人打得稀巴烂的。所以，翻身是不可能翻身了！

不过洛邑人民可能会彻底翻身。当了几百年副都，小二终于转正！

嗯！洛邑的房价一定大涨！

刚刚受封爵位的秦伯嬴开正意气风发，干活特别有劲，听说平王决定迁都，当即表示外藩人不懂规矩，所以怎么搬迁请武公们讨论，秦国就负责出人出人再出人，搬家的一批，保卫的一批，打扫卫生的一批。反正一股走上"人生赢家"的气势根本停不下来。

没错，秦国真是最大赢家，赢又赢，不是双方赢，而是赢两次的那种赢。

秦国

迁都很顺利，平王很高兴，果然是响应民心的民生工程。去你的犬戎，我惹不起，还躲不起吗？

诸侯国纷纷来贺"乔迁之喜"。不知道为什么，没收到请帖还是什么原因，唯独楚国没有来。平王觉得熊小子不懂礼数，问大家是不是该教训一下？

群臣赶紧劝说，"大王你和他较什么劲呢？他们的朝贡不过就是一车茅草。我们现在刚刚搬完家，人心还没稳定，部队还没整编，也不好去那么远的地方打战（耗钱不说，还不一定赢）。你就暂且饶他一次，**用你的宽宏大量让他感恩戴德，自我反省，并自动认错！**"

"饶他""认错"说得好听，其实就是打不过呗！湖北人早就想称王，正愁没理由。你还要讨什么茅草，找抽呢？

大家都知道这个梗，所以关乎面子的问题，就心照不宣，点到为止。

对比一下，秦国可比楚国懂事得多。同样是孩子，人家就知道遵纪守法、勤劳致富。当家做主的平王要奖惩分明，那边惩罚的事情虽然一时没有办法展开，这边的表彰却可以优先落实。

但实在是没什么可以奖励了！姬周的家底都快掏空，地主家也没有余粮，何况还刚刚被抢过。

好在平王有智慧，他决定给一张空头支票，一张伟大的支票。

他说："西边好多土地被犬戎霸占着。嬴开你去打吧，打回来多少都给你，都算你秦国的领土。"

这个赏赐对于周王朝来说，没什么代价，因为那些地多半已经被犬戎占领，你想要也要不回来。以周朝现在的实力，犬戎不打你就不错，还想去打他们？另外，秦国刚刚受了周平王的封赏，正式成为周朝的诸侯，名义上，秦的也就是周的。所以给他这个政策，一点毛病没有！

但从秦国的角度来说，完全不一样。这是一次十分重要的赏赐。

秦国紧挨着犬戎等外族，大战小战几乎年年打，新仇旧仇年年有，好几任国君都战死在沙场上。以前要是打赢了，抢到地盘，想筑城墙搞建设，旁边的诸侯国总会瞎嚷嚷说，他怎么能占用公家的地？表面上是羡慕嫉妒恨的牢骚，其实就是担心秦国变强大。单纯一种不看"贼"挨打，就嫉妒"贼"吃肉的心态。

现在好了，以后再打下来，秦人可以名正言顺地建城。

而且，这个政策还可以灵活运用。

什么意思？就是以后秦人打犬戎，不一定要打死，可以先赶走，逼他们迁徙，让他们去占别的地方。他们先占领一段时间，然后再继续打犬戎。一顿"换手"的操作，新土地就又变成秦国的国土。**这叫蚕食**。

什么意思？就是犬戎真的变成秦国的"一只猎犬"。只要秦国足够彪悍，能驾驭猎犬，让它咬谁就咬谁，猎物绝对满满一箩筐。

秦国还真不缺彪悍，嬴开本人就一直玩命地打各种犬戎。他最后也是死在战场上的，说明**秦国是真的开启痛打犬戎之风**。

什么意思？就是现在的镐京，过段时间竟然真的被犬戎吞占。然后再过段时间，又被秦国打回来。于是，按照上面的分析，那块地就变成秦国的领土。镐京就在今天西安边上。后来，秦国迁都移到咸阳，就在西安边上。

什么意思？就是秦国按照上述的操作，最终占据了卫武公说的王气十足的那块风水宝地。

几百年后，秦国取代周王朝，成为秦王朝。

不过这事与有没有远见毫无关系，不能怪周平王。至少当时的周平王利用秦国解决了犬戎的威胁，已经是一举两得的智慧。

从长远说，周王朝最终都是灭亡，每个封建王朝都会灭亡。周没有亡在西周而亡在东周，有点换汤不换药的意思，但二道汤熬起来不那么苦。

不过如果从命理风水来说，那么就细思极恐了。

东周的开始，也是秦国的开始。不同的是，东周开始走弱，秦国开始走强。

接力棒已经在悄悄地转手。

自此，中华历史上以周王朝为主角的戏剧实际上已经结束。周平王只是搭好一个舞台，偶尔收点门票。有本事的诸侯，交点钱就可以上台尽情地表演。生死不负责，成败不评论，毕竟老周自己也要开始过"自身难保"的日子。

所以，郑庄公、齐桓公、晋文公们请排好队，演出你们的故事吧。

第一篇　郑霸庄公：实在亲戚

为了厘清春秋各诸侯国之间的恩怨，春秋故事爱好者设想郑庄公组织各诸侯在郑国召开**第一届诸侯国秩序委员会**。

会议确定**诸侯国秩序委员会**常任国、成员国，并选举产生第一届秘书长、理事以及一批委员代表。

作为首届会议，活动的宣传、组织等前期工作还不到位，会议的公信力、影响力和认可度还不高，所以莅临参会的诸侯国也不多。为了解决代表不足的问题，会议议定所有缺席的诸侯国均默认为成员。

会议认真讨论**周王朝的地位和权力等**问题，认为周王朝已不比当年，应该与诸侯国们友善相处，不得倚老卖老"**仗名欺人**"。会议讨论了各国的内部事务，如郑国的"共叔事件"以及与周王室的误会，卫国、宋国、郑国之间外交关系的确立问题，陈国、鲁国、卫国、宋国、郑国等国的国君更替问题。

会议议定，下一届会议在齐国举办，由齐国负责召集。

最后，会议在周朝的礼乐中胜利闭幕。

本届时间跨度：公元前770年—公元前701年

主盟国：郑国

常任国：郑国、宋国、卫国、鲁国、虢国、陈国、蔡国、许国

成员国：秦国、晋国、齐国、楚国等（缺席）

秘书长：郑庄公寤生

理事：[卫]桓公完、宣公晋、惠公朔；[齐]僖公禄甫、襄公诸儿；[鲁]惠公弗湟（huáng）、隐公息姑、桓公允；[宋]穆公和、殇公与夷、

庄公冯；[**陈**]桓公鲍、妫佗、厉公跃；[**蔡**]宣侯措；[**许**]姜悦；[**郑**]昭公忽、厉公突、公子亹（wěi）、公子婴（排名不分先后）

代表：[周]太史伯、虢公林父

[郑]祭（zhài）足、公子吕、公孙滑、颍考叔、公孙阏（yān）、高渠弥、祝聃、傅瑕、叔詹

[卫]宣姜、州吁、石碏（què）、石厚、公子泄、公子职、公子硕

[宋]孔父嘉、华督、雍纠、南宫长万

[陈]伯爱诸

[鲁]公子翚（huī）

[蔡]蔡季

[齐]宾须无

工作要点：东周双王、秦鲁祭天、郑定新都、共叔乱郑、掘地见母、周郑交质、东门之役、庄公破敌、石碏灭亲、假命伐宋、假手灭戴、郑宋三战、灭许存许、繻葛之战、鲁翚弑君、殇公忌弟、华督乱宋、妫佗杀侄、蔡公定陈、卫宣夺媳、宣姜乱卫、姬寿就义、卫惠失国、黔牟居卫、卫硕婚姜、齐助朔复、祭足失足、厉公夺郑、宋逼郑债、鲁桓调和、郑鲁败宋、郑鲁救纪、宋郑相仇、郑厉政变、郑昭复位、冯突合作、高氏弑君、亹为郑伯、齐杀姬亹、婴为郑伯、郑依楚威、祭足去世、郑厉复位、朝楚暮齐、郑霸消亡

五、东周的开放舞台

周平王搬好家，发现新家的亭台楼阁，旧是旧了点，不算富丽堂皇，但遮风挡雨肯定没什么问题，周还是周。但历史不干，说搬家就要改名字，必须由西周变成东周。

东周只是后来才叫东周，当时自我称呼还是"周"，老周。

老周经历了一场"风雨劫难"，但"瘦死的骆驼比马肥"，到洛邑后，吃喝拉撒等生活问题很快就能解决，就是实力大不如前。"实力"不是指**硬实力**。硬实力早就不行了，否则怎么可能随随便便被犬戎打得屁滚尿流？"实力"还指**软实力**，原来还有一点儿，现在也快没了。

这个"软实力"是权威。

【**权威**】历史上每个朝代的开国之君大多雄才伟略，王气十足，底下

猛将如云，威震八方。但周平王不是，宜臼同志只有和蔼可亲、平易近人的"王设"。究其原因，应该是政权的来源问题。比如西汉东汉，人家开国君王都是打出来的王，君王的军事能力不容置疑，是"王者荣耀"。周平王却是诸侯拥立出来的王，有点"王的女人"的感觉。这是周武王和周平王之间最大的区别，前者是用拳头打出来天下，后者是用指头抓阄抓到天下。为此，周平王很难建立权威。

权威包括两件事：权和威。

第一代君王凭实力打天下，谁不服就杀谁，这叫"威"。但要建立政权，光靠打打杀杀永远不够，还需要上天鬼神之类的意识形态作辅助，把他的"威"提升（修饰）到无以复加的地步。最终做到"不用打你，你也不敢违抗他"的境界，这种状态便形成"权"。然后再通过君王制度，把位置传给儿子。儿子接过的不只是王位上的权力，还有权与制度结合生出的威信。至于"威"能有多大，能走多远，是继承发扬还是坐吃山空，就要看个人的能力。

权与威相互转变的过程，就像物理学上动能与势能的相互转变。

王朝的官僚体系自上而下，权威的传递方式对应就像树形一样，一级一级分发下去，形成郡首管县长、县长管里长的样本。"管"的初动力来自"权"——上级的任命，初来的权力包含着初来的威力。但威力能用到什么程度，手下能不能服你，口服还是心服，服多少，都要看执行者个人的能力和魅力。

而自下而上的选举制度，权威的生成模式完全不一样。选举出来的"王"不讲权威，只重合法。与专制相比，以选举生出的权力重点在下，不在上，所以谈不上权威，他们干什么都要先声明依什么法。

封建专政需要"敬畏"，从天开始，天子、大臣、官吏一级一级不断授权下去。选举执政依靠"民众的自觉道德"，如果群众素质不够，什么领导、指令就都一边去吧。总统都是我选出来的总统，对我没好处，或者我看不到好处，凭什么听总统的？

开局两王

在周平王继位的同时，虢国的虢石父等诸侯也拥立褒姒的儿子伯服为天子，史称**周携王**（也有说是周幽王的弟弟姬望）。

这是"推选"的优越性,也是劣根性:你能选一个,我也能推一个。换句话说,对于宜臼和伯服,这个"天子"可能是天的干儿子,谁愿意立谁就立谁。诸侯们也不傻,形势已是如此,谁对自己有利能不知道吗?而且"推选"又不是几年就来一次,也没规定少数服从多数,选举前更没找我商量,等等,存在着许多问题呢。总之,不推白不推。

【虢国】"虢"字很难念,但戏份多。周文王姬昌有两个弟弟,估计都不是很成器。所以周武王灭商建周后,就把这两个叔叔都分封到虢地。有点打发人的意思,连名字都不给好好取。就像《神雕侠侣》的"大武小武"一样,非常随意,两个叔叔分别取名东虢、西虢。东虢在东周没存在多久,很快就被郑武公给灭掉,但又灭得不干净,流出一个分支,顽强地变成北虢。西虢到东周后,站位比较准,跟周平王一起搬家去洛阳附近,就变成南虢。但又准得不彻底,一些不肯搬家的虢人坚持留下来,倔强地变成小虢。

晋国崛起后,晋献公怕太乱影响大家学习,就不管什么虢,拿出一个"假途灭虢"的成语全都给灭掉。小虢体格小,最后被秦国吃掉。

虢国的下场是很惨,但在"很惨"到来前,虢石父的这波操作先让周王朝、伯服、宜臼都很尴尬。安居在洛阳的周平王,虽然代表正版,但也没什么好办法去消除盗版。年轻人心中无策,家中无粮,手中无牌,只能喊一声,"过!"直到10年后,支持周平王的**晋文侯**出面了。他主动攻打虢国,杀掉周携王,让周平王成为真正意义上的周朝天子,唯一一个天子。

周平王:又欠晋侯一个人情。

前面"搬家"欠的人情用空头支票顶过一阵,现在也不好意思再用。山西人似乎已不在意什么爵,打虢国不过是顺便帮个小忙而已。所以搞得周平王甚至连谢谢都说不出口。他所能做的,就是越来越不自信,越来越不像个王。毕竟,**一个到处欠人情的王,腰杆子怎么可能挺得起来?**

西周时,诸侯之所以能成为诸侯是因为跟着周武王打天下,是沾了姬发的光,是欠姬发的人情,所以**周武王的威信满格**。周平王恰恰相反,他之所以能成为天子,是因为各个诸侯给他的机会。他说话的底气能硬吗?别说威信满不满格,"腔势"都装作不起来。

外因尚且如此,那么内因呢?周平王本人的性格也不行!

周平王并没有什么特别值得炫耀的事迹。他唯一一次比较男人的表现就是年轻时替他母亲出头，把父亲的小老婆褒姒暴打一顿。不过就因为这件事，他的太子身份被废掉，由太子变成前太子。

刀郎：这是对冲动最好的惩罚。

惩罚之后就会留下心理阴影，容易从一个极端走向另一个极端。他会格外珍惜来之不易的"天子"，会"能忍则忍"，会越来越软弱。

像他这样的王，老周还能指望他有什么作为？

N年后，他可能觉得自己硬气不起来的主要原因是在朝廷上主政的郑庄公太强硬，自己的某种能量小宇宙被庄公的"淫威"给压制着，所以为了不被继续压制，就想换虢公来主政。但他又不敢明目张胆地换，于是就偷偷换。

庄公果然硬气，知道后直接怒斥侄儿是不是翅膀硬得有点快？

周平王呢？一阵纠纷争论后，居然认错了！认错？认错！居然提出周和郑互相交换人质，以弥补两者之间造成的信任缺失。晕，做王的说话都没人信，连自己也不信，签字画押都不行，还要抵押？这是天子与大臣，又不是两家球队，岂能相提并论？周平王终于彻底失去权威。作为开国之君，他的失败甚至奠定了东周的王朝基调。

我甚至怀疑，他谥号"平王"是不是有被认为比较平庸的意思？

这个"平庸"的君王还有一个致命的缺点，那就是长寿。他一个人占据东周51年，**连他的儿子都被他活活活死了**。东周的第二位继承者不是他的儿子姬泄父，而是周平王之孙、姬泄父之子姬林（周桓王）。

这个名字也是醉了！泄什么父？你泄得了吗？

他的名字应该是姬泄。"父"只是后人对他的尊称，尊贵的男子！所以子是泄不了父的，父只能由父自己泄。周平王这样"以父之名"瞎折腾几回后，他的能力和性格就被诸侯摸得透透的，捏得死死的。**专制的政权，领导者的性格就是政权的性格**。周平王在位的51年，就变成诸侯"群魔乱舞、疯狂积累"的51年。

没错，西边的秦人早就想疯狂了。

诸侯时代

秦国嬴开死后，儿子秦文公继位。文公一上台就全身心地投入工作，按照"打犬戎，挣地盘"的**惠秦政策**，起早贪黑"暴打怪兽"。不久国土就被扩张到岐山的西边。那是周王朝的发家基地，龙脉风水很容易让人想入非非。所以他"再接再厉"，马上又做了一件情节很严重的事：**祭拜天地**。

不是男女结婚的拜天地，是祭天。按照"谁家祖宗谁家子孙照顾"的规则，天只能由天的儿子来拜，只有"天子"才有资格祭天。

秦文公这么做，什么意思？拜干爹吗？

当然不是，这是"僭越"。

秦人最近是不是太顺了？抢戏抢疯了，要抢天子的戏。秦文公心里也没底，就编造渲染出一个梦。他说梦见一条黄蛇从天而降，然后对他说"上帝命你为白帝，主持西方"。然后呢？没然后了，黄蛇做事就这么没头没脑，就这么任性，说完就结束。类似微信的提醒功能，"你有一份新的短消息需要查收"。

黄蛇：怨我？哥只是一个传说。

周人：糊弄鬼就不能完整一点？

秦人：你懂梦吗？梦就是这样，"不完整，超现实，越离谱才越真实"。我不想跟没有梦想的人说话。

秦人只跟传说说。

传说在秦国，最近流行一个关于猎人的故事。某个猎人抓到一只怪兽，大家都叫不出名字（不是奥特曼）。他准备进献给秦文公。在路上，他遇到两个童子。童子说，这怪兽叫"猬"，喜欢吃死人的脑子，打脖子就可以打死它。猎人很吃惊，但更吃惊的是，这只刚刚有名字的猬居然也开始说话。它说这两个童子是野山鸡变的，叫"陈宝"，抓住公的可以称王，抓住母的可以称霸。

到底什么仇什么怨？这是互揭老底的节奏啊。

两个童子怕了，果然变成山鸡飞走。但不知何故，那只母的"陈宝"没飞多远就停下来，化作石头。秦文公知道后，就在"遗址"上建了座庙，叫"陈宝祠"，以纪念这对野山鸡。

这大概是"陈宝"被骂得最狠的一次，居然说人家是山鸡。

陈小春：山鸡怎么了？

除了故事和梦，秦人还衍生出不少类似"砍树发现树精"之类的传奇等，各种光怪陆离，但本质都一样，都是走扯淡的路线。**故事的内容不重**

要，重要的是有没有故事。

秦人勤勤恳恳整出这些故事，就是想说明一个事实：我们秦国牛气了，神来暗示，来显灵。我秦文公牛气了，可以占领周的故都，岐山以西的风水宝地。

但这些故事都不能开脱他"僭越"的铁的事实。

周平王也知道，但没办法。发怒起来，顶多也就摔个碗、踢张凳子，"今晚我不吃饭了！"然后第二天该咋的还咋的。

人家不理你、不请示、不汇报，你连拒绝、责骂的机会都没有。

这一点还是鲁国做得好。因为，鲁国给机会了。

鲁惠公听说秦人用"鬼故事"糊弄就可以祭天，心里很不舒服。这事怎么可以让野蛮的养马子孙来玩？鲁惠公有一副典型的小知识分子心态，**爱占虚无的便宜**，但又缺乏舍我其谁的气魄。他派太宰让去请示周王朝，他去郊外拜鬼神的时候，也想祭拜一下天。

周平王斩钉截铁地说："不行！"

鲁惠公说："祭拜天地都是我祖宗周公制定的周礼，外族人可以用，我作为天子的子孙为什么不能用？你不去制止秦国，就不要来管我。"

于是，鲁惠公也玩起祭天。

对此，周平王再次很生气，当然也再次没什么办法。凳子很疼，碗已碎过。他只想对鲁惠公说两个字：流氓！

不听我，又假惺惺请示我：虚伪！

但"流氓、虚伪"又何止鲁国？接下来会有一堆诸侯国开始排队耍流氓。

这就是所谓的"春秋无义战"。

为什么？因为欲望的魔盒已经被打开。孔子说"礼崩乐坏"，**周礼崩盘了！维护社会秩序的"逻辑链锁"被打开，关在诸侯心里的"私欲魔鬼"跑出来，各种耍泼！**

诸侯：自由自由，我们就是要自由。随心所欲，爱干啥就干啥的那种自由！

没错，在束缚面前，自由是个好东西，但缺乏束缚的时候，自由不但意味着你可以自由地干掉别人，还意味着别人可以自由地"干爆"你。

社会秩序

前面介绍过周礼，因为它太重要，影响着整个春秋故事的演进，所以正说后还要反着再解释一遍。两面都煎一煎，才能熟透。

我们先想象一个"哄抢"的场面。几十只手同时伸进一个售票窗口，或者一群人拥进一场促销会的入口，会是怎样的场面？从互相吼叫到骂爹骂娘，再就动手动脚，力气大的握紧拳头，战斗力差的人去找棍子。**既然搞活动，那就让活动升级**。来吧，互相伤害吧！

有持续的混乱，就没有持续的赢家。每个人都可能被别人黑掉。

所以伤痛过后，大家想到了排队。

社会最初也是这么乱，**有武力没有权力，有权力没有政权，有政权也没有政治**。为此，人们就想到了社会管理。周公制定"周礼"，强调"秩序"，要求"排队"，然后还详细制定各种排队的原则。

这就是周公会被称为元圣的理由，第一个圣人。

诸子百家也是基于社会"秩序"，从人际关系的各种逻辑展开，推演下去，本质还是在研究"排队"的规则问题。

儒家说："按身份排，长辈在前面。"

法家说："按时间排，先来后到。"

道家说："我不争，让你们先排。"

……

周武王克商成功建立周朝后，全国还有许多殷商的残余势力。这是一个巨大的隐患。他们都是贵族，如果全杀死，自己就会变成少数；要是直接留下来，让他们继续为政一方，又怕他们做大。万一有朝一日仿造自己也打到镐京来，那不是养虎为患？

好在周武王武功盖世，**个人威望可以压制遗老们的欲望，谁也不敢乱动**。但他就做了两年天子，过早去世，太快了，以至于太子还没成年。

这是一个十分危险的信号。新建立的王朝还处在个人政治阶段，主要依靠天子的个人影响力来约束秩序。各地诸侯更多的是怕姬发本人，而不是畏惧周朝。对于小屁孩姬诵，多数诸侯不会放在眼里。果然，姬诵继位没几年，三个叔叔就被纣王的儿子武庚策反，发动叛乱。周公奉成王之命辛辛苦苦用了七年的时间总算把叛乱平定。

痛定思痛，周公决定治标更治本。

周公发现当前的社会有点乱。大家还崇尚"武力至上"的观念，今天我强大我就打你，明天你强大你也可以打我。一个乱哄哄的场面，今天平叛这个动乱，但另一个动乱可能又在酝酿中。

动乱的动力是利益，但动乱的祸根却在心里。

所以要制定一套规则，规住每个人，不让他们轻易产生叛乱的思想。就算有某个诸侯基因突变，别的诸侯也不想、不敢、不会跟他去瞎闹。

周公摄政7年，制定了诸多根本性典章制度，完善宗法制、分封制、继承法和井田制等，为每个人赋予一个特定的角色人设。制度给每个人画一个圈，规定了你的权力、权利和责任。

这也是**"思想禁锢"，把诸侯的野心圈养起来**。相对野蛮散养，圈养就是进步。原始社会的秩序像猴群的厮杀，**只有猴子和猴王两种身份，不厮杀才怪**。礼仪制定后，人类才能找到社会的感觉。社会上有很多等级和各种身份，够你拼搏努力一辈子。成功的道路很多，无须一下子就直接惦记着猴王的位置。

所以，**礼仪能让野人消除野性，将其驯化成文明人**。

欲望用来克制，这是人；欲望用来释放，这是畜生。

【天性】 天性可以是七情六欲，但不能等同于人类的自然属性。人类经过进化后，就算是最原始的动物性也被赋予新的基因密码，成为人性。天性不能只用来释放，如果你完全释放就容易离开人性回到动物性。

我们摔倒的时候，手会很自然地伸出去保护身体，不需要大脑思考就可以发出指令。这几乎成为一种自然属性，人类有，动物也有，但人类的大脑进化后能思考的内容更多。我们了解天性，知道什么时候可以释放，什么时候需要克制。

人之所以为人，是因为人能克制天性。然后，人与人共处的社会才能形成。天性的释放五花八门，但天性的克制最终会形成相对一致的表现——秩序。

做人最重要的不是开心，因为"开心"是一个相对的概念。经历悲欢苦甜的全套情感才是人，只有纯粹开心的一生，那不是人，那是精神有问题的人。

做人最重要的是遇见欲望、解读天性、感悟人性，然后知道如何与自己的欲望相处。不是有事没事，毫无章法地追求开心。

礼仪是人从天性修炼出人性的一条途径，就像上一个章节说它有点宗教的味道。因此我们会常常提到一个词：**封建礼教**。

礼仪后来被儒生们越折腾越复杂，最终变成黄药师口中的"繁文缛节"。儒生为什么要折腾？一定是为了存在，为了他们升级的存在和社会进步的存在。就像专家学者一样，因为职称和论文挂钩，人家能不拼命研究吗？研究再研究，就研究成了"繁文缛节"。

如果能抛开烦琐的表象，就能看见礼仪积极的一面：深入人心的礼仪使得中国的领土可能暂时四分五裂，但中华民族的"精神气质"却一直长存。

潜在的作用常常被忽视，表象的厌烦却时时表现。就像夫妻一样，你现在不一定喜欢他，但他已经成为你的存在。

我们可能会问：为什么会厌烦？

因为**任何事物都有生命周期，周礼也不能一劳永逸**。

人是活的，制度是死的！"活的"不是指动来动去的活物。对比"死"只有一个状态，属于静态；"活"会有很多个状态，成为动态。**制度无法自己衍生新制度，而活人繁衍新人，却会不断发展变化**。分母大了，在同样的比例下，分子里的各种人才就会逐渐出现。**出不了"周公"，也可能出"反周公"的小人精**。他们会侵蚀制度，让制度由促进社会发展变成阻碍社会发展。

说白一点，制度、礼仪只是封建统治的手段，社会最终要归回到人治。礼仪会延长某个朝代的人治寿命，却不能永久保住某个朝代。如果持续出现败家子，礼仪就算是金矿也会被挖光吃光。

所以以史为鉴，我们要改革，要不断改革。**人的进步有多快，人心的变化有多快，改革就要跟着有多快**。如果跟不上，就会被这些"小人精"玩惨玩死。

时间久了，诸侯都会习惯做 11 个月的王，不愿意做 1 个月的奴。如果他**对统治者的不服超越礼仪的框架束缚**，就会产生尝试突破的念头，最终起事造反。这是避免不了的社会规律，不论用哪一种理由作掩饰，本质就是某朝版本的礼仪到了它的衰败期，已经约束不了欲望的成长期。

五指山压不住孙悟空，乾坤圈套不住哪吒，老周家的"周礼"也要到了框不住诸侯的时候。同样,郑庄公的欲望,在周平王去世后也达到了突破的临界点。

六、郑国的三代彪悍

郑国是一个年轻的诸侯国。

宣王姬静是一个不安分的美男子。他有理想、有作为,三番五次出去打仗,肃清边境。弟弟姬友追随他立下不少战功,因此受封"郑"地。郑地便是郑国,王子友也变成郑伯友,史称郑桓公。

好弟弟,好姬友,好"基友"。

但郑伯友并没有去郑国喝茶钓鱼,而是让儿子掘突去郑地管理日常事务,自己继续留在镐京帮哥哥做事。哥哥去世后,他又接着陪侄儿周幽王,很有当年周公的风范。不过侄儿这个倒霉孩子的种种不靠谱,却让他很担忧。他预感到周王朝迟早会生乱,一旦出事"城门失火殃及池鱼",郑国就在镐京边境,肯定跟着遭殃,所以,他想为那一亩三分地预先做点谋划。

桓公置地

郑桓公去找会看天象和风水的太史伯。太史是掌管王室典籍的人,是个文化人,有占卜问鬼神的本事。他俩常常一起喝酒聊天,关系不错,可以无话不说。桓公就直接问,王室万一发生变故,他该往哪里逃命比较好?

太史伯说,只有洛河以东,黄河、济水以南可以安居。

咋的?风水好?

不止!太史伯告诉他,那个地方邻近东虢国和郐(kuài)国,两个国君都贪婪好利,大失民心,国人不喜欢他们,一直看着他们不顺眼。桓公身为周王的司徒,地位高、名声好,受到百姓的爱戴。如果能跟这两个国君说没有地方住,请求暂时借住在那里,虢、郐两国就算是拍马屁,也会同意。一旦真居住在那里,一段时间后,虢、郐的百姓都将会感受到郑桓公的好,愿意成为郑的子民。

刘备:我好像有灵感了!

郑桓公又问："我有想过去南方，去长江那边住，听说那里的风景不错？"

太史伯赶紧说："你千万别去，那是楚国的地盘，楚人的民风彪悍，你去就是找抽！"

那西边呢？

西边？老秦人不一直在拼命吗？

想想也是。郑桓公再问，秦楚两国都很厉害，那还有谁会变得厉害？

太史伯说，大概还有晋国、齐国吧！

明白了。郑桓公很高兴，太史为自己指明一条有名有利的发展方向，于是就赶紧按老朋友说的去联系虢、郐两国国君。

明白什么？老郑明白去忽悠那两个傻国君，去骗地。我们也要明白这段对话为什么要被记载下来？因为太史伯**泄露天机**，剧透此后"春秋五霸"的信号，楚、秦、晋、齐。等等，不是还有一个名额吗？是老郑吗？呵呵！

不久，郑桓公就逮个周幽王心情不错的时候，说郑地蚊虫太多，想去虢、郐两家借住一下。周幽王完全同意叔叔的请求，毕竟这个理由"太充分"了。

当然，人家也不是说蚊子的事，是说郑地老有犬戎等强盗出没，搞得家里都不敢放点贵重物品，所以想到虢、郐那边找个安全的地方，存放家当。**史称"桓公寄孥"**（nú）。然后，郑桓公就让世子掘突带着王命以及金银珠宝（这是重点）去找虢、郐两国国君。

虢、郐两国国君考虑到一是王叔，二是司徒，三是珠宝，就各拿出五个城池借给郑。地主家的傻儿子败起家来果然慷慨。

后世还有一个皇叔，叫刘皇叔。他是"借荆州"。

就这样，"郑地"通过借城成功实现脱贫，开始活得像个"郑国"。

虢、郐：对了，你要借多久？

应该不会很久，等掘突赚到钱，买到新房就可以。

那就是坐等？关键是掘突要到什么时候才能赚钱？而且你俩也要活到人家想还的那一天。

郑桓公很长寿，在位36年，要不是侄儿周"幽王"太"有玩"，把自己玩死了，把郑桓公也顺带着玩成以身殉职，估计桓公还会继续"桓"下去。

郑桓公死后，按照周平王的旨意，世子掘突继承君位，即郑武公。

虢、邻还想让郑武公还地？呵呵！

武公拓城

周幽王烽火事变那年，姬掘突听说老爸被犬戎杀死，第一个杀到镐京准备报仇。终究是年轻气盛，嘴上没毛，不小心中了犬戎的埋伏，幸亏有卫、秦、晋等几位叔叔的帮助，最终赶走犬戎。那一战虽然没取得什么辉煌的胜利，但战果的成效和影响很明显：一是参与确立新君，成为东周的首批功臣；二是娶到老婆。他在镐京"上蹿下跳"很抢镜，又长得英俊潇洒，所以被老申公盯上了。

申公眼光毒，下手狠，只要瞅准就马上下单，把女儿嫁给掘突。前面一个女婿是周幽王，外孙是周平王；这回女婿是郑武公，外孙是以后的郑庄公，"春秋五霸"的重要候选人之一。

郑武公即位后，迅速入戏，**不但继承老爸在周朝的宰相（司徒）职务，同时也继承老爸关于"扩张建郑国"的思想。**

郑武公对周平王说，他很喜欢在洛邑上班，但离家太远，回家一趟很麻烦，而且，夫妻分居久了也会影响感情。他想搬家，到比较近的"京"地。

谁不想"钱多事少离家近"？

周平王答应了小叔叔这么"人性"的要求。不过"京"还是虢、邻的地界，你们前面借的地好像还没还呢。

卖拐：坑人也不能老找一家坑吧？

郑武公：不是两家吗？

正好，邻君也来问武公，"你们借的地什么时候还？"

很合理，借人家东西是要还，不然对方老是来讨债会很烦、很没面子。要解决这个面子问题也不难，办法有两个：**一个是把五个城池还掉，债就没了；另一个是把债主做掉，债也没了！**

武公选择后者。

史载，郑武公二年，郑武公占领邻国都城，灭了邻国。

叫你瞎嚷嚷！还不知我叫"郑武功"吧？

东虢国君听到同是债主的邻国因为讨债反而被灭掉后，吓得半死。这家人怎么这样？什么素质啊？大家以后还能不能愉快地做邻居？

还想做邻居？你的心可真大啊！

郑武公对周平王说："东虢有问题，他们居然支持你的假弟弟伯服为周王（周携王），这事你还管不管？"

"正愁这事呢！咋管？"

"大王你去巡查一下，看他会不会迎接你？会不会拜你为王？"

"那不是很危险？万一他不在乎我，直接把我杀了呢？"

"也是。要不这样吧，为了保障安全，我先把他们鞭打一顿，教他们听话。"

周平王回复："好的！"

史载，郑武公四年，郑武公占领东虢国都城，灭了东虢国。

这下好了，全世界都安静了！**我的人生没有债主，只有做主。**

然后，郑武公又顺手牵羊把几个蚊子苍蝇一样的小国都给啪啪了！

记载，**郑武公横扫周边鄢、蔽、补、丹、依、弢、历、莘等八邑**。说实话，这几年，郑武公就是一只贪吃蛇，一格一格，让郑国越吃越长，越吃越壮，疆域大扩，国力大增。

郑武公终于可以把家搬到"京"地，再也没有阻力。不过新家也要先装修。

郑武公发现殷商的遗民中有不少能工巧匠，现在都被当作奴隶，还是"世袭奴隶"。郑武公就把他们解放出来，带到新家搞装修，顺便又修建**虎牢**等新城。"京"是大的意思，在当时一定是一座宏伟的都城，五星级。郑国一度还在这里建立宗庙，当作首都新郑的副都。

开疆辟土，攻城拔寨，这是郑国建设"硬"的一面。对郑武公来说，还有人才管理，家庭管理"软"的一面。他老婆**武姜，是个有理想的拒绝做咸鱼的女人**。她生了两个儿子，大的叫寤生，出生的时候难产；小的叫段，因为后来封在"共"地，大家也习惯叫他共叔段。小段段不但顺产，而且是大帅哥。

顺产或难产，这本是个妇产科的业务问题，但被武姜无限放大，"医闹"成朝廷的政治问题。她觉得难产出来的寤生是来克她的逆子，而顺产的小段段从小就乖巧听话，一脸的"旺母相"，所以她多次向郑武公建议不要让寤生当世子，改立小段段。

但无理的要求遭到郑武公无情的拒绝。没门，哥是哥，弟是弟，别扯。

再说，他克你又不克我！

武姜很无奈，也很不爽，口服心不服。"姜"字的本意是指像羊羔一样的女人，应该属于温柔型。但按照五行说，名字这玩意有点"缺啥补啥"的意思。她作为申公之后（后代）、武公之后（老婆），近朱者赤，近墨者黑，可能是一只凶悍的羊，连灰太狼都会怕的羊。

武姜的请求被拒绝，但理想不灭，她立志要为此奋斗一生，甚至在郑武公去世后，长子寤生已经继位为郑庄公，她还不死心。

她一度认为"机会总是留给有准备的人"。

真假母亲

一般来说，普通人家都是爷爷奶奶比较疼爱长孙，父母偏爱小儿子。但"偏爱"也就是苹果大一点小一点的区别，不会像武姜那样搞成刀光剑影，要死要活。有时候，你讨厌一个人，他站在那里，你就觉得烦；你喜欢一个人，他放的屁你都能闻到香味。武姜就是这样的人，"爱憎分明"的性格甚至连儿子都不放过。

因为"枕头风"吹不开，寤生木已成舟继位诸侯，她只好另吹一股"妖风"。她对寤生说："你现在做了诸侯，又继承周朝的卿士，很威风，可你的弟弟什么都没有，你这样做能忍心吗？"

庄公说："那就请母亲大人指点一下。"

母亲大人说："你把'制邑'封给你弟弟吧！"

"那不行！'制邑'是战略要地，老爸说要塞不可以封给他人。"

母亲大人又说："那把'京'封给你弟弟吧！"

庄公不敢说话了。开什么玩笑，一个是战略要地，一个是经济命脉，相当于今天的天津和上海。母亲你可真内行，真会挑，**一出手就要王炸的气势啊？我以后还要不要谥号"庄公"？**

母亲大人说："这也不行，那也不行，那就干脆赶他去外国谋生吧！"

庄公只好一咬牙说："京就京吧。"

大夫祭足是个明白人，听到封命后赶紧劝庄公说，京不但富庶，而且一直按照陪都的标准进行建设，现在让共叔段过去，政治影响太大。

是，庄公也知道很大，但母亲大人更大，都大到要命。

小段段就这样拥有了京地。他是个听话的孩子，为了实现母亲的理想,也包括自己的理想,一到京地就开始压制地方官,勾结豪强、招兵买马,一副早晚要造反的死相!

京是有金,但有国会更好。

郑武公的弟弟、郑庄公的叔叔公子吕看在眼里,急在心上。他对庄公说:"共叔段可以判死刑。"

庄公问:"咋了?你有什么高见?"

公子吕说:"共叔段在京练兵,意图谋反,请主上给我一支兵马,我去灭了他!"

庄公说:"练兵就练兵,很正常啊!"

公子吕说:"他把地方官囚禁了,京的赋税全被他霸走。现在他比我们更有钱。"

庄公说:"算了,我宁可失去京,也不想违背母命失去弟弟。"

公子吕很生气。你个傻侄儿,这是钱的事吗?大家现在都在观望,只有我站出来挺你。你不出牌,等于把我的立场暴露出来。无奈的公子吕转身对祭足叹气说:"主上最近怎么变得这么娘儿们叽叽?"

祭足说:"主上英明神武,是你自己太鲁莽。你在上班时间,大家都在的时候,讨论这么敏感的事,主上为了稳定,为了稳住他母后,能和你说什么?你要真心想知道底牌,就去后宫找他一起吃夜宵看看!"

"夜宵的味道"果然很合公子吕的胃口。

庄公说:"我哪里会不知道那个乖弟弟想做什么?**但他只是想造反又没有真造反,**我如果在这个时候去打他,母亲肯定会出面阻止,大家也会议论说我不孝不友。我是在等,等一个机会。他恃宠得志,肆无忌惮,应该很快会起兵,到时候我再出兵对付,母亲再偏心也说不出什么。"

简单说,欲擒故纵。

公子吕大喜,说:"主上果然有远见,但我们也不能等太久,到时他做大,反而不好擒拿。我们要化被动为主动,在他未做大之前,弄点小动作,诱促他早发飙,早起事?"

庄公问:"有什么好计谋?"

公子吕说:"主上好久没有去洛邑了。明天你就对外宣称要去洛邑一段时间。共叔段肯定会乘机来攻打新郑。到时候,我领一支部队埋伏在京的附近,他一出城,我就进城,拿下他的贼窝。你再转身杀回来,这边祭足也出兵,去攻占共叔段的老封地'共',三路夹攻,瓮中捉鳖!"

果然好计谋。君臣几人一顿谋划后,郑国很快就进入"一切尽在庄公掌握中"的节奏。

在追求理想的道路上正一筹莫展的武姜,听说大儿子庄公出差洛邑后,欣喜若狂,根本没多想就第一时间写信通知共叔段。但送信的小哥出了点意外,路上被埋伏在京附近的公子吕擒获,"鸡毛信"也就落到庄公手里。庄公看完信再原封回去,然后把快递员杀了,换成自己的人去,并交代一定要索要回信,留做证据。这是要做成铁案的意思。

小鲜肉共叔段除了会卖萌哄妈妈高兴,哪里玩得过哥哥?他果然按照人家的"圈套"马上回信给亲爱的妈妈,并约定具体时间和信号,很用心、很配合地给公众舆论留下铁的证据。

回信后,段又让儿子公孙滑去卫国借兵,然后亲自带上全部兵马杀向新郑。

接下来的故事就完全按照公子吕设计的蓝图发展。(此处省去××字)另外,还有一个意外收获:共叔段在兵败被困后,心理承受不住,居然自杀了!

庄公抱着弟弟的尸体大哭。弟弟啊弟弟,你咋就这么不懂事?不懂事就不懂事,咋还这么脆弱?然后擦干假眼泪,转身对祭足说:"把那封回信送给我母上大人看吧!"

庄公:我怀疑,我投胎了一个假母亲。

铁证在手的庄公发誓与他母亲"不到黄泉不再相见"。

其实这是一句气话。等庄公把其他事情处理好后,立刻意识到这样对母亲的影响很不好。**如果自己不孝,凭什么要求臣子忠心?**但话已说出口,母亲已经被遣送到"颍"地去了,也不好反悔!

好在办法总是比困难多,理由总比问题多。

颍地的地方官叫颍考叔,他通过试探确定庄公的心思后,就出了一个主意。他说让士兵去黄土山下挖洞,挖到泉水后,盖间房子,不就是黄泉吗?再让母亲先住下,庄公就可以正大光明地去见。

毫无违和感地实现"黄泉再相见"。

庄公哈哈大笑:"**论玩文字游戏,就服你们这些文人!**"

黄泉:你确定理解我的意思?

【黄泉】 据说泉水挖到一定的深度，会变成黄色。古人认为那便是地狱，是死人待的地方。所以我的泉黄不黄不重要，你必须是死人才可以。同样的概念还有"九泉"。"九"代表九种人生，如果一个人把九种人生都经历过，那做人也就功德圆满了，可以超度离开人世。

怎么定义都没问题，定义是死的，人是活的。活人不会被尿憋死。为了活人的事糊弄人都可以，糊弄鬼当然更可以。如果这事是好事，皆大欢喜，就更没问题。如果是坏事，大家不喜欢才会说手段卑劣，投机取巧。

我们现在看这种文字游戏有点自欺欺人，但当时这样做既维护了君主"言出必行"的权威，又解决了"孝道"的问题，一举两得。颍考叔因此立下大功，直接被提拔与**公孙阏**同掌兵权。

注意：颍考叔和公孙阏变成同事。但他们不是惺惺相惜，而是互相看不起。

在庄公的操作下，公叔段是"段"了，但他的儿子公孙滑还在。滑去卫国借兵，兵还没用上，段就先败了。不过这事没完，它变成一件独立的事，重新起头引发一系列的外交连锁反应。

卫国有点贪财，收到公孙滑的佣金后，也不仔细研究出兵的理由，就同意借兵。但因为时间差太大，卫国的兵还在路上，共叔段就被打败了。公孙滑也是个小滑头，听说老爸自杀了，立即掉头跑回卫国向卫桓公哭诉说："我伯杀了我爸，还囚禁我奶，请您替我做主啊！"

卫桓公姬完又没调查考证，凭一面之词再次说好。

这一"好"，却要引出许多"不好"（后面说）。而且，卫桓公可不是只会说好，只会主持公道，他还会参与春秋的首例弑君事件。

牛，连君主都敢杀！

是牛，不过他是被弑杀，被牛。

庄公不装

卫国起兵帮公孙滑来打郑国的消息很快就传到庄公这里。

公子吕说："我们正愁找不到公孙滑斩草除根，没想到他居然自己送上门来？不过，卫桓公也不是什么坏人，他一定是被公孙滑骗了。只要我们给他写封信，把共叔段父子造反的事情讲清楚就可以！"

没错，庄公也是这么想的。

这是一场没有必要的战争，是信息不对称造成的。我们不喜欢打打杀杀，让信息对称不就可以了？

果然，卫桓公知道缘由后很生气。小滑头居然骗我，向我借兵原来是要谋反，还说是救你老奶。你奶奶的，全部都给我撤回来，救什么啊？

命令是撤回来了，但除了信息不对称，还有那个很客观的问题——时间差。公孙滑知道糊弄人的事情掩盖不了多久，这事慢不得，**岁月都经常不等人，何况骗人造反**。所以，公孙滑带着卫兵先下手为强，趁庄公还在等回信，就把一个叫廪（lǐn）延的城市给打下来了。

庄公很恼火，马上派大夫高渠弥把廪延抢回来。

大夫高渠弥抢得很轻松，因为卫国的命令到了，卫兵回家了。公孙滑独木难支，也跑了！仗不用怎么打，廪延就顺利回到郑国。但庄公不解恨，高渠弥可以白白热身，郑国却不能白白让人涮一顿。庄公就命公子吕带着军队来到卫国门口。

咋样？卫桓公，你解释一下呗！

卫桓公马上道歉，说："周朝的卿士，你好！我错了，我被公孙滑那个小滑头给骗了。我发现影响咱俩友谊的人就是他，我准备把他杀了！"

庄公说："不用杀，我妈说先留着，免得我弟绝户。"

我亲妈真是我弟弟的好妈妈啊！

听妈妈的话。反正小段段已变成小滑滑，闹腾不出什么幺蛾子，就让他继续滑下去，活下去吧。这事可以告一个段落了。毕竟，比起周平王的"突然抽风"，不管是"鱼滑"还是"肉滑"都算不上什么事。

周郑交质

前面说过，郑国从桓公、武公开始就在周朝任重要职务。庄公上台后，也继续兼职司徒卿士。但随着周王朝的没落，郑国的崛起，庄公有意无意就会脾气大一点，声音响一点，做事强一点。

俗称，霸气侧漏。

周平王性格比较懦弱，表面上不敢对庄公有什么不满的表现，但内心早已不爽。所以就想借着庄公最近喊打喊杀、老不来上班的事实，按照"清理吃空饷"的要求，偷偷把他给开掉，然后请老实人南虢公来任卿士。

虢公不敢：这家人惹不起。他老爸一言不合就把东虢给灭了。

不敢归不敢，任命也没做成，但消息却走漏，被庄公知道了。开玩笑，老郑在洛阳能没有个眼线、耳线什么的？

于是，雄赳赳的庄公气呼呼地来到洛邑，对着周平王就是一顿自我批评，说自己做不好宰相，请求辞职。

辞职的内容没问题，但辞职的态度和气势太吓人。

周平王一顿蒙圈。这家伙上次报告说要来，结果半路拐回去把弟弟给杀了。这次没报告又突然出现，还一张口就辞职。咋的？这是要踢馆？

周平王只好解释说，寤生当宰相当得很好，很称职，年年都可以评优秀。周朝还是很需要他的，请不要辞职。

但庄公不依不饶地说他不行，他连一个小小的郑国都管不好，出这么大乱子。家丑都外扬了，他不称职，他辞职！

周平王说他知道那是共叔段的问题，庄公是当机立断为民除害，没毛病。

但庄公又切换到另一个话题说，虢公才华横溢，他应该让贤，不能尸位素餐，占着茅坑不拉屎。

周平王听到"虢公"两字，着实吓了一跳，绕了半天，还是要摊牌，"终于说出最后的要求"。

晕，我和虢公在后花园散步时说的话，怎么这么快就传到郑国去了？

以后一定要做好保密工作。

周平王赶紧再解释："我只是看你好久没来，以为家里事情比较多，就想让虢公出来帮你顶几天，分一点忧，临时负责而已。等你忙完回来，这个位置还归你，请不要再怀疑。"

此地无银三百两。

庄公说："大王啊，你是天下的王，卿士也是天下的卿士，又不是我一个人的位置，你愿意让谁当就让谁当，这是你的权力。虢公那么有才华，我如果不避让，天下人就会议论我贪恋权位。我还是辞职吧！"

隔壁庄公不曾偷。

面对堂弟的咄咄逼人，性格懦弱的堂哥终于招架不住了。周平王为了消除庄公的怀疑，化解偷鸡不成造成的压力，居然提出让儿子——太子狐去郑国做人质。

姬狐：我是米？

姬狐是周平王的次子，长子是姬泄。不过姬泄活不过他老爸，先死了，所以又立次子姬狐为太子。

此时的姬狐既不是太子，也不是米，而是高级的抵押物。

周平王的"退让"反让庄公吓一跳。想不到懦弱的人自残起来也这么凶残？哪有太子到臣子家做人质？如果我同意这样做，那还怎么管理大夫们？哪天他们强势了，一言不合就有理由叫我儿子去他家做人质。而且以后谁家诸侯再出现这样的事，都会说我是"始作俑者"。这舆论压力谁受得了？

所以，洞穿暗藏危机的庄公死活不肯，但想要化解危机的周平王又死活要求！

这是一个关于"猜忌"的死结。

【猜忌】 君臣之间，或者说是合伙人之间，最可怕的问题便是猜忌。猜忌是没有边界、没有终点、没有极限的怀疑，一旦开启怀疑，就难于消除。我怀疑你不信任我，我怀疑你会杀我，那我就可能为自保而想杀你。就算我放弃杀你，我也无法相信"你会相信我不杀你"。我怀疑你的忠诚，而且我猜你也怀疑我的忠诚，所以就算我再做各种补救措施，也很难让你我相信对方就真的不再怀疑自己。

此时，为追求自保，"囚徒困境"会让双方都想到先发制人。而一旦"先发"发生，又等于证实了对方的猜忌。

所以这是一个死循环，是人际关系最复杂的一环。

此时的周平王和庄公就处在"猜忌"的状态。

这场"自残与反自残"的游戏可能要把1∶1的比分保持到终场。问题是终场也没有时间点，没人敢吹哨子就等于没人敢下班。于是众位大臣就在中间调和，打马虎眼。大家建议郑国的世子忽先来周朝做人质，对外说是来上班，来锻炼。然后周朝的太子狐再去郑国，去"监工"。互相交换儿子，就不用再猜疑。

这个主意不错，"自残与反自残"的1∶1换成"自残与半自残"的1∶1。分数一样，但性质完全不一样。

从战术谋略来说，周平王让儿子去做人质和庄公要辞职很相似，都是以退为进，但由于两个人的能力和性格不同，却出现截然不同的效果。

谋略都是正经谋略，但不是别人能用你也能用。别人退学创业，你也退学创业。傻了吧，人家母亲大人是 IBM 高管，你是农民世家。

此时的郑国蒸蒸日上，此时的周王朝日薄西山。

所以，庄公这是以退为进，周平王却是以退为退。

这就是历史上有名的"周郑交质"。

大臣们打马虎眼的意图根本没能实现，诸侯们很快就看清了周平王的本质。什么他来锻炼，你去监工？无非是给人一张不要戳穿的面膜。这是典型的"君不君，臣不臣"，高贵与低贱岂能在同一个水平线上互相交换？

但周平王已经无所谓，都已经第 N 次被看清了，还差这一次？

另一边，表面上获得胜利的庄公也开心不起来，因为他隐隐约约预感到其中好像有什么问题，只是没有爆发出来而已。这是"蝴蝶效应"。**破坏礼制会有暂时的受益者，但最终都将是受害者。**

原来村里"称雄称霸"的士绅家族渐渐走向没落，只是余威尚在，村民也不敢随便出手挑战。但败家的模式常常是自内而外。

开始是弟弟不满哥哥，把哥哥打一顿，哥哥果然没能力还手。弟弟很得意，因为他打败了身为"族长"的哥哥。大家也会说弟弟很厉害。弟弟很骄傲，但现在全村人都摸清了你哥哥、你家族的底细。你家族最牛的人也就这样，那还有什么好怕的？

原来，大家或许会隐约感觉到"族长"哥哥的无能，但是谁也不敢、不愿去尝试，第一个吃螃蟹的人搞不好吃的是蜘蛛。现在好了，你们家自己测试。嗯，大家会说弟弟牛，给你双击，但击不了几天，就不再理会士绅家族了，也没人再愿意听从这个打败哥哥的弟弟说什么话。**弟弟是把哥哥拉下了马，但他自己也上不了马**，因为哥哥的毁灭其实就是家族的毁灭。家族失去最后的余威后，影响和危害马上会烧到每个人身上。弟弟最后一定会明白，**对内，哥哥可能是压制你，但对外，哥哥代表的家族其实在保护你。**

郑国是周天子最亲近的诸侯，庄公也在周朝当宰相。周朝再怎么弱，也是郑国最大的一张保护牌。郑人现在却图一时之快，把这张保护牌打烂。**此前大家敬畏周王朝几百年，现在大家"警畏"你郑国也就几年而已。**等庄公这种大牛去世后，郑国的缺点就彻底暴露出来，迅速沦落为二流诸侯国。

庄公很聪明，有智慧，但缺乏长远眼光。**好好的一个"挟天子以令诸侯"被他搞成"打天子以威诸侯"**。而且在为后代做战略布局方面，他明显不如老爸武公，选人不果断最终导致郑国内乱，并迅速沦落为几个大国欺负的对象。

这是后话，后面再说。

周平王在位51年后，驾崩了。在郑国做人质的太子狐立即赶回周都洛邑奔丧，路途奔波加上哀伤过度，居然也死了。叔叔死后，王位又回到姬泄的儿子姬林手里，即周桓王。但姬林没有读过蝴蝶效应，只会单纯地恨着庄公，认为正是老郑的跋扈才使得他的爷爷和叔叔这么快就双双赴难。

周郑交恶

在周桓王姬林的眼里，王位**有点"捡来的意思"**。没有就没有吧，如果一味被人掣肘那**就成"捡来的没意思"**。他不听周公黑肩的劝阻，决定和庄公撕破脸，把寤生公开辞退。

我拒绝没有实权，拒绝做傀儡。

周桓王对庄公说："卿是先王的臣，算起来还是我爷辈，我不敢用，你自便吧！"

自便就自便，庄公赌气回国。

郑国上下都为庄公打抱不平。大夫高渠弥说："郑国累世辅助王室，有苦劳也有功劳。太子狐在郑国也没受半点怠慢，没想到姬林继位后，居然这么没礼貌？干脆我们打过去，换一个王，省得受气。"

颍考叔说："暂时不要冲动，桓王年轻气盛，给他点时间学习，到明年我们再次入朝时，他一定会悔过。"

祭足说："高颍两人的意见可以中和一下。我现在带点兵马去洛阳城疆，就说今年郑国闹灾荒歉收，想借点粮食。到时周王就会出来'交涉'，我再责问他为什么要罢免郑国相位的事。如果他不出来，就等明年入朝再说。"

庄公觉得祭足的主意不错，强兵压境，再借题发挥，掌握主动权。

祭足就带兵到洛邑，向地方长官"借"粮食。没想到这家伙也不报告周桓王，就直接说不借。你是谁啊？我为什么要借给你？你饥荒，我也饥荒啊！地主家也没有余粮。

祭足好没面子，说好的主动性呢？**一个地方官就把他的智慧掐断，把天给聊死了？**当然不行。既然你不借也不上报，祭足就决定耍流氓，在城外直接把麦子割走——改抢了。然后，下半年再接再厉再割一次！

现在好了，不管那个小屁官有报没报，反正事情闹大了，周桓王必须知道。

周桓王大怒，郑人是士兵还是民兵啊，居然还会农活？太欺负人了吧！

姬林想打人，但周公提醒说："我们可能打不过。最好的办法就是通知各地做好粮食抢收工作。我们就当不知道，看看郑庄公的脸皮有多厚。"

周礼：看我羞不死他？

庄公看到周桓王没有动静，再次意外。抢来抢去的目的是逼周桓公出来，想不到年轻人这么沉得住气，死活不出来。人家不给你讲道理的机会，你就没办法解释自己为什么抢，留给天下人看到的就只剩下你抢割稻谷的犯罪事实。庄公变被动了，感到很不自在。人家毕竟是王，还是去请罪吧！

不过，就在庄公准备去洛邑请罪的时候，隔壁邻居卫国来报说，郑国的好朋友、老朋友**卫桓公死了**，而且是被杀死的。

庄公吓一跳，立刻意识到这事比去周王朝"扯淡稻谷"更重要。人命关天，我们可能还要做好战斗准备。

七、痞生的初露锋芒

庄公料得没错，卫国确实准备攻打郑国。卫国吗，顾名思义，不能只想卫自己的国，有机会也想去卫别人的国。只不过，他们的视力这次有点迷糊，看不清局势，居然要找郑国来卫。

郑国：小卫，你摊上事了。

卫国简历

卫国的历史很悠久。

周文王除了治国能力强，生育能力也特别强，光和正妃太姒就生了十个儿子：伯邑考、武王发、管叔鲜、周公旦、蔡叔度、曹叔振铎、郕叔武、霍叔处、康叔封、冉季载。卫国的第一任国君便是周文王的第九子康叔封。

国如其名，设立卫国就是为了抵御北方的外族，捍卫京师和周王朝。卫国从康叔开始，一直很认真地执行这项光荣的使命。康叔为此还被周成王任命为司寇，和周公一样，去镐京上班。

同样，卫国的日常事务也交给儿子卫康伯去治理。

从卫康伯开始，到卫武公的老爸卫釐（lí）侯，卫国经历了八个国君。这些国君的简历非常相似，只有两个字：不详。

"不详"到卫武公这里，终于有点详。

卫武公最突出的特长是长寿。在位55年，经历从西周到东周。他也因此发了笔"国难财"——卫国由"卫侯"变成"卫公"。这份"政绩"提升了他在卫国的地位和声望。不过他个人的继位却有点不光彩。原来，**卫釐侯世子是姬余，有余的余**，但卫釐侯比较喜欢另一个儿子姬和，就明里暗里给姬和不少财宝。姬和不是贪财的人，他一拿到钱财就马上去消费，不过不是去娱乐场所，而是去收买一批敢死的壮士。然后，你懂的。在卫釐侯去世的丧期，这批壮士发飙耍狠，逼迫世子姬余自杀。**姬余，就变成多余的余**。

姬和因此即位，为卫武公。卫武公在位期间勤政务实，虚心纳谏，可谓好评如潮，并在平定"戎狄之乱""切换西周东周"的事件中走上人生巅峰。不过到他儿子卫庄公姬扬这里，卫国又恢复平静，回到习惯性"不详"。

其实这是短暂的平静，厚积是为了薄发，为了喷发的那种平静。之后，从卫庄公的儿子姬完和州吁开始，卫国正式成为**春秋抢戏的大咖**。

卫国始终没有一次称雄，但一直都在出彩。不管是哪一个阶段，齐、晋、秦、楚谁家的霸业，总有他的影子、他的故事。他总在人前人后"磨磨默默"地付出。他不是主角、不是配角，但绝对是"最佳第六人"。

而且，卫国的民风民俗十分开放，对男女的事情看得很开，很无所谓。**所以在春秋的政治大戏上，他们上不了台面，但如果要出版宫廷戏的话，那就难说谁是主角了。**

一直以来，卫国似乎在写一本《论第N配角的自我修养》。

除此之外，卫国还有一个奇迹，那就是自己的国力不强，却能给各国输送各种优秀的人才，比如商鞅、吴起、吕不韦等。说真的，随便挑出一个来，都能让整个春秋"瑟瑟发抖"。

一看就知道，卫同志是一脸的"旺夫相"。

能老出人才肯定要得益于他的国民教育和风俗传统。当年周公特别喜欢九弟康叔，所以在制定周礼后，还给卫国开了小灶，偷偷给卫老九送去周礼的辅导读本《康诰》《酒诰》《梓材》等"外挂教材"。鲁国和卫国因此也成为周王朝最有《周礼》遗迹的两个诸侯国。"周礼专家"孔丘也经常去卫国，一方面是没有其他地方好去，没人邀请；另一方面也是卫国存有不少周礼的文化吸引着他，他可以去调研，去挖掘。不过，这都是后来的事。

后来的事后面会说。现在先从姬完开始，扒一扒卫国在卫庄公短暂平静之后的故事，扯一扯卫国与郑国之间那些不得不说的事。

州吁之乱

那个把西周挽救成东周的卫武公去世后，儿子卫庄公继位。不过同是"庄"字辈的公，情况却完全不一样，看看邻居家的郑庄公，学习好、体育好、懂礼貌，还长得帅，再看看他，只有各种不详。他在位 23 年后去世，儿子卫桓公上台。

卫庄公没什么故事，卫桓公也没多少故事，但他们组合在一起后，这对父子就有点故事。

前面介绍过卫桓公，因为共叔段父子政变而与郑国产生过误会，不过双方很快就冰释前嫌，重新结成好朋友。但故事的重点根本不在这里。

卫桓公是卫庄公的小妾戴妫所生，名字叫完，姬完，公子完。他还有一个同母弟弟叫公子晋。正室齐姜没有生育，就过继公子完。公子完子凭母贵就成为世子完，长大后便继承爵位，成了卫公。

【公子】 春秋时期，王朝的君主称王，诸侯国的君主按对应的爵位，称公、侯、伯等。王公们的老婆很多，其中比较尊贵的一个为正妻，称夫人，与后来的皇后属于同一个级别。正妻所生的儿子就叫嫡子。最年长的嫡子为嫡长子，最有希望成为国家的继承人。王朝的继承人称"太子"，诸侯的继承人称"世子"。太子、世子确立后，剩下的儿子包括其他的嫡子，统称为王子、公子。王子林、公子完等名字是一种"身份+名"的尊称模式。

后来随着社会发展，马屁文化逐渐渗透进语言领域，"公子"的称呼被泛化，进入一般的贵族家庭，只要是大臣的儿子都可以称为公子。

当然，比"公子"更泛化、掉价更快的那个词，叫"小姐"。

王子、公子生出来的儿子，对应就成王孙、公孙。因为诸侯和大臣实在太多，所以"公孙"后来居然演变成一个姓氏。"司马"作为姓氏体现职务，公孙作为姓氏则体现身份，两者的本质都是地位。

多说一句，因为武侠小说的取名偏好，还生生把"公孙×"逼出了谋士的感觉。

除了世子完和公子晋，卫庄公还和一个宫女生了公子州吁。州吁暴戾好武，喜欢舞刀弄枪，和公子完的好善懦弱、善于讲道理形成鲜明对比。卫庄公很喜欢小恶霸州吁，甚至有点溺爱，无论干什么，都由着他。州吁从小就有点往"熊孩子"方向发展的意思。

卫国大夫石碏是一个耿直的忠臣。对于州吁，他是看在眼里，急在心上。他感觉到熊孩子的隐患，就劝卫庄公要管管州吁。

卫庄公只是嘿嘿一笑：别和小孩子较真。

石碏没办法。他知道早晚会出事，就辞职回家躲一躲。没想到儿子石厚居然和州吁有点"情投意合"的味道，臭味相投，天天搞在一起。石碏骂他打他，把他关起来，最后还是被他逃走。

我还叫庄公管好自己的儿子，原来儿子这么难管啊？

挣脱了"封建家庭束缚"的石厚跑到州吁家就不再回家。两个大胆的年轻人一不做二不休，就直接住在一起！注意：不是一男一女，是一男一男，但也别想歪了，他们只是有共同理想而已。

这个理想就是篡位。

石碏：坑爹啊！这个儿子我不要了！

此时，州吁的哥哥世子完已经顺利继位卫侯，即卫桓公。他们要篡的是哥哥的位，不是老爸的位。对象虽然不一样，但"位"都是正经的"位"。

在崇尚武力的人眼里，原本十分复杂的"篡位工程"也会变得非常简单，就是暴力一点。在卫桓公准备去洛阳参加周平王丧礼的时候，弟弟州吁说要去送一下哥哥。在欢送仪式上，州吁趁卫桓公不注意，一把短刀刺过去，从卫桓公的后背刺穿到前胸。他亲自刺死哥哥。因为帮凶石厚早就带兵埋伏在周围，所以大臣们除了脸上惊愕、心里骂娘，也找不到更好的应对措施，只好默认"篡位"成功，同意州吁继位。

卫桓公：你说的"送一下"是这个意思啊？！

而州吁居然连刺客都不找，亲力亲为，非常符合他的性情。

卫桓公姬完是真的完了。这个名字取得也真辟邪啊。他现在不用去参加别人的葬礼，改由别人来参加他的葬礼吧。人生的剧情就这样，角色互换，瞬间逆转。

你还别说反应不过来。春秋的故事就是这么刺激，这么耿直，就算调头也不一定会踩刹车，他们只负责调头，至于翻不翻车那是别人的事。

这是《春秋》详载的第一例"弑君"案。从州吁开始，在成功的效应下，后面已经开始排队了！说真的，如果臣不像臣，动辄"弑君"，那君也只能不像君，谁当国君都不踏实。

五国围郑

卫桓公就这样被动地出了一回名。躺着也中枪，躺着也中奖。

不管是躺着还是捡的，反正州吁成功了。但他上位后心里不踏实，感觉人心不稳，担心大家不服，就找石厚商量，研究看有什么办法改变一下尴尬的局面。两人"情投意合"很快就想到一块——"武力"。他们决定找一家诸侯打一仗，**通过对外扬威，达到对内胁迫。**

毕竟"篡位"都这么容易，那胁迫还会难吗？

要找哪个国家？首先，这个国家必须和卫国有点过节，这样便于宣传成报仇；其次，这个国家不能太大，否则被打的会变成自己，反而让人家扬威；再次，这个国家不能太远，来回路途费钱不说，出去时间太久，卫国后方也不放心。根据上述三点要求，两人掐指一算，就郑国了。

为什么是郑国？是不是哪里算错了？郑庄公最近势头很猛啊！

没错，郑庄公是会打仗，而且最近还和齐国签订了一份军事互助的"石门之约"。但他们并没有放弃自己的推论，毕竟也是"起早贪黑"才想出来的"馊主意"，不容易啊。能打是吧？不怕，大不了多找几家帮忙。

卫国是小国，谁会来帮忙？

石厚说，陈国、蔡国是周王朝的死党。郑刚刚和周撕破脸，我们说去问罪郑庄公，帮周大哥出头，陈、蔡就一定会去。鲁国是公子翚主政，这家伙贪财，只要给钱就会出兵。还有宋国，宋殇公与夷最忌讳的人公子冯正在郑国"政治避难"，我们说去打公子冯，他肯定乐意。

郑与周的矛盾前面介绍过，贪财也不用解释，那么宋的公子冯是什么梗？

原来，宋宣公子力去世后，没直接把位子传给儿子，而是"脑子抽筋"地传给弟弟宋穆公子和。然后穆公过意不去，一样"脑子短路"，去世后又把位子传回给宣公的儿子公子与夷，就是宋殇公。穆公的儿子公子冯又恨又怕，就跑去郑国申请"政治避难"。

这家好乱，全部不按规矩出牌。

宋宣公：我看人注重人品。

宋穆公：我的人品就是有借有还。

不过，实践证明人品不能遗传，公子冯的人品还真不咋的。

但也不能全怪公子冯们，这是"接盘"的倒霉。上一代人光顾着秀兄弟感情，没有考虑到儿子侄子的感受。如果父辈们只想**喝茶倒酒聊情义**，那么子辈们就只剩**刀光剑影聊人生**。

卫国派宁翊到宋国，和殇公说了一顿关于公子冯的悄悄话。

你的软肋在哪里？你的痛处又在哪里？你是不是常常彻夜难眠？是不是一直有难言之隐？现在好了，我们卫国来帮你，主动扑面而来。

这确实是送上门的厚礼。殇公听后果然很对味。

但这事"只能用力做，不能公开说"。

石厚很清楚里面的猫腻，在国书上只说郑庄公肆意杀害弟弟，不友不亲，所以想邀请宋国一起去郑国训话。

宋殇公非常赞同，表示"兄弟情谊"是宋国的优良传统，宋国人完全不能接受这种"杀弟行为"，实在太可恶，一定要声讨。

公子与夷义愤填膺的样子很有画面感。**面上是谴责别人杀弟弟，底子里却是他自己想去杀弟弟。这是流氓有文化。**

但宋大夫孔父嘉不同意。扯淡，郑庄公杀弟弟？他卫州吁还杀哥哥，还篡位呢？卫人自己没擦屁股还好意思说人家不洗脸？他们自己想打郑国，却要哄骗我们一起上当。

殇公：这事你懂吗？你懂的！你不懂的？

孔父嘉的分析很在理。但他没有领会领导的意图，所以再有道理也不会被采纳。果然，宋殇公不听孔父嘉的话，只用自己的欲望战胜理智，然后答应宁翊。

石厚的算盘很如意，继宋殇公答应出兵后，鲁国也同意起兵呼应。公子翚人品好、有原则、有信誉，"收钱就办事"。陈、蔡两国估计也收了钱，已经雄赳赳气昂昂地摆出一副要为周大哥出气的"单纯"，表示随时可以出兵。

陈、蔡两家也是搞笑的诸侯。春秋初期，他们是周王朝的铁小弟，春秋中后期，他们又变成楚国的铁小弟。楚国是公开叫板周王朝的诸侯。这俩诸侯也算是一路的老铁。为什么？都说打铁还需自身硬，但他俩的国力根本硬不起来。所以别说打铁，自己才是铁。做小弟的能认清形势，这块铁还能少挨点打。

最后，卫、宋、鲁、陈、蔡五国兵马就真的一起围到郑国，还真有点"春秋第一次联合国军"的气势。

但他们低估了郑庄公。郑庄公不是吓大的，"第一次"唬不住他。

郑国回击

老天如果决定选你，要"天将降大任于斯人也"，就算你不找它，它也会找你。老天这次选郑国，选郑庄公，郑庄公有这个自信。

郑人发现家门口突然来这么多客人，很慌张，五国军队，五个指头握紧就是拳头，或战或和大家犹豫不决。但郑庄公一点不慌，他把问题看得透透的，把对手命脉捏得死死的，总有运筹帷幄的自信。

郑庄公说，宋国参加盟军肯定是因为公子冯，他把公子冯移到长葛去，宋国就会像狗追包子一样跑去长葛。

果然，消息一放出去，宋国马上移兵去长葛，"五指山"立马变F4。

但公子冯就很尴尬了。我是谁？我来做什么？咋的？郑人不是说帮我转移到一个安全的地方去？这就是"安全"的定义吗？你们是拿我当诱饵吧？

郑庄公又说，这次"围攻"是卫国挑的头。州吁和石厚想通过战争立威，但他们的后方还不稳定，肯定不会恋战。请公子吕辛苦一趟，带几个群众演员出去，随便和卫国过个招，马上回来。记住一定要一边跑，一边大喊"我们输了"。这样，州吁达到目的就会撤兵回家。要知道，老卫家还有一个石碏，非常老辣，卫国还存有变数。

看到郑兵一阵"横店式"败退后，州吁很纳闷：郑国兵强马壮的传说到底是哪个不要脸的家伙帮忙吹出来的谣言？正当他准备再深探究竟时，却被石厚叫住了。石厚提醒他，他们的心思已经被郑庄公拿捏得准准的，人家这是给他们台阶下，赶快回家吧！

好，卫国也回家，起头的人都回家了，F4又变"小虎队"。

郑庄公又说，鲁国由公子翚带兵，本来就是"走穴赚外快"，只要卫国一回家，他会跑得比兔子还快。陈、蔡就更不用说，明显是想来蹭饭看热闹！如果郑国不请，他们还好意思死赖着？

果然，鲁、陈、蔡听说州吁打了个雷声很大的胜仗，就过来祝贺，顺便也说回家的事。于是，刚要成立的小虎队也宣布解散。

就这样，又动员又串联，折腾了几个月的"问罪"，最终围了郑国五天就自动解围。史称"东门之战"。

郑庄公果真厉害。他将计就计，不慌不忙，见招拆招，用**配合他们演戏的办法，让他们反而配合自己表现出优秀的领袖气质**。

郑庄公：是猴子自己跑来逼我耍猴！

石碏灭亲

回到卫国的州吁很失望，国人并没有因为他打了胜仗而信服他。

我有多努力你们不知道吗？我有多辛苦你们知道吗？为什么不"爱豆"我？州吁认为还是"根苗"问题。根不够正苗不够红，所以名不正言不顺。

州吁想请石厚老爸石碏出山，希望借石碏的威望为他们撑腰。但石碏说："我自己腰都疼！哪里还能撑得住你？我不出仕。"

石厚只好跑回家问老爸，如何让州吁变得有威望？

石厚是真厚啊，脸皮厚，心也厚！可能儿子根本不了解自己的亲生父亲。当年他是如何拒绝你们在一起，你忘记了吗？

石碏说："你们可以向周王请个王命，有了周朝的任命不就名正言顺了？"

石厚说："我知道任命书好，但周桓王哪里会给？"

授权书是好，但我们明明是盗版的啊！

石碏说："你可以和州吁一起去找陈侯帮忙。陈国和周王朝的关系好，请陈侯为你们说好话。你们不是刚刚和陈国协同作战吗？"

这个主意不错，有这两层关系，陈侯一定会指导你们走上一条正版化之路。

石厚很高兴，"我怎么没有想到？"

石碏也有点高兴，"你们没想到的事情多着呢！"

陈国大夫子奸（jiān，奸的繁体字，搞不清楚为什么是这个名字？**我都是红着脸打字**）是石碏的生死之交。就在州吁和石厚带着厚礼去陈国的时候，石碏用血写给子奸和陈侯的信已先一步快递出。石碏阐述了州吁和石厚篡位的事实，于情于理、于公于私请求陈侯帮忙主持公道，把他精心策划的送货上门的贼臣逆子给做了。

陈侯说，果然不出他所料，卫桓公才和他约好要一起去洛邑奔丧，怎么又突然说暴病而死。他早就怀疑里面有蹊跷！原来是州吁作的妖啊。他们一定要为卫桓公伸张正义。

于是，满怀希望要为理想奋斗又毫无防备的州吁和石厚一到陈国就被陈侯给绑了。消息传回卫国，一大群"委婉忠臣"没了后顾之忧，纷纷跳出来。他们找到**"权威忠臣"**石碏说，州吁早就该死，一定要杀了他，不过石厚这个孩子肯定是被蒙骗在鼓里，可以考虑做个污点证人什么的！

这马屁拍的，远在陈国的州吁都能闻到一股"淡淡"的胡椒味。

不过石碏不领情，说州吁能走到这一步，就是那个逆子在后面煽风点火造势帮忙。石厚也该死！

卫国决定派右宰丑去杀州吁。州吁说："你是我的臣子，怎么可以杀我？"右宰丑说："卫国已经有了弑君者，我只是在模仿他，向他学习。"

这是破坏秩序的典型案例。破坏者只能有短暂的快乐。你能破坏别人的秩序，他人也一样会破坏你的秩序。始作俑者岂有善终？

石碏又让獳（nòu）羊肩去杀石厚。石厚说："我要见一下我的父亲。"獳羊肩说："可以啊！我就是你父亲派过来的人，他说只想看你的头。"

按理说"虎毒都不食子"，但人之所以为人，就是因为人的情感变化可能会连自己都杀死，俗称"舍生取义"。舍、取都没问题，只是不能太生，太义。

州吁和石厚都死了。卫国需要新的君主。

在石碏的主持下，卫国召回在逃的公子晋回国继位。公子晋是公子完的亲弟弟，名正言顺，是为卫宣公。宣公即位后，论功行赏，石碏被称为国老，世世为卿，有点周朝周公的味道。能世世为卿说明儿子不少，所以石厚死了也就死了，舍不得孩子套不到狼。

陈、卫两国自此更加相亲相爱。卫国也赶紧派人去郑国解释误会，请求恢复原来的友好关系。但游戏规则已经改变，所有的友好都只是一种外交状态而已，**友好多久比友不友好更关键**。

八、郑国的实践封霸

郑国人最近不开心。五国来家门口"撒野"，虽说没被占走什么便宜，但性质很严重，影响很恶劣。如果没回应，不拿出一点颜色的话，以后还怎么在中原混？庄公的面子如果挂不住，还怎么出去做"庄"啊？

郑国决定复仇，必须复仇。

结交陈国

其实五国一退兵，庄公就开始考虑报复的事。而且落难的公子冯也从长葛狼狈跑回来诉苦，说长葛已经被宋国占领。堂哥公子与夷打起堂弟，那是真卖力啊！要不说"亲兄弟，明算账"？公子冯一把鼻涕一把泪地哭诉着遭遇，虽然没有直接点明庄公的不厚道，但句句都在唤醒郑国人的内疚感！

你们的良心不会痛吗？

好在诱饵的使命已经完成，蚯蚓还在，鱼还在。庄公也觉得这次就数宋国最积极，其他诸侯都是走走秀，他倒是假戏真做。

那就打宋国吧。但五家是一个团伙，如果现在打宋国，其他四国一定会害怕，就可能再次集结起来。所以要先瓦解团伙的一致性！

庄公认真地研究了"乌合天团"的软肋，决定先从陈国开始。

郑国派出使者主动和陈国建交，说"爱你不是两三天"。

没想到陈侯不领情：无事献殷勤，非奸即盗。陈侯看穿了庄公的心思，你不去结交卫、宋，为什么偏来结交我？欺负我小，好骗？所以就策反我？万一你中途反悔，到时这边指望不上你，那边又被宋、卫打，就太不值了！

所以陈国的态度是："我送你离开，千里之外"。

庄公吃了一惊：陈侯有两下子啊，这么深层的含义都能被看穿。祭足解释说："陈国肯定是担心我们没有诚意。"

庄公说："我是真想收他做小弟，只要他愿意跟，我哪有不要的道理。"

祭足说："要不我们想个办法让人家释怀？"

这也容易，无非是演一场戏。演戏我们在行，来场"映像小陈城"吧。

郑庄公，正庄公，正装公。**每一个伟大的政治家都不曾怀疑过艺术的力量。他们不会为艺术献身，但绝对有能力让艺术为他献身。**

郑国安排两个边将出去打猎，打着打着就打到陈国边境，这是地理过了界。然后又猎走不少陈国的百姓和财物，这是猎物过了界。说白点，就是抢！

陈侯吓一跳，郑国咋这样？人家不想和你做朋友，你可以试试死缠烂打，多追求我几回，没必要直接到我家摔盆砸碗地耍无赖啊！

陈侯正准备研究一下对策。门卫说，郑国的颍考叔来了。

颍考叔说他家主上令他赶紧来解释。原来是那两个边将听说贵国拒绝和郑国做朋友，就错误地认为两国有矛盾，想替郑公出头。这是他们管理不到位，请陈侯原谅。他们抢来的百姓和财物全部返还，另外还要追补上一点，算是误工费和精神损失费。

陈侯又惊又喜，很受感动，郑国这么尊重陈国，庄公这么把他当回事，就一定不会欺负他。

于是，陈国同意与郑国结盟。

这是儒家根据观念偏好写的建交过程，侧重和谐温馨的场面。其实改变老陈态度的关键因素是那两个边将秀出的肌肉、可怕的实力。这一次是误会，那下一次呢？为了保证下一次不再有误会，最好的办法就是：我们做朋友吧！

矫借王命

既然陈国已经搞定，那现在可以暴打宋国了吗？

祭足说，还不行。宋国是大国，是公爵，不能没有理由就随便去打人家。太鲁莽搞不好反而容易招祸。

祭足建议庄公去一趟洛邑，去朝见周天子。然后，回来就说是得到周天子的旨意，要求郑国约齐、鲁一起去打宋国。这样，一来增加军队实力，二来有理有据，师出有名，防止留给其他诸侯诘难的口实。

也对，差点忘了还有一颗废旧棋——天子。

天子周桓王一见庄公就问，郑国今年收成如何？庄公以为是关心，就背书说赖天子洪福，收成还不错。周桓王又奚落说，那他们今年的麦子可以自己收割了吧？

庄公才知道，原来小伙子在这等他呢。还记着恨呢？

当然记得。所以庄公来洛邑，周桓王也不说请坐请喝茶之类的客套话，而是直接给他几车稻谷，还特别嘱咐以后不要再假扮民兵去偷割人家稻谷。他们姬姓家大业大，完全可以自己解决温饱问题。

这顿"文削"削得庄公哑口无言。庄公很后悔来洛邑，想不到周桓王的口舌居然这么牛，牛舌啊。

庄公想潇洒一点，拒绝不要，直接回家，但身边的祭足一直给他使眼神，庄公只好暂时领会，谢恩！

退朝后，祭足说，诸侯们现在还很看重郑国，主要就是因为郑国三代为卿，常在王的左右。王的恩赐不管大小，都是大恩，性质远比内容重要。如果他们不受，诸侯们马上就会传说郑和周有矛盾，到时他们不但失去周卿的位置，还要失去不少诸侯的看待。

正说着，周公黑肩来拜访，还送来两车厚礼。

庄公很纳闷，为嘛啊？周公和周桓王的步调不一致啊？

祭足解释说，周桓王的长子叫佗（沱），次子叫克。听说周桓王喜欢王子克，让周公给克做老师，估计有夺嫡长位的想法。黑肩一定是想提前结交庄公，希望以后如有闪失，也好请庄公帮忙。不过，这些礼物对庄公他们来说，正好有用。

啥用？郑国现在比周朝还富呢。

祭足说，他们朝觐周王的事，许多诸侯国都知道。现在回去正好借用这两部车，装上礼物（含稻米），就说是王的赏赐，是王对他们的认可和授权。然后一路告示天下，说王对宋国的朝贡很不满意，要求郑国去讨伐宋国。这样，他们此行的目的也一样可以达到。

简单说，也是一个勉强版、迷你版的"假天子以令诸侯"。

庄公觉得主意不错。桓王你耍我是吧，我现在就借你的耍，发个力，反耍回你，将计就计。反正这种耍来耍去的游戏，我有的是经验。

郑人的路演很到位，不明真相的诸侯们都认为是真的王命。

消息传到宋国，宋殇公吓坏了，连夜反省朝贡的事。老实说这几年不认真朝贡是许多诸侯都有的事，潜规则吧。就像闯红灯、逆行一样，肯定违反交通规则，但哪部电动车没闯过几回，逆过几次？为什么挑我宋国来问罪，选择性执法？一定是庄公在背后使坏。

寤生公报私仇，一定是上回"东门之战"留下的后遗症。

但恨归恨，人家现在有理占上风，你还不能硬顶。宋国就去找卫国，请卫国出面做个中间人，调和一下郑宋的关系。解铃还须系铃人，上回"五国旅行团"本就是卫国起的头。

卫国说"好"，信心满满的样子。毕竟，卫宣公刚刚和郑国握手言和，心想这点面子老郑还是会给的。

于是，宋国就定桌菜，下单请来卫国、齐国。估计在宋殇公看来，**没有什么矛盾不是一顿饭解决不了的，如果有，那就两顿**。宋国甚至都想好了赔礼道歉的措辞。如果道歉不好听，说不过去，到时候也无非就是再加个自罚三杯之类的"非暴力自残"。

没想到，郑国的态度不是三杯四杯的问题，而是压根就不来。

开玩笑？郑人费了九牛二虎之力，就为这点饭菜钱？别说吃饭喝酒，就是唱歌送礼什么的也统统都不会要，都不好使。

他们就想暴揍你一顿，不为别的，就为解气、扬威、杀鸡。

郑国："奉天讨罪"的大旗我都订做好了！你还跟我谈和解？

郑盟攻宋

不久，此前发生在郑国城门口的军事活动，现在像歌星们开巡回演唱会一样，轮到宋国的城门口。

鲁国还是公子翚，一个很有原则的财迷，"谜一样的死男人"，只要给钱就出场。郑国的"首付款"一到，他就立即变成郑国的朋友。

走穴吗，哪个穴不是走？有钱就行，图实惠。而且庄公表态这次一起打宋国，不管打下什么都给鲁国。

齐国与郑国签过"石门之约",属于战略伙伴,还非常亲密。要不是郑世子忽死活不依,两家早就结成儿女亲家了。就冲这关系,不是实在亲戚,也算过命交情。所以齐侯一早就派弟弟夷仲年带来三百乘战车助战。

至于蔡、卫、许等小国,不管同意不同意,兵多兵少也不用在意,郑国交代说点名的时候必须到,否则下一个就是你,去你家问罪。

于是一个新的×国军事联盟再次形成,目标直指宋国。说真的,这么多人干过去,不要说打仗,就是吃饭也会吃垮你。

但这样一来,卫国就尴尬了。刚刚还准备为宋国说情,现在却变成和被说情的一起来打想要说情的。

卫国:我到底是哪头的?

宋国:你不是中介吗?

现在房产中介也开始炒房,这是标准的中间商赚差价。

面对来势汹汹的郑、鲁、齐三国盟军,宋殇公一副送殇的脸,问大家怎么办?孔父嘉说,他们就不该被卫国忽悠,打鸡血凑热闹去围攻郑国。现在人家兴师问罪,明里是替周王讨伐,暗里就是来寻仇,明里暗里都是理。他打听到根本没什么王命,但人家势头已经形成,理论也没有用。

殇公说:"我知道错了,你就说现在该咋办?"

孔父嘉说,郑国的主力部队现在都在宋国,国内必定空虚。他带领一支兵马出城,请卫国再配合他们一次,借点兵,一起去袭击郑国。庄公必然要回马救援。如果主谋退兵,其他打酱油的同伙自然也会散去。

好计谋,这不是后来"围魏救赵"的思路吗?

但卫国问:"我们凭什么要借兵给你?"

宋国解释说:"上回你不是也向我们借吗?有借有还,再借不难。再说郑国围宋的麻烦也是你惹出来的。如果宋国被打败,那下一个不就是卫国吗?"

卫宣公听完很有感触,想想还真是唇亡齿寒这个道理,就同意借兵。

我也是醉了。**卫国派去郑国友好建交的使者才回来没多久,估计换洗的衣服都还没干呢,就忘记了?** 就凭宋国几句话,就同意了?

这里面会不会有什么误会?难道卫人的政治决策就这么随意?卫宣公就算是捡来的公侯,也不用这么任性吧?

唯一的解释就是宋国这次去卫国借兵,除了说出那段道理,一定还有比道理更管用的厚礼——白玉彩缎。继承商人衣钵的宋人应该比其他诸侯更富有一点，也更懂得如何运用财富。

卫国人的生活习惯和人生态度好像也比较随便，这些年净学着风花雪月，只会对生活热情奔放，花钱有本事，赚钱没能耐。所以同样是钱，鲁国也是为钱，但卫国"为钱"出场的戏份却多得有点辣眼睛。

郑国：你就这么缺钱？

在孔父嘉的调度下，宋卫联兵偷袭郑国的外围战打得很顺利。大家想再接再厉，直接把城池拿下。但孔父嘉不同意，说偷袭不过是乘人不备，达到目的就可以。如果真要死命攻城，到时候郑国主力部队回来，他们逃不掉，就会变成两边夹击，被夹成"三明治"。最好的策略应该是见好就收，借路去旁边的戴国暂住，可进可退。如果郑国大部队没有回来，他们就继续攻打郑国，如果回来，说明宋国也解围了，那他们也一样可以回家。

有道理，孔父嘉你咋这么厉害呢？

事情似乎进展得很顺利。然而人算不如天算，主角和配角都没问题，谁知跑龙套的却抢戏了。郑国和宋国都没问题，谁知剧情却卡在戴国这儿。**戴国不是你想戴就能戴的**。人家是诸侯，又不是帽子。

戴人看到宋卫的部队，以为是他们打郑国不成功，就想顺手来打戴国。戴人就想先发制人镇住对方，关起城门问也不问就跟宋卫的部队干起来！

孔父嘉气炸了。我本来只想来遮风躲雨，讨碗水而已，你们至于这么抠吗？不给就不给，为嘛还泼我一身脏水，就这么小瞧宋国？

被气炸开的孔父嘉又跑蔡国借兵，发誓要打爆这个小小的戴国。蔡国听说是打戴国，马上来劲，立即派兵。这不是软柿子吗？走，一起去捏。

现在对战双方越来越对仗，那边**郑齐鲁打宋国**，这边**宋卫蔡围戴国**。对仗是对仗，但规模没法比，人家是起高楼，你们是搭猪圈。

围攻宋国的盟军在气势上、兵力上都占优势，没多久就攻破宋国两座城池。就在庄公准备多给宋国点颜色的时候，家里突来急报说宋国也在打郑国！

这是用兵的大忌。后方不稳，容易造成军心不稳。

就在郑国君臣吃惊之际，齐国夷仲年、鲁国公子翚两家赚工分的会员单位正好来祝贺盟军的节节胜利。

庄公将计就计说:"我奉命讨伐不听话的诸侯,多亏你们的兵威,才顺利拿下两城,也算是对宋人有所惩罚。宋国毕竟也是诸侯,是公爵,是周朝的上宾。我们都是讲道理的人,那就给宋人留点余地,点到为止吧。"

夷仲年、公子翚齐声说:"庄公你真是厚道人。"

庄公又说:"攻下的两座城池你们分了吧,权当是路费!"

夷仲年坚决不受。他认为齐国按照"石门之约"参与攻打宋国,是主持正义,替天子问责,哪能把被问罪对象给收了?监察哪能收赃款,多脏啊!

齐国:我的人品我做主。

庄公也不勉强。那就都给公子翚吧!

公子翚更不勉强,呵呵两声就全笑纳。什么赃不赃款?什么正义不正义,都在呵呵里面。

鲁国:我的人品你们做主。

于是,三国快乐地结束了此次"宋国之行",并相约以后有时间大家再一起出来喝喝茶、斗斗地主什么的,然后各自回家。

急忙赶回郑国的庄公发现孔父嘉已经移兵去戴国,就想到一个阴谋诡计。他叫公子吕假称领兵去救戴国,让戴国开城门进去。谁知道郑人进城第一件事不是去指挥部报到,而是把城上的旗帜都换成郑国的标志。

不错,我老郑要了,不过不是霸占,而是巧取。

明白人看一下地图就知道,宋国那两个城池和郑国一点儿不靠边,根本没用。但戴国和郑国接壤,能打下就能拿下,能拿住就能管住,所以郑国这次不但不推让,还强了。

很可能,庄公早就想吞并戴国,现在占了便宜却还要处心积虑地装无辜。

【戴国】 这是戴国在东周列国故事里唯一的一次出场。一出场就挂掉,开始即结束,非常高效的样子,完全符合一个称职的"死跑龙套"的标准。现在看来,戴人可能有点性格缺陷,"沟通"对他们来说是一件很重要又很困难的事。路过的人当敌人打,来抢劫的人你居然又引到屋里来，每次都能这么精准地避开正确答案。我猜这一定是你上辈子做牛做马、兢兢业业修来的福分。

就这智商能活到东周，还真要感谢周礼带来和平友爱的大环境。

西周时期，戴国是宋国的附属国，同样是商的后裔，子姓。这样算，戴和宋还有点沾亲带故。但亲又怎样？还不是一样把自己人当作敌人，把敌人当作自己人？

不怕神一样的对手，就怕猪一样的队友。

不过对于戴国百姓来说，这样的结局也无所谓。戴国是个小诸侯，就像个二本三流的大学，现在被郑国合并，明年一毕业就变成一本，搞不好还是"双一流"呢。

只是苦了老宋。孔父嘉再次气炸（估计都诈胡了）。寤生老贼，巧取豪夺，我就算打不过你，也要去你家门口吊死——做鬼都不放过你。

庄公也很奇怪，孔父嘉这家伙咋不跑呢？他在围郑国时，都知道不走会被两边夹击，怎么到戴国就忘记了？好久没有吃肉夹馍，忘记了？还是戴国城门上有禁止掉头的标志？

当然不是。其实这叫恼羞成怒，叫**利令智昏**，怒火冲天就容易激情犯罪。

法律：我可不承认激情不激情。

郑国：我承认。

郑军的主力到达后，就下战书约明天决战。心情还在亢奋点的孔父嘉求之不得，立即答应，来拼命吧！

但庄公又不按套路出牌。第二天开战并没有按照约定出来对挑，而是采用声东击西的办法搞游击。郑人先在宋卫的营地四周放炮，东西南北地假装要进攻决战，搞得孔父嘉手忙脚乱，根本不清楚要往哪里火拼。等到宋卫蔡联军在阵营里跑得乱七八糟后，郑国部队才真正出现。几路兵马一夹击，宋军大败。

最终，孔父嘉只带走二三十个残兵败将狼狈逃跑宋国——欲哭无泪啊。郑人好不讲礼仪，说好的决战怎么变成混战？混账东西，什么素质啊？

郑庄公：我只说要决战，又没有说按哪种方式决战。

孔父嘉：怪我了？

灭许存许

暴了宋国顺下戴国，不过庄公的心事还没完。去围打宋国的时候，明确通知卫国和蔡国一起去，但这两个货却一兵不出。点名不到，装病闹肚子就算了，哪想后面居然还和宋国一起来打郑国？反天了，这事一定要有个说法。

小屁孩很不懂事啊！三天不打，上房揭瓦？

鉴于蔡国在此次夹击戴国时已经损兵折将，算是受过惩罚。相比之下，卫国的反反复复就变得十分耀眼。

但祭足建议先不急着找卫国，还有两个更小的小屁孩郲（luò）国和许国也不听话，一样无故缺席，一样高傲冷酷，似乎更应该打。毕竟，给颜色的**目的是教训和立威，所以打谁是重要，稳赢更重要**。万一输了，那不就成"灭自己威风还长他人志气"？所以还是要先挑更软的柿子。

许国有点知名度，后面还会多次出现在春秋的舞台上，但郲国就太神秘了，很难查找到他的历史。**他真的是悄悄地来，要不是庄公发威，估计还要悄悄地走，问一问《春秋》，不带走一个词语。**

颖考叔说郲国靠近齐国，许国靠近郑国。郑国和齐国有石门之约，战事互派互助。郑国可以先派兵帮助齐国打郲国，打下郲国就归齐国。然后再请齐国派兵帮郑国打许国，打下许国就归郑国。

这么"搭配"倒不是担心兵力不足的问题，主要是想起到"震慑"的效果。震慑其他诸侯，不要跟着瞎唱什么"路见不平一声吼"，然后傻傻地插手进来，这里没有肉给你吃。这是两个大国的联合行动，你可能敢与一个郑国争斗，但再加上一个齐国，你还敢试试吗？就单纯做好"看客、围观网友"不行吗？

而且对于有强迫症的人来说，这样交互吞并后，地图更好画。

郲国：晕，要地图干吗？

反正弱国无外交，郲国也无外交，等待他的只有灭亡。但对于郲国的老百姓来说，和戴国一样，也没什么问题。无非是第二天醒来，把郲国户口改成齐国户口，不搬家，不移民，躺着混成"双一流"。

对比没有什么亮点，也没什么故事的郲国来说，许庄公明显倔强不少。

【许国】 姓姜，应该和齐国有点关系。他的首任国君叫许文叔，和齐国的开国国君姜子牙在商王朝时期同属一个诸侯国，但关系不亲密，很可能只是沾点姜子牙的光，跑龙套地参加了周灭商的"牧野之战"。武王建周后，论功行赏，就封"许"地给他，男爵，爵位比较低，但好歹也是铁饭碗。

"铁饭碗"也有保质期，西周时期还比较铁，比较稳，转眼一到东周，许铁饭碗就被郑、晋、楚等列强摔得不成样子。因为国家小，他常常被欺负，而且是很重的那种欺负，经常走在灭国的边缘。

所以许国能挺到春秋末期也算是一个奇迹。

那么他是靠什么活下来的？靠的不是经济实力，也不是打仗实力，而是认错的实力。一般来说，你要犯了错，才能认错，但许国不一样，恶劣的环境造就他们无中生有的认错法。别人过来打他，打个半死，他还认错，说自己本来应该躲开，但没来得及躲开，才招起你的愤怒，受了你的打。

这是一套非常严密的逻辑，认错、赔礼、赔钱求生服务一条龙，让你都不好意思继续下重手。我想那些年，估计许国人出门都不好意思说自己是哪里人。

许国：你懂我们吗？就我们这种状况，我们为什么要出门？

楚国崛起后，形势更加严峻。夹缝中的许国为了求生存，干脆一不做二不休，做了楚国的属国。这一咬牙，余生确实好过不少。

"你终于做了别人的小三。"

小三也终非长久之计。在历时二十世后，许国最终还是被郑吞灭。为什么？楚国这个精壮的男人还保护不了自己的小三？原来那时候正是变态的吴国崛起之时，楚国自己差点都被吴国给灭了。

破产跑路，连老婆都管不了，还管小三？楚王又不是江南皮革厂的老板，可以带小姨子跑。况且，隔壁的老郑还垂涎你的小三那么久。

还是因为郑国，许国最终没能挺到战国，就差几年。不过亮点不是时间，而是末代国君的名字。他的名字叫结，结束的结，生怕后人不知道是谁崩了许国。

许男结应该是一脸的"旺夫相"，忘父相，忘记的忘，父亲的父。

既然能剧透到二十代，那作为第十一代国君许庄公就还有许多时间可以继续。

许庄公平日秉承"吃斋念佛"的治国理念，赢得不少民心，所以郑兵打过来时，守城群众很尽心，很拼命。郑国费了不少精力，虽说最后还是打下来了，但也折了一员大将——颍考叔。

颍考叔和公孙阏本来就互相不服，谁也瞧不起谁。在出发攻许国前，两人在争夺战车、抢占先锋时，颍考叔耍赖皮，石头剪刀布都不出，直接抢了就跑。公孙阏气不过，就在颍考叔首先登城的情况下，从背后放冷箭射死了颍考叔。

有时候，军队的气势太高涨也不是好事，个个立功心切容易上火。

从郑国的角度看，这是典型的乌龙球。"乌龙球"不但会输掉比分，还会让人感觉到一种不祥的征兆。

战争结束后，庄公思念颍考叔，就令士兵们每100人出一头猪，10人出一只鸡，用来祭祀。然后三天两头请巫师搞一系列迷信活动，请神附身。因为"出资人"的覆盖面很广，士兵里面肯定有人知道内幕，估计一心疼鸡肉就容易嚼舌头，就会暴露出各种线索。

这种办法现在叫"人肉搜索"。

公孙阏的精神压力因此越来越大，不久还真暴病身亡了。正在崛起的郑国突然损失两员大将，气氛很不好，似乎暗示着要开始走向下坡路。

而且打下许国时，庄公喜欢"装腔"的老毛病又犯了。

开始明明说好攻下许国后归郑国，现在他又和齐国客气来客气去，要把许国让给齐国。齐国当然不好意思要，咋的？又改拼人品？

恰在此时，许国大夫百里带来一个孩子说，许庄公没有子嗣，这孩子是许庄公的弟弟新臣。许国已经知道了自己的错误，也不敢再奢望复国，现在就恳请他们给许国留下一脉"香火"吧。

说完后，百里和新臣就倒地痛哭，真哭啊，哭声感天动地，响彻云霄。

这不是碰瓷，这是自救！

庄公很后悔开始的装腔，但现在空气一度凝固，也只好退一步委曲求全。他说他本就不想灭掉许国，只因周王有命，才不得已发兵。既然新臣如此动情，那就把许国分成两部分，一部分给新臣治理，另一部分暂由郑国**公孙获**代为管理。

新臣：我要你代？

寤生：你闭嘴。

齐侯认为这样安排也很妥当，又大大称赞了郑庄公的厚道！

呵呵，齐侯这么天真？这么好忽悠吗？当然不是。此时的齐侯叫齐僖公，齐桓公的老爸，也是一盏从不省油的灯，也是一个吃肉不吐骨头的国君。他的天真是因为有好处，如果没有好处那就只能"认真"。他的故事留在下篇与他儿子一起说。

庄公虽然使出一个阴招，派公孙获去许国，名为代管，实为监守，但斩草不除根，也是后患无穷。庄公去世后，他的儿子们互相攻讦，郑国大乱，恰巧公孙获又病死。新臣和百里嗅觉灵敏，立即把握机会整场政变，许国就再次复国。

所以实践一再证明，有些腔真的不可以装。

九、周郑的矛盾升级

就在郑、卫、宋、齐几家诸侯各种尔虞我诈、你征我讨忙得不亦乐乎时，远在洛邑的姬林也开始不甘寂寞。他不想被冷落，不想放弃自己，更不想放弃周朝。他认为一定要做点什么，才能让诸侯们知道天下还是周的天下。天下的周桓王很生气，后果一定很严重。

当然，最后实践证明他自己的后果也很严重。

桓王发怒

庄公假借王命讨伐宋国的事传到洛邑后，周桓王非常生气。他这次也不询问谁，直接就把郑国的卿士一撸撸到底。上次是罢免他相位的"相"，这次是连"位"也罢掉，完全除名，相当于开除内阁，成为普通大夫。

庄公知道后，不说好也不说不好，五年不去洛邑，一副我不理你你能把我怎样的死相。然后继续打着周朝的幌子，去逛街、去喝茶、去打许国什么，反正该干啥就干啥，心情一点没受影响。

"你的名字我的姓氏"，版权所有，我爱怎么用就怎么用。

这让周桓王更加恼火。寤生真是个傻瓜，不来上班，不来汇报，发信息也不回，居然还有脸跑去讨伐宋国，说宋殇公不朝贡不是忠臣？晕，真不知道他这是在讽刺谁？是宋殇公，是他，还是我？

他也开始摔碗踢凳子，说一定要和郑国好好算一算，新账旧账一起算。

周平王时代，周郑交质事件；周桓王初年，欺兵割麦事件；五年前，假命伐宋事件；还有这几年，无故旷工事件，等等。每一笔都要算清楚。

这个没问题，账是容易算，关键下一步怎么去讨才是问题。

打，只有打！周桓王认为只有亲自跟郑国打一架，才能解恨，才能让血压降下来继续安心生活。

但独秉朝政的虢公林父却不同意周桓王的暴力宣泄，不同意亲征。他建议发一份檄文给天下诸侯，号召大家出来为周桓王讨公道，替周朝算明账。

郑人弄个假的王命旗都能到处去招摇，我们手里可有真的王命啊！

这个主意确实是最好的对策，以其人之道反治其身。郑国挂个假的王命就把那些不明真相的诸侯唬得一愣一愣，现在周桓王发出真的王命，加盖公章，诸侯还不得二愣二愣的？而且檄文上面写着诸侯们下一步要做的事：打你，非常明确。背后还能透露着诸侯们关心的上一步的事：打假，非常解恨。

郑国以后干什么都会变得很被动。谁都可以以这事为理由，直接反驳郑庄公的"假道义"。打脸比直接打架的效果更好，更狠。

庄公的招式如果练好，就像曹操，叫"假天子以令诸侯"。虢公林父的招式如果练好，叫拆招：不借（假）。

但合理的选项似乎总会被历史错过。周桓王年轻气盛，感觉这种做法慢吞吞，太磨叽，缺乏快感。还是打一顿痛快，抽下去越狠越能解他心头之恨。于是，敢想敢干的周桓王立即通知几个铁杆小弟——蔡、卫、陈等。

走，跟哥走，打土豪去。

等等，陈国此前不是被郑国从五国中策反了吗？不是发誓要和郑国做好友吗？好友确实是好友，不过那是陈桓公的国策。他已经死了，陈国的这段感情结束了，郑国只是他的前男友。他弟弟公子佗把陈桓公的世子免杀了，自立为侯（陈废侯）。新王新政策，周大爷来找，自然要同意。

至于卫、蔡两国，不用解释，早就是郑国的老对手。

郑国获悉周桓王亲率大军来问罪，也马上开会研究对策。

祭足说："对方这次出兵的理由充分，又是周王亲征，要不我们也象征性地服次软，检讨一下？"

庄公大怒："狗屁！他随便罢免我爵位怎么不检讨？我郑国三代辅佐周王室的功劳全被他抹没了。今天我要不挫他的锐气，下回指不定变本加厉还会搞出什么幺蛾子来。说不定废我诸侯，搞我宗庙！"

高渠弥说："要打的话，我们可以轻易打败他们。蔡和卫在右军，可能会比较用心；陈国在左军，新君刚立，人心不稳，而且郑、陈两家这些年一直友好，他们必定不会用心出力。可以先攻破陈国，再破蔡卫，中军的周王也就孤立了，哪里还打不下来？"

庄公说："好！先易后难，就按你说的办，各个击破！"

周桓王：这么简单？

繻葛之战

周、郑两军怀着不同的心情，在繻葛遭遇了。

按照周桓王的预想，打战就要按照教科书的方式走，走程序，走套路。程序就是双方先讲道理，再骂战，最后才实战。

他在中军，应该先与对方的中军首领，也就是庄公出来理论问答一番。周桓王想，到时可以狠狠地骂他一阵，让他心里发虚，士气低落。我是君，他是臣，犹如父亲对儿子，就他这些年的行径，我可以骂得句句在理，骂到他惭愧，骂到他哭！

估计周桓王在洛邑就已经把骂人的台词背了好几遍，没想到，庄公根本就没出来答话。郑国军队排列出一套守阵，像被孙猴子定住似的，站着摆拍，根本不理对手；甚至按照打实仗的规矩，周王派大将出来搦战单挑时，郑国好像也听不见。

一副死猪不怕开水烫的死相？

就这样耗了一个上午。周兵很纳闷？对家，你们到底打不打？一大早出来摆个阵势啥意思？

快点，我等到花儿都谢了，不行就托管吧！

就在周兵盘算中午该吃什么的时候，郑国进攻的鼓声突然敲响。周兵吓了一跳，赶紧调整心态进入战争状态。郑国右军先出击，大夫曼伯带领郑兵直接攻进陈国所在的左军。

庄公又不按套路出牌。打仗一般都是先中军，你老师没教你吗？

陈国军队根本无心出战，一直以为自己是来接应，充当门面的，搞搞气氛，哪承想突然就被推到前台。一个打酱油的"死跑龙套"瞬间被提拔成主角，心里肯定毫无准备，他会拿话筒，也会摆姿势，但一开口就会跑调到东北以北。果然，难堪大任的龙套哥陈哥没几下就被郑军冲得七零八落。

失败了那就跑吧！**跑调是跑，逃跑也是跑**。

关键是，逃跑的时候还冲击到中军。

周兵：什么素质啊？

陈兵：跑当然要往家里跑。要往没人的地方跑，不被追打才怪。

看到右军得手，祭足立即领着左军出动，直接杀向对方右军。还在迷糊中、观战中的蔡卫两军很快被冲垮。祭足也不追，就在后面乱喊，搞得蔡卫两军惊慌失措，逃跑的时候一样冲到中军。

周兵：你又是什么素质啊？

蔡卫：呵呵！我也一样。

这种通过消怠对方士气，再出其不意突击的战法在多年以后得到升级运用，鲁国的曹刿从中做了总结并注册为"一鼓作气"。

周桓王的中军彻底乱套。三个猪一样的队友，都不需要郑国出手，就把刚刚列好的中军阵形整散了！

周兵：我这是跟谁打啊？

郑国：还是跟我啊！

庄公见时机成熟，下令全军出动，大举进攻。大夫祝聃望见一辆绣有华丽车盖的战车，料是周桓王，就一箭射过去，正好射中周桓王的左肩。

天啊，射中王了，搞不好大家都要玩儿完。庄公没想到战事这么顺利，为避免场面太过失控，就赶紧收兵。

祝聃说："主上啊！马上就要抓到周王，干吗收兵？"

庄公说："只因天子不明事理要攻打郑国，我才万不得已出手迎战。今天靠大家努力，已经算取得胜利，不敢再多求什么。周王毕竟是王，难道要往死里打？如果按你说，把周王抓回来，那我们该怎么处置？而且再混战下去，万一把他打死了，我还要背上弑君的罪名。"

祭足说:"主上考虑得周全。经此一战,我方兵威已经形成,不如趁热打铁……"

祝聃问:"打铁打到洛邑去?"

祭足说:"趁热打铁去周营请罪,给周王一个台阶下,这叫软硬兼施。周王知道了郑兵的强悍,以后就不敢打我们;现在再把面子给他,圆回尴尬,他回去后也不必怨恨我们,就不会再想打我们。"

庄公说,还是祭足智谋周全。

周郑言和

祭足带着12头牛、100只羊、若干稻谷麦子去周营,说庄公担心生灵涂炭,为了百姓免受战争之苦,才不得已出兵抵抗王军。想不到治军不严,不小心伤了大王。庄公现在已经知罪,令他前来请罪,请大王原谅郑国一次。

这话说的,**听起来像是耳光打在你脸上,但为什么疼的人是我?** 面上是郑国认错,重点却在一直戳周桓王的污点、弱点和痛点。

周桓王被祭足说得很惭愧。其实避免指桑骂槐、反话正说的最好做法就是不要说桑,也不要提槐;但祭足就这么又桑又槐地比画着,一看就是故意的。

为了缓解二次尴尬,虢公赶紧代回答说,寤生既然已经知罪,周王自会从宽处理。辛苦祭大夫了,赶紧回去吧!

在出营回郑国的路上,祭足似乎还有点按捺不住内心的窃喜,就一边走一边问候那些情绪低落的士兵。"你们好吗?坐在地上的朋友,你们好吗?"俨然一副明星开演唱会,走T台的架势。

另一边,回到洛邑的周桓王越想越气,想传召诸侯,再来一次,一定要讨伐寤生"目中无周"的罪。

上一次是我大意了,悔棋一步,再来一次!

虢公赶紧劝说:"你传召出去,不等于把我们被打败的消息也传出去?诸侯早已不尊重我们,如果知道我们被郑国欺负,只会偷笑,然后继续不理我们。看热闹不嫌事大。到时不但征不到兵,还会被郑国再取笑一番。倒不如借着祭足认错的事实,对外宣称周王朝已宽恕郑国,给郑国一个'重新做国'的机会。"

是啊，我的小祖宗！你就别再折腾了，周朝这点仅存的威严还是省点花吧！

破落的地主没有余粮，破败的朝廷也没有余威。

周桓王经过认真思考后，终于停止了幻想。认命吧，我这辈子估计就只能做个安静的帅周王。

嗯，其实对大多数人来说，这辈子都只能做个安静的美男子。

但庄公不一样，他带着郑国的各种不安分，已经迈出"渣男"的步伐。现在的郑国不只自我感觉牛，别的诸侯听说老周被小郑打败后，也觉得郑国完全可以有这样的自我感觉。这是你们该得的。

小郑同学居然敢打老师，还打赢了，还很收敛、很低调的样子。这事，我们顶多也就想想。

庄公霸业

此时的郑国还是一个"小国"，疆域小人口少，经济总量GDP也高不到哪儿去。这些特点倒也不是什么大缺点，春秋早期，天下诸侯国近两百个，都不大，半斤八两。

晋、齐、楚、秦等大佬是比其他诸侯国大一点，但此时还远未达到后来的规模。这些学霸此时此刻都在悄悄地拼命复习，晋文侯、齐僖公、楚武王、秦文公等都在默默地搞扩张运动。

为什么郑国不继续扩张？不是主观不想，不是客观没能力，而是现实不可以。

庄公有能力，有想法，但郑国所处的地理位置限制了他的能力和想法。郑国地处周朝京畿，周边个个都是老牌的诸侯国，与自家、周王室基本沾亲带故。这里既是居住生活的黄金地段，也是舆论发酵的"信息中心"。你打下一个，哪怕是半个诸侯，天下都会立即震惊，说不定第二天就有一堆人围堵到你家门口去理论。此时的郑国已经算厉害的，打两三个是没问题，但无理武力吞并一个就等于得罪一批。诸侯会因为害怕自己可能成为下一个而死死地联合起来，到时候先出问题的反而会是郑国自己。

庄公深有体会，所以手脚一直伸展不开。齐国吃谮国的时候，毫不犹豫，**因为谮国是一个连搜索引擎都不在乎的诸侯**。轮到郑国吃许国的时候,庄公是踌躇满志又犹豫再三,许国虽是男爵,但地理位置好,知名度高。

换句话说,对身处 CBD 的郑国来说,**外交问题要比吞并问题还复杂**。

晋、齐、秦、楚都没有这个问题,他们都在中华的边缘地带。周边诸侯和外族或多或少都与中原文明"阉割"了,少有瓜葛。好多诸侯国甚至还被戎狄霸占着,你去灭他几个都不会有人知道,不会有人关心。就算知道,上头过去一调查,发现你是从戎狄手里抢回来,可能还属于立功。

所以郑国在中原闹得动静很大,把周桓王都干趴下了,可收益却不大。而齐、楚、晋、秦却可以在边境羞答答的玫瑰静悄悄地开,闷声发大财。

在这个大背景下,郑国只用三代人就能脱颖而出,已经算非常牛气了。庄公在位 42 年,带领郑国进入春秋诸侯的第一梯队。虽然没能坚持多久就掉队,但郑国仍旧是春秋最重要的诸侯国之一。后来的晋楚争霸,焦点之一就是争夺郑国。

郑国:这可不是什么好事。

庄公是一个智慧的国君,**他的许多谋略和套路不断被后人模仿**。比如他借天子王命,齐桓公就"尊王";他不和晋国冲突,而与齐国结盟,就是"远交近攻",甚至晋国与吴国联合遏制楚国,楚国与越国联合遏制吴国都是这个套路的演变;他在攻打宋国之前,联合鲁国、齐国,是"把外交看成战争最重要的组成部分";还有曹刿论的什么战等战术,此后多被诸侯们所借鉴。

终其一生,庄公的霸主事业主要有:1. 平叛弟弟共叔段的叛乱,**保证国家统一**;2. 解决母子的关系问题,**推行君臣孝道**;3. 主导周郑交质、割麦芥蒂、繻葛之战,威震中原,**挑战周朝权威**;4. 击退宋、卫、蔡、鲁、陈五国联兵,**提升郑国士气**;5. 组织兵团打服宋国,收割戴国,**实现郑人谋略**;6. 协助齐国收降诸国,**稳定齐郑联盟**;7. 联合齐国毁灭许国,制定两步走的策略,**丰富蚕食模式**。

功绩很显著,但不足也很明显。他的**最大短板是缺乏礼治,没有按照类似周礼的规矩,主持诸侯国之间的秩序,没能体现出"大哥"主持工作该有的态度**。相反,他欺负周桓王,打败王军,是典型的耀武有余,扬威不足。

他不但没有维护秩序，还带头乱了秩序。他从维护郑国的利益出发，多次与周王朝发生冲突，表面上提高了郑国的地位，实际是拉开了争霸的序幕。

他开启的"争霸"，他自己可以算一个。只是对比后来的"霸"，他霸的规模偏小，霸的方向偏窄，霸的影响偏弱。

他是一个勉强的小头目，小哥哥，小霸，小霸王学习机吧？反正庄公也爱学习，也让不少后人向他学习！

唯一的遗憾是郑国的小霸"来得太早，去得太快"。不过就这短暂的辉煌表现出来的"智慧"，已经足够让我"细思极恐"。

郑桓公是周宣王的弟弟。论智慧、能力、秉性，都比周宣王更高一筹。第二代的郑武公也比周幽王厉害，第三代的郑庄公就更不用说，甩周平王几条街。所以，是不是周王朝的智慧风水开始外移了？如果由这一脉来继承周天子，或者郑周合并，换郑武公、郑庄公出任周王，治理周朝，他们会不会采用"削藩、推恩"等限制诸侯的措施让周朝重新集权，重焕生机？

但历史没有如果。因为它不需要如果就已经够精彩。

为什么精彩？因为他们一直在用血肉、用生命为后世子孙，铺垫演绎出一个又一个正确的或者错误的打开方式。

"小霸王"虽小，但也不是谁都可以拿到。郑国所处的历史背景、地理位置都不好，只有时间还算恰当其时，此时正好是几个老牌诸侯国自顾不暇的时候。郑国能有小霸，除了郑庄公天赋异禀，与其他几个诸侯的败家不成器也有很大的关系。

说到"不成器"，后面就开始排队了。

比如卫国，由州吁引发的多米诺骨牌效应，连续产出几个不靠谱的国君，直接把这个老牌诸侯国塞进三流水平。一手好牌被打成光头。

州吁"咔嚓掉"哥哥卫桓公姬完后，就点燃了春秋的"弑君模式"。

历史总是不缺乏胸怀大志且跃跃欲试的人，虽然他们中的大多数最后又被别人杀掉，纯粹只做了他人改朝换代的嫁衣裳，但王侯的权力诱惑并没有因为血的教训而让人生畏。相反，人们还愈演愈烈，让故事持续在中华大地上演绎。

过把瘾一定很爽？许多人都想过把瘾。而且在答案揭晓之前，谁都认为自己才是最后的"他人"。卫国一定不会孤单，在郑国的"外力"影响下，鲁国、宋国、陈国等诸侯真的开始拿号了。

十、鲁国的姬翚乱政

鲁国因为公子翚的缘故，已经多次出现在"看热闹"的名单上。卫国请去打郑国，他去；郑国请去打宋国，他还去。

是不是太没原则？没办法，公子翚主政，他喜欢钱，谁给钱就跟谁，谁出价高就跟谁。这也算是一种原则。不过此前的鲁国可不是这样，周公打下的基础，那是非常地"主流"。

鲁国简历

鲁国是周公旦的国。因为周公对于周王朝太重要，所以他并没有去鲁国，而是留在镐京。鲁国的实际开创者是他的儿子伯禽。

伯禽去鲁国的时候，受家族文化影响，刻意要按照周朝的建制来建设鲁国，直奔"迷你版周朝"去。他前后用时三年，费了不少周折。而隔壁姜子牙家的儿子采用与鲁国相反的做法，只花六个月就稳定了齐国。鲁国是怎么合规矩怎么来，齐国是怎么管用就怎么来。听说这事后，周公就预言以后的齐国一定会比鲁国更强大，因为他尊重民众的需求，"走群众路线"，贴近生活实际。

果然，一到东周鲁国就真被齐国甩开几条街。尤其是齐桓公之后，鲁国几乎变成齐国的跟班，**而且还不能像英国对美国的那种跟，只能是"时而被欺负，时而被拉拢"的那种跟，**有时候是小弟，有时候是兄弟。

当然，鲁国偶尔也有过"曹刿论战"之类的高光时刻。

不过事物总是有利有弊。齐国的国力发展很快，但缺乏有效的制度制约，最后路子走歪了，搞出"田氏代齐"，姜家被田家霸占，齐国换主。鲁国还好，一路头歪歪，穷而不困，潦而不倒，姬姓还能坚持到最后。

所以说，既要走"群众路线"，也要加强中央领导。

鲁国虽然口口声声讲礼制，但做起事来也不傻，实惠仍是第一要务。鲁国刚受封时，疆域很小，也就方圆百里，后来陆续吞并周边的极、项、须句、根牟等小国，夺占曹、郏、莒、宋等国的部分土地，才成为方圆五百里的大国。

鲁国和卫国一样，都是**旺人不旺国**。从周公旦开始，相继培养出一个又一个牛人。但对于鲁国来说，他们只做一件事——吃风水，把自己搞得名扬天下，鲁国却持续静悄悄。开始是周公吃，吃得鲁国元气大伤，等到好不容易要恢复，又来一个孔子，继续吃。有这两大"吸星大法"的高手坐镇，其他的诸如墨子、柳下惠、左丘明、公输班再怎么排怎么轮就不那么重要了。

这大概是坚守周礼，念书念出的书香门第吧，人才辈出。

不过提倡礼仪，行事一向中规中矩的鲁国搞起"弑君"来，也丝毫不输别人。这事算起来还要赖在周王朝上，是他起的头。鲁国第十任国君鲁武公，带着两个儿子去朝觐周宣王。一番面试交流后，周宣王比较喜欢少子姬戏。一般来说，喜欢就喜欢，表扬几句，再赏赐点礼物就可以，宣王却非要把"喜欢"体现到顶格，居然要求鲁武公立姬戏为储君。

破格提拔，而且是破大格，大破格。

这种破格严重破坏周礼。他是王，王不按套路出牌，大家还得接着陪他玩。鲁武公很郁闷："为什么是我？"回家后不久便郁郁而死。鲁国只好按照周宣王的要求，立姬戏为君，即鲁懿公。鲁懿公九年，他的哥哥，原本的世子姬括也去世了。

周宣王的那次随性任命，姬括本人也在场，所以回鲁国后，他敢怒不敢言。但到他儿子伯御这里就敢怒敢言，还敢做。

伯御把戏叔叔杀了，然后自立为鲁国国君，即鲁废公。

为什么叫废公？顾名思义，他虽然做了11年国君，但得不到有效承认。鲁国弑君传到周王朝那边，周宣王就不干了。此时的周王室还是一个很有实力的王朝，正在气头的周宣王就亲自带兵去打鲁国，直接把伯御给撸了。

周宣王：我说话不好使？

好使是好使，但也没法再使。他喜欢的小戏戏已经没了，没戏了。那就立戏戏的弟弟，姬称吧。

姬称就捡到一个国君，即鲁孝公。

鲁孝公在位27年后，传给儿子弗涅，为鲁惠公，算是恢复正常的周礼秩序。不过"正常"只是鲁惠公本人正常，等他再传给下一代时，又开始不正常。

因为公子翚出来了。

姬翚，也可以叫公子挥。他可能是惠公的某个弟弟，但弟不弟的身份远没有他的名字有"亮点"。这家伙凭着"翚"字这么难写的名字，早就在本书混出"名熟"脸熟了吧。

隐公不和

公子翚的名字难写，但做人简单：只要给钱就出场。他接受卫国州吁的出资，一起去打郑国。不久，又接受郑庄公的邀请，一起去打宋国。生生把鲁国的政府兵带成雇佣兵。这样的人，对外都这么喜欢操心，对内自然也不省心。

鲁惠公在位46年，属于"长寿"系列。他的正室很早就去世，后来和继室的陪嫁，一个叫声子的女子生了一个儿子，叫**息姑**。息姑长大后，鲁国准备给他娶媳妇，聘宋武公的公主。宋公主送亲的队伍一来，鲁惠公发现里面有个叫仲子的陪嫁丫头很漂亮（也有说仲子就是宋公主本人），心里很喜欢。为了避免以后公公媳妇干偷鸡摸狗的勾当，鲁惠公干脆拉下脸，自己娶过来。因为是明媒正娶，所以就算抢过来，也必须递补正室，立为夫人。对应下去，她生的儿子**姬允**（轨）就成为嫡子。

发生这种事，鲁惠公是肇事者，当然不会说什么。鲁国虽然一直喊周礼礼仪，也无非是打一次脸。**人的脸皮为什么会厚？因为打脸的事多了，打着练着就厚了**。但宋武公就有点纳闷，我晕！这算什么？说好的亲家公变成女婿姑爷。

【夫人】 在诸侯的老婆里，正室叫夫人，相当于后来的皇后，继室相当于妃子。当时的陪嫁，除了金银首饰，还要有人。因为在奴隶社会，人也是一种财产。有个"媵"（yìng）字，意思就是陪嫁的人。古人比较重视子嗣问题，为了确保能生出儿子，在出嫁的单子里除了"正本"新娘，还拷贝多个"副本"陪嫁丫头过去。千万不要小看这些副本，她们的地位只比正本低一点，比其他的小三都高，因为她们代表的是正本。所以正室的媵就相当于副皇后，侧室的媵就相当于副妃子。她们生出的孩子要过继给对应的"正本"，从这点看，她们的功能有点类似生殖机器。

这是一夫多妻制的正规版本。

按照规矩，子凭母贵，姬允的地位比姬息姑高。姬允是嫡子，姬息姑是长子。继承的顺序是先嫡后长。

鲁惠公去世时，姬允还很小。鉴于鲁惠公并没有明确姬允为世子，所以几个大臣凑在一起商量后，决定立长子息姑为鲁侯，即鲁隐公。

鲁隐公是个厚道人，视权贵如粪土一般的那种厚道。他喜欢三天两头挂在嘴边说，"鲁国是姬允的鲁国，我只是代为管理，等他长大后，就还给他。"

他这样说，也这样做。在"代管理"的指导思想下，鲁隐公确实有点心不在焉地治理着鲁国。正好，他的漫不经心就给了公子翚权力空间和想象空间。

在权力面前，公子翚表现得很敬业，为公家做事要"尽心尽力，加班加点"的那种敬业。他已经掌控兵权，但还不满足。他向鲁隐公提意见，说他精力过剩，光掌兵打仗还不足以实现人生价值，希望鲁隐公能继续给他压压担子——兼职出任鲁国太宰。

鲁隐公说，鲁国是姬允的国，你要谋求一个这么重要的位置，还是等他继位后，再跟他说吧！

听鲁隐公这样说，公子翚脑瓜一转，就把它解读成"打暗语"。隐公吗，说话隐蔽一点而已，没毛病。他面上这样推辞，心里一定是忌讳姬允。

在权欲者的眼里，天下人都爱权；在好色之徒的眼里，是个男人就肯定管不住下半身。所以姬翚会这样猜测，也没毛病。

公子翚就本着"想领导之所想，急领导之所急"建议说："国家利器，不可以随便给别人，**成王败寇，你不做王，也就做不了臣**。您已经做了11年鲁侯，国人信服，社会稳定，你之后应该把位置传给自己的子孙。不要老说自己是暂时管理，这样容易给某些人非分之念。姬允年纪越来越大，可能会对你不利，我请求哪天找个机会把他给做掉，以绝后患。"

呵呵，"某些人"难道不包括你公子翚本人？

鲁隐公赶紧捂住耳朵说："你是不是发癫？怎么净说胡话？我已经在城西买下一块地，准备去养老。过几天就要还位给姬允。"

鲁隐公：我不听，我不听，我不听。（重要的事情说三遍）

鲁隐公的鄙视和反驳，让公子翚顿感阵阵凉意。"我本将心照明月，奈何明月照沟渠"。我话说出去，你听见了，然后又说我发癫。这是前一只脚踩出去，后一只却跟不过来，俗称"踏空"。

公子翚对鲁隐公说的话是一种很绝对的话，非黑即白：**如果你采纳，我是功臣；如果你不采纳，我就是奸臣**。如果姬允将来真的为国君，而我今天又说过要杀他，那我还有好果子吃？隐公啊隐公！我本来是为你好，**结果你就顾着自己做好人，却把我推到那边去做坏人**。

好吧！我是坏人，但我要尽力避免出现坏的下场。我是祸从口出，你是祸从耳入。为了消除我的祸，转祸为福，只好让你无辜的祸变现成真正的祸。

【爱恨】 所谓"爱得深，恨得更深"。在生活中，有些原本是想和你做朋友的人，但你误会他，鄙视他。结果正是因为你的错误判断把一个原本可以成为朋友的人变成了一个潜在的敌人，一个比敌人还敌人的敌人。他将踏踏实实、认认真真地做你的敌人。

历史上，许多造反者并非天生就想造反。他们开始只想进入朝堂，进入体制，但王朝却死活不让他进去，最后他就只能"满城尽带黄金甲"。

"非友即敌"，能在两个极端之间自由切换的人也不是什么好鸟，他们的眼里只有私利，没有道德。确实，你的判断是对的，不与他为友。但你的做法却是错的，你只知道他的观点，却不了解他的性格。你排斥他的观点的做法会促使他产生观点转变，最终变成敌人。

所以要慎重对待那些向你说他人坏话的人，除非你俩有共同的理想和利益，否则还是不要听，免得像隐公一样——知道太多。

然而鲁隐公并不知道姬翚的内心转变。他还在继续代理，继续松散，继续认为自己是对的，是高尚的，甚至还在为自己成功挽救一个"失足中年"而感到自豪，哪会想到"失足中年"正准备要他的命。

鲁隐公：难道是我的错？

姬翚弑立

因为多嘴而说漏嘴之后，公子翚就要开始补漏。

既然鲁隐公志趣高雅，清新脱俗，俗人公子翚高攀不上，也只好作罢。他为了避免被世俗进一步脱掉，只好在鲁隐公这边割肉，换只股票，到姬允那边补仓。

他去找姬允说:"主上看你已经长大,担心你会抢他君位,特别发密令叫我来杀你。我是公道人,你也是先王的骨肉,我可不忍心这样做。"

姬允听后吓得尿裤子。飞来横祸有没有?感激涕零有没有?鲁国这么大,就你有良心、有正义感,幸亏是你,才会来告诉我这个可怕的事实。

嗯,关键是其他人,包括鬼都不知道还有这个事实。

姬允就请教公子翚该咋办?

公子翚说:"他不仁,也别怪我们也不义,只有先发制人,把他做掉。"

公子翚强调"我们"两个字——重读。

这是典型的双重标准。公子翚说鲁隐公要杀姬允是不仁义、不道德,那现在他要先发制人去杀鲁隐公就仁义了?

这一点还是郑庄公做得好。当年他为了得到共叔段的犯罪事实,不是先发制人,而是欲擒故纵,先耐心培养共叔段犯罪,等养肥坐实了再杀。

姬允和公子翚都没有郑庄公那种掌控全局的能力,也没有那样的条件。好在姬允也有独立的想法,这个想法就是:一切听公子翚的。

你不是要太宰吗?只要事情成功了,就拿去,让你宰个够。

这是公子翚追求的人生,美丽人生。因为美丽,所以要下的赌注也大,大美丽。这是非常刺激的游戏,不成功就可能直接挂掉,但要是成功了,就是别人挂掉,自己走上人生巅峰。

所以,**世间的赌徒,小赌徒是贪心贪欲贪出来的,大赌徒都是形势逼出来的。因为不赌不狠,他们自己就得死。**他们被迫触底反弹或者置之死地而后生。

公子翚便倒出一个很有"来头"的计划。鲁隐公还没继位的时候,曾以普通公子的身份参加对郑作战,很不幸,被俘虏。至于什么战,不用追究,也追究不了,春秋的许多战役冲突,根本就没有记载。作为俘虏的息姑也不被郑国重视,就被随便关在大夫伊的家里,很有可能就是伊把他抓住的。伊家里供了一尊叫钟巫的神。钟巫是很有地方特色的神,或者是专业性很强的神,流传不广,很少人听说。息姑"入乡随俗",在钟巫面前占卜,说想回国。钟巫回卦:上上签。息姑很高兴,拿着神的旨意去找伊,想要说服伊。伊大夫在郑国混得也不如意,思想常常波动,现在又有钟巫的旨意,就决定和息姑一起带着钟巫跑回鲁国。还真灵,息姑不但成功逃回鲁国，还继位鲁侯。息姑认为这是钟巫的保佑，所以每年都会去"城外"祭拜钟巫。

等等，为什么在城外？可能神也要分地区吧。钟巫是一尊外来神，当地人不信，存在矛盾冲突的隐患。**万一"外神"贸然进来和"内神"发生冲突，信徒表里不一就容易"神经"**。最好的办法是请钟巫暂时在郊外居住。"户口"的问题以后慢慢解决，先解决崇拜问题。

公子翚掐指一算，过几天正好又是鲁隐公祭拜钟巫的时间。因为路途遥远，当天晚上肯定要住在𫓩（xiào）大夫家。到时候，他派几个心腹假装成卫兵混进去，等姑息睡觉后，再找机会把他做掉。

计划这么完美，是不是早就想好了？

公子翚也是真敢计划，他想把拜神的人变成鬼！

那么问题来了，你们到底有没有考虑钟巫的感受？拜神是为了求神保佑，结果却因为去拜神把自己拜死了，那以后大家该怎样理解"保佑"这个词？

钟巫：你们对得起"保佑"这个词吗？

姬允还有疑虑，计谋很完美，但弑君的恶名怎么办？

公子翚说，好办，心腹干完了就跑，然后把罪名送给𫓩大夫。

看你𫓩大夫还怎么笑得出来？居然取了个这么难念的名字。

姬允啥也不说了，扎心了老铁，翚翚想得真周到。

一切正如设计的那样：鲁侯出城拜神，被杀。

封建迷信活动真是害死人啊！

害死普通人就算了，现在死的是国君，影响很大。鲁国上下都知道咋回事，但就没人出来理论，因为公子翚兵权在握，所以解释权归公子翚。当然，主要也是和自己关系不大，谁叫你息姑姑息养奸？

公子翚说这事要问责𫓩大夫，安保工作没做好。

𫓩大夫心里一万个委屈，我也是受害者好不好？

害不害已经没用，现在事实最有用。对公子翚来说，太宰到手；对姬允来说，鲁侯到手，鲁桓公；对鲁国来说，弑君到手，先得一分。

事情传到郑国。郑庄公知道其中的缘由，但考虑到郑国的利益，就当作不知道，笑纳了来自鲁国的贿礼，承认鲁桓公。

这是"庄公霸业"的最大问题，美中不足，没有"大哥"该有的样子，凡事只看是否对自己有利，格局太小。"小霸王"嘛！要不为什么"小"呢？当然，此时天下关于"伯"的理解和"霸"的思想都没成熟，也不能完全怪罪郑庄公。**探索的路上，总是从不完善、不成熟开始。**

公子翚成功了。除鲁隐公外，鲁国有点皆大欢喜的意思。但这是少有的案例，不可模仿，不可复制。为什么会成功？一是鲁国特有的文化，国君都偏软弱；二是鲁隐公一直宣称要退让，无形中营造出社会的舆论偏向；三是鲁桓公上台也有一定的合法性。

【成功不好学】 成功者的各种"福利"一直诱惑着奋斗者前赴后继，然后一堆人就借机兜售起关于成功的经验和鸡汤，好像只要照着做就能成功。其实，成功根本无法复制，因为成功的背后是由无数个显性条件、隐性条件，以及一堆未知条件组成，共同发生作用的结果。他们从显性的条件中，选出一两个语言亮点，勾勒出吸引眼球的故事就开始指导别人，说只要这样做就能成功。

这是"文科生"的理想，一种不管数学的纯理想。他们的勇气来自鸡血，不是来自判断。他们不知道数学里有个专门的考点，叫充分必要条件。

比尔·盖茨辍学，创业并成功了。你也辍学，也会成功吗？人家手里还有一堆你不知道的条件，然后成功地成为微软的比尔·盖茨。你手里还有一堆你自以为是的条件，然后成功地成为精神病院的"比尔·盖茨"。

人家唱摇滚喜欢披头散发，你去学，最后唱歌没学会，发型倒是会了。现在的社会价值观好像偏了重点，舆论也偏了方向，误导一堆人把精力都用在获奖感言上，学习一堆如何表达才能体现出水平，体现出素质的技能。说白一点，大家就差获奖，就等成功了！

事实是：成功者的坚韧和勇气可以学，成功者的道路不可学。

模仿？参照？复制？其实，大多数弑君者最后都被其他人杀了。公子翚的成功是很偶然的小概率。世间就是有这么一些人，你看他做的明明是错的事，得不偿失的事，但结果就让小概率事件发生了。他就这么任性地成功了，你反而被事实打得哑口无言。比如六合彩，我一劝我兄弟不要买，他就是十有八九会中，就这么气死我。公子翚也是这样的人，他的人生哲学是贿赂，行贿、受贿、索贿。你说他错了，但人家就对了。气死你！

而且，鲁国和郑国这些年的关系还就靠公子翚贿赂的套路保持着。开始是接受卫国的贿赂，陪着州吁去攻打郑国；然后又接受郑庄公的钱财，一起攻打宋国；接着回家自己搞革命，革命一成功，又贿赂郑国获得承认。

对比之下，宋国真的是想死的心都有。同样是诸侯，同样是弑君，同样是王八蛋，但是命运咋就这么不一样啊！

十一、宋国的华督之乱

宋国有宋襄公，位列春秋五霸之一，虽然"霸"得十分勉强，经常被某些专家某个版本排除在外，但毕竟"网红"过，有他特定的地位。宋国后面会有单独的篇章，所以关于宋国的老底就留在后面再详细叙述。现在先说说他们在郑庄公这届里干的各种好事。

爹坑儿子

宋国自殇公与夷继位以来，就常常打仗，不是去打别人，就是被别人打，反正宋人天天都是一副很忙的样子。

前面介绍过，宋宣公本来已经确立与夷为世子，但临死前不知道哪根筋抽了，突然宣布要传位给弟弟子和，即宋穆公。然后宋穆公感恩戴德地做了九年诸侯，临死前也习惯性抽筋，突然十分想念哥哥，坚持要把位子传回哥哥的儿子与夷，就是宋殇公。同时，为了避免发生"威胁"，又命自己的儿子公子冯出奔去郑国做华侨（宋侨）。

兄弟同心，其利断金；兄弟抽筋，其厉也可能断金。

在政权的范畴里，**上代人的仁义很可能就是下代人的悲剧。**父辈做尽好人，留给后人是难于到达、难于逾越的道义顶峰，搞不好就只剩自暴自弃。而且，实践一再证明，礼仪秩序远比仁义重要。**感情不能代替政治，否则君王的"家门不幸"就容易变成国家的"兵祸连年"。**

卫国挑头的"东门之役"，鲁、陈、蔡都当作唱戏表演，走走过场，就宋国最动真格，打得比"戏头"卫国还卖命，就是因为有一个具备君位"绯闻"的堂弟公子冯在郑国。

这是一个"信则灵"的公子冯。殇公认为公子冯会威胁自己的地位，就采取一系列措施，而这些措施将间接导致宋殇公被杀，就真的实现"公子冯取代宋殇公"的"谶语"。

殇公由于公子冯的缘故，与郑国来来回回干了很多次仗，频繁的军事行动却让司马孔父嘉频繁出镜。他是殇公最信任的人，殇公什么事都喜欢问孔父嘉，让孔父嘉去做。孔司马因此常常越界，军方干了政府行政的事。身为太宰的华督就很失落。

华督早年与君位的热门人选公子冯关系很好。这是一场意外的失败的政治投机。谁会想到宋穆公放着好好的儿子不用，抽筋立大侄儿为君。结果，宋国也因此造出了一对冤孽——上台后的宋殇公与华督互为因果。

宋殇公：因为你和公子冯好，所以我就不能信任你。

华督：因为你不信任我，我就只能和公子冯好。

但公子冯正在跑路，怎么继续好？

所以华督的心思变了，不再研究公子冯，改研究宋殇公和孔父嘉，还是老规矩，按照"非友即敌"的指导思想来研究。做不了你的情人，就做你的敌人。

宋国被郑齐鲁联军包围的时候，孔父嘉借用"围郑救宋"的办法给予反击。虽然解了宋国的围，但后面在戴国门口又被郑庄公用计套成"肉夹馍"，败得落花流水，只剩二十几个人回家，而且还让宋国丢了两座城池。宋人对此颇有怨言：与夷怎么这么喜欢打仗？这几年光和郑国就干了N次，又老打不赢，害得全国上下好多孩子没父亲，好多妻子没丈夫。

华督听到这样的流言，很快就嗅出机会。他借力发力散布说，其实这都是孔父嘉的主意。

谣言是止于智者，但谣言常常也起于智者。

这样，国人抱怨的矛头就渐渐转向孔父嘉。

讨厌的人被骂与自己被表扬，二者有异曲同工的成效。华督的心情大好，但又没好多久。他有一次去郊外游玩时，遇见一个十分美妙的妇女，一打听原来是孔父嘉的妻子。晕，气愤，怎么可以是孔父嘉的呢？华督心里就再也好不起来了，他暗暗嫉恨，羡慕嫉妒恨！这个讨厌的人居然这么有艳福？

华督日夜思念美女，魂魄都快没了。色字头上的那把刀此刻已经插进华督的心里，拔都拔不出来。政见不和，权力不均，华督以前也会骂骂咧咧地在心里说要去杀了孔父嘉。但那时候就算有理由,也没有动力。现在好了,一想到美女,动力十足。

华督很快就脑洞大开,一系列阴谋也跟着形成了。要娶到美人,就必须杀掉孔父嘉,杀掉孔父嘉也要杀掉宋殇公,杀掉殇公就改立公子冯。然后在政治上,公子冯会感激我,欠我一个人情,在生活上,美人啊那个美!

哈哈!想想就开心。那就开始实施吧!

大臣坑王

孔父嘉是司马,管着全国兵马,时常要去军营看看,要做各种重要的讲话。"你们训练得怎么样?不要偷懒,要向郑国学习,打仗才能彪悍。"他的要求一定会很严格。总之,孔父嘉去军营是再正常不过的事。

但只要有催化剂,再正常的正常也会变成不正常。

华督瞅准机会,让心腹去散布谣言,说司马已经和太宰商量好了,准备再去找郑国报仇,马上开始点兵。

大伙一听就怒火中烧。又要打仗,还打郑国?找死也不是这个节奏,是不是找不到更好的死法?士兵们三三两两聚到一块,怀着同样的心情,骂爹骂娘,骂孔父嘉,骂太宰。士兵里的华督心腹,就借势起哄、教唆、煽动大家去找太宰理论,去强行围观。

开始也就几十人,华督故意不见,门关着装出一副心虚的样子。他这是在蓄势,在故意激怒士兵。没多久,华督家门口的士兵果然就越聚集越多,越来越怒,越憋越狠。这是一种趋势,是华督等待的所谓时机。然后,他就可以拿出准备好的对话,开启一波"影帝"操作。从互相倾诉委屈的"大倒苦水",到突然反省的"自我叛变",再假装更换立场"弃暗投明",最后就借刀杀人"收割比赛"。

这场对话能不能成功,趋势是关键。

终于,愤怒的士兵等来了太宰华督。

华督一脸愁苦地说,他跟大家的心情一样,哪个傻瓜会没事找事去打仗?

士兵里的托就愤怒质问:"那你为什么还和孔父嘉商量打仗?"

这位同志的问题问得好!

华督一脸委屈地说，是司马来找他。他还一直劝，可司马就是不听，还决定三天后就起兵，要求他做好后勤工作，三天筹集齐粮食。

那个问好问题的同志又问："那你为什么不去禀告国君？"

华督一脸哭丧地说，他也想去找国君。但国君最喜欢司马，凡是司马的决定国君都觉得有道理。他俩就想着报仇，只可惜宋国的百姓又要无端遭受兵祸之苦。

几个托就一起说："杀！"

开头也许只是小声地说，但"好人"华督听起来却很大声，而且很有可能他昨天就听见了。

华督立即劝士兵："这话可不能乱说啊，要是被司马听见再禀告主上，搞不好就先把你们抓去祭旗。"

这是**隐蔽的激将法**：我没说你打不打得过，我只是说对手太强大。

又说打仗，又是祭旗，士兵们很快就形成了群体的没理智，大家真要闹起来。这些年打仗，几乎每家都有父子兄弟或死或伤。现在又要去打郑国，郑国的士兵是虎狼，郑庄公又那么狡猾，宋国哪里打得过？既然横竖都是死，不如先去杀了这个孔老贼，也算为民除害！

华督又苦劝，说投鼠忌器，司马他确实是个混蛋，但架不住主上喜欢。大家不要冲动，还是忍气吞声，回家收拾被褥，和亲人告别吧！

告别？这不已经是**显性的激将**吗？

士兵们的群体沸点终于到了，一锅油终于熬到滚起来。他们拉扯着华督的衣袖说："国君也是个无道昏君，请太宰替我们做主。怕他什么，去杀了这个老贼。"

就等你们这句话。

华督"半推半就"地带大家来到司马府。孔父嘉还在睡觉，他不但**蒙在被窝里，还蒙在鼓里**。听到外面吵吵嚷嚷，就问怎么回事。回话说是太宰有急事要找司马商量。孔父嘉就赶紧穿衣戴帽出迎。谁知刚刚一出门，还没来得及打招呼，就听见有人大喊："害民贼出来了，还不动手？"

怎么回事？谁是"害民贼"？我的天，是我啊！

孔父嘉赶紧往回跑。但已经来不及了，潜伏在士兵里的华督心腹眼疾手快，直接给孔司马一个人头落地。可惜了，堂堂的"国防部部长"就这样蒙圈死掉。但华督根本不关心这个部长惨案的现场。

心存杂念的他立即赶去第二现场——孔府后院，那里有他朝思暮想的美人！

不会还在被窝里吧，要趁热"吃"？

这回轮到华督万万没想到，美妙的美人竟然还有刚烈的审美观点。美人根本就瞧不起华督，宁死也瞧不起的那种"瞧不起"。

宁死，就是死了也不瞧。那就是自杀！

华督大为触动，但形势已经不允许他悲伤，"连锁反应"已经触发，他要化悲痛为力量，要再接再厉，继续杀下去。

殇公之殇

听闻司马孔父嘉死于非命，宋殇公又惊又怒。造反吗？打狗还要看主人呢！你们明明知道我喜欢孔司马，还擅自杀他？是要打我脸吗？

什么？华督也在场？叫华督过来，马上！

华督说生病！

有病是吧！那就病着，我先去参加一下亲爱的孔司马的葬礼，回来亲自给你看病。

"有病"的华督赶紧去军队找军正某某，有一句没一句地说："主上这人，君位都是他叔叔给的，也不想着报恩，只惦记报仇。因为公子冯在郑国，所以打起郑国来就老用心了！"

军正说："那又如何？"

华督说："大家都知道主上信任司马。孔司马多次拼命打郑国，背后也是为了主上。现在你们把司马杀死，这是多大的罪啊！"

军正说："对啊。主上很自私，那我们怎么办？"

华督说："司马已经被杀了，不如一并做件大事，杀掉与夷，迎立公子冯回国，也可转祸为福。"

终于说到重点。军正说："就按你说的办吧。"

军正是不是傻？这么快就被忽悠了？其实他一点不傻。就算他没参加"闹事"，只问没有尽到劝阻、惩罚士兵的责任，就逃不过殇公的追究。最好的补救办法当然是杀了殇公。但他心里没底，希望有人能站出来挑这个头。他就等着华督来找他，先说出这句话，然后才能顺水推舟行事。

没有共同的需要，怎能一拍即合？

军正就带着一伙人埋伏在孔父嘉的葬礼现场，等候宋殇公去参加葬礼。

可怜的与夷，他没想到去参加的，也可能是自己的葬礼。

"机遇总是留给有准备的人"，华督和军正都准备好了。

毫无戒备的与夷怀着悲痛的心情到达孔父嘉的葬礼现场。很快，悲痛就变成刺痛，被一刀刺下去，直接死在现场。宋公就变成了宋殇公。"殇"字就是这么来的，用无知和血肉一步一个脚印踏踏实实换来的谥号。

卫桓公也是准备去参加周平王葬礼的时候被州吁刺杀。多事的春秋，参加葬礼一定要慎重。你如果不把葬礼"搞清楚"，最后大家可能就"搞不清楚"到底要参加谁的葬礼。

既然葬礼延伸到宋殇公，那按计划"公礼"也要衍生到公子冯。

公子冯已经在郑国待了9年，几乎每天都在为如何"吃得好一点，住得舒服一点，穿得好看一点"而发愁。此前还被郑庄公当作"肉包子"移到长葛去吸引宋兵的火力。这样的人生在情感剧里几乎已经注定了悲催。

但就在某一天，公子冯和往常一样准备去园子晒太阳时，突然咣当一声，天上掉下一个大馅饼。郑庄公派人来说，公子冯，赶紧洗脸换衣服吧，回宋国去做国君，代号"宋庄公"。

命运有时候就是这么突然，幸福有时候就是这么任性。

所以春秋的时代，动乱的时代，寿命很重要。多活一天就相当于多刮一张彩票，还是中奖率很高的彩票。

公子冯还真没准备好，也可能是提心吊胆了九年，心理已经变得有点畸形。他回国后，并没有感激郑庄公，反而在郑国的继承人问题上大做文章，兴风作浪，生生把郑国搞成"负国"。

宋庄公的"恩将仇报"从个人角度来说很不厚道，但从国家利益来说也无可厚非。他的无耻倒腾等于从内部攻击郑国，轻松达到宋殇公和孔父嘉想做，拼命做，但又做不来的成果。

宋庄公：个人感情岂能和国家利益混淆。

郑国：国家利益一定要包含"索贿"吗？

这是一次政治意外，还有一个更大的文化"意外"。孔父嘉有个儿子叫木金父，在孔父嘉死的时候还很小，家臣就抱着他逃跑去鲁国。注意这里两个关键字：孔，鲁国。没错，孔子就是他的六世孙。

孔子：我是"惊喜"好不好？

【孔姓】 实际上，孔子、孔父嘉都不是姓孔，而是姓子，他们是宋国的王室，商王朝的后裔。商是以殷和子为姓。宋国的第一个国君武庚被周公废掉后，微子便做了宋国的国君。微子在商朝时封在"微"地，地名加姓，便叫微子。

在诸侯的王室成员里，如果你父亲是诸侯，那你是公子；如果你父亲不是诸侯，但祖父是诸侯，那你是公孙。如果你家往上三五代都不是诸侯，说明你虽有王室的血统，但已经很远了，那你就连王室的尊称都可能没了。

孔父嘉是王室成员，可能已不再用"子"姓，因为他祖上好几代就不是诸侯了。他只有一个名，叫"孔"。后来被叫习惯了，名孔就演变成姓孔。"嘉"可能与封地有关，也可能是美好的意思。"父"是尊称，是后人为了祭祀，纪念他的尊称。组合起来的意思是，孔家父辈中比较贤能的那个男人。

这种解释比较拗口，另一种理解比较直观：认为"孔"是氏，父是尊称，"嘉"是名。

我们现在说孔子，就变成姓孔，名丘。"子"不是恢复了他远古祖先的姓，而是一种学术尊称。巧合而已。

宋殇公一死，宋国故事就先告一段落。其实，这些年两家的因果远比上面说的复杂。从"东门之役"开始，郑宋之间就没有停过，几乎一年一个梗。

大概的脉络是这样："东门之役"后第二年，宋要去打邾国，郑国就出手干预，要不是鲁国出来做和事佬，差点就打进宋国的都城。紧接着第三年，轮到宋国又去打郑国，目标还是公子冯的所在地长葛，并且还攻破了长葛。第六年，郑庄公借王命，联合齐鲁报复宋国，攻破两座城池，同时还把戴国给顺走。第七年才热闹，双方卷着鲁齐卫等国，居然互相打了4次，郑国赢2场，平2场。第八年，郑国估计觉得去年最后一局没赢，心里不甘，就又去打宋国，终于赢了。

华督煽动政变的时候，总结说近10年双方打了11次仗。宋国已经被郑国打成了"豆豆"，"豆豆"口半服心不服，最终双方打成了春秋的世仇。

这邻居做的,把"远亲不如近邻"生生体现在打架上。

同样是邻居,陈国与郑国之间的戏份就少很多。不过在外面惹事少,旺盛的精力就会留在"内耗"上,耗起来也相当精彩。

十二、陈国的叔侄互杀

陈国知道自己几斤几两,所以很少挑头"闹事",去参加打仗也都是跟在后面瞎起哄。刚刚出彩的一幕就是被骗去参加卫国州吁组织的围郑五日"东门之役"。然后又"戴罪立功",帮助卫国石碏平了州吁之乱。

可能正是这种"不起眼"保护了它,让它在郑庄公的眼皮底下,安然度过几十年。但外患成功躲过,内忧却没能侥幸落下。"陈国虽小,五脏俱全",它有诸侯有世子,也有公子,那就也要有弑君,反正一个都不能少。

陈国简历

陈国的第一任国君陈胡公,叫妫满,侯爵,也有说公爵。妫姓与姚姓都是舜的子孙。**妫满能够被封侯,一个重要的原因就是他姓妫。**

周朝建立后,周武王想要"大庇天下寒王寒鬼俱欢颜",不但要给活人出路,还要给死人归路。他用对待活人的尊卑对待死人,让去世的王、消失的王朝都有应得的祭祀。这便是"三恪"的概念。

【三恪】 周武王以周为点,往前推出舜、夏、商三个朝代为"三恪"。按今天的历史记载应该是"尧舜禹商"吧,夏是大禹的后代,那"尧"呢?周武王认为自己就是尧的后代。

商的后裔封在宋国,夏的后裔封在杞国。宋国是老面孔,杞国比较陌生。其实杞国除了"杞人忧天",历史也十分悠久,经历夏商周都能存活过来,简直就是活化石。在夏的时候,就有"杞"部落,商和周不过是重新任命它一下而已。一方面说明新王朝都尊敬夏的祖先,另一方面也说明杞国的实力很一般,可有可无,除了名字根本没有亮点,构不成对王朝的威胁。

它跟谁都愿意,都合得来。

有时候你能活下来不是因为你强大,也可能是因为你弱小。所以后世朝代的牛人就学会"隐藏",装孙子,假装弱小,"广积粮,缓称王"。

商与夏弄清楚后,周武王又找到舜的后裔妫满,封在陈国。

按朝廷的要求,宋、杞、陈的主要工作就是祭祀祖先。

但为什么是妫满?说来你可能不信,又是一个"捡来的"故事。

妫满本是一名普通官吏,官职叫陶正,是负责烧制官窑的行政长官。工作性质比较接地气,估计每天都灰头土脸,偶尔还会被隔壁那些"西装革履"的白领嘲笑。但笑声没持续多久,他就逆转了,咸鱼翻身。

因为有一天,上头突然来人通知妫满,说"你不用上班,你中彩票了"。

机遇大多会留给有准备的人,偶尔也会送给没准备的人。

周武王正在找"舜"散落民间的后代,"报名"的人很多,但妫满有独特优势:他是王身边的人。所以"就是你了"!

内定吧?你猜。在任命诸侯后,周武王又把大女儿嫁给他。

气人不?烧窑的汉子一下子就从一名普通的技术干部蜕变成诸侯,以及王的女婿。还好,他是一名合格的诸侯,也是一个称职的女婿。

有制陶手艺的妫满一到陈国就发挥业务特长,把祭祀的水平、格调都提升到一个新高度,受到广大诸侯的好评。作为周的女婿,陈国就分封在周的旁边,位置核心,光彩照人。所以陈国自我感觉良好,非常自信、非常快速地进入贵族角色。但优势有时候也是劣势,陈国就是祭祀,大概也只会、只喜欢祭祀,他们长期忽视军队建设,军事实力很一般。

这个特点在西周还好,诸侯们都安分守己,陈国除了培养出自豪感,也没有受到其他刺激。到东周就不一样了。它变成为数不多"有脾气,没实力"的诸侯。郑国崛起后,郑庄公考虑到陈国在诸侯中的威望,也想过主动讨好它。哪想**陈桓公**居然还有点瞧不上郑国,一边接受郑庄公的见面礼,一边又和别人一起去打小郑。

完全不着调的样子。

不着调的陈国可以用"余威"挺过郑庄公,但过不了楚国这一关。楚国才不管你什么威信不威信,周王我都不在乎,还在乎你?所以陈国就被楚国痛打了好几次,其间还被灭国两次。

妫佗篡位

12年前,陈桓公妫鲍帮助卫国石碏把"弑君团伙"州吁和石厚抓住并就地正法。陈桓公认为这件事很有意义，通过现场处理邻居家的纠纷，用生动的案例教学教育国人，让国人明白"弑君"不会有好下场，要人人得而诛之，跑到外国也没用。效果确实不错，他在位 38 年，国人信服，国家稳定。

不过，教育也不能一劳永逸。有些内容需要天天讲、月月学，如果涉及思想教育，更需要经常组织开会学习讨论，否则时间久了就容易忘记。而且"案例教育"还有一个天大的弊病，就是**不同的人容易从不同的角度得出不同的结论**，尤其在结合个人的欲望需求后，结论更容易失控。

在弟弟公子佗看来，案例的重点不是弑君有罪没罪，而是还有"弑君"这种事啊？大开眼界啊，有没有？解放思想啊，有没有？还有，如果弑的不是君，比如储君呢？

答案到底如何？公子佗决定试一试。

就在陈桓公去世后不久，公子佗干净利落地杀了世子免，然后宣布自己为陈侯。

这事很快就传到邻居蔡桓侯的耳朵里。

蔡桓侯立下结论，给出一个很明确的答案：胎儿也是人，预备役也是兵，弑储君当然也等于弑君。何况世子免马上就要上台，马上不是储，正在办理转正手续呢。

蔡桓侯说："这事要有人管啊！否则我们的周礼还要不要？"

要，当然要，不过蔡桓侯只说周礼，没说陈桓公还有一个庶出的儿子叫公子跃。如果世子免去世，那么按照排位顺序应该由公子跃继位。

蔡桓侯也没说公子跃是他的外甥。

蔡桓侯一直说他只强调两个字——礼仪，只追求两个字——公平。

蔡桓侯让弟弟蔡季全权负责办理这事。蔡季很负责，他立即成立一个力挺"陈跃"的工作小组。毕竟他也是舅舅。

总之，这事蔡桓侯管定了。

蔡国干预

蔡季也算是蔡国的流量小生。他最近刚刚代表蔡国与陈国、卫国一起，在周桓王的带领下讨伐郑国，即"繻葛之战"。造型很漂亮，鲜衣怒马，就是没什么成绩，还被打得稀里哗啦。但按照春秋"出工不出力"的合伙潜规则，蔡季参加此次活动的心却很大，"他们打他们的仗，我们聊我们的天"，他和陈国的伯爰诸在这趟出差中聊出了不一般的友谊。

咋不一般？都聊到杀公子佗的事。

周桓王：晕，上课不注意听的程度都这么严重？我这打仗呢，报仇呢，你们离题离得是不是有点远？

蔡季：我们不也在说杀人的事？

伯爰诸说，陈国人其实都很讨厌公子佗，要杀他也容易，这家伙酷爱打猎，可以在野外干掉他！

蔡季问，那咋不动手？

伯爰诸答，陈国国小，国人在一起到处都是公子佗的耳目，哪能随便调动士兵？再说，就算搞定了，公子佗手下那么多，说不定几年后也来找他报仇。如果蔡国愿意帮忙，出手干预，那是主持公道，干净利落；如果陈国自己整，杀来杀去，那是争权夺利，就没完没了。

也对！杀人的背后还有更多杀不完的文章。这事还得老蔡自己来。

不久，蔡季通过伯爰诸获悉公子佗又将去打猎，就提前带上士兵到猎场埋伏。

埋伏的行动口号是"他杀野猪，我们杀他"。

公子佗如期而至。打猎和钓鱼一样，会上瘾。妫佗是个打猎好手，唰唰几箭，很快就有猎物收获。在收割猎获时，却突然"有人"跳出说猎物是他们先射的。双方各执一词就争吵起来。陈国人以为就是"猎物纠纷"，所以重点一直都在野猪野兔上，谁知道对方的真正猎物却是公子佗。

"有人"的蔡季带着士兵在纠纷中，故意失手杀了还沉迷在理论是非的公子佗，然后马上表明身份，解释为什么要杀公子佗。妫佗的随行懵了，但看看双方的力量对比，也只好继续懵。对方是准备来打仗的，你是准备来打猎的，配置能一样吗？实力能是一个水平吗？所以，如果**不撕破脸，也就死一个妫佗，要是撕破脸，估计要死一坨了**。

再说了，大家都是打工仔，换老板也很正常，何况现在老板都死了。所以陈国的"猎手"很快就转变思想，配合蔡季，以饱满的热情投奔新的领导。

回家后，大家立公子跃为君，即**陈厉公**。

陈厉公应该早有准备，一上台就打出一套组合拳：放鞭炮、拜祖庙、谢舅舅。估计讲话稿都写好了。

自此，陈、蔡两国人民的友谊越来越牢固。

继位的公子跃要证明自己正统，合礼合理，就必须界定叔叔公子佗的不合礼不合理。所以毙命的公子佗也没定个什么公，就当作乱臣贼子"批处理"掉。后史开恩，把这类人统统称"废"，即陈废公。

有些弑君乱政比较频繁的诸侯国，如卫国，还有前废公、中废公、后废公什么！排队做废公，感觉"废"字根本不够用，一副要挑战"开恩"底线的气势。

陈完奔齐

"废公"是去废品站了，但厉公的故事还没完。

7年后陈厉公去世，继位的不是他的儿子完，而是他的弟弟**公子林**，即**陈庄公**。庄公妫林在位7年后去世，继位的也不是他的儿子，而是他的弟弟**公子杵臼**，即**陈宣公**。这是典型的"兄终弟及"。是否可以推测，在杀死叔叔废公佗前，三个兄弟就已经密谋好了？蔡国只是其中一环节，帮个"小忙"而已，"万事俱备，只欠小忙"的那种"东风"。

这个小忙叫"名义"。

【名义】 有些事，你其实完全有能力自己完成，但你担心做完之后，别人不服，容易引发难于处理的"事后事"。你要借一个更权威的人来说事，说是领导交代办的，以避免出现"事后事"。不服你的人不敢不服领导，这便是名义。这种游戏的极限叫"假天子以令诸侯"。

第二种情况也是你有能力独自做，但这事不该由你做，不是你管的事，你出手叫"狗拿耗子"。此时，如果你很想做又不愿意承担损失道德人设的风险，也只能借用他人的名义来打开局面，"你爹临死前交代我"或"××是我最好的兄弟"。

兄弟：你哪位？

另外，"借名"除了借领导之名，还有借制度之名。明明是自己想要做的事，却打着组织的名义，打出会议的精神，一副戴着帽子出行的模样。戏码到位的话，还能装成非常无辜的样子。

这条路走歪了，走过了，就是滥用职权。

最有争议的借名是借道德之名，借江湖道义之名。明明是你自己想要政权，要造反，非要说是人民受到压迫。明明是你自己看不惯，想要分一杯羹，非要说是仗义执言，替天行道。

天：谢谢啊！

道德是一种很抽象的概念。你要拿道德去批判人，首先你们要有一致的观念。我说社会主义好，自然按照社会主义的规矩办，你说资本主义好，那我在你眼里做什么都是错的。错是互相错，谁都不服对方的规则，不认可对方的行为。

"网络暴力"就是这种表现，参与评论的人都默认自己是好人，自己对。"己所不欲，硬施于人"，以道德绑架，以主义批判，站得低看得细，盯到一颗芝麻就揪住雀斑不放。

三个兄弟担心镇不住政变后的陈国，就想到借蔡国之名。这样，**本是作乱的恶人，就变成戡乱的功臣**，因为"作乱"的源头已经变成看不惯妫佗行径的蔡国。

事实证明他们把"名义"用得很成功，把"分赃"办得很和谐。

陈厉公的儿子**陈完**在厉公去世的时候才7岁，孩子年龄太小也可能是传位给妫林的原因。他**想反悔、想翻盘也翻不了了**。陈庄公在位也是7年，去世后轮到陈宣公妫杵臼。此时，公子陈完已经长大成人，为人贤达好敏，他只想做一个安静的陈大夫，但陈宣公不答应。

陈宣公基于母宠子贵的情感，为了给宠妃生的儿子开路，居然把世子**御寇**杀掉。陈完和御寇的私交很好，担心被牵连，就跑路去齐国。

在古代，陈和田的发音很像，所以为躲避追杀，陈完就被迫改姓田，**田完**。

为什么要说这些？因为田完的八世孙**田和**做了齐国的权臣，后来还取代了齐国的姜氏家族。史称"**田氏代齐**"。

所以公子完的"**完**"，是在陈国这边**完**。齐那边，是开始，只是"晚"一点开始，不影响陈氏的精彩家底。

十三、卫国的兄弟相侪

陈国国家小，闹腾的情节有板有眼，但声音不响，传播不远。动乱的根源又都一样，说到底还是权力之争。如果作为一出戏剧，似乎缺少一条感情线，让喜欢八卦的观众很不过瘾，让在一旁的卫国很着急。

卫宣公：不能有遗憾。

正好陈国有妫完，卫国也有姬完，缘分哪。

宣公纳媳

卫国州吁杀了卫桓公姬完，自立为君没几个月就被石碏给杀了。卫桓公的另一个弟弟姬晋就捡了一个诸侯，即卫宣公。

宣公也不是什么好人。他在做公子时，就和老爸卫庄公的小妾**夷姜**私通。火爆吧！剧情一开始就要进入高潮。

夷姜也算是他后妈，但爱情来的时候，就不管什么后妈前妈，除了卫庄公，谁也挡不住他们。关键是卫庄公不知情，也不会去挡。这两人就明里暗里你情我侬，最终水深火热之中就匆忙生下儿子**急子**（这名字是想表达来得太着急？）。因为出生得不是时候，小急子就只好寄养在民间。

急子这命啊，开始是坎，以后就步步都是坎。

公子晋捡成卫宣公后，急子才从民间被"翻找"出来，立为世子。同时，还配备专职老师公子职。

急子16岁，到了谈婚论嫁的年纪。公子职就张罗着为他提门亲事，对方是齐僖公的大女儿。看来，急子的命将有机会被转运。

转是一定要转，就是不知道要往哪里转？

去提亲的使者回来后，齐女的绝世美貌就传开了。偷情有瘾有经验的宣公听到消息后，心里十分着急，支支吾吾似乎总是欲言又止。其实，"热爱生活"的他根本没什么思想道德的压力，只要身边的马屁精稍微一鼓动，他就会假装挣扎几下，然后马上"小半推，大半就"地妥协了。

总之，欲望很快就占领了思想的最高阵地。

他说想先看一下齐女是不是传说的那么美？"你们可不能随便欺骗我儿子哦！"

人们还能说什么？人家的要求这么纯洁，怎能拒绝？宣公就在淇河边上以建造驿站的名义，装修出一个王宫，命名新台。然后又派急子去宋国行使一场很重要的外交活动。

倒不是活动本身有多重要，而是谁去、什么时候去很重要。

急子一走，宣公就命公子泄去通知齐国，说要迎接齐姜回卫国完婚。结果是，迎亲队伍在入卫城之前，先在新台过了一夜。

卫国方面扯淡说这是卫地的风俗习惯。但这夜一过，齐姜就由"准世子妃"直接变成侯妃，称为宣姜。史称"**筑台纳媳**"。

卫宣公：谣言是真的，齐女确实很漂亮！

宣公也真是王侯群里的极品。上面对老爸的小妾私通，下面对准儿媳下手，通吃。这个畜生一样的家伙，一生没干什么好事，屁事一堆，坏事等身，居然也没有被雷劈死？

可怜的齐女，原来明明说好嫁给小鲜肉，怎么到验货的时候，却发现是老腊肉？不过，这位"齐国奇女子"也很坚强，立即化悲痛为力量，迅速适应新岗位，三年内就接连生出了两个儿子，大的叫**公子寿**，小的叫**公子朔**。子凭母贵，宣公喜欢宣姜，就爱屋及乌喜欢这两个小孩。对比之下，未婚先育蹦出来的急子就有点累赘的感觉。

但急子想急也急不了，只能慢下心来。

兄弟矛盾

宣姜生的两个儿子长大后，豪门恩怨紧接着就开始了。大的公子寿天性孝友，一直和同父异母哥哥急子关系亲密，估计是老师**公子泄**教导有方吧。小儿子公子朔却完全相反，竟然成天和宣姜研究如何杀掉急子。

按说就算急子死了，君位也只能传给哥哥公子寿，轮不到公子朔，但他就是这么认真，这么专心。许多时候，理想如果被掺和进欲望，就不管骨感不骨感，什么现实都拦不住了。

心怀着一步一步来的计划，公子朔偷偷蓄养一批敢死队，等待时机。

时机要等，但有时候也要造。要等的都是大时机，但在等的过程中也可以造一点小时机，比如说煽阴风，点明火。姬朔对宣姜说："父亲现在比较宠爱你，但他去世后就是急子继位。急子的母亲因你而失宠，已经嫉恨不已，到时候急子要是迁怒起来，我们肯定没好果子吃。"

宣姜觉得有理，就和姬朔一起隔三岔五，一唱一和地向本就有点腻歪急子的宣公造谣生事。

有一次，急子过生日，场面上大家吃吃喝喝很高兴。回来后，姬朔却对母亲说："我和哥哥寿好意去给急子过寿，哪知道他一喝多，居然呼唤我为孩儿。他说'你母亲本是我的妻子，我就是你父亲，快叫爸爸'。太羞辱人了！"

宣姜一听，这是我的痛处啊！就去找宣公哭诉，再添油加醋说这不是在羞辱小朔朔，而是在羞辱她。

宣公听后大怒，"这哪里是羞辱你们，明明在羞辱我啊！"

但为什么不叫姬寿过来问一下呢？一定要这么急着去自取其辱吗？

因为心里有鬼的人不自信，容易疑神疑鬼。你给他一个框，只要上面写着"侮辱"两个字，他看一眼就会自己往里面钻。 宣公立即认定这是一起严重的人格污蔑事件。打人不打脸，急子你是哪壶不开提哪壶。

宣公把夷姜叫来骂一顿，要求她好好管教儿子。

夷姜很悲愤。我儿子是什么人我还不知道？是你太过敏感自己的丑事吧！明明冤枉人，还叫我管教？还要我洗地？

夷姜越想越难受。宣公移情别恋，当年偷情的小甜甜，已经变成如今的老咸咸。被冷落，被取笑，夷姜受不了感情落差和宣姜的刺激，就自杀了。

死的人轻松了，但没娘的孩子还要继续面对一个狼子野心的爹。这日子真没法过。急子常常因为想念母亲而暗自啼哭。然而思念的悲伤被宣姜和姬朔加工后传到宣公的耳朵里，就变成"常常口出怨言说日后继位要宣姜母子偿命"的威胁。

【谣言】什么叫谣言？谎言多说几遍就会变成某种事实。第一个人造谣没有依据，第二个人传谣就有依据了。

为什么会传谣？因为判断一句话的真实性，除了智商，还有情感和内心需要。如果他们说（造谣）的是你希望的样子，或者是你喜欢的样子，你就会很容易相信。

宣公的人品和观念让他很愿意相信宣姜与公子朔的话。

终于，他决定杀掉这个儿子。反正儿子多的是，只要持续不要脸，老婆不缺，儿子就更不缺。既然急子不听话，或者占位置，那就把他拿掉。但宣公还需要一个理由来堵群臣的嘴。如果关于法律、礼仪、规矩的借口都找不到，那就只能靠"意外"，比如说被盗贼暗杀？

姬朔说："我懂的！"

那就开始吧，请开始你们的表演。

宣公说:"为了加强卫、齐两国的友好关系,下个月我将让世子出访齐国,谈一谈关于纪国的事,到时我会给急子一面鲜明的白旗,以此体现卫国的威仪。"

姬朔说:"我懂的!"

晕,有举白旗出使的威仪?暗号能不能不要做得这么明显?

宣公说:"卫、齐两国山路崎岖,河道险要,希望急子不要遇到强盗!"

姬朔说:"我懂的!"

但姬寿不懂,他看弟弟鬼鬼祟祟,就去找母亲问究竟。母亲说:"你爸和你弟都是为你好,你就好好地准备做世子吧!"

姬寿就明白了。他很着急,为急子着急。他赶紧去找急子,劝哥哥不要去齐国,赶紧去别的国家避难吧!

急子知道弟弟在说什么,但他似乎已经厌倦了君王家的钩心斗角。太累了,想放弃。他说:"做儿子的,听话才是孝,只有逆子才会背叛父亲的命令。这世上有不认父亲的国家吗?我往哪里跑?"

连父亲都想杀自己,这世界明显要抛弃我。我还跑什么跑?那么累!

姬寿听完后大哭,心想:我哥真是仁义!如果我哥死在强盗手里,按照顺序,我就会被立为世子,我能心安吗?我的良心会痛。儿子不能没有父亲,那弟弟就可以没有哥哥?这样吧,我替我哥去齐国,替他经过那条盗贼出没的山路,替他死。

姬寿以践行为由请急子喝酒。急子酒量不行,又想到有这么个父亲,这么个家,心情不好就贪杯了,借酒消愁没几下就喝醉了,趴在桌上睡着了!

姬寿就对属下说:"我哥喝醉睡着,但出使齐国是大事,不能拖,我替我哥去。对了,那面白旗呢?请快点竖起来。"

公子朔驯养的死士扮作强盗,早就埋伏在卫、齐两国的山路河道,天天盼望着白旗。管他上面写什么字?管他谁在旗帜下面,只要暗号对就行。

好了,终于来了!

姬寿的厚道绝对不打折。遇到强盗时,还特别"强调"自己是卫国的世子急子,要去齐国谈大事,他们是什么人竟敢在这里挡路?

就差主动递名片,就差在脸上刺一个"急"字。

强盗也很奇怪：我还没问呢，你这都直接抢答了？上天就这么恩宠我们的生意吗？好吧，不能辜负天下好时光。

大家的情绪都非常高涨，真有被卖还帮你数钱的主。就一齐说："我们是卫侯派来杀你的人。有什么问题找你爸去，'冤有头，债有主'。"

这一单贼顺利，贼真的很顺利！然后他们就开船回家。白旗还继续挂着，没有收下来，算是送"急子"一程！

醉酒的急子终于醒来，很快就发现弟弟替自己去死的事实，**心里一惊，喝酒真误事，连死的事都能误！**就赶紧叫船去追，希望不要误杀了弟弟！

太好了，弟弟还在，挂白旗的船就在前面。

不是吧！那不是出使的船啊，而是回来的船！

怎么回事？

急子急中生智，假装问对面的船只，"主上吩咐的事，你们做好了吗？"

对面听这暗语说得真应景，一定是来接应的兄弟，赶紧回答办好啦，老顺利了！那个傻瓜他……

急子一听，全明白了。他按捺不住悲痛，马上放声大哭。天哪，真是冤啊！

盗贼们安慰说，父亲杀儿子，这些年也常常有，冤什么冤？

急子大怒说："你们这群大傻瓜啊！我才是真正的急子，那是我弟弟姬寿。父亲要杀的人是我。你们做事能不能专业一点？"

杀人都不看照片吗？

盗贼里总算是有人见过世面，认真一看，认出这个才是真急子。

"老大啊，刚才是我们冲动了。"

急子说："算了，你们快来杀我吧，把我的头拿去交差吧！"

盗贼又惊又晕，还真有来送死的？如果说是将功补过，那功在哪里？过又在哪里？是要幸福还是要忧虑？他们还没搞清楚"是什么"，就又来"为什么"。

其实，盗贼们是真不能理解礼仪的世界和道义的概念，也不会明白这连续两道关于"周礼"的送分题。世上有许多事物超越活着的意义。活着的目的是什么？你吃过一回鲍鱼，以后就为了吃一百次鲍鱼？

急子的活是为了死。活的时候领会过、体会过礼仪和道义，才能在死的那一刻得以升华。急子的个人成就在死的那一刻随着道义一起永恒。

个人的舍生取义可能有点愚蠢，但一个民族如果都没有人愿意舍生取义，那么这个民族才是真"愚蠢"。**如果我们自己做不到这一点，至少请不要取笑嘲弄那些正在努力伸张正义的人。**

事情搞成这个样子，最大的受益者就真成了姬朔。他真中彩票了，原本琢磨一步一步来的计划，现在居然两步并做一步，直接封顶。

宣姜则是喜忧参半。**喜的是敏感词"急子"终于屏蔽掉**，忧的是想不到亲儿子姬寿也稀里糊涂跟着没了！

宣公是吓得半死。虽说不喜欢急子，但毕竟是儿子，而且没想到急子这么仁义。只因自己一时糊涂受了宣姜的蛊惑，才做出如此天理不容的事，报应果然来得快，姬寿的死一定是上天的谴责和惩罚。

受到沉重打击的宣公终于垮了，老是梦见夷姜、急子、公子寿在自己眼前走来走去，他们好像在说什么"三缺一"？

这样惊吓几次，没过多久就死了！

于是，15岁的姬朔如愿继位，即卫惠公。**机遇从来都是留给有准备的人，何况小朔朔还准备了很久。**

但机遇有时候也是瞎了眼，分不清好坏人。

机遇：那是老天的事。

要说宣公这一生也是够够的，超值了！上辈子是拯救了银河系，还是前几辈子都做猪做狗才能换来这一辈子的福运，这么该死的人居然还能活到自己死。好在最后被"描述"成吓死，不然多影响读者的感情啊！

急子却完全相反。从老爸这边论，他的亲生母亲似乎也是奶奶，这个不说了。自己准备娶个老婆吧，还被父亲抢走了，这事也不计较了吧。谁知道原来可能的老婆，现在真实的后妈，居然和弟弟一起怂恿老爸杀掉自己。关键是，最后二百五老爸真就决定要杀他。

这胎投的。一个人要衰到怎样的程度才有这样的遭遇。

好在还有弟弟姬寿能和自己说上几句掏心话，没想到也因此为自己死去！

"活着"真没什么意义，这人世间，我再也不来了。你们玩吧！

惠公失位

有人不想活，觉得生活没有意义，比如说急子。有人觉得活着真好，生活充满惊奇，比如新继位的惠公。急子不急了，惠公却激情四射。他上台做的第一件事就是把两位哥哥的专职老师公子泄和公子职给罢免了！

学生都没了，还要什么老师？这不是吃空饷吗？而且，惠公也担心万一上天留一手，也为他们准备什么呢。

两位老师很郁闷。既然不让我们在岗位上准备，那就回家准备吧！

这一年，惠公亲自和宋国一起去打郑国，因为他和宋庄公有个共同的理想：想更换郑国的国君。好像他对这事很有经验似的。

此时的惠公也就18岁左右，到目前为止一直很幸运。此前中过彩票，一下子干掉两个哥哥，直接登上君位。但政治上太顺利，就容易盲目自信。自己这个君位怎么来的，他好像已经忘记了。他以为做事就看心情，只要心情好，"事情"就会跟着好。可世上哪有那么多好事，那么多"听话"的事。

公子职和公子泄的事就不会"听话"。惠公可能真的以为他俩不当老师后，就会安心在家喝茶聊天，踏青钓鱼。

喝茶聊天是有，但安心没有。

公子泄说："他是**天真到相信我们，还是自信到鄙视我们？**"

公子职说："管他呢，这是最好的时机，就是不知该立谁好？"

正在这时，大夫宁跪来找他们。宁跪问："两位老师是不是已经忘记了当年白旗使船的事故？"

看来英雄所见略同，政治上的嗅觉，大家都彼此彼此！

公子职说："正在研究这事，就是不知道下一步拥戴谁？"

宁跪说："公子黔牟是周王室的女婿，为人宽厚，是个不错的人选。立他为君，国人应该都会信服。"

好，管他好不好，报仇才重要。换谁不重要，只要不是惠公朔就可以。否则哪有立谁都不清楚，就开始计划废谁？

很快，卫国就流传惠公出去打仗失败被人打死的消息。谁看见了？不重要，反正大家都说他死了，那就是死了！去死吧，你懂的。

国不可一日无君，卫国必须再立一个。两位公子就召集大家一起来商量。在明里暗里的操作下，经过几轮活泼而严肃的争论后，大家得出一致的结论：黔牟，就是你。快回家准备一下吧！

黔牟：怎么？我也中彩票了！

这年头，没买彩票的公子也可以中彩票？中签率都这么高了？

老天：嗯，中签率高，中枪率也不低。

估计现在连老天自己都不知道机会到底要不要留给有准备的人。卫国人也不知道公子黔牟到底有没有准备，都只看到匆忙继位的公子黔牟使命感极强，一上台就翻旧账。

首先，按照公子职和公子泄两位导师的提议，为姬寿、急子补开追悼会。然后，再将姬朔涉嫌杀害姬寿、急子的问题立案追查。黔牟表示涉及谁就查谁，绝对不袒护，坚决配合，可以大义灭亲。

奔波在外的惠公收到来自卫国的报告，关于自己"被死亡"的离奇报告，惠公又气又怕。怎么搞的？明明是我准备给郑国换君主，怎么现在变成我自己被换了？是不是我出发前祷告的祷词写错了？

我的人生这么逗吗？得得顺利，失得戏剧？

惠公已经管不了那么多了。细节是影响过成败，但慌乱之中，谁还会去研究细节。跑路吧，奔跑吧，去舅舅家，去齐国。

惠公一到齐国，一见到齐襄公就哭上了。

姬朔复国

惠公呼喊的舅舅不是一般人，他是齐僖公的儿子，齐桓公的老哥，是一个淫荡无度、毫无底线的诸侯。另外，他还有一个特别奇怪的名字，诸儿。关于他的故事后面会讲。剧透一下，故事主要集中在男女关系上。可以下个结论，前面卫宣公睡后妈、纳儿媳那点破事在他面前都不算什么猛料。

齐襄公看着外甥求救，也不急。问东问西后，居然先关心他妹妹宣姜（姬朔的母亲）的个人生活问题。兄妹情深，深到一般人都难以理解。

正好，卫宣公还有一个儿子在齐国，叫姬硕。齐襄公令堂哥公孙无知带着姬硕去卫国，名义是考察访问，实际是要安排姬硕娶宣姜。真是奇思妙想，你俩兄妹情深就情深吧，但这样的"人事"安排一般人实在难以接受。

按辈分，宣姜是宣公的老婆，惠公的老妈，而姬硕是宣公的儿子。老爸宣公私通后妈时，还是偷偷摸摸的，到他这里，居然被要求光明正大娶后妈。

社会都进步这么快了吗?

齐襄公:我按下快进的按钮。

在齐襄公的观念里,**所谓"男女关系",就是只要是男人和女人就可以有关系**。而且,他还认为大家的观念应该和他理解的一样!

不知道现在那些拍狗血剧的导演们注意到这个故事没有?说真的,导演们,你们有福了,这是一个弥足珍贵的好题材:**正常拍摄,剧情雷人;往前一步,画面惊人;退后一步,故事感人。**

雷人的是齐襄公,但他乐在其中;惊人的是姬硕,估计还要点面子,所以死活不肯;感人的是宣姜,她居然也没意见。

晕,真是"不是一家人,不进一家门"!

公孙无知的名字叫无知,但心里很明白。他知道姬硕不肯,也不好劝,毕竟谁也找不出冠冕堂皇的理由来讨论这种"好事中的屁事"。他就去找公子职,商量后终于想出一个好办法——把姬硕灌醉。

事实再次证明喝酒误事。事实也顺便证明姬硕的酒量很一般。

果然,公子硕很快就喝多了。然后你懂的,大家把他扔进了宣姜的房间。

齐襄公:我们只能帮你到这儿。

宣姜:一切尽在我掌握中,"越来越接近秋香姐"。

没多久,开始还死活不同意的姬硕,就犯了天底下许多男人都会犯的错误。

这不是亮点,亮点是"犯错",还一错再错。他居然和宣姜一口气生了五个孩子。同志们,五个啊!

严重怀疑,姬硕是凭"半推半就"的表演功力才让自己成为人生赢家的。或许他早就想霸占宣姜的美。

所以喝酒除了误事也可能会务事。推测姬硕的酒量可能真不一般!

好在他们生的四个孩子都不一般,为卫国做出了重大贡献。两个儿子在卫国的"亡国"战乱中,先后临危受命,成为卫戴公和卫文公。两个女儿分别嫁给宋国和许国做夫人。等等,不是生五个吗?是的,还有一个未成年就夭折了。

这是姬硕意想不到的另一段"人生赢家",还在很后面的事。只说此时,他妻子的儿子,也就是他同父异母的弟弟惠公却还在齐国熬着人生低谷。苦苦等待的惠公，等来的不是要回卫国的消息，而是多一个后爹的通知。哥！你确信以后要做我后爹?

姬硕：以后咱们个轮个的，我管你称君，你管我叫爸?

忙完妹妹再婚的诸儿似乎还不想把外甥回国的事提上日程。他还有更着急的事要做——向周朝讨婚。妹妹都婚了，哥哥还会单吗?黔牟刚好也是周的女婿，搞不好大家以后还是连襟呢，都是"实在亲戚"。

姬朔没办法，只能再等等。但"等等"可不是一般的等，不是在马路边等公交车，不是在包厢等上菜，而是在齐国苦等。

他苦苦等了9年。一直等到舅舅娶了周王室的公主，熬到舅母死了，再盼到齐襄公把纪国灭了。所谓的"盼星星、盼月亮"也不过如此吧。

终于，就在惠公都快要忘掉自己的时候，齐襄公却突然想起来这里还有一个卫国来的外甥天天在喊舅舅。

舅舅可能是在下一盘很大的棋吧。

卫惠公：大不大不知道，久是真久啊！

好在不管是大，还是久，终于下完了。轮也该轮到姬朔的卫国。

以齐国的实力，卫国肯定不堪一击，但现在先要解决"回忆"的问题。9年了，许多人都已经忘记惠公是怎么回事了。齐国就约宋、鲁、陈、蔡等诸侯一起，决定树起问罪公子黔牟的大旗。

这是一个很对路的理由。

姬朔怂恿老爸杀急子、姬寿那是家事，是人品问题；公子黔牟巧夺姬朔的君位，就是国事，是礼制的问题。家事别人管不了，但国事就是大家的事，它关乎国君的礼仪规则，是天下事，每个诸侯都有份儿。

每个诸侯都不允许：我出趟差，你们就再立一个国君。

另外，他们**区分事情的性质不是看你杀人还是抢劫，而是你实施的对象是谁，什么身份**。这规则看起来很不合理，但它影响中国几千年。比如刑不上大夫、×二代、VIP等都是身份论的发展与演变。只不过后来比较文明，操作起来不那么明显直接，而是更加隐晦泛化。

卫国：理由没问题，就是有点久。9年前你为什么说?

齐襄公：你还有理了?

被围困的黔牟马上想到老丈人家，周王室。

周王室也够肝胆。一个叫**子突**的大臣正义凛然，十分厌恶姬朔、诸儿这种人。他请命带上二百乘战车,准备为卫国解围。

但打仗靠的不是生气,不是义愤填膺,而是靠实力。 没几下,子突连同二百乘战车就在齐国的马蹄下灰飞烟灭。

好尴尬啊,刚才的掌声可能要变成笑声了。

而且子突的快速兵败再一次证明、暴露出周王室的实力。

卫国的守城将士在公子泄、公子职的指挥下,本来还有点信心,听说周王室来救,就更加兴奋。谁知子突带兵过来,突突突没几下就败退,这一败连自己原来的那点信心都拖累没了。很快,卫国就被盟军攻下。

公子泄、公子职被认定为主谋,就地正法!

但获胜的齐人搞不清公子黔牟是坏人还是好人。经过一番讨论后,齐人认定他是被公子泄、公子职给骗了,可以留作"污点证人"。毕竟,人家还有周王室女婿这一层关系。齐人干掉子突已经得罪周王室了,不能再加深仇恨了。那"证人"黔牟就去周地吧,去入赘,去上门!

姬朔终于可以回卫国继续做他的卫惠公。临行前,诸儿特别叮嘱姬朔要低调一点。什么叫低调?"低调"就是把卫国的国宝搬到齐国来,由诸儿保管。

惠公没办法,只能照做。有承诺在前,"钱财乃身外之物",至少现在已复位,要不然别说国宝,一根草都不是你的。

会保管财物的齐襄公很满意,自我感觉良好。但诸儿不知道,**弑君作乱其实是会传染的"政治病毒"**。现在你帮他们戡乱,就代表你们已经亲密接触,病毒很快就会传染给你。

中毒的人包括公孙无知。他最近就很不开心,开始有点想法了。

这是后话,到齐国专场的时候再详细说。

弑君逻辑

这已经是一段不平静的岁月。就像动车站的售票窗口,正常是大家排队买票,而最近是排队退票,帮别人退票。

从卫国开始,鲁国、宋国、陈国等排好队形,帮助国君退票——弑君。这事真会传染,所以今天你笑别人,明天可能就是别人笑你。

这将是春秋的特点,是历史发展到特定阶段的一种表现。社会秩序要求重构,一种"排序方式"的生命周期即将结束,就会产生出另一种新的方式。所谓"旧的不去,新的不来",现在正是"去"的时候。

"去",以"礼崩乐坏"的方式去。

礼乐崩坏首当其冲便是君位的传袭问题。国君的位子闪耀着权力的光芒,谁都想要。如果不能明确谁可以要,大家就会抢着要,问题会越变越复杂。

嫡长子的规矩"有嫡立嫡,无嫡立长",不管有几个兄弟,一定会排出先后顺序,可以保证国家的政权交接。但你可能会问,万一"立"出个傻瓜怎么办?

那就"立贤"吧。关键谁贤?或者换个角度,哪位公子肯说自己不贤?

"立贤"规则很难考量。**后人判断谁贤谁不贤,是事后根据历史记录的一些事实来讨论,**而在事实发生的当时,谁能做出贤与不贤的判断?

无非是谁的话语权重,"说谁贤,谁就贤"。

评论过去和预测未来完全不一样。

再者,事实的真相也绝不是文人记录下来的样子。成功者总有办法在事实的基础上,把事实加工成自己希望的样子。所以"立贤"的规矩会比"立傻瓜"还麻烦,问题更多。

礼崩乐坏后,"勉强"的嫡长子传位机制也很难贯彻了。

没有严格的传袭规则,意味着所有的公子都有资格继承君位,意味着你我相互威胁,意味着大家都处在一个不安全的状态。

已经继承君位的公子畏惧兄弟们潜在的威胁,为了消除威胁,国君可能会找理由杀掉这些兄弟。在这种情况下,普通的公子就只能装疯卖傻。如果他稍微正常活跃,又积极进取,就容易产生对君位的潜在威胁。国君一旦感受到威胁,产生怀疑,"威胁"就会变成危险,国君随时可能杀掉他们。

为了消除危险,就进而产生先发制人的逻辑,这便是弑君。

国家因此很容易进入无序的争斗中。

大家感觉不安全,都想消除不安全。为了消除"意识的不安全"而制造出动乱,便形成了"事实的不安全",似乎又印证了人们的最初判断。这也是"信则灵"的另一种案例解释。

这是一套悲剧的循环模式。"悲剧"因此成为东周许多诸侯国的主旋律。为什么几个牛气的诸侯国也只能开创一代人的霸业？因为在君位继承、政权交接时，都出现了国家动乱，内战导致霸业消失。同时，内战也给了其他诸侯崛起的机会，甚至也能给小国帮助大国平叛动乱的机会——相当露脸。

"离离原上草，一岁一枯荣"。今年我枯荣，明年你枯荣，这是生物的多样性。今年你动乱，明年我动乱，这是文化的多样性。

正是这种此起彼伏的生态孕育出伟大的春秋战国。祖先们为了给我们留下故事，也是蛮拼的。历史为了给我们留下教训，是用命在拼。

发展是好，但发展快一点或慢一点放在秩序和规矩面前，什么都不是。因为秩序和规矩的影响是稳定与动乱的区别。

郑国在郑庄公的带领下"横行霸道"，首先从一百多个诸侯国中崛起称霸，但霸业没能持续多久。郑庄公去世后，郑国很"配合"地进入了几十年的混战期。他们自顾不暇，哪里还会有时间、有威信、有能力出去主持公道？所以才有齐国崛起，齐桓公称霸的机会。而齐桓公也一样，在继承人的问题上走了郑国的老路。等齐国丧失霸业，隔壁的宋国、晋国、楚国等就又有了新的机会。

后世的王朝终于看清了事故的本质，看到了血的教训，所以儒家提出"有嫡立嫡，无嫡立长"的规矩才会被采纳并不断加固。

儒家的方案让帝国受益匪浅。相得益彰，投桃报李，儒家思想便可以在文化、礼仪、政治等国家治理上取得主导地位。

十四、郑国的四子轮庄

俗话说，出来混的始终要还。混得越久越狠，还得就越多越痛。

郑国连续三代人的牛气，在周朝眼皮底下眉飞色舞地跳了近百年。邻居家兄弟分家、老婆出轨、违章搭盖等什么事他都管了个遍。西装革履，一副成功人士的派头，但现在，呵呵，终于轮到他家。

庄公家事

公元前701年，做了42年诸侯的寤生终于走到生命的尽头。56岁的他预感到自己即将离世，但还有一件很重要的事来不及布局，那就是"继承人问题"。对外要风要雨的郑庄公，对内也精力旺盛，一共有十一个儿子。除姬忽外，姬突、姬亹、姬婴（仪）三人也都非常优秀。郑庄公尤其喜欢姬突，想传位给姬突，就和最信赖的谋臣祭足商量。

祭足说："姬忽是元妃邓曼的儿子，当了很久的储君，也多次参加征战，立下累累战功，在国人眼里有较高的威信。你如果想废嫡立庶，那该如何安置姬忽？到时候局面一定很难控制，我们可不敢这样做啊！"

郑庄公认可祭足的解释，又说姬突是一个不安分的人，如果姬忽继位，就应该让他去外国。

祭足说，知子莫若父，确实应该如此。

庄公感叹，郑国从此要多事了。

这是他的本事，能看出多事；这也是他的没本事，只能放任多事。郑庄公有政治家的智慧、视野和坚韧，但缺乏冷酷。他过不了感情关，明知几个儿子都非等闲之辈，却因情感软弱，未加干预。在"如何巩固姬忽地位"的问题上，他不但没有采取措施，还表露出喜欢姬突的意思。不灭火就算了，你搬柴过来算什么？

说别人的时候头头是道，等轮到自己时，屁都闷不出一个。

这是他个人的性格原因，也可能是时代的局限性。在王朝制度与权力的确立过程中，贵族对权力的理解还停留在个人主义的范畴上，未能上升到国家的高度。不止郑庄公，其后的齐桓公、楚庄王等都会出现这类问题。

汉武帝临终时，立了太子但又杀死太子的母亲，这是"国家高度"的另一种极端。虽然是为了"政令统一"，但也不值得提倡。

郑庄公这一笔没画好，也要前功尽弃。事实确实如此，刚刚还跑在前头的郑国没多久就在春秋争霸中沦为"二流诸侯"。他的四个儿子，个个都很牛气，谁都有能力当国君，但国君只有一个。如果解决不了这个矛盾，就相当于留下"**四包炸药**"给郑国。

郑国：好火爆的遗产。

【多子多福】 这是在农村里常说的一句祝福语，但也是一句"风险很大"的话。因为"多子"只说到数量，没有祝福质量。只有教育好儿子们，让他们孝善友爱，"多子"才可能产生"多福"。遗憾的是，大多数家庭的儿子们只有在一致对外时，才表现出兄弟的团结与力量。等外因消失后，兄弟之间因为家产、地界、排位等问题引发的矛盾纠纷，会比对外的时候还严峻。而且纠纷属于家庭内部矛盾，是内因，别人还不好劝解。

父母在的时候，威严在，还能压住局面。等父母老了，或者去世，问题就会全部暴露出来。君王家那些钩心斗角的事，寻常百姓家一个都不会少。唯一的区别是君王家把游戏封顶了，他们可以把"互相厮杀"斗到惊天动地。而小老百姓只能在法律、官方、民俗等框架下拉锯仇恨。

以前的农村法律不完善，调节农民之间的关系主要靠风俗习惯外加点暴力，家族大、兄弟多有很大的优势，容易占便宜。现在变了，解决问题谁还去找族长？谁还喊打喊杀？都走法院了。所以"多子"的功效就减半了，但矛盾还在。

多子只是可能多福，不是一定多福。

郑庄公经历过共叔段的"造反"，应该对兄弟的利弊深有体会，但他始终没有什么动作，没有解决问题的办法（决心）。

孙悟空的孩儿们太无能，把花果山弄丢了，郑庄公的孩儿们又太能，也把郑国弄衰了。他们像火星撞地球一样，把一出"皇帝轮流做，今年到我家"的戏唱得热火朝天。从姬忽开始，姬忽（昭公）→姬突（厉公）→姬忽（昭公）→姬亹（7个月）→姬婴（名号丢失了）→姬突（厉公），轮番上阵，轮流坐庄。

这顺序简单说就是ABACDB。那么复杂说呢？复杂我们得慢慢说。

宋国贪贿

郑庄公去世后，姬忽继位，即郑昭公。郑国倒没什么，只是隔壁老王，不，是邻居老宋，却开始"蠢蠢欲动"。

宋国的公子冯此前"政治避难"躲在郑国，后来靠华督政变才得以回宋国继位成宋庄公。宋庄公不知是出于什么内心，到底是大国的利益博弈，还是记恨自己在郑国活得不够开心？总之，不思报恩的公子冯，在回到宋国继位后，就开始心理变态；在听到郑庄公去世时，脸上就露出笑容；在看到姬突来避难的那一刻，**鬼胎就暗暗怀上**。

可能他在郑国时，姬忽对他爱理不理，没有主动结交，而姬突偶尔还能送点"香烟啤酒瓜子八宝粥"过去。现在哥们儿飞黄腾达了，要报答那几罐八宝粥的情分——要帮他夺取郑国。

当然，宋庄公也有冠冕堂皇的理由：一是他能回宋国不是靠郑国的帮助，而是宋国的内乱，华督的功劳，郑国没有"恩"；二是认亲戚，认老乡。姬突的母亲是宋国人，姓姞（jí），雍氏。雍氏是宋国有势力、有名望的贵族。

宋庄公喜欢雍氏，想扶持姬突，有"似乎存在"的顺水人情，也有感情发泄和利益追求的因素。也该郑国出事。"聪明一世"的祭足一直都把精力用在郑庄公身上，从来就没认真看一眼避难在郑国的公子冯，更别说看清、看穿他的为人。老祭还默认人家回国后，一定会按常理对郑国感恩戴德，会礼尚往来，所以他才会"糊涂一时"，亲自去宋国报礼，为新君郑昭公建立和平外交。

公子冯在郑国的时候，却一直都在"暗中观察"。他把祭足看得清清楚楚，知道祭足在郑国有举足轻重的分量。一听祭足要来宋国，他心里就有底了。宋庄公对雍家人说，姬突的事就在这个人身上。

你有张良计，我有过墙梯；你有阳关道，我有独木桥；你有大智慧，我有厚脸皮。

宋庄公吩咐宋国大力士南宫长万，在祭足办完公事后就直接把他给绑了，关到军营。晕，什么谋略，什么战略？呵呵，简单易懂，这叫暴力美学。

祭足蒙圈了，两国交战还不斩来使。我就过来出差开会，商议一起搞联谊活动，怎么就把我绑了？是送的礼物有问题，还是哪里说错话？但南宫长万不答话，不理他，也不解释，他只负责关祭足。

不是说"秀才遇到兵"吗？我就是兵。

两天后，太宰华督才来。秀才终于来了，还带上酒菜！

祭足问："怎么回事？郑国好心好意来谈朋友谈友谊，宋国就这样待客？郑、宋以前的那点冲突，都是宋殇公的不愉快，是我们的共同经历、共同伤害。你们现在还这样做，是不是太不厚道了？比殇公还伤人。"

华督说："事情不是你想的那样。你想的是过去，我们要谈的是将来。姬突是我们国君的爱将雍氏的外孙，他现在'流亡'在宋国很可怜。你也知道，我们国君对于'流亡生活'深有体会。姬忽虽然即位，但他优柔寡断，为人懦弱，风格一点都不适合做国君。希望你能帮个忙，想办法回去改换姬突为君。"

换句话说，我们绑你，不是因为你过去做什么，而是要你帮忙以后做点什么。这不是惩罚，而是要挟，类似绑票。

祭足说："你开玩笑吧？我主上即位是先君立命。作为臣子岂能随便更换自己的国君？这是多大的罪啊！"

华督说："姬突、姬忽都是郑庄公的儿子，谁做国君不可以？至于弑君换君，哪国没有？关键要看实力，你有实力就有理由。你有实力，谁敢说你有罪？"

华督应该很想举一下宋国的例子，自己的例子，眼前的例子。

祭足心里不愿意，但考虑到眼前的情况，就不说话了！

华督看祭足不说话，猜想有戏，就干脆再上一道猛药，说："我们国君也是废掉殇公才得以确立，你要是抱着臣子理由而纠结不行，就等于在否定他，取笑他，看不起他。那宋国只好令南宫长万带兵去攻打郑国，以武力帮助姬突。不过部队出征时，为提升士气，坚定必胜的决心，可能要用你的人头来祭旗。"

祭足大吃一惊！流氓啊，宋国人就知道做生意，都不念书吗？一点文明都不讲吗？哪能说着说着，突然就说到杀人？

华督：念书如果有用，还要兵车做什么？

祭足没有办法，只好答应与华督歃血为盟。**至少现在"歃"的还不是自己的血**。

宋庄公听说华督搞定了祭足，就对姬突说："我本来答应雍氏帮你上位，但祭足刚刚带来你哥的密令，说只要杀掉你，就给我三座城池。我怎会忍心这样做？我现在告诉你，大家一起商量看看该怎么办？"

什么叫两面三刀？这就是。你说是宋庄公无耻吧，但也说明人家有智慧。普通人做生意，顶多也就搞个竞价排名，或者坐地起价，宋庄公却可以做到无中生有，此地有银三百两。

姬突赶紧跪下来感谢宋公，说："我不幸出生在郑国，遇到这样的哥哥。我的生死都在你的手里，如果你能高抬贵手，让我回到郑国继承君位，祭拜祖宗，不要说三座城，郑国以后直接做宋的附属国都可以。"

宋庄公很得意：当年宋殇公因为想杀我，和郑国打来打去，折腾半天，还丢掉两座城池。我现在轻轻一挑，就回来三个。

但厉害归厉害，这种"英明神武"也会让许多史官感到惊愕、害怕以及鄙视。说白了，只要你喜欢，用脸皮都可以加盖几座城。不过姬突不知情，也无力知情。他只能持续感动，一日为大哥，终身是大哥。大哥，你说咱们下一步要咋办？

宋庄公就找来华督、雍氏、祭足以及姬突一起，说："你们歃血为盟吧！"

祭足问："刚刚不是歃过了吗？"

宋庄公说："你又不晕血，再歃一次。上次你和华督歃的是废立的事，这次是定价的事，属于补充条款。请你们歃清楚：姬突要是能回郑国即位，就给宋国三座城池，白璧一百双，黄金万镒，外加每年稻米三万斤。"

天啊！这是强盗，还是搬家公司？

宋庄公是不是准备开出春秋"国君市场"的价格标准？还是要试探政治的无耻底线？说实话，能把政变当生意做，宋庄公也算是春秋第一人。

姬突没怎么想就喝下。我是个光脚的，反正又不是我的血。

祭足没有办法，也得喝。不然就要喝我的血。

盟誓后，宋庄公又说他比较喜欢做好事，要求祭足把女儿嫁给雍纠。要雍纠和祭足一起回郑国，去把婚结了。

结完婚，顺便把"政"变了。"郑"变再"证"变，变政又变现。

传说的"折了夫人又陪兵"，祭足是"折了女儿又陪城"。出趟差还能多出个女婿，一个来监督自己的假女婿。

这趟差出的，真是惊天地，泣鬼神。

祭足：宋国之行是我一生的败笔。

郑国：好像败的不是笔，是我。

祭足失足

祭足的压力好大，大到他一回到郑国就立即装病不去上班。祭足不是一般的"足"，他要是"不举手，不投足"的话，郑国就会立即感受到"轻重"。所以诸位大臣一听说老祭生病，就相约一起去祭足家里看望他。

祭足预先派几百名士兵埋伏在周围，又让姬突躲在客厅后屋。大家进屋一看，"太宰啊，你这红光满面、衣裳整齐，哪里是生病该有的样子？"

祭足说："你们哪里会懂我啊，我是心病。先君宠爱姬突，想过立他为君，还把这事说给宋公听。现在宋国派南宫长万领着六百乘战车已经在来郑国的路上了！"

这话什么意思？三层意思。心病是真有，自己被胁迫了，要准备做违背良心的事，能不心痛吗？然后顺带道出病的根源——国君问题，其实也是姬突的问题。再明确姬突的特点是"内有先君认可，外有宋国帮助"。就这三点：先君有想过、我不得不想、宋国是真想。

这里面的信息，除了祭足的心病，其他什么先君宋国，南宫长万对大家来说都是捕风捉影，虚虚实实，不好说有，也不好说没有，关键要看谁说的。

【谎言】 一般来说，谎言的成效与三个因素有关：智商、情感和贪欲。谎言不描述真实的事实，但多少要攀扯点事实作为依据。在事实的基础上，添加必要的辅助剧情，把"真事实"变成你希望让对方相信的"假事实"。所以越接近事实的谎言越符合事理逻辑，越有效果，因为用"智商"去判断越难于区分真假。

其次，同样一个谎言由你"信任"的人说出来，你一定更容易相信，因为你信他就包含信他说的话。

再者，谎言的内容要顺着对象的"欲望"倾斜。他如果贪财则容易利令智昏，如果好色则容易色令智昏，如果恃才则容易好名智昏，反正最终都会中你的圈套。

还有一种谎言叫真实的谎言。用事实的不确定描述误导他人做出错误的判断。比如说你的工资才两千元，但你说不到一万，对方可能会认为是八九千。

这是内容层面的属性，除此之外，谎言的成效还与说话时机、场景以及表情等都有关系。

祭足是大家信任的同僚，又是智慧的谋士。他把局势说得这么严重，便没人会怀疑。只是明明说好来看望病人，突然变成打仗守城，转折有点大，大家都没反应过来，面面相觑。"拎水果，安慰话"变成"拼刺刀，敲战鼓"。大家还没有来得及细问，祭足又说了。他说现在唯一的办法就是"行废立之事"，姬突就在这里，大家看要不要整？

这不是自导自演吗？自己提问自己解答，还要求立即实施。

想不到一向老臣谋国的祭足今天处理事务这么"简单粗暴"？大家都

知道"粗暴"的背后是权力和威望的凌驾。现在局面再一次转折，性质越来越严重。"拼刺刀，敲战鼓"又变成"闹革命，搞废立"。大家都不敢说话，都在**感受是不是有把刀正在向自己的脖子逼近？**

这时，高渠弥跳出来说，为社稷考虑，他们愿意见"新君"。

为什么是高渠弥？当年郑庄公想任用他做太宰，但姬忽说他又贪又狠，不够稳重，郑庄公便因此作罢。所以高渠弥认定是姬忽的瞎忽悠才使他没当上太宰。

然后，祭足当上太宰，投桃报李又在郑庄公面前力挺姬忽。一来一往，两人互相助攻，互送秋波，形成一对好搭档。按理说，有这么好的感情基础，祭足和姬忽完全可以"比翼双飞"，共创郑国的美好明天，但谁会想到宋庄公插足了。

插足就插足吧，他居然还带着姬突一起插足。不得已，祭足只好"移情别恋"。

大家听完高渠弥的说辞后，似乎明白了什么。"新君"这个词都用上，"你俩是不是串通好了？然后叫我们来领盒饭？"

就在此时，姬突又突然走出来。时间点掐得刚刚好，祭足和高渠弥一见到他，就下拜了。一个太宰、一个司马，都认了，其他人哪里还有什么二话？跟着吧！搞不好，拜晚了要降级扣工资。

这是一次很温和的政变，有点另立中央的套路。"忽足"是恩爱，是有爱情，还准备着婚礼，但结婚证书上已经登记成姬突了。

祭足又当着新婚主子姬突的面写信给郑昭公忽说："宋国大兵压城，要求更换姬突，我们也没有办法，只好委屈你——分手。"

暗地里，他又给姬忽另写一份密信，说："你老爸当年确实不是很想立你为君，是我死活不肯，拼命力挺你。这次去宋国，他们又把我抓起来，逼我回来改立姬突。现在重兵压境，请你暂且避一避，以后再找机会吧！"

郑昭公有得选择吗？当然没有。他能做的就是赶紧逃，逃去卫国。还要跑着去，慢了就有可能变"郑糟公"！

反省过去，也怪自己太嚣张。姬忽少年得志，每次打仗都能建功出彩，在诸侯圈里的名声很大。尤其是齐僖公，还准备把二女儿文姜（记住这个人，你懂的）嫁给他。但他好"装"，说什么大丈夫立业要靠自己，齐国是大国,郑国是小国,门不当户不对,不想高攀。祭足、高渠弥都劝他,齐是大国,有齐国做后盾,以后继位不是更有保障?但看过太多鸡汤文学的姬忽坚持独立创业的初心不变,硬生生地拒绝了齐僖公两回。终于好事变坏事,反而让老齐人脸上挂不住。我女儿嫁不出去吗?打五折你都不要?

齐国生气了,恼羞成怒,**一个潜在的朋友就被他生生逼成一个明白的敌人**。

实践证明有些腔是不能装,尤其是政治的腔。那都是生死的游戏。

当然,抛开政治因素,姬忽也许还考虑到别的感情因素,介意文姜的过去。后面会讲到文姜这个神奇女神,一个丝毫不亚于他姐姐宣姜的女子。宣姜就是卫国姬寿、姬朔的老妈。大家懂了吧,一对比就知道文姜的"不亚于"指的是什么。

就这样,姬忽上位没几个月就去休息了。郑国轮到姬突上位,即郑厉公。其他兄弟们看到二哥这样做,心里发虚纷纷跑路。姬亹跑去蔡国,姬婴跑去陈国。

为什么公子们出逃都是卫、蔡、陈这些小国,不选择像齐、晋这样的大国?很简单,跑路一般都是跑"外婆家"路线。大概是那里有澎湖湾吧?反正安全是第一性,大国小国随意。

厉公赖账

兄弟们都跑了,郑国就是姬突的国,天上掉馅饼的国。原本还担心被哥哥杀死的姬突,现在剧情逆转变成郑国国君。君主家的赌盘就是大,输了可能会死,但赢了就是君主。

总结分析:这次能赢,外靠宋庄公,内靠祭足。

厉公因此对祭足十分信任,说祭足是他的再造父母,以后郑国什么事都可以直接请示祭足。表弟雍纠,中规中矩,可以协助他老丈人一起干。

这是完全"正确"的做法。祭足在郑国的地位和实力,一般人还真替代不了。所以厉公的指导思想非常"识时务"。郑国需要祭足,祭足需要工作,工作需要权力,厉公就把权力交给祭足,整条逻辑链非常清楚。厉公呢,可以先专心体验一下做国君的快感。

确实，当上诸侯的感觉——爽！

不过，也没能爽多久。因为宋庄公的使者来贺喜了。

使者是正经使者，但"喜"贺得有点不正经。宋庄公的真正目的是来贺他自己的喜，只是不好直接开口，就先用贺姬突的喜来起头。等喜一贺完，使者就立即提醒"歃血"以及"合同"的事。

合同？厉公突然感到懊悔，谁能想到政变夺位这么容易？当初真不该犯浑许下那么大的代价。如果"按劳取酬"，那点工作量根本配不上这个价。关键是宋庄公什么事都没做，成本也就几只鸡，杀了放血，歃血用。所谓的"出兵"也只是唬一唬，根本没动。那这份合同是不是存在欺诈成分？

【干股生意】 世界上有一种人，他们做的生意叫"空手套白狼"。算投资，他们基本不出钱；算劳动，他们什么都没干。但在实际操作中，他们发挥的作用又很大。他们投的是"无形资产"，比如名望。他们的"名义"就是资本。你可以对外宣称，这是某人的公司，然后别人就会给你网开一面。没钱可以赊账，没货可以拖欠，政策可以先套，他们的"投入"使你的生意变得更加容易。

他们能把生意场上的"常规问题"变成"没问题"。他们的能力叫"干股"。

能获得干股的人，他们的无形资产必须具备"价值高、分量重"，还有一定的独占性、排他性。很明显，当权者就具备这个特点。所以，我们要禁止当官的人参与做生意。不说他们利用职权腐败，贪污受贿，那是没本事的贪官；但凡有点能耐的官，总会善于利用自己的权威降低生意背后的风险和相关事务的难度，进而获取利益。

宋庄公认为他的"投入"就是宋国这家百年老店的名望、权威和威胁，所以也应该按"干股"核算。现在既然生意做成，那就要分成。非常理直气壮。

但厉公不爽。干股可以干，只是股份比例有点大。按照此前的"合约"，自己刚刚当家就要丢掉三座城池，这都不是"败家"，简直就是"烧家"，以后还怎么见人？而且钱都被拿走，国库空空，还怎么做诸侯？猪，还是猴？

直接做猪得了。

祭足说:"要不金银财宝先给三分之一?三座城池也先别割,用城池的赋税来代替。宋国要的也只是城池的赋税,我们帮他收就是。至于大米,推迟一阵,等秋收后再说吧!"

祭足提出的"应对策略"也算是有素质的赖皮。对着使者,他先问宋庄公好,祝他福如东海、寿比南山之类的话多说几句,反正不花钱。然后你出你的价,我砍我的价。你出100,我还20,彼此彼此,大家都在适当的时机做适当的事。

你那时卡个位置,坐地起价,乱叫价;我现在也卡个位置,坐地降价,乱砍价。都带着手表,时间都掐得准准的。

真是"什么样的人就能碰到什么样的鬼""人以群分,国以德论"。

宋庄公非常生气。他连三座城池的官员要叫谁去都想好了,估计任前公示都公示过了,姬突现在居然反悔,还有没有诚信?

呵呵,有诚信的人会篡位?

宋庄公说:"姬突是个要死的人,是我让他活了。姬突就算不死也是个流浪的人,是我让他得到富贵。那些东西原本都是姬忽的财产,如果没有我,哪一样会属于他?还跟我吝啬?"

是的,从商人的角度看,郑国的一切确实原属于姬忽。但从郑国祖宗血脉来说,那也是姬突的"遗产"。现在许多大学都说"今天你以××大学为荣,明天××大学以你为荣",一个道理,叫"身上的烙印",叫归属感。

这句话公子冯肯定听不懂。

再说了,"**赌徒的契约,情圣的蜜语,瘾君子的誓言**",这些话都是正常人在非正常状态下的决定,属于"激情犯罪"。说的人是什么都敢说,但信的人可别傻愣就真的全信,要估摸一下内容的可行性和自己的"强制"执行力。

但宋庄公信,还信得很彻底。宋国的使者只好在宋、郑两国之间来来回回跑了好几趟。他们只能大声感叹一句:欠债的都是爹啊!

郑国:欠债?你们这是抢好不好?

鲁国调和

宋庄公这么又讨又逼,郑国现在反而有点埋怨宋国。

祭足对厉公说:"公子冯先前流浪在郑国,受我先君大德都没想过一点点报答,为什么同样的事,他一转身却如此贪得无厌?我们只好请齐国、鲁国一起出面帮忙说个情,说句公道话。"

厉公问:"他们肯?不会又要钱吧?"

祭足说:"应该会肯。"

公子冯回国后,为了得到外交确认,给齐、鲁、郑分别送过礼物。而且鲁国"姬翚之变"后,新继位的鲁桓公也刚得到郑国的承认。

大家都这样做,彼此彼此,心里都知道"这事"的价码。可宋庄公现在不顾行情,单方面提价,就等于不给前面那些人面子。

确实,鲁桓公也认为宋国有点过分,"代价"偏高,属于"欺诈合同"。

宋国那年就送一个鼎给鲁国。对比之下,郑国给的已经够多了,还不满意吗?鲁桓公决定亲自去一趟宋国。

这就是差距。鲁桓公是这样感谢曾经帮助过自己的郑国。**人家有困难就主动站出来,解决困难。而宋庄公是人家没困难也主动站出来,制造困难。**

但齐僖公不这么认为。他和鲁桓公不一样,鲁桓公认为可以用周礼来讲道理,齐僖公则倾向用拳头来讲道理。他问郑国的使者:"郑国怎么回事?宋国怎么回事?姬忽好好的为什么要换?如果宋国有兵就能改立姬突,那齐国也有兵。明天我也出兵去郑国,再改回姬忽。"

使者吓了一跳,赶紧认错回家。**齐国还没弑君篡位的内乱,所以说这种话的底气很硬。**

既然齐国拒绝了,那"介错人"的重担就落到鲁桓公一人身上。

鲁桓公对宋庄公说:"郑国能走到今天也不容易。宋国是大国,'大国不计小国过',能免就给人家免了!"

宋庄公说:"是厉公要感恩我。他当年就像一只小鸡仔,是我抱起他给了他羽翼。那些东西都是他许诺要给我的。"

鲁桓公说:"许诺归许诺,没毛病。不过让郑国一下子拿出这么多钱,不等于让他破产吗?多给他点时间,以后慢慢还吧!"

宋庄公说:"'产'肯定破不了!如果没有钱,不是还有城池吗?"

鲁桓公没办法,道理已经道尽,可人家就是不依。只好转身对郑国说他尽力了,面子都花光了,人家还不同意。但郑厉公也不依,死活要拉住这根救命稻草。郑国又表示愿意把那个"鼎"还给宋国,另外再加一点黄金和白璧作为礼物，麻烦鲁桓公再走一趟。

是啊！是不是现在才想起来上次什么都没带，空着手过去，就一张老脸，24K纯"面子"，难怪宋国不乐意。

有鼎应该就能好办些，当年公子冯回国继位，就是用鼎交好各家诸侯，给各兄弟单位每家一份"见面礼"。

鲁桓公是个实在人、老好人，推不了郑国的求情，只好再去找宋庄公。**礼仪之"邦"就再"帮"**一次。

但宋庄公还是不肯。"我这茶杯都还没洗，你咋又来了？"

鲁桓公便找出新的理由，说姬突是不想"以私恩弃国"，不能用国家的财产来报答个人的恩怨。再说了，这回他也不是空手来。

哦！什么好东西？

鲁桓公说："你看，人家还把鼎还给你。"

宋庄公说："什么鼎？我们宋国有的是！"

鲁桓公说："你忘记了？就是当年你送给我们的，现在郑国不敢要，想还给你。"

鼎，"小的可以喝美酒，中的可以做香炉，大的可以煮火锅"的那种鼎，明白吗？有没有勾起你粉红色的小回忆？

宋庄公听到鲁桓公提起这段往事，十分惭愧。打人不打脸，你这是要揭我老底啊。只好附和说："这个……那个……这个……，我早就忘记了。"

"忘记"是一个好理由，但人家现在帮你回忆起来了，你又不得不面对。

宋庄公说："我知道怎么做了。你快回家吧，这事你就不要再操心了！"

知道就好。于是，鲁桓公就高高兴兴回家去。

但鲁桓公万万没想到，宋庄公的"知道"其实是恼羞成怒，加紧逼债，把债逼得紧紧的，逼得死死的。郑国顶不住，第三次被逼向鲁国求助，使者都哭了。

这回算是捅到鲁桓公的底线。鲁桓公很生气，宋国是一点面子不给啊！一个匹夫都知道不能贪而无信，哪有公子冯这样的？小郑啊，你的情也不用求了，你的债也不用再还了。走，一起打宋国去。

欠揍的人除了去揍他，什么话他都听不进去。

就像小屁孩一样，什么素质教育，什么懂事讲道理，都是扯淡，那只对极少数小孩有效，对于大多数的熊孩子来说，**一百个道理不如一顿打。**

祭足就想要这样的结果。他想把鲁国彻底拉到自己这一边。从鲁国愿意帮忙那一刻开始，就是郑国的"利好"。如果鲁国的面子可以用，那郑国的债务就可以免，如果宋国不同意就等于把鲁国也涮了。等涮到一定程度，鲁国就会生气，就会变成宋国的敌人。

【见好就收】 任何事情都有一个"度"的问题。在"度"到来之前，事物与你的"按捺"成正比，你越耐得住，收获就越多。但"度"一到，就是拐点到了，此后你走得越远就死得越惨。比如股票，它涨的时候，你的耐力和收入成正比，下拐的时候，你耐得越久就亏得越多。

道理很简单，大家都懂。问题是"度"在哪里？

我也不知道。因为大多数人都不知道"度"在哪里，所以"收"就变成最重要的事。"见好"与智力、运气有关，"就收"与贪欲有关。

"己所不欲，勿施于人"，当对方的诚意表现出来后，你什么时候收都是对的。如果一直"见好不收""贪得无厌"，企图用掉对方最后一滴血，那就是在刀口上舔血。等对方诚意用完后，他会认为自己已经做不成"好人"，那就只能做"坏人"。

忍无可忍，无须再忍的表现便是爆发、反抗或者斗争。

鲁国的诚意用完了，事情的性质也就改变了。

听说鲁国要和郑国合伙过来打宋国，宋庄公吓了一跳。但"跳"过之后，他又立即镇定下来。正如偷情的智商一样，贪财的智商也不可以被随便低估。宋庄公在慌忙中居然还能想到一招好棋——找齐国。

真是可惜了，这么好的智慧生生被人品给耽误掉。这或许是宋国最好的机会。**宋襄公**要是有你这智商就好了。

宋庄公赶紧派人去齐国修好，向齐国认错。自我批评说是瞎了眼才会辅助姬突这种言而无信的小人，宋国现在完全想通了，既然齐国看好姬忽，这样吧，齐宋一起合作帮姬忽复位吧！

宋国说得很动情，声情并茂，也很切中要害，但齐国只是呵呵一笑！

齐僖公说他知道了，请宋国先回去准备吧。

郑鲁友好

准备打还是准备挨打，齐国也没有说明白。

郑国却越来越明白，诸侯国之间许多事情都是"能谈就谈，谈不拢就打"。

有鲁国撑腰的郑国再也不肯耽误美好的时光,"说走,咱就走"。三个诸侯国正好相邻,比较近,那就"你有我有,全都有"。

宋国反而有点犹豫。公子御说说,军队的气势在于道理的是非曲直。现在他们很被动,一是太贪郑国贿赂,二是伤害了鲁国的面子。这些事又曲又非,最好去认个"错",大家各自罢兵吧!

但南宫长万反对"妥协"。他认为鲁、郑兵临城下,宋国一箭不发,一仗不打就认怂、认错,还叫什么诸侯国?

正好,宋庄公也是这么认为的。

那就打吧!打了几个回合,双方半斤八两。

鲁、郑两国通过围殴,抓走南宫长万的先锋猛获。宋国南宫长万和儿子南宫牛设下一个圈套,也活抓郑将某某。然后两边经过一番商议,决定交换战俘。

就像俩臭棋篓子下棋,各悔棋一步。

就在双方回家商议下一步该如何打的时候,传来另一个战场的消息。对比那边战场,宋、鲁、郑打的仗就有点像玩过家家,也就赌点夜宵的水平,那边的战场才是生死之战。

现在知道齐国那时为什么会呵呵一笑了吧?因为没空!齐国当时正在打纪国。

打的理由也很奇葩。齐僖公说,他的第八代祖宗齐哀公被纪国告密打小报告,结果被周夷王杀了,他现在要报仇。

其实这事是齐哀侯违规在先。那年他突然心血来潮,搞了场僭越的祭祀。

但就算不谈因果,这个理由也已经可以让人醉了。哪有报八代的仇?这是拿历史教科书当收据吗?好在美国人不知道自己有八辈祖宗,否则也会学齐国,算八辈子的账,怼遍全世界。其实,你想扩张就说扩张,看上纪国就说看上了,冲上去一个"壁咚"就可以,何必找个说相声的理由来充当门面?

结果呢?奇葩的理由终于带出奇葩的效果。

纪国人民一定是被这个欺负弱智的"八辈祖宗"激怒了,继而全力奋起抵抗。齐国攻打了几回都拿不下小小的纪城,齐僖公的弟弟还意外伤亡;而且又传来一个坏消息:纪国向鲁国求救,鲁国答应了。

鲁国说:"我的亲家出事,我要去帮他。"

郑国说:"你帮我,我帮你,我也去吧!"

关键时刻要看人品,看国品。"品"字三个口,现在这战混得快说不清了。

齐国说:"如果宋国现在来帮我打纪、鲁,过会儿我就帮你打郑国。"

宋国说:"你说话要算数。"

于是,鲁国、郑国和宋国就把战场转移到纪国那边去!

纪国:来的都不是客。

这是打仗吗?是"过家家"吧!就像我们日常的应酬酒会,老好人鲁国完全是在"跑场"。第一场还没喝完,那边电话就一直催。鲁国只好跟大家说:"兄弟们先对不住喽,那边实在有事,这杯我干了你们随意,我要先过去。"郑国赶紧跟着说:"不随意,我也干,纪国我认识,我和你一起过去吧!"

好好好!郑国要过去,宋国也不甘寂寞,"你们都跑走,我还跟谁喝啊?一起换场!"最后两场并一场,两桌拼一桌。

鲁国真心不错,一到纪战场,就马上拿出撒手锏——找齐国讲道理。说真的,鲁国对待"道理",还真有点《大话西游》里唐僧的"耐心"。

道理无非是"我代替纪国向你请罪,请看在我的面子上,饶过我的亲家吧"!

齐僖公大怒,"一边玩去。什么亲家不亲家,我还是你老丈人呢。齐、纪有不共戴天之仇,你要打就一起来打,去帮你的什么亲家吧!"

齐国准备这么久,集结卫国、燕国一起来打纪国就是为了吃掉纪国,这处心积虑的样子,哪是一个"讲道理"的鲁国可以唠叨得过去的?什么亲家不亲家,什么面子不面子。你们到处结婚,天下的亲家多了去!你到处卖面子,一个面子卖给宋国都卖不掉,还好意思又来卖给我?

而且做了这么多年邻居,齐国最了解鲁国。就鲁国那点战斗力,他是不会放在心上的。**说好听一点,鲁国是先礼后兵。说不好听一点,鲁国就只会来礼,先礼后礼。**

但齐国万万没想到,鲁国带来的郑国才是真正的麻烦。围观看热闹的郑国一不小心没控制住情绪,抢戏了!

郑国:我也想低调啊!没办法,实力它不允许啊!

开始，善于讲道理的鲁国一见到燕国就骂他无信。燕国很心虚。原来先前鲁国曾组织燕、宋签订过一份关于救援纪国的军事合约，有点类似现在有钱的名人为子女搞基金一样，未雨绸缪，保护保护。

宋庄公的贪欲现在已经闻名华夏。鲁侯就问燕伯说，他是不是想和宋庄公凑成对，走成一路货色？

宋庄公：鲁侯你混蛋。

燕伯毕竟"受过高等教育"，被鲁国这么讽刺打击，果然很羞愧。心里发虚，打仗也不好意思太卖力了！

看来"鲁唐僧""鲁大师"的话有时候也有点管用。但齐、鲁的实力差距在那儿明摆着，所以战没持续多久，鲁国就顶不住了。眼看鲁国就要败退，这时郑厉公突然出现。郑国人打仗很实在，一来连口水都没喝就直接冲过去，把齐兵杀得七零八落。

齐国：你这是要争年度先进的节奏？

先进不先进倒是其次，郑厉公的心结其实很具体。他听说齐僖公比较喜欢姬忽，还和宋国商量要一起复立姬忽，公恨就带上私仇，一定要打你没商量，还要借机死命打。所谓"凶的怕横的，横的怕不要命的"，憋了一股气的郑厉公一段蛮搞后，齐国居然反被打退！

郑国发泄的感觉已经停不下来了。郑兵不追齐兵，却顺路杀向宋军。宋军刚刚到达现场，正准备洗把脸看看形势再说。瞅着郑兵飞来飞去，正琢磨齐兵是不是要败啊？我们是不是要跑啊？谁知道郑人一干完齐兵，瞬间就杀到自己阵营前。晕，我们还没有摆好阵呢！

妈呀，郑国赖皮。从郑庄公开始就喜欢赖皮，打仗从来不按套路出牌。我这脸都没洗的"无辜群众"，你们也打啊！

郑国：你没脸洗什么脸？

但骂归骂，你打得过，你可以指着他的鼻子骂。如果你打不过，就只能跑，最多在转身时，心里骂一句"他娘的"！

骂完"他娘的"的宋国也被郑国打退了。于是，两场合在一起的混乱战争就被郑国的一己之力结束了。"快刀斩乱麻"，郑国就是那把刀。

宋国：我是"麻"？

齐兵虽然败走，不过齐僖公退兵前说了一句话，直接把纪国吓得半死。他说"从此之后，齐、纪世代为仇，水火不容，有齐无纪，有你没我"。

标题党：这次不开玩笑。

纪国晕了！这年头，诸侯国之间三天两头闹点别扭，打点仗很正常。大家都是"打着玩"，如打情骂俏一般，心照不宣，今天是朋友，明天是敌人，过家家一样，多好玩，多开心。可齐僖公为啥这次这么认真？

开心？那是大国的开心。你一个小屁孩还开什么心？春秋初期有一大堆诸侯国，哪有办法让每家都开心？如果小国不伤心，大国哪来的开心？所以呢，你们就别想着开心，等着开瓢吧！

确实，纪国最后还是被齐僖公的儿子齐襄公给彻底开瓢了！

祭足智谋

战败回家的齐僖公气愤不过，又发兵去郑国报仇。郑国比纪国还牛气，所以也没什么结果。第二年，齐僖公便去世了。

同样，战败回家的宋庄公也对郑国恨之入骨，偷鸡不成反蚀把米。就因为郑国不履行约定，宋国是要钱钱没要到，留名名也没留住。

关键是打也打不过。太出乎意料了，我版图比你大，人口比你多，而且还是百年老店。真丢人，丢人都丢到历史教材中去。这人丢得我都没办法解释清楚，我要怎么把自己找回来？

要不再试试？一定要挽回一点面子。

宋庄公就把郑国给的金银珠宝都搬出来，转送给齐、蔡、卫、陈四国，借兵。本钱都不要了，要面子，要出气。宋国今天不做生意人，要做文化人，要做男人。

打，打死郑国，只有把郑国的屁股打疼了，宋国的面子才能要回来。

郑厉公怕了吗？没有，他最近很开心。他突然发现"我郑兵原来这么厉害，这么能打。那就打吧，我快刀还怕你乱麻"？

郑国：我要打10个。

但祭足说："不能打，不要理他们。"

厉公说："人家都到门口了。"

祭足告诉厉公："打仗如果只拼刀枪，郑军强悍，不怕五国。然而事情不是这样，打仗首先要讲究理由。此前郑国陪着宋国各种索贿，不是怕他，而是要把宋国的'冷酷无情、无理取闹'昭示天下。我们给他的'礼物'已经够多，但宋国不尊重市场行情，还要继续索取，无非是当时我们确有'不在理'的地方。可其后他又使劲要钱要地，贪心不足，就变成他'不在理'，最终也惹恼了鲁国。"

"当初郑、宋交战时，郑国士兵愤怒，士气高涨，宋国士兵心虚，士气低落，战自然很好打赢。但这件事已经过去了，'梗'用完了。他现在花钱请来四国兵马，无非是要面子，要报仇。我军出战，如果打赢，就可能得罪四国，到时战争会不断循环，郑国将永无宁日。如果打输，宋国肯定又要合同又要赔钱，我们损失更大。四国名义是组战，其实多是来看热闹领份子钱，我们不打，他们露张脸，签个到也就过去了。宋人能得到安慰，自然也会散去。"

这就是智慧。**祭足的智慧体现在能分清楚哪里是"好"，祭足的自我控制还能知道在哪里"就收"。**这就是"见好就收"。

开玩笑，当年郑庄公——化解卫州吁纠集五国联军的时候，祭足就默默地站在旁边。难道他不会学吗？难道笔记是白记的吗？

郑厉公觉得祭足说得很有道理，但他隐约听见祭足提到自己篡位的事。理亏是理亏，你别说姬忽啊。这让郑厉公很不高兴。

郑厉公：我讨厌这个敏感词。

果然，围攻郑国的五国都没怎么出力，比跳广场舞的大妈们还温柔，只会天天喊打喊杀地把攻城的背景音乐敲得轰轰烈烈。郑人就是不动，好像攻打的不是郑国，他们也是路过围观围观，关注而已。一段时间后，"得势不得分"的宋国终于看穿郑国不出兵的真实用意，就不想再干耗下去了。五国士兵这么多，**攻城的时候出工不出力，吃饭的时候却是出工又出力**，开销太大了。这种拉锯，郑国可以拖，老宋却拖不起。

宋庄公就在城外抢劫一番，犹如当年郑国去周朝割稻麦一样，然后宣布大胜郑国，扬长而去。其他诸侯也本着"天下没有不散的筵席"，各自回家。

似乎，在宋庄公眼里，这就是挽回面子。

确实，在祭足的眼里，这个没德行的宋庄公智商不低，会配合。

但是，在郑厉公眼里，祭足有点专断，好像什么都是他说了算。

厉公两空

宋、郑冲突后不久，周桓王去世，太子佗继位，即周庄王。周桓王临死前也丢出一个"炸药包",他给周公黑肩留下遗命,说先让太子佗继位,然后再传给二儿子姬克,玩"兄终弟及"。

但这事没成,炸药包反而炸死周公和姬克,这是另一个话题,后面讲。

郑厉公听说周王室的丧事,就想去周朝奔丧。祭足说不要去,周是郑庄公的仇人,他去吊唁,容易自取其辱。

祭足说的内容很对路,但语气不好听,表情也不节制,郑厉王听了很恼火。他认为祭足的手伸得太长,连这种小事都要管,觉得自己被祭足给架空了。"你有足,我没足,足被你祭了",做这个国君是越来越没意思了。

还是要先找自己的足吧。

某天,郑厉公和表弟雍纠一起散步,看到几只小鸟飞来飞去,就感叹说:"飞鸟想叫就叫,想飞就飞,我真是不如它们。"雍纠心领神会,马上接话说:"主上,你感叹的是不是政权问题?"

郑厉公不说话。沉默是金。沉默是一种默认的方式。

雍纠继续说道:"我听说'君犹如父,臣犹如子'。儿子不能为父亲分忧,就是不孝;臣子不能为君王排难,就是不忠。主上如果看得起我,有什么事情就请直说,臣绝对赴汤蹈火。"

郑厉公就问:"你不是祭足的爱婿吗?"

雍纠纠正说:"婿是正经的婿,但爱不爱就难说。我娶祭氏,原就不是祭足的本意,是宋君的强迫。我看祭足三天两头叹气,总在怀念和郑先君的'美好时代',一定也是心存怨恨,只是畏惧宋国而不敢造次罢了。"

郑厉公就直接说:"如果你能杀掉祭足,那么他的位置就是你的位置。就是不知道你敢不敢?怎么下手?"

雍纠说:"好办。城外不是刚刚被宋国劫掠了吗,主上可以命高弥渠去城外修廛(chán)舍,叫祭足去慰问居民。我便可带上毒酒在东郊设宴为他送行,直接把祭足药死。"

雍纠和祭足虽是一家人,但分两姓不住在一起,要找个机会一起喝酒也不容易,所以才要费尽心思策划一场来之不易的"宴会"。雍纠认为宴会是关键,郑厉公认为祭足是关键,但最后的事实证明,雍纠才是关键。

雍纠回家后,心里藏着事,压力大神色有点慌张,**完全符合干不了大事的人物特征**。这种不正常很快就被老婆祭氏看出端倪。她就问老公是不是病了？雍纠说没病。祭氏又问，是不是朝中有事？雍纠说，没事！没事！没事！

重要的事情说三遍。那就是有事了。

祭氏不愧是祭足的女儿，智慧有遗传，马上就开始讲道理。"我看你神情不对，朝中肯定有事，我们夫妻同体（就是一起共患难的意思，别想太多），不管什么事，我也应该一起知道，一起担当。"

雍纠说："主上安排你老爸明天去城外慰问灾民，到时候我去城外为他践行，没什么其他事。"

祭氏说："践行就践行，在家就可以，为什么要去城外？"

雍纠说："这是主上的命令，你就不要管了。"

要管啊！城里是祭足的天下，兵马都是祭足的手下。城外就不好说了，几个强盗就可能结果了他的老命。

祭氏心中存疑，就找个由头跟老公一起喝酒。这宋国人打仗不行，喝酒也不行，没几下就被祭氏连哄带骗给灌醉了。

祭氏就故意试探问："主上叫你杀祭足，忘记了吗？"

雍纠马上回答："怎么会忘？"

恭喜你，都能抢答了。这宋国人是酒量不行，酒品也不行。

第二天，祭氏说："我已经知道你要杀我老爸的事。"雍纠辩解说："没有的事。"祭氏说："哪里没有？你酒后都说了！"雍纠说："那你想要怎样？"祭氏说："我都跟你讲了，我们夫妻同体，嫁给你就是你的人，你还不信我？"雍纠说："那我错怪你了。"然后就把计划一五一十都说出来。最后还补充一句，"如果我能当上太宰，你就是太宰夫人，两全其美。"

嗯，宋国人酒品不行，"人品"倒不错，升官发财也没说换老婆。

问题是，老婆却可能想换老公。

祭氏立即回娘家问母亲，父亲和夫君谁更亲？

这本是一个家庭常见的问题，但因为这个家庭的结构太特殊，所以它以后将成为郑国考核干部的重点问题。而且，它又严重影响了郑国本年度的政治走向，所以干部要是答不好，就会影响个人的后半生走向，或者就没有后半生了。

既然事情的分量这么重，那么母亲的回答自然也不会轻。她说，没有出嫁的女儿，父亲确定，而丈夫不确定；出嫁的女儿，不爽了可以再嫁，却不能换父亲再生。丈夫不过是人的视觉，父亲却是天的视觉，丈夫哪能和父亲比？

祭氏听完之后，大为感慨，泪流满面啊！看来为了父亲，就不能再顾丈夫。于是，女儿就把雍纠的计划告诉了母亲。

母亲开始以为是小夫妻家里吵架的事，没想到这么严重，就赶紧告诉祭足。在她这里，丈夫可比女婿重要。这个没毛病，不冲突。

于是，祭足就知道了全部。

开玩笑，你跟我祭足玩这个？

结果，准备毒死祭足的酒器就变成祭足摔杯为号的道具，剧情完全逆转。同时，深明大义的祭氏也成功地变成寡妇。不过没事，母亲说过可以再嫁，明天就开始相亲。

郑厉公还在宫里等候好消息。因为担心雍纠不靠谱，他又预备了不少武士埋伏在第一现场备用。谁知双保险的布局，传来的还是逆转的结局。郑厉公惊恐万分，心想这一闹，捅出这么大的篓子，祭足哪会容得下他？而且此前考虑不周，也没设计补救预案，所以现在唯一能做的就是跑路。

自作孽，不可活。郑厉公的失败操作等于给了祭足一个干掉他的理由。

宋国是不能再去了，双方因为合同的事脸都撕到破相了，还是去蔡国去栎地躲一躲吧。在栎地的郑厉公知道雍纠是怎么失败后，气得几乎吐血，号啕大哭。二货雍纠，这样的老婆为什么不直接杀了，你要几个，我帮你再娶几个。

避嫌都不懂吗？王子们为了避嫌，甚至可以把父母兄弟儿子都杀了。

但雍纠这种公子哥，吃喝嫖赌还可以，干这事不可能有那么大的心智。

十五、郑国的霸业终结

郑厉公跑路后，郑国的君位再次空虚。主持工作的祭足召集大家一讨论，机会再次回到郑昭公这里。

"机会"这种东西还真不好说，也是一把双刃剑，关键要看人。一条鱼游啊游，突然发现一只蚯蚓，这是机会，但机会后面是什么就难说。同样是一副好牌，有人能把对手打得落花流水，也有人能把自己打得鼻青脸肿。

昭公复位

3 年前，郑昭公姬忽被弟弟姬突借力宋国，联合祭足夺走君位后，跑路去卫国。正好，卫国也刚刚完成最狗血剧情的弑君篡位。卫宣公最小的儿子朔杀了两个哥哥，成功继位为卫惠公。

前面讲过，卫惠公还响应外公齐僖公的召唤，派兵跟齐国一起去打纪国，结果被鲁国和郑国的援军打得落花流水。

年轻的卫惠公心潮澎湃，因此记恨着郑厉公。没多久，一激动又答应宋国一起出征郑国，指望报个仇，顺便再把令人讨厌的郑厉公换成与自己交情不错的郑昭公。但祭足应对得当，再次让他们无功而还。不过，卫惠公还不回去了，因为卫国已经被公子职和牟黔政变夺走。

你说郁闷不郁闷？出趟差，回过头一看公司没了。说好是要替别人争国，结果别人没争到国，自己反而丢了国。没办法，姬朔只好去齐国。

好在世事无常，郑国不久也发生政变，终于帮助卫惠公实现"最初的梦想"——郑昭公复位。一命抵一命，一位抵一位。

郑昭公是个固执的直男，吃一堑，似乎又没长一智，白吃了。回到郑国后根本没能看清事情真相，分不清是非曲直。他对祭足是"埋怨"多于"感谢"，心里总挂着"当年你为什么要联合姬突驱赶我"的老梗，就不再那么尊重老同志。

这是法家的思想。"我只看事实，你只要回答我是或者不是。"

你是不是驱赶我出境？是！

然后，郑昭公就以一种"被迫害过，就可以随意要求对方愧疚"的那种自信，那种碰瓷感，抢到道德的制高点，开启各种心理优势的"蔑视"。不是我欠你祭足什么，而是你欠我太多。

高渠弥也很快感受到郑昭公的态度变化。要知道，他也是那场政变的主要帮凶之一。位高权重的祭足尚且被吹鼻子瞪眼，那他还有好果子吃？郑昭公当年还是姬忽的时候就对高渠弥不感冒，横竖看不上，现在又有参与郑厉公政变的政治污点，雪上加霜，他以后还怎么混？

祭足可以称病不出，毕竟家里有矿，与郑昭公还有情感基础，于郑国还有功劳成就，足以"开销"一段时间。而高渠弥除了污点，什么都没有，好像只剩努力工作、任人宰割、坐着等死。高渠弥很不安，想来想去，要消除恐惧的唯一办法就是训养敢死队，等待时机弑杀郑昭公。先发制人，消除恐惧源头。

回想起来，郑庄公的眼光确实不错。他早就看透姬忽的特点：是块打仗的料，但不具备政治智慧，压不住朝局又喜欢意气用事，很难禁得住几个兄弟的"挑衅"。

事实的确如此。不懂政治奥秘的姬忽，以为自己是世子，君位当然就应该是他的，揣在裤兜里，放进保险柜，总是一副理所当然的死相。

不读书也不看报，现在都春秋了啊！

逃亡在外的郑厉公却能痛定思痛，开始不断团结栎人，并找机会把栎地的守城官檀伯杀掉，搞起"小割据"。祭足获悉后，赶紧派大将傅瑕去镇守大陵，遏制住郑厉公的进攻企图。

郑厉公很郁闷，大陵是他进攻郑国的咽喉。

宋小宝：你掐我脖儿是吧？

郑厉公就想到好朋友鲁桓公。当年正是他帮忙斡旋宋庄公的索贿事件，后面自己也帮他打齐国救纪国。一来一往，投桃报李，双方已经建立了深厚的友谊。所以郑厉公去鲁国请他帮忙。**这事可以理解。**

然后再找卫国。卫国也在懊恼郑昭公，因为郑昭公回郑国后没有任何表示，感谢费没有，红包也没有。卫国的心里预期落差太大，很恼火，友谊的小船说翻就翻。卫牟黔正准备亲自去郑国讨个说法。**这事也可以理解。**

还有宋国，反正宋庄公喜欢钱，就再谈钱的事。这个宋庄公真的很奇怪，有时候就像一条非洲鲫鱼，老被郑厉公拿蚯蚓钓着。**这事真有点牵强。**双方此前都搞成那样了还能继续合作？宋庄公到底是心大还是缺心？

郑厉公说，过去都是祭足的错，都是月亮惹的祸。现在他也受祭足的害，两人同是天涯沦落人。然后没心没肺的宋庄公就收下贿赂，还真同意出兵了。

春秋有些事真的不可思议。

反正最后的事实是郑厉公成功地联合鲁、宋、卫、蔡四国，一起杀向郑国。

这已经是第 N 次"联合国军"杀到郑国门口，公开挑衅。卫牟黔讨名、宋庄公讨债、郑厉公讨位，至于其他国，凑个份子讨热闹吧。

如出一辙，四国联军的门面还是很好看的。**但只要知道他们是怎么来的，就不难理解他们将是怎么没的**。利益下的乌合之众根本没有战斗力，打仗又不是比赛点名点人数。强悍的郑国士兵在祭足的指挥下，攻守兼备，没落一点下风。双方相持一段时间后，郑厉公首先顶不住，因为他那点私房钱很快就用光了。然后是联军顶不住，因为将士的伙食标准也是一天不如一天。渐渐地，大家都觉得没意思，然后就各自回家。

好吧，又一次不了了之。

郑国军队实在牛，以一抵四，还能落落大方，打个平手。但祭足关心的不是这个结果，胜败乃兵家常事，一两场无关大碍，只有那个在外的姬突才是真正的隐患。这家伙隔三岔五地兴风作浪，郑国陪也陪不起。牙疼不是病，疼起来真要命，祭足就想拔掉这颗牙。

郑厉公早前不是帮鲁、纪打齐国吗？那齐国一定恨死郑厉公。所以要借这个机会和齐国搞好关系，建立掣肘郑厉公的外交联盟。这件事很重要，祭足决定亲自去齐国、去鲁国，顺利的话还能一次结交两个诸侯国。

祭足的计划很周到，但百密一疏，人算不如天算，还是出事了。要不说古人信天命呢，看来姬忽就没当诸侯的命。祭足是郑国最大的权臣，最有影响力。他都支持你，你还会坐不稳？没想到，这回政治发难的人居然是第二、三乃至第×把手的权臣——高渠弥。喝水被噎死的概率都能发生，让算命先生情何以堪？

说来高渠弥也是郑庄公时代的一员猛将，有一定实力。要不是姬忽多嘴，他可能早就当上太宰了。所以他对郑昭公一直怀恨在心，自郑昭公复位以来，就暗地里结交姬亹，准备下一盘很大的棋。

在郑国，他就怕祭足。现在祭足亲自出访，说明机会来了。

老天给的机会不能错失。

那就赶紧把棋盘拿出来吧。棋盘很大，但下得很简单。高渠弥趁郑昭公外出冬祭的时候，派驯养的敢死队打埋伏、搞突击，直接把郑昭公杀了。还是老套路，对外就说是被盗贼干掉。

盗贼没文化只认钱，不知道什么国君不国君！为了钱什么人都可以杀！

可怜的"盗贼"，因为不背书，就只能背锅。

没有什么政治智慧的姬忽终于不用再费脑思考人生了。高渠弥按照规划,立即下出第二粒棋子,把姬忽的弟弟姬亹从蔡国请回来,立为国君。

祭足才到齐国,正准备和齐国谈建交的事,还没开口就被姬亹叫回家。

你的老大换了,快回来换公文。

祭足一脸蒙圈,他正准备拆东墙补西墙呢。回头一看,晕！南墙都没了,还修啥啊！

祭足:这个没好(美好)的时代,有些差真不能随便出。

卫惠公:我顶。

齐弑姬亹

继位的姬亹喜出望外,真是干得好不如生得好。但他没有谥号,就一个难写又难念的名字,说明死得不好。他只在位七个月,时间短也没什么建树,后来的姬婴或郑厉公不批给他,也可能是丢失了。不过考虑后面姬婴也没有谥号,那最大的可能就是被郑厉公统统抹掉。

两个讨厌的人！好好的一出连续剧,跑出来插播什么广告！

实际上姬亹一点也不讨厌。他并没有主动要求什么,也没主动做什么,人畜无害,只是因为存在,因为可能,就被实现而已。

"实现"来得比较玄乎、比较偶然,所以幸运之后也可能是不幸。"其兴也勃焉,其亡也忽焉",正如赌徒的财富,来得快去得也快。因为许多人惦记着,以羡慕嫉妒恨的方式惦记。

君位虽好,但不能贪恋。

此时的齐国,齐僖公已经去世,诸儿继位齐襄公。诸儿的有些行为太过荒唐,上台没多久,他和异母妹妹那啥的事就闹大了,还把妹夫鲁桓公骗到齐国来杀掉。这些又是男女又是凶杀的故事让他迅速成为全国的舆论焦点。诸儿感觉压力很大,想找点事做,转移公众的注意力,修复一下个人形象。现在的明星出事可以去做慈善,洗个白,但以前没慈善的概念,只有"正义"的说法。齐襄公要主持正义,就想到姬亹和高渠弥,非常现成的等着被主持的一对君臣。

齐襄公就邀请姬亹去齐国,说是要共商国是。

姬亹没什么心机,心想齐郑会盟有利于郑国,祭足上回去齐国就是这个目的。为了抵御共同的姬突,齐、郑两国完全有必要再次联合。

姬亹让高渠弥去叫祭足，准备三人一起去齐国，不要辜负齐国的一番好意。

祭足听说又要去齐国，脑袋一麻，娘啊！又要出差？"出差"已经成为一个恐怖的词语。

祭足不想去，就说"我昨天爬楼梯，摔伤了脚要养伤，你们去吧"！

大夫原繁过来慰问他，说"齐国愿意结交郑国是好事，你怎么不去帮他们"？

祭足就对原繁解释了三点：一是齐襄公诸儿残忍强悍，现在接管齐国，等于恶人手里握着凶器，早晚要到处惹事，炫耀武力；二是昭公忽曾经帮助齐国打战，在齐国的口碑很好，却被无辜弑杀，齐国人对此颇有微词；三是齐国以大国的身份邀请小国，属于无事献殷勤，里面肯定有文章。至于这三点会有什么结果，就无须再说得太明白了。

这种差凶多吉少，还是不出为妙。

果然，姬亹和高渠弥高高兴兴出差去，安安静静回不来。他们用"强盗弑君、图财害命"的理论向齐国解释郑昭公为什么死，根本就没用。这种理由只在人家不想打你或打不过你的时候才能用，哪能用在公堂上对质？而且齐襄公弑杀妹夫鲁桓公的行为本身就是强盗逻辑。你把黑锅扔给强盗，不是在变相讽刺他吗？

本来就想杀你，你倒好，还很配合地为他制造愤怒的情绪。

齐襄公宣布高渠弥勾结姬亹杀害齐国的老朋友郑昭公，罪该万死，要立即执行。为了证明公道自在人心，宣扬正义，警戒逆臣贼子，齐襄公不但杀了姬亹，还残忍地把高渠弥五马分尸。

姬亹一死，郑国的君位又一次空虚，好在祭足早有准备。要感谢郑庄公为郑国生出不少儿子，才能经得起杀，耐杀。祭足提议请逃难在陈国的姬婴回来就任，以原繁为代表的群臣没有任何意见。原繁已经被祭足的智谋生生折服，圈粉了。现在是铁杆支持祭足。

料事如神啊，老祭。你说咋办就咋办。

姬婴安分

姬婴很有自知之明。他知道自己的出身不如姬忽、谋略不及姬突，能登上大位全靠上辈子烧香烧出来。既然不如人，那就依靠人，所以他就处处与人为善。对内，完全信任祭足，什么事情都交给祭足定夺处理。祭足的政治才华和治国能力都很强，在他的努力下，郑国很快又恢复原有的生机。对外，姬婴也不想称伯称霸，不管什么事都不出头不围观，路过瞥一眼就早点回家洗脚睡觉。同时，又主动与齐、陈等邻居搞好睦邻友好关系，不去搬弄人家的是非。

继位的第二年，鲁国就来找他商量纪国的事，因为齐国又打纪国。姬婴就以郑国刚刚遭受动乱，还没复原为由委婉拒绝。第三年，缺乏外援的纪国终于抵挡不住齐国的攻打，灭亡了。

凡此种种，郑国只想做一个安分的诸侯国，姬婴只想做一个安静的美男子。这不一定是郑国的福分，但一定是郑国人民的福分。

不过有一件事情，看似不起眼，影响却很大。姬婴为保障郑国的持续和平，竟主动请诚楚国，拜楚国为大哥，答应年年向楚国纳贡，做他的附属国。

说好听一点，他是识时务的俊杰。此时的楚国已经进入中原的视野，引起各家老牌诸侯国的注意。南方的楚国，一直不被中原待见，但郑国现在不得不待见，因为变成邻居了。**不是楚国搬家，而是强盛的楚国让郑国身边的应、曾、唐等诸多小国家都变成楚国。**

楚国的强大已经有一阵子了。公元前744年，楚厉王去世，他的弟弟熊通杀了侄儿自立为君，即楚武王。武王的来路有点不正，但一点儿不影响他的雄才"武"略，他在位51年生吞活剥了周边许多小国，开始对中原形成正面威胁。随国为了拍马屁，甚至还向周朝提出让楚国以王的旗号管理汉水以东的诸国。

唇亡齿寒，姬婴同样感受到来自南方的压力。这个时候选择"不再做大哥，而是去认大哥"确实是最好的生存之道。楚人知道中原诸侯畏惧楚国，但心里却鄙视楚国，此时郑国第一个站出来拜大哥，楚人自然很高兴。

第一个小弟不罩的话，以后谁还会来当小弟？

说不好听一点，郑国从此沦为二流国家。郑国原是周朝的小弟，现在却变成楚国的小弟。楚国虽然也称王，但在大家眼里仍旧是个诸侯国，而且还是比较野蛮的那个。郑国"这一拜"等于把自己由教育部主管变成教育厅主管，明显降一档。而且，一旦将自己定位成二流国家，以后国家建设、内政外交等方面都会朝着这个方向"作",容易形成习惯性的"自卑与堕落",要想再回到一流国家将十分困难。一级达标校被降级为二级校,以后招生就困难多了。还有,诚服楚国,相当于对中原文化的背叛,会让周边的诸侯国很瞧不起。

瞧不起总比死得起好吧!

以后吃饭,主桌上不去,但饭局还是有的。

不过令姬婴和祭足们万万没想到,这种"新型的依附关系"只让郑国获得一时的安宁,最终却换来多年的疲倦。他们低估了文明冲突的严重性。春秋自齐桓公开始形成争霸的社会秩序后,中原和楚国争夺文明的话语权最终表现为争夺对郑国的主导权。好像谁能收纳中间的郑国,谁就捏住了华夏的文明。

所谓"打狗看主人",如果主人打不过,不好打,就把打狗当作打主人,打小弟的屁股就等于打大哥的脸,话糙理不糙。

郑国:但话也不能太糙。

郑国的政权问题就变成"内政+外政"的模式。不再是王公贵族之间单纯的权力争夺,而是演变成各国扶持的公子势力之间的争斗,成了"为确定郑国做谁的小弟,而产生的各种战乱"。

崛起的齐国,要跟楚国争霸,第一步就想到郑国。

齐桓公认为姬婴虽是齐国杀掉姬亹后才确立的国君,也很尊重齐国,但他最后居然和南蛮走到一起,贪生怕死,自甘堕落,让中原诸侯蒙羞。你一个千金大小姐,怎么能嫁给穷光蛋呢?他决定支持郑厉公姬突争夺郑国君位。如果姬突能再次复位,就会感谢齐国,成为齐国的小弟,齐国的霸业也能赢得一次突破。

于是齐国插足了,与躲在栎地还在苟且的姬突眉来眼去,各种互撩。

也该是郑国出事,该是姬突复国。这一年,郑国发生了一件事,说小事也是小事,就死了一个人,说大事也是大事,因为这个人叫祭足。郑子婴忍辱负重做了12年国君,终于忍不住,哭了!

祭足成就

这不是一个简单的祭足。是可以祭(zhài),也可以祭(jì),祭天祭地,祭到你够够的,足足的。

从郑庄公开始，祭足已经在"姬郑家"前前后后熬过五人六次国君。数字大，故事很多，说明戡乱的时候有他，动乱的时候也有他。

真是"成也祭足，败也祭足"。

不过，历史就是这样，是形势造就英雄，也是形势迫害英雄。

祭足很不幸。郑国如果能在庄公后顺利过渡厉公或昭公，没有各种插曲，祭足一定会大有所为，郑国也可能跻身一流强国。这正是祭足多年后还怀念郑庄公的原因。贤臣遇明主犹如冠上明珠，锦上添花，是人世间一大快事，能臣不得主犹如锦衣夜行，白来人间一趟。祭足也许还会常常怨恨庄公的不果断，为什么就不能处理好儿子们的就业问题？

相比之下，汉武帝在处理继承人的问题就非常生猛。他错误逼死太子刘据，但确定传位给8岁的刘弗陵时，就杀掉刘弗陵的生母。这是何等的气魄？一个真正的政治家，眼里只有国家和社稷，没什么亲情，一切有利于国家的事就应该去做，**培养儿子是，遏制儿子是，逼死生母也是**。

郑庄公这一点明显输给汉武帝。但春秋时期，国家的概念还在孕育中，政治制度也不完善，不能指望一下子就出现"德智体美劳全面发展"的全能君王。汉武帝是看到几百年历史的正反面，才能做出如此残忍的"英明决策"。

祭足很幸运。雄才大略的郑庄公给他足够的信任和广阔的平台。面上两人是君臣关系，实际上是一对能力互补的搭档。**善谋的人要跟着善断的人**，才能实现才华，否则他只能变成"话痨"或"点子王"。祭足是一个典型的谋士，遇到需要独立做主的时候，常常会做出错误的决策。好在有超级的智慧弥补，所以总能在决策失误的边缘把危害损失降到最低点。

好比一个渔民，他是抓鱼的高手，但在判断哪里有鱼的时候总是失误。大家都去远海捕鱼了，他还唱着"我们这里还有鱼"就在近海拼命闹腾。但也不要笑他，他技术好，依然能在只有很少鱼的海岸边捉到别人捉不到的鱼。

祭足作为臣子的一生可谓圆满。在当时条件下，以个人的权力和地位能左右郑国政治几十年，毫无疑问是个大牛人。

大牛人的影响力不止生前，死后也一样有效。流亡在外的姬突第二年才听到祭足去世的消息。那天，他"一路狂奔，大笑大喊地追逐着夕阳"，这个让他又恨又怕的人还是输给了自己。

不是打牌输,不是下棋输,而是寿命输。16年了,我在"栎"地苟活着,都快被郑国人民遗忘了,但我内心复国的小宇宙从来就没有熄灭过。

杨过：数字好吉利啊,应该会有故事哦。

这个凭名字就压得他喘不过气来的老家伙,终于去世了。

姬突如冬眠猛兽逢春苏醒,又开始打探起郑国的形势。正好,齐桓公也想借着郑国做一次崛起的尝试。两人一拍即合。

郑厉公的要求很坦诚：要复国,要复国,还是要复国。

齐桓公的条件也厚道：不要钱,不要地,不要脸,只要做朋友。

朋友跟谁做不是做？二房给谁娶不是娶？价格好,待遇好才是真的好！正好,刚刚崛起的齐桓公不缺钱,就缺小弟,尤其是缺郑国这种重量级的小弟。

这是典型的干柴烈火。第二年,齐国就派宾须无带上二百乘兵马和满腔的"干柴"来到姬突的身边。

厉公复国

郑国开始流传起一个美丽的传说。说城内有一条大蛇,青头黄尾巴；城外也有一条大蛇,红头绿尾巴。不知为什么,两条蛇打起来,几天几夜分不出胜负。围观的人越来越多,都不敢靠近。17天后,城外的蛇终于咬死城内的蛇,进入城内,游到太庙就不见了。

虽然谁也没真见过,但大家都说有人见过。

有人："大家"给我站出来,还有比这更邪乎吗？干吗不直接说姬突要打回来？17天,不就是要说姬突在外前后流浪17年吗？就不能隐晦一点？

大家：太隐晦怕大家不懂,那就白传说了。

其实大家还是愿意相信这个传说。许多人对姬婴带领郑国主动投靠楚国做小弟的事很不爽,面子挂不住。现在郑国人要是出去走亲戚做生意,留学什么的,总会感觉到背后有人指指点点,于是他们就又怀念起"打不死"的姬突。

中原人有时会把名誉看得比命还重要。所以郑国人很气愤,生命会不会丢还不知道,名誉受损却已经是铁板钉钉的事实。但长久以来,郑国人也不敢明目张胆地反对姬婴，因为祭足在。"二房"政策可能就是他的主意。祭足似乎象征着郑国的定海神针，上畏他，下惧他，人怕他，郑国的鬼都不敢惹他。老臣谋国肯定有他的道理。

现在祭足去世，道理没了，新的"观点"就出来了：就算要给人做二房，也不能给暴发户做二房。粗鲁的楚国配不上有点粗鲁的郑国。慢慢地，这种"观点"在有心人的宣传下就变成郑国的"民心工程"。民心所向最终被引导指向姬突。

在外漂泊17年的姬突重新成为郑国的"新梗"。他给郑国人的印象已经不是"老不死"，而是漂着这么久还不死，还不放弃复国的理想。**老天不放弃他的寿命，他不放弃自己的理想**，这是天意人选，说明郑国就该是他的。

姬突再也不是以前那个毛毛糙糙，只会突来突去的郑厉公，他经过历练，变得更加聪明，知道"**兵马未动，舆论先行**"。他造了那两条打来打去的蛇的故事，成功地唤醒国人对他的记忆。

等舆论行得差不多了，兵马也就要跟着开始行动了。

针对当前形势，姬突和外援宾无须一阵商议，很快就达成共识：先攻打大陵。大陵的守卫傅瑕按照祭足的要求兢兢业业干了十几年，终于"等"到姬突的进攻。估计是守太久，被"终于轮到我上场"的激动给冲昏了头脑，忘记"只守不攻"的原则，被姬突一顿吆喝，就出城迎战去。他们俩没打几个回合，宾无须便绕后门偷袭直接进入大陵，把对打变成两面夹击。

首尾不顾的傅瑕心神不宁，一不小心就被活捉了。

原来姬突只是负责吸引傅瑕的注意力啊？而且大陵肯定有叛徒，否则宾无须哪那么容易进城？没错，叛徒什么时候都有，但大陵里的叛徒是谁已经不重要，接下来傅瑕自己才是关键。

傅瑕猜测的叛徒只卖一座城，但他自己却要卖一个国。真是**能量越大，做起坏事来的危害就越大**。

姬突想杀了傅瑕解气。这个王八蛋守在门口困我十几年，像个盾牌一样挡在我面前。你是如来佛啊？五指山吗？

傅瑕十分理解姬突的愤怒，要想化解它就只能开展自救。傅瑕说："你不是想入主郑国吗？我可以帮你杀掉姬婴。"

姬突冷静下来，问他有什么办法。

傅瑕说："祭足死后，郑国的权柄都在叔詹手里。我和叔詹是铁哥们，我可以找他一起帮忙除掉姬婴。"

姬突说："那你要是回去和叔詹一起来打我呢？"

宾须无说："这个好办，把他全家留下来做人质。"

这个办法确实好，成功地拴住傅瑕。傅瑕回到郑国后，秘密见到叔詹。叔詹吓一跳："你不好好守大陵跑回来干什么？"

"守根毛，没了！"

"怎么没的？十几年不都好好的？"

"还说呢，齐国插手了。齐国派宾须无来，是铁了心要扶姬突复位。现在大陵没了，军事要地丢了，他们马上就要打到国都。"

"大陵是我们的咽喉，但现在却变成姬突的咽喉？"

傅瑕说："现在唯一的办法就是杀掉姬婴，开门迎接姬突。我们的富贵或许还可以继续保有，国人也可免遭兵祸。"

叔詹说："都没打，你怎么知道打不过？"

傅瑕说："姬婴这人你又不是不知道。原来还有祭足帮他，现在祭足已经去世，郑国最能打的人就是你我（主要是我）。我已经败了，你说还有谁？"

"这个吗？要不我们再考虑一下？"

傅瑕说："还有时间考虑吗？人家马上就杀过来。这样吧，到时你就出城迎战，姬婴肯定会站在城墙上观战，我就站到他身边去，我来！"

叔詹一看傅瑕这阵势，"敢情你都计划好了吧？"

于是，傅瑕通知姬突攻城。

叔詹报告姬婴说："你哥哥联合齐国要打过来。"

姬婴说："那赶紧通报我新结拜的大哥楚文王啊！到时楚兵一来正好可以两面夹击。"

叔詹说："好。"说完好，就回家煮饭了。

过了两天，姬突果然打过来。按照计划，叔詹就出城去迎战。没打几招，在城墙上的傅瑕就高喊："完蛋完蛋，我们输了。"

大家一听兵败，都慌张起来。姬婴没怎么见过战争场面，吓得要跑，但就在转身的一瞬，傅瑕一刀过去，直接杀死。

这下郑国真败了。傅瑕看得真准！

废话，他开的城门。**不是傅瑕看得准，而是他做得狠。**

买一送二，傅瑕又把姬婴的两个儿子也杀掉，以抢答的方式向姬突表达忠心，为回归的郑厉公送上见面礼、投名状。

郑厉公看到礼物很高兴。但国君的心事你别猜，你猜来猜去会把自己猜死。

郑厉公说："你守大陵17年，尽职尽责，我一直拿你没有办法。现在却因为贪生怕死，毁了一世英名。为求苟活，居然还杀掉自己的国君，你这种人人心不可测。我还是想为我弟弟报仇。"

傅瑕：你还是解不开17年的恨吧？

其实傅瑕不知道，在某种逻辑里，他现在必须死。因为**杀傅瑕是政治的需要，否则郑厉公登基无名**。"傅瑕弑君"是铁定的事实，如果郑厉公不杀他就等于说他们是一伙的。没错，他们确实"一伙"过，但可以装作"不是一伙"。怎么装，如何装才能最像？

姬突认为，杀掉傅瑕最像。

傅瑕：等等，你原来不也是君吗？

那是另一套"政治"理论。姬突如果以"自己一直是国君"作为标准，那姬婴、祭足他们才是篡位，杀姬婴就是拨乱反正，就不是"弑君"，是功不是过，可姬突也是抢哥哥昭公才上的台，所以这套理论有点牵强。姬突考虑再三还是用"傅瑕弑君，姬突临危受命，挽救郑国危亡"来解释更加合理。

毕竟已经过去17年，故事的保质期没那么长，新一批贵族估计都把这事忘了。还是按照"新继位"来办更合理，久别再怎么胜新婚，都不如真新婚。

新婚的新官上任三把火，烧的是欲火；姬突新任的三把火，烧的全是仇恨，非常刺激。

当年驱逐过郑厉公的大叔大婶们，你们还好吗？今年还过不过生日啊？现在到河西了，一起过忌日吧。

躲过战祸的贵族最终没能熬过政祸。重新掌权的郑厉公心智长了不少，但江湖的手法一点没变，该杀的杀，该关的关，连理由都很随意。平静了十几年的郑国再次响彻出哭喊的声音。叔詹很幸运，因为傅瑕已死，反而脱了干系仍为上卿，**与堵叔、师叔合称"三良"。**

"三良"辅佐郑厉公，一改郑国的精神风貌：不再做野蛮人的"二房"，新人新气象，要做文明人的"二房"，要与文明人齐桓公歃血为盟。

从公元前679年开始，郑厉公连续两年主动与宋、鲁、陈、卫、许等国一起参与齐国组织的鄄（juàn）地会盟、幽地会盟，态度积极，表现活跃，甚至还要带头喊"忠于齐盟主"之类的誓言。

但这也不一定是好事。齐国会说好，楚国就不会。楚文王看着郑国上蹿下跳，想着眼下的"齐楚争霸"，心里非常不爽。

于是就埋下了一个伏笔：楚叔很生气，后果也很严重。

郑国两难

楚国这事，郑厉公有点冤。姬婴种的因，到他这里，结成果。他不但成功地抢回郑国，同时也成功地接盘齐国和楚国的注意。

郑国要开始过"左右为难"的日子。张学友和郑中基唱过《左右为难》，在爱情和友情、在他和她之间为难，那是选择的为难。郑国没有那么幸福，郑国不是选谁的为难，而是被谁选的"为难（nàn）"。

在郑厉公"弃暗投明"、弃楚投齐后，失去郑国的楚文王决定按照"左右为难"的逻辑，开始对郑国发难。

说我野蛮那就野给你看。三年后，楚兵围住郑国国都。

等等，为什么要"三年"后？因为前面还有一个蔡国，先来后到。

看到楚国来真的，郑厉公急了，赶紧拿出诚意找楚国——有事好商量。

郑厉公表示自己经过认真思考，认为楚、郑两国有传统的友谊基础，没必要动辄兵戎相见，完全可以一起夜宵龙虾、啤酒撸串，然后共商国是。

于是，郑国请诚，楚国兵退。但楚国一退，又轮到齐国来。情节基本一样，只是选择为难的句子换个主语。无非是郑国被楚国选、郑国被齐国选、郑国被×国选。（以后还有晋国）

齐桓公问："什么叫夜宵？"

不得已，叔詹只好出使齐国，**当面解释。**

叔詹哀伤说："楚国已经和郑国相邻了，他们动不动就要打人。我们一个小小的郑国，就算安排24小时值班，也不敢有丝毫懈怠。所以这几年也没空来齐国向盟主请安。如果齐国能出兵打楚国，教训一下南方的野蛮人，让他们畏惧中原，那么以后郑国上到国君，下到百姓，你都可以随叫随到。"

齐国听了很气愤。这叫解释吗，这不是损我吗？我傻啊，去打楚国？没错，齐、楚早晚要打一场，不过不是现在，因为条件还不成熟。我不能为了你个"二房"，现在就和楚国火拼。

但叫你来解释，你就用这个态度来挖苦我？

好吧，先把这个所谓的"郑国三良"之"一良"以大不敬罪名扣押起来。

叔詹也冤，郑国能咋整？话糙理不糙。这些家大业大的大佬们三天两头就喜欢讲道理、拼道理、争道理，根本没有考虑过小国的感受。你们打场八十分，打错了，争执就争执吧，甩什么牌？打什么桌子啊？

齐国：关你什么事？

郑国：我们就是牌，就是桌子啊！

其实不止郑国，一个叫"朝秦暮楚"的成语已经在许多小诸侯国中流传。这是小人物的生存之道，在夹缝中的苟延之道。**如果要求每个人都忠贞不贰、舍生取义，那世界的"义"也不够大家取。**

可能也是基于这个原因，齐国对叔詹的监管很松懈。叔詹也是个滑头，没多久，居然逮到机会，偷偷从齐国跑回郑国。正好，楚国的压力又来了，不得已，郑国再次与楚国和好，心不甘情不愿也要强作欢颜。

郑国：一步踏错终生错，下海伴舞为了生活。

郑国的外交越来越混乱，好在内部权力日趋稳定。郑庄公的四个儿子轮流砸出的烂摊子终于在郑厉公这里结束了。郑国的老百姓至少能在外交"矛与盾"的切换过程中安静一段时间。

如果岁月不能静好，那就在闹中取静，好一会儿算一会儿。

重新上台的郑厉公又当了7年诸侯，去世后儿子郑文公姬踕（jié）当了45年，孙子郑穆公兰当了22年。郑国终于过上一段稳定的只有"左右为难"的生活，没有内乱，没有弑君。但同时，郑国也彻底放下手中的话筒，退出春秋的主会场。

有人退，就有人进，东方的齐国已经踌躇满志了。此前，齐襄公深度参与郑国政乱，杀了姬亹。其后，他的弟弟齐桓公就彻底取代郑国"主持人"的地位，开启一套新的"春秋秩序"。

小齐同学也算一步一个脚印。

郑庄公破坏了周朝的秩序和礼仪的秩序。齐桓公将在郑国"试错模式"的基础上建立一套新的秩序——"尊王攘夷"。

齐桓公：不能替天行道，但可以替天子行道。

是也郑国

周王朝破落后，为什么是郑国第一个跳出来唱大戏？没错，枪打出头鸟，但许多不出头的鸟也一样被打死啊！

郑国：毕竟我还有舞动青春、展现自我的理由。

他有条件。周王朝遭受戎狄的破坏后，一蹶不振，进入衰败期。诸侯们"图强"的最大阻力消失了，原来的社会秩序、社会构架无法继续约束诸侯。如同改革开放，准备走市场经济，大家有什么能力都可以使出来。这时，就像黑夜里关了灯，谁是夜明珠谁就可以发亮。

他有实力。郑国经过三代国君近百年的稳定积累后，具备了一定的综合实力。郑国是新兴的诸侯，为了生存，想要快速挤进列强诸侯行列，就必须扩张，所以他成为第一批"力图并实施兼并"的诸侯。郑国几乎与秦、晋、齐、楚等列强同时开始踏上吞并消化小诸侯国的征途。这一波行情，郑人的起步很及时，早起的鸟儿有虫吃。

他有魄力。难得的是郑国祖孙三代人，如同一条分工明确的流水线，各自做着不同的事情，祖父建国、找地，父亲建都、扩张，儿子建功、立威。郑国在短短的时间内，就能从卫、宋、陈、鲁、齐的纵横捭阖中，脱颖而出，成为春秋的第一道风景。

可以说，郑国的"霸业"是第一批破坏秩序、破坏规矩的获利者。就像改革开放后第一批倒买倒卖的个体户，他们很轻易就享受到自由市场的"福利"和暴利。但他们贪图享乐，未能建立新的秩序，所以很快就收到自己种下的苦果，名誉扫地，自食其果。出来混的，始终要还。

年轻的时候叛逆，破坏规矩，喜欢标新立异，感觉很爽。等到年纪大后，才发现当年破坏的那些规矩其实是一种保护。媳妇斗争婆婆的时候很舒坦，打破封建约束、封建礼教、封建家长制什么的，道理一个比一个"高端大气上档次"，自我感觉良好，连续剧一集一集很过瘾。但等自己做了婆婆才发现,那些规矩才是"家庭文化"的支柱,因为有它,家才像家。**家与家的关系需要文明,需要民主和法治;但家人与家人的内部关系需要理解,需要关心和包容。**

你在家庭里讲道理,道理成功了,家就失败了。

做生意也一样。耍小聪明的人,起步很容易获利,但时间一久,就会发现自己把行业做成"死局"。比如杀价,大家都卖10元的商品,你一机灵杀出9.5元,开始会增加不少单子,但对手为了生存,就会降到9元,一来一往,最终形成"价格战"。结果一波相互操作后,你发现原来工作8个小时就能赚200元,现在不得不加班到10小时,因为你把产品做贱了。你的"小智慧"在拖垮整个行业。

第一个拍领导马屁的人很爽,会有各种"倾斜福利"。但当这种效应带动全公司人都开始拍马屁时,他就会发现,上班变得非常累。

每个班级群里总有几个自作聪明的学生家长,哄老师开心,给老师送礼,各种活蹦乱跳。然后呢,这些戏精、最懂人情世故的父母,你们的孩子都上天了吗?你们让孩子小小年纪就有了不脚踏实地的"良好"社会预期。

例子很多,但救不了郑国,也救不了我们。因为**历史没有如果,只有惋惜。因为知道怎么回事和怎么做事,中间还差十万八千里。**

非也郑国

郑国为什么最后还是失败?表面上是政权过渡到第四代出现卡壳,反反复复,很不顺利,但背后也是因为上述那三个因素已经逐渐消失。

实力已耗尽。破坏秩序消耗的能量太大,把郑国积累的"实力"都用完了,他们已经没有力气再去建立新的秩序。在一楼你有实力,到二楼就不一定了。**这是"凤凰男"的悲剧。**上学可以通宵学习,勤能补拙,天道酬勤,勉强优秀;但就业后,你手里已经没有"努力"的牌,你用过这招才挤上二楼,挤进本不属于你的圈子,你将过得非常吃力。郑国在与小诸侯的斗争中,实力优势很明显,能轻易脱颖而出;之后再面对的竞争者个个都是脱颖者,他就只能且行且珍惜。一如篮球赛,到季后赛第二轮,球队底蕴不足的问题就会暴露出来。

条件变复杂。原来阻碍各国发展的主要阻力是周王朝附带着似有似无的周礼秩序。现在变了,世道变成群雄并起的竞争。**单一变多一,你干**

预别人选举，别人也可以干预你的内政。念小学的时候，是学生和知识赛跑，你只要掌握它就可以。到大学，到社会，变成你与他人竞争，你要更高、更快、更狠、更拼命才可以，你会发现"题目"越来越难。

魄力在消失。郑庄公是一个顶级的政治家，他的离世对郑国的影响很大，主心骨没了，郑国要面临散架。人们需要精神支撑，但"民主"不一定给得了。洋人有宗教信仰的基础，他们可以随便点"平等的菜"来试试"民主"的味道。我们没有"全民信仰"，就很需要偶像带来的精神依靠。郑庄公去世后，郑人的精神偶像没了，郑国的秩序也就乱了。此时的君位就相当于"民主菜"，一下子分出四个儿子，导致20多年的内乱。对比强国，郑人的自信就越来越微弱。

所以根本**不存在"不要输在起跑线"的问题**。你如果底蕴不足，靠兴奋剂赢在起跑线，等药效一过，后面只会死得更惨。

郑霸庄公：官×代

守攻	周朝	郑国	卫国	宋国	陈国	齐国	鲁国
周朝	太孙继位 2. 割麦试探 4. 矫借王命	1. 周郑交质 3. 繻葛之战					
郑国		1. 桓公置地 2. 参建东周，武公扩展 3. 克段于鄢，掘地见母 4. 吞并戴国 5. 昭公继位，厉公夺位 6. 祭足发力，昭公复位 7. 高氏弑君，子亹继位 8. 祭足子婴 9. 祭足去世，厉公复位 10. 接触楚国	2. 问责助逆	2. 报复东门（三国攻宋），相互报复 5. 郑鲁攻宋	2. 诚意结交	2. 灭滑毁许	
卫国		1. 协助共叔 3. 五国围郑，东门之役	1. 州吁篡位 2. 确立宣公 3. 宣公纳媳 4. 姬朔上位 5. 牟黔公 6. 惠公复国				

续表

守\攻	周朝	郑国	卫国	宋国	陈国	齐国	鲁国
宋国		1. 东门之役 3. 长葛子冯 4. 宋国谋郑、庄公索贿		1. 兄终弟及 2. 华督弑君 3. 庄公继位			
陈国		1. 东门之役 3. 繻葛之战	1. 骗杀州吁		1. 三恪之国 2. 妫佗弑侄 3. 厉公姬跃 4. 陈完奔齐		
蔡国		1. 东门之役 2. 繻葛之战		1. 三国攻宋	1. 计杀妫佗		
齐国		1. 石门之约 3. 诱杀子亹		1. 三国攻宋 2. 郑鲁攻宋			
鲁国		1. 东门之役					1. 翚弑隐公 2. 桓公继位

第二篇　齐霸桓公：富贵人家

为了厘清春秋诸侯国之间的恩怨，春秋故事爱好者假定由齐桓公组织春秋各诸侯国在齐国召开**第二届诸侯国秩序委员会**。

会议确定新一届诸侯国秩序委员会常任国、成员国，并选举产生秘书长、理事以及一批委员代表。

会议讨论周王朝的地位和权益问题。认为周王朝虽然在经济水平、军事实力、制度权威等方面已大不如前，但其作为天下共主，各诸侯国仍须给予必要的尊重。为了弥补周王朝实力不足，出席会议的周王委任齐国代表周王朝"主持"诸侯国之间的各类纠纷。会上，齐桓公做了以"尊王攘夷"为主题的发言，表示一定会认真主持春秋秩序，妥善处理各国事务，带领大家共同抵御来自北方山戎等外族的侵扰，切实保障燕国、卫国、邢国等中原国家的根本利益。

会议确认各国平定内乱的事实。主要包括鲁国的庆父之难、卫国的懿公之亡、宋国的南宫之乱、郑国的世子之谋等。

会议还专门讨论楚国的问题。经过充分协商，楚国愿意恢复对周王朝的朝贡，承认周王朝对楚国名义上的领导权。

会议接受秦国的缺席请假。秦国此时正与戎狄作战，保卫周王朝的西北边境，无法参加中原的事务。

会议接受晋国的缺席请假。晋国因为文侯分封曲沃引发政出两端的问题，曲沃与翼城之间发生冲突，晋国声明"冲突"为晋国内部事务，要求自行解决。晋国预祝会议胜利召开。

经过本届委员会的努力，中原实现了新一轮、新一种新式的"统一"。一些外族也应邀首次出现在华夏舞台。

本届委员会的工作得到周庄王、周襄王的充分肯定。

本届时间跨度：公元前700年—公元前643年

主盟国：齐国

常任国：郑国、宋国、卫国、鲁国、楚国、莒国、邢国、陈国、蔡国、许国、燕国、密卢、无终

成员国：秦国、晋国等

秘书长：齐桓公小白

理　事：［周］庄王佗、釐王胡齐、惠王阆、襄王郑；［郑］姬亹、姬婴、厉公突、文公踕；［齐］僖公禄甫、襄公诸儿；［鲁］庄公同、闵公启、僖公申；［宋］闵公捷、桓公御说、襄公兹甫；［楚］成王熊恽；［卫］懿公赤、戴公申、文公毁；［陈］庄公林、宣公杵臼；［蔡］哀侯献舞、蔡穆公；［其他］燕庄公

代表：［周］王子带、太宰孔

［齐］宣姜、文姜、无知、公子彭生、连称、管至父、雍廪（lǐn）、公子纠、召忽、管仲、鲍叔牙、隰（xí）朋、宁戚、王子成、宾须无、东郭牙、仲孙湫、蔡姬、易牙、竖貂、开方、晏娥儿

［郑］高渠弥、叔詹、堵叔、师叔、申公、孔叔

［鲁］施伯、曹刿、曹沫、姬般、慎不害、卜齿奇

［宋］南宫长万、公子游、萧大心、戴叔皮

［狄］虎儿斑、买速、答里呵、黄花大帅、瞍瞒

［卫］宁速、石祁子、渠孔、于伯、黄夷、孔婴齐、华龙滑、礼孔、弘演

［楚］斗章、斗廉、屈完

［陈］辕涛涂

［其他］遂国、郲克

工作要点：齐纪矛盾、庄公强齐、僖公扩地、齐郑友好、僖公喜忽、郑忽拒婚、宣姜嫁卫、兄妹相淫、文姜嫁鲁、僖公攻纪、鲁郑救纪、齐宋攻郑、鲁桓客死、文姜回鲁、诱杀郑亹、齐灭纪国、纪念纪国、呆若木鸡、纪昌学射、金壶丹书、重立卫惠、约守葵丘、瓜熟不换、连称弑君、

无知接盘、雍廪弑主、纠白相争、鲁庄护纠、小白诈死、齐桓继位、乾时之战、鲍叔退鲁、鲍叔围鲁、迫鲁杀纠、召忽殉节、管仲回齐、管鲍之交、鲍叔荐管、齐桓择相、管仲谋国、齐继郑霸、齐桓攻鲁、曹刿道德、曹刿论战、乘丘之战、鲁败宋将、管仲相齐、宋闵攻鲁、鲁抢宋阵、鲁问宋灾、南宫弑君、南宫立游、萧戴正宋、北杏之盟、宋桓逃盟、齐责鲁缺、柯地之盟、曹沫劫齐、齐兵压宋、宁戚说宋、宋国请罪、齐助郑突、燕国求救、齐打山戎、蚁穴挖泉、老马识途、追灭孤竹、鲁侯姬般、哀姜不宁、庆父弑般、闵公姬启、闵公友齐、庆父弑启、鲁国罢工、鲁僖姬申、季友相鲁、庆父自尽、鲁立三桓、卫懿好鹤、北狄侵卫、卫国灭国、卫戴临国、弘演棺肝、齐城存卫、狄劫邢国、齐城存邢、楚试攻郑、齐围蔡国、召陵之盟、楚盟贡周、郑臣欺陈、齐桓怒郑、管仲衡楚、周惠溺幼、齐定周嗣、周诱郑反、郑国背齐、齐攻郑国、楚围许国、齐复攻郑、涛涂复仇、郑国归齐、姬华诓齐、郑杀世子、周襄登基、小白问祭、管仲去世、管子遗言、鲍叔弃政、三佞劫齐、苍白末日、人亡政息。

十六、禄甫的领尽风骚

有些史学家把郑庄公、齐僖公、楚武王定为"春秋三小霸",充分说明他们都有一定的实力。在第一届以郑庄公为主的故事里,齐僖公就以配角的身份出场不少戏份,现在轮到齐国自己的主场,自然更不能善罢甘休。

齐国简历

齐国的开山老祖是姜子牙。老姜在中国历史上的知名度就不用多解释了。一句歇后语"姜太公钓鱼——愿者上钩",不但钩住周王,还钩住此后几千年历史爱好者的兴致。这个钓鱼的糟老头子,坏得很,十分不务正业。

姜子牙的"姜"是母系社会留下的古姓。姜有一脉分支,协助大禹治水立了功,封在"吕"地。吕就作为夏、商两朝的诸侯一直延续下来。所以,姜子牙是姜姓,吕氏,名尚,号有一堆,什么飞熊啊、太公啊,要啥有啥的感觉。

非常有身份的样子。要印名片的话估计还要翻页。

既然姜子牙有名有姓,有字有号,说明出生贵族,基本可以衣食无忧,实现个人的财务自由。他当过屠夫,开过酒店,能从事这两项职业,说明有一定的经济基础。生活至少能比上不足,比下有余。人家钓鱼本来就是为了娱乐,钓不钓到鱼无所谓,关键要"钓"出志趣高雅的气质。但许多文学作品还是把他描述成"过得很贫苦",可能这样更符合文人"知识改变命运"的情结。

教科书上说奴隶社会只有奴隶和奴隶主,奴隶不可能有名字。那么姜子牙祖上至少是一个落魄的奴隶主吧,一个有理想有品位的落魄的奴隶主,一个脱离了低级趣味的落魄的奴隶主,反正"落魄"是跑不过。所以,就算他是个跑龙套的,也绝对不会有个"死"字。

姜子牙把"志趣"挂在鱼竿上,钓到周武王。然后再与姬发合作一场轰轰烈烈的大电影《武王伐纣》,又钓来无数的文人术士。

他是那场电影的主角。

姜子牙协助周武王灭商,功劳很大,封在"齐"地。

齐国的第五代国君,齐哀公吕不臣,不知因为什么事情和隔壁邻居纪国闹矛盾。哀公自己不检点,估计做了一些可大可小的错事,僭越了祭拜的礼仪,结果被纪国纪炀侯抓住了小辫子。

吕不臣这个名字相当霸气,"不臣",不做臣,那就是君,是王?在齐国可以,他本来就是君,但出差去周王朝的时候呢?这要多大的心脏才能支撑住这么直白的"名字告白"。是那时候对于"臣"字有不一样的理解?还是后来人误会给弄错了?有点像把"坏蛋"两个字刺在脸上的感觉。

做人就是这么坦诚?就是这么有个性?

纪侯早就对他不爽。光听"不臣"的名字都能让这种天天高喊忠心的人难于接受。在抓到小辫子后,纪侯就飞奔到周王朝去,添油加醋地打了小报告。周夷王大怒,是真大怒,他用极刑来处罚齐哀公——烹杀。就是把他煮了,是活活煮,不是杀了放血后再煮。场面十分残忍。

这一定是很大的仇恨,或者是很大的误会。

齐哀公在位5年,就这样稀里糊涂去世。他的弟弟齐胡公吕静继位。

胡公害怕这个喜欢告密的邻居，就搬家到薄姑去。

面对高清探头，我们惹不起还不躲不起吗？

吕静：我只想静静。

但齐国人民不答应。你想静你一个人静就好，为嘛要把都城都搬走？

迁都让贵族们很不爽：一是生活不爽，老都城的房子啊、花园啊都盖得好好的，现在还要重新来；二是心情不爽，纪侯把我们的国君给祸害了，难道我们就这样怕他，不报仇吗？

其中，最不爽的人是吕静的弟弟吕山。作为"不爽派"的杰出代表，他站出来"大义灭亲"，把自己的二哥给杀了，然后自立为齐侯，齐献公。

齐献公一上台就把都城再次迁回去，由薄姑迁回营丘。新人新气象，他还把营丘进行扩建装修并改名为临淄。同时，为了把"大义"进行到底，他又把自己的侄儿们统统赶出齐国。

齐献公在位9年后去世，儿子齐武公上台。

按说齐武公应该是很厉害的国君，因为谥号为"武"，但找不到相应的事例，唯一的亮点就是和周朝的关系搞得越来越好。此时的周王朝刚刚经历周厉王的折腾，实行过共和，周宣王姬静刚刚继位。

齐武公把女儿嫁给周宣王。现在一家人，不说两家话。

齐武公在位26年后去世，儿子吕无忌继位，为齐厉公。齐厉公估计是仗着姐夫当靠山，做事比较霸道，得罪了不少人，结果被齐胡公的儿子造反了。按辈分算，这些人应该是厉公的堂叔。这次造反很惨烈，两败俱伤，齐厉公被造反派杀死，但是造反的堂叔也死掉。

在位9年的齐厉公死后，齐国就换成他儿子吕赤，为齐文公。齐文公的开场一点都"不文"，一下子把参与杀老爸的七十多人全都杀掉。"杀父之仇不共戴天"嘛。接下来就"文"了许多——没什么动静，只有文静。

齐文公在位12年，传给儿子吕说，即齐成公。齐成公在位9年，传给儿子吕购，为齐庄公。

此时，齐国的内乱已经结束。齐庄公很爽，齐国更爽。

齐国是资源大国。因为地处沿海，可以煮盐，还取之不尽。当然，沿海的诸侯国还有很多，其中比较扎眼的诸侯国就包括前面提到的纪国。这些国家之间除了偶尔有点摩擦，发生点口角，很长一段时间都能相安无事。

直到东周来了，春秋大地上开启了礼乐崩坏的魔盒。

有能力的可以开始兼并，没能力的可能开始被兼并。齐国的兼并工作从东周的第一个国君——齐庄公吕购开始。

岁月不等人，这是天赐的良机。水库开闸放水的时候，正好你在家，还把什么渔具都准备好了，就没理由不出去捞几把。所以"吕购"就开始"并购"了。

要想兼并，首先要自己内部不出事。郑国是典型的反面例子，本来郑武公、郑庄公已经开始到处鲸吞蚕食，赢在春秋的起跑线上，但此后几个儿子之间相互争位，乱出20多年，不要说进取，差点连自家的国土都保不住。

天理循环，齐国的内乱发生在齐胡公、齐厉公时代，到齐庄公的爷爷手里就结束了。内乱的时候还处在西周时期，诸侯国之间比较守规矩。齐国治乱只要做好周王朝的工作就可以，其他诸侯顶多也就看看热闹，不会出现像宋庄公那种趁火打劫的热心观众。所以齐国内乱的损失相对比较小。

到齐庄公时代，中华进入群魔乱舞、诸侯乱象的东周，大家不再理会周王朝制定的游戏规则，看谁不爽找个理由就可以打来打去。此时，如果你家门不幸，出乱子，那么趁火打劫的诸侯就多了去了。

吕尚在天有灵，齐国国内已无战事。

专制的政治制度，清明起来的效率都比较高。但其政权过渡犹如螃蟹蜕壳、蛇蜕皮，是最脆弱的时期。齐庄公在位64年，是春秋战国时期在位最长的君主，也可能是历史上在位最长的君主之一。他的长寿，意味着齐国的政权无须过渡，没有蜕壳蜕皮的脆弱，政局十分安定稳定。

怎么样？诸侯们都怕了吧？

齐庄公之后，齐僖公在位33年，齐国的太阳照常升起，直到荒淫"表哥"齐襄公手里，齐国才出现弑君内乱。也就是说，在近百年的时间里，齐国持续稳定，可以自由自在地煮盐生产，还能趁着东周政治体制开闸放水的好时机，到处去"招蜂引蝶"，吸引自由民，主持正义，顺便兼并小国，扩张领土。

总之，幸运的感觉，真好！

僖公能耐

在齐庄公64年的带领下,齐国开荒拓土、煮盐种田、接纳流民,国力越来越强劲。齐僖公一接手,就是典型的"富裕型官二代",稳稳的千乘之国。

【兵力】 春秋以战车为作战单元。据考证,一辆战车的标配主要包括车上3人,1人驾车,1人射箭,1人刺砍,车后还有步兵75人,后勤保障25人。也就是说"乘"作为单位,不单指车辆,而是一个套装。"一乘"除了车马,还有100多人。"千乘"就是10万以上的兵力,说明军事力量十分雄厚。

齐僖公是一个稳重的国君,有钱归有钱,有兵归有兵,并没有因此而"冒进"。他知道山外有山,人外有人,所以遇事总喜欢和郑庄公商量,充分尊重这位春秋暴发户。郑庄公也乐闻其假真诚。为了利益,两人常常一起举起道德忠义的大旗,去主持其他诸侯国的公道,顺便要点路费补贴,夺点地盘,扩充领土。

兄弟同心,其利不但断金,有时候还能断地。

齐僖公还是一个注重外交的诸侯。除了郑国,齐国与其他的诸侯国也建立了友好关系。这是他的能力,也是齐国的需要。因为齐庄公太厉害,带领齐国到处打仗扩张,抢来不少地盘和人口,所以到齐僖公手里,最重要的事便是巩固。吃多了,就要做消化和吸收的工作,要把新的国民固化为新齐人,新的地盘要得到诸侯们的认可。内政外交两手抓,两手都要硬。

这一点,郑国与齐国的做法很不一样。郑国是新开张的公司,郑庄公首先要扩张,然后才有东西巩固,所以郑国与卫、宋等国经常有战争和利益的冲突。正好,这些矛盾成功地吸引了大家的注意力,等于保护了齐国,让齐僖公闷声发大财,也让齐僖公有机会做和事佬。

他们的许多故事前篇已经说过,这里简单做个回顾。

首先,齐国和郑国搞石门之盟。郑庄公感觉到弟弟共叔段有谋反的迹象,需要一个强有力的外援支持。齐国则看重郑庄公在中原不断上升的气势和影响。两家一拍即合,强强联合,就整出这份军事互助的盟约。

过了三年,齐国又和鲁国结盟,与鲁隐公签订艾地之盟。

就在齐国忙于结盟的时候，中原已经开打了。卫州吁为了建立权威，纠集鲁、宋、陈、蔡等五国与郑国打起东门战役。结果被郑庄公借力发力，玩太极一一化解掉。第二年，郑庄公以宋国欺负邾国为由，接受邾国的邀请，报复宋国。等到郑兵退去后，宋殇公不爽，也去攻打郑国的长葛，还真攻下了。

这时，萌萌的齐僖公就以和事佬的身份出场了。他出面为郑国、宋国、卫国调和，说大家要摒弃前嫌，要热爱和平，共谋发展。

大家都答应，都说好。

只是郑庄公后面又小声说"什么呀，他还破我长葛呢"。

所以接着第二年，郑庄公就以问责宋国不朝贡周王的名义，串联鲁国、齐国一起组成假的"王朝盟军"攻打宋国。宋国孔父嘉也联合卫国和蔡国去攻打郑国。最后，"王朝盟军"攻破宋的两座都城，并在回来的路上，灭了宋的同姓属国戴国。

等等，为什么齐僖公现在不做和事佬，还愿意撕破脸和郑国一起去打宋国？

一定是"中间商赚差价"。因为一是郑国假借王命，装出一副名正言顺的样子；二是郑国强大到可以帮他打戎狄，帮他一起灭掉郕国。什么意思？就是能帮忙打下郕国，还能帮忙为土地"办证过户"，得到承认。

这比做和事佬的好处大多了，那还和事个啥。

齐郑友好

在利益的驱使下，齐僖公和郑庄公经常坐在一起，商量并操盘着各种"国际"事务。郑国拉起假王旗去攻打宋国，有些诸侯不听，表现得非常刺眼，哥俩就决定以"匡扶正义、惩前毖后"的名义去惩罚那些不认周王朝旗帜的诸侯。

惩罚也不能挨个打，而要按需打，选择性执法。郑国先派兵帮助齐国攻打郕国，拿下城池归齐国；齐国再派兵帮助郑国打许国，打下城池就给郑国。合作的模式很有"××互助组"的味道，大土豪联盟，专注打小土豪20年。

这种事在前文说过，就不再细说，还是继续前面想说又没说，那点男女的事吧。

齐僖公与郑庄公的合作很默契，一起喝茶，一起打豆豆，友谊和豆豆都收了不少。但他还有别的想法——他看上了郑世子姬忽。

明确地说是替女儿再次看上了姬忽。

二当家：啊，又升仙了，为什么要说"又"呢？

那一定是两次以上。

第一次是在齐、郑两国缔结"石门之盟"时，齐僖公托人向郑庄公提亲。郑庄公没意见，但他太民主，没有当场拍板，而是回家征求儿子的意见。没想到，姬忽不愿意。他认为婚姻应该门当户对，齐国比郑国大多了，他不想高攀。郑庄公劝儿子说："是人家主动提出，又不是我们提出，不存在攀不攀。而且以后有什么事，还可以仰仗一下牛气的老丈人。"道理很实在，但姬忽"彪"了就停不下来，说大丈夫立世应该靠自己，哪里有靠娶一个好老婆这种事。

齐僖公听说后也非常感叹，后生可畏。好在我女儿还小，暂且作罢。

第二次是发生在姬忽应邀协助齐国打击北方戎狄时。见到姬忽本人的齐僖公按捺不住内心的欢喜，又提出联姻的话题。双方的一来二往还非常有故事性。

当时，齐僖公、郑庄公、鲁桓公正在会稷聚会，庆祝避难在郑的宋公子冯终于可以回家接替被弑杀的宋殇公。这算郑庄公的好事，喝点小酒庆功一下也很正常。在宴会快要结束时，齐国传来战报，说北戎首领大良、小良率兵一万，攻打齐国，而且已经破了两个城。

很明显，这事比喝酒急。北戎彪悍着呢！

齐僖公说："我要先回家。"

郑庄公说："咱俩既然是好朋友，那你的事就是我的事。做兄弟的，不两肋插两刀也说不过去。"说完就马上令姬忽带着三百乘去"插刀"。

姬忽继承了郑人打战彪悍的光荣传统，呼之即来，来之能战，战之能胜。他对齐僖公说："北戎是单兵作战，进退自如，我们是兵车作战，不好进也不好退。但戎狄没有教养，打战不怎么听号令，也不会顾及兄弟朋友，将要取胜的时候就知道抢功劳，眼看要失败的时候也不会相救。你可以派一支队伍诈败回逃，诱敌深入，我和高渠弥分别在两侧埋伏，等他们追来我们就杀出，北戎必然溃败。"

简单说就是"打埋伏"。最后，小良被郑国先锋祝聃射死，大良被姬忽亲自斩杀。齐僖公很高兴，见姬忽如此勇猛，三下五除二就把戎患消除，实在喜欢，就暗示说："我想让女儿去帮你家扫扫地、做做家务，怎样？"

姬忽"受宠若惊"，赶紧说不敢。

齐僖公却更加喜欢，以为是姬忽谦虚，就叫弟弟夷仲年去找郑国的高渠弥，要求双方以媒人的身份，直接把话说开。高渠弥当然没问题，就去找姬忽谈。可姬忽不但再次提到门当户对的问题，还说如果结了，容易被人说是因为斩杀大小良而挟功逼婚。高渠弥气得无语，就你屁事多。看似道理一套一套，实则是扯淡一个一个。真是法海你不懂爱，姬忽你是懂爱不懂政治。

第二天，夷仲年带着嫁妆的礼单赶过来问这事。姬忽说，婚姻大事要父母做主，不敢私定，斩钉截铁地把齐国拒绝了。

碰到这种硬茬，媒婆的钱真不好赚。

这是两次比较明确的"求婚"，但也存在着明确的问题——两次时间差距14年。所以我严重怀疑，齐僖公第一次是给大女儿提亲，未遂后嫁给卫宣公，成为搅浑卫国政坛的宣姜。石门之盟发生在公元前720年，卫宣公在公元前719年继位，时间对得上。但这个推测也有一个问题，就是姬忽耗了14年都没有娶老婆？能说"门当户对"的话，至少也是十几岁的小青年。难道姬忽到快30岁才结婚？当时，这年纪应该是很严重的剩男？

其实姬忽其间娶过一个陈国公主。只是郑、陈两家鬼使神差地、糊里糊涂地把婚姻的礼节弄错了，整"岔劈"了。一般来说，诸侯子女结婚要先告太庙，然后再嫁娶。但郑国把这事给倒过来，姬忽是"先结婚，再告太庙"，所以就不被承认。这事搁在现在根本不算什么，无非是先上车后补票的问题、先洞房后办证的事，但在礼制社会，小事就会变大事。齐僖公也是这个观点，所以就一直坚持姬忽正妻的位置是空缺的。

那姬忽的身份就没问题，单身，齐僖公的态度也没问题，真诚，就是文学小青年看多了励志的鸡汤文学，成大问题。姬忽这样做会有强烈的后遗症。婚姻是大事，求亲也不是小事，都是君主家很重要的事。

物极必反。姬忽的一再"冷酷无情"终于把齐僖公惹怒了，女儿远近闻名，难道嫁不出去吗？关键是他可能事先还给女儿做了思想工作，现在居然是姬忽不同意。意外啊意外，意外之外是尴尬，尴尬之下是羞愤。

朋友未遂，敌人已成。

人与人的关系也常常如此，**你不收我的投名状，我就只能把你做成别人的投名状**。鲁国姬翚与隐公、桓公的故事就是这么上演的。确实，姬忽继位郑昭公后，如果有齐国做后台，宋庄公绝对不敢随便支持姬突。正是姬忽的狭隘政治观毁灭了郑国的未来。他把文化当政治，用个人喜好替代国家利益，盲目自大。

不过话说回来，婚姻是两边的事，那头姬忽确实有点二百五，而这边齐僖公的女儿也不简单，绝对"远近闻名"。

姬忽可能"闻"到齐僖公的女儿的另一种传说——让男人有压力的传说，所以才用各种借口推脱。而且"传说"后来确实被证实，被鲁桓公证"死"了，死得好惨。

这么看，姬忽好像躲过了一劫，躲过初一。

忧儿忧女

实际上，空有"小霸"之名的齐僖公远没他几个子女出名。除了真正称伯称霸的齐桓公姜小白，还有堪称"恶霸"的齐襄公诸儿，甚至宣姜、文姜两个女儿也更加抢镜，巾帼一点不让须眉。

大女儿在前面介绍过，本来要嫁给卫宣公的世子急子，结果因为貌美被卫宣公劫道变成宣姜。宣姜生了两个儿子，姬寿和姬朔。姬寿陪急子一起被姬朔给杀了，姬朔则继位为卫惠公。后来，卫惠公又被黔牟政变，9年后才在舅舅齐襄公的帮助下复位。而宣姜也没闲着，在男人们的故事里再次抢到镜头，她在齐襄公的安排下，嫁给卫宣公的另一个儿子姬硕。

这是什么命？绕口令"儿子没嫁嫁老爸，老爸死后嫁儿子"？

再说二女儿。老二不但漂亮还很有文采，人们都称呼她"文姜"。《诗经》说她"手如柔荑（tí），肤如凝脂""巧笑倩兮，美目盼兮"。柔荑，指植物的嫩芽，饱满细长；凝脂，凝固后的猪油，细腻柔白。能被《诗经》传颂，说明文姜真的很美，名气真的很大，还有文采，是一个标准的女神学霸。

女神学霸除了颜值和学业，还有一个耀眼的特点——天生情种。当然搞好是情种，如果没搞好，就可能是淫妇。

可惜女神学霸不在大学里，否则会有大把大把的男生供她挑选。她生长在王宫中，能见到的男人十分有限，所以同父异母的哥哥诸儿在一群太监中就特别显眼，轻松脱颖而出，十分轻松地脱，十分轻松地"赢"。哥哥确实是个帅哥，冯梦龙说他"粉面朱唇"，按现在的理解就是娘娘腔！

大家还记得《天龙八部》中的段誉吧，这哥儿们被他老爸害惨了。他喜欢上一个女孩，不久就发现是自己的同父异母妹妹；他再喜欢一个，又是；再再，还是。（最后剧情逆转，就都不是了）

完全受不了啊，古云南的户籍管理能不能严肃一点儿？

但这事，诸儿只有呵呵！

心有多大，舞台就有多宽，这个问题还叫问题吗？

诸儿和文姜是从小一起长大的同父异母兄妹，开始两小无猜，然后就有猜，再者就乱猜了。史官们不知道该如何记载这事，当时文字也没这么丰富，就说做了"禽兽之事"。

禽兽：我做过好多事啊。

厉害！文字越简单，"你懂的"的脑补场面就越加丰富。

宫里好多人都知道这事，齐僖公却因忙于公事一直被蒙在鼓里。但事情这么大，话题这么火爆，而且诸儿又这么肆无忌惮，再大的鼓也蒙不住，总有爆炸的一天。

那一夜，文姜听父亲说要将自己许配给高大威猛、能征善战的盖世英雄郑世子忽，心中好高兴，谁知道第二天却被姬忽无情地拒绝了。她的心情从沸点一下子降到冰点，如此热冷不均就感冒生病了。

然后，诸儿哥哥怀着关心与爱护，顺理成章地过来看望妹妹。就在他俩从望闻问切到全身体检，再到不堪入目的时候，齐僖公正巧也来看女儿，撞了正着。

晕，真是晕！原来传说都是真的，谁来扶我一下。

你个畜生，逆子，滚回你的东宫去，以后禁止私自串门。

但骂归骂，罚归罚，看来儿子长大了，要赶紧给他找个老婆，不能再祸祸窝边草了。那就娶宋国的公主吧。至于文姜呢？正好鲁国的姬翚来齐国，为新继位的鲁桓公姬轨提亲，并且指明要娶有文化、有修养的文姜。

太好了！虽然不是姬忽那种彪悍的越野车，好歹也是庄重大气的豪华车。为防止鲁国人说三道四，或者也是为了表达自己的重视、炫耀齐国的武力，秀秀全家的亲密，齐僖公做出一件违背礼仪的事情——送女儿出嫁。一般来说，寻常百姓家女儿出嫁顶多也就送到门口，然后由小舅子或者侄儿跟着过去。父母是不可以送出门的，因为嫁出去的女儿是泼出去的水，哪有跟着水一起泼的？同理，作为国君，是不可以送出宫殿的，更不要说城门，更更不要说国界。

【送亲】《左传》记载过一个关于送亲的礼仪。贾太宏老师解释为：凡是本国国君的姐妹、女儿出嫁到同等国家，如果是国君的姐妹，就由上卿护送，以表示对前代国君的尊敬；如果是国君的女儿，就由下卿护送。出嫁到大国，即便是国君的女儿，也由上卿护送；嫁给周天子，就由所有大臣去护送；出嫁到小国，就由上大夫护送。但无论哪条，国君都不能亲自护送。

"嫁出去的女儿，泼出去的水"是为了断得彻底，所以父亲和哥哥都不能出现在送亲的队伍中。

鲁桓公听说齐僖公亲自送女儿来，吓了一跳，赶紧跑出城去迎接。没办法，鲁国是礼仪之邦，如果老丈人客气，那他就要更加客气。

全乱了。迷信说，这样操作的婚姻违背礼仪，很不吉利。

齐僖公：我能怎样？能叫我儿子去送？你开玩笑的吧？

齐僖公的真正心思是儿子女儿乱伦，心里没底，所以要表达一个态度，不管鲁国知不知道那件事，我只想让你们知道我很疼爱我的女儿，不要欺负她。但从后来的发展形势看，齐僖公的担心有点多余，别说没人敢欺负她，她不欺负别人就不错了。

至于文姜不光彩的故事，到底是鲁国作为文化人不在意别人的过去，还是当时信息传递有延迟，鲁人还没收到？不过，这事不重要，重要的是鲁桓公轨和姬翚都牵挂着他们弑杀鲁隐公息姑的事实，他们知道通过这种方式获得的权位很没有安全感。郑国彪悍的显性小霸郑庄公，是收了钱，让鲁国蒙混过关；如能与文姜结婚，齐国稳重的隐性小霸齐僖公，就是连了亲，就能支持鲁国过关。

一显一隐，互相配合，就安全了。

鲁国：姬忽傻乎乎的，咱们不学他！

郑国是傻，但鲁国也不算精。历史告诉我们，像文姜这种女神学霸，世界上能与她匹配的男人还没生。如果有哪个假男神非要试试的话，福分的不足就只有一种方法弥补，即"折寿"。所以和她有关的三个男人统统要"折"。

姬忽被杀，鲁桓公被杀，诸儿也被杀，三连杀。

洗洗更健康，杀杀更合理。齐僖公的家事因此变得合理，但齐国的国事还有遗憾。遗憾的关键词是"纪国"。

齐纪立仇

自从纪炀侯告密让齐哀侯被烹杀后，齐、纪两国就结下矛盾，双方形成传统的仇恨情绪。从地理位置上看，纪国在齐国的东部，一是靠海，也晒盐打鱼，有行业竞争；二是后方，如果齐国要进取中原，或与鲁国征战的话，纪国一旦出兵骚扰，齐国就会腹背受敌。所以齐国要想继续扩张，就必须先吃掉纪国。

这是一颗不友好的炸弹。为了安全起见，要引爆它。

过去的恩怨只是个人的情感冲突，现在的矛盾已经变成国家的利益冲突。

关键是齐国认为已经具备灭掉纪国的条件。

齐僖公：历史选择了我。

齐国人：历史选择了我们。

齐僖公亲自策划了灭纪方案。齐国不能说垂涎纪国的土地，只能说当年纪炀侯打小报告，害死齐哀侯，我们要报仇。

伙伴们笑了。这都过了一百多年，你才想起来报仇？没有时效性吗？所谓"君子报仇，十年不晚"，父债子还都可以理解，但你让七代八代十几代后的子孙来还，是不是有点牵强？子孙们不好好学历史的话，都没办法开展工作。

鲁国当然心知肚明，很清楚齐国的真实意图，如果齐国解决了后顾之忧，下一步就可以从容地干掉鲁国，所以鲁国一定要救纪国。同样，鲁国也不能说"我不想让齐国独大"，鲁国说"我要去救我的亲家纪国"。

诸侯们笑了。你鲁国多少代国君啊？一个国君多少个老婆？你亲家少吗？放眼一望，掐指一算，中华大地谁没几十个亲家？以后你都救吗？

当然，所有人都知道到底是怎么回事。**当你真想干的时候，什么理由不重要。但当你真干起来的时候，有一个理由也很重要**。简单地说"有没有理由比什么理由重要得多"。

理由从来都是冠冕堂皇的，也必须是冠冕堂皇的。

齐国就联合卫国和燕国，一起攻打纪国。此时，鲁国正陪郑厉公一起打宋庄公，因为贪得无厌的宋庄公一直勒索郑厉公，惹恼了中间人鲁国。本来一边一场，各打各的，但鲁国收到纪国求救，一番权衡后，决定去救纪国。鲁国本着"唇亡齿寒"的压力肯定要去，但"不亡不寒"的郑、宋两国竟也凑热闹一起跟着过去。两个战场便合并成一个战场，一边是郑、鲁、纪，另一边是齐、卫、燕、宋。看似势均力敌的样子，哪想郑国实在太生猛，几乎以一己之力就把对手干掉。

齐僖公攻打纪国再次无功而还，还折了亲弟弟夷仲年。他越想越气，第二年又纠集宋、蔡、卫、陈一起，打郑国。新仇！是真报仇。但郑国人不理他们。他们就把郑国城外太庙的椽子拆了，拿走给宋国的卢门做椽子。"椽子"是一种建筑结构套件，功能和现在的柱子差不多，主要用来支撑屋顶。

一个椽子值不了多少钱，郑国不会心疼。齐、宋却可以用来泄恨，可以用来宣传他们打赢了。就像猪八戒老喜欢砸妖怪的洞门一样，"做人呢，最重要的就是开心！"但这种赢法实在太勉强，开心也开得不够痛快。不满足的齐僖公想继续报仇，又去打鲁国，可惜又没赢。

齐僖公彻底郁闷了。他已经在位33年，前些年风调雨顺，与郑庄公一起合作指点江山，看谁不爽都可以指指点点。哪想到了晚年，居然连连受挫，指什么都点不下去，有种晚节不保的悲催。他越想越难受，不久就病倒去世了。

临死前，他交代世子诸儿两件事情：其一，纪国乃齐人世仇，你继位后一定要报仇，灭了他；其二，公子夷仲年的独苗苗公孙无知现在还小，你要像我在的时候一样对待他。

据说齐僖公很喜欢这个侄儿，一直以参照世子的待遇安排他。

诸儿口里连连称好。老人要走了，哪里会说不好？只是心里却不这样想，因为老头子有些要求确实不够厚道。

十七、诸儿的荒诞人生

齐僖公去世后，世子诸儿继位，为齐襄公。齐国进入戏剧化时代。

对齐襄公来说，老爸临死交代的两件事，前面一件事好说，加班加点做就是，第二件事就有点难受，卡着人生呢。为什么要突出强调"人生"？剧透一下，因为公孙无知后来杀了诸儿。

齐僖公对无知的超待遇完全属于"爱屋及乌"的感情用事，比公孙无知还无知。他提升侄儿的待遇违背"世子位置应该突显"的礼仪要求，等于给齐国政客下一个"投机"的梗，埋下安全隐患。

诸儿此前对此一直耿耿于怀，但又无能为力。现在上台了，自己可以做主，哪里还会继续"耿耿于怀"？所以，他就牢牢地记住老爸交代的第一件事，同时牢牢地忘记第二件事。

但在这两件事前，诸儿还有更重要的事要做——撩妹。

击杀妹夫

妹妹是正经妹妹，但"撩"得正经不正经，就不知道了。

文姜出嫁的时候，齐僖公各种违规操作，把"婚礼"办得轰轰烈烈。可好景不长，婚姻的保质期很快就到了，文姜对鲁桓公越来越不满意，心里老是想着哥哥。听说鲁桓公要出使齐国，便要求同行，一起回娘家。鲁桓公虽然不情愿，但拗不过美女老婆，也只好勉强同意。

没想到这事遭到大夫申繻的强烈反对。他说"女有室，男有家"，女子出嫁，如果父母在，一年可以回一次娘家尽孝道，现在文姜的父母都已去世，哪有妹妹回家看望哥哥的道理？鲁国一直宣称礼仪之邦，岂能做这种"非礼"的事？

呵呵，你姬轨抱着美人"封闭锁人"，色令智昏；我们可常常出去喝茶会友，关于你老婆的那点破事，大家都是心照不宣而已。

但鲁侯不听。礼仪，说白了就是套规矩，我们定规矩不能把自己给定死。再说了，我已经答应我老婆，不能言而无信。如果按你的说法，合你的礼，那欺骗我老婆，不是也没礼了？所以鲁侯还是坚持自己的意见。非常有主见。

看到妹妹回来，哦不，看到妹妹和妹夫回来，齐襄公高兴极了。齐国大摆筵席，大家吃吃喝喝，气氛非常融洽。饭后，文姜说想多留一会儿跟嫂子聊聊天。

鲁侯觉得没什么大问题，闺蜜吧，怀旧怀旧也很合理，就先回。可他在馆驿左等右等等了很久，都等不到文姜回来。"很久"是多久？天都快亮那么久。鲁侯心想大事不妙，就赶紧派人去宫里打听。回报说，齐襄公没有正室，只一个妃子，是大夫连称的妹妹，但没什么感情，都分居了。昨晚文姜"叙旧"叙的是兄妹感情，不是闺蜜感情。

晴天霹雳啊，鲁桓公全明白了，你诸儿不是猪，我才是猪。

气呼呼的鲁桓公准备闯进宫去，正好在门口撞见刚刚出宫的文姜。

于是，双方开始一段关于出轨"质问与反质问"的对话。

昨晚你和谁聊天？和连妃啊！

聊到什么时候？话说多了一点，月上柳梢，估计有二更。

就聊天？还喝点小酒。

你哥没来陪你喝？没有来。

你们兄妹感情不是很深吗？哦，中间有来喝一杯。

那你喝完为什么不出宫？太晚了，不方便。

那你住哪里？你问这干吗？宫中有那么多空房间，还怕没有地方睡？我回我原来的闺房睡。

那为什么这么晚才起床？喝酒喝过头，太累！

那谁陪你睡觉？宫女啊！

你哥睡哪里？呵，哈！我做妹妹的哪里知道哥哥睡哪里？可笑！

笑什么笑？鲁桓公终于耐不住火气，直接说开："妹妹不知道哥哥睡哪里，只怕哥哥知道妹妹睡哪里吧？"

文姜吓一跳，绕了半天最终还是被切入正题。没办法，她只好放弃女神学霸的面试水平，打出肥皂剧的台词风格："你这话什么意思？你是不是怀疑我？"

文姜的学霸水准确实可以做到应对自如，但鲁桓公综合对话的语气、表情后，答案也就很明显了。**事实虽然经常被抹黑，但不是每次都可以。能抹黑的事实，其背后肯定是双方力量差距太悬殊**。鲁桓公也是一国之君，实力不一般，文姜是将就不过去的。现在纸包不住火，人家人证物证都有，就剩下你的"口供"还在死扛。但扛不住，没用，因为鲁桓公眼里还有你的表情包。

鲁桓公已经气炸了，"扎心了，老铁"，再厚道的老实也压不住这种不实，索性摊牌："你们兄妹昨晚干的事我全知道，就不要再隐瞒了。"

话说到这份儿上，就相当于掐死双方的要害。文姜无言以对，鲁桓公也无可奈何，"天"已经被聊死，要死人了。这种"质问与反质问"的场景大抵如此，在当今的电视剧里很普遍。一边是心里有鬼，但又要百般抵赖，一边是义愤填膺，恨不得各种扎破。鲁桓公处在道义高位，但人物性格比较软弱，所以也没什么成效，得势不得分。他想到身在齐国，权力发挥不了，手脚施展不开，便托人去跟齐襄公说国中有事，准备回鲁国。

回去再找你这娘儿们算账！

"我走"，夺门而出是电视里一个被第三者欺负的第二者最常见的画面。

齐襄公很快知道妹妹妹夫的矛盾冲突，并且是"我知道你知道"的那种知道。他虽然心里有鬼，但一个天生的坏人完全可以做到人鬼不分，气定神闲，并泰然处之。他回复使者，既然鲁国有事，他也不便继续挽留，不过临走前一定要亲自送一送鲁桓公。

鲁桓公没有拒绝，送就送吧，于公于私都很合理。但老婆文姜不能再去，就在宾馆等着。

送行无非吃饭，吃饭无非喝酒，喝酒无非劝酒。酒桌上的鲁桓公有这茬梗在，根本不经劝，你一杯我一杯，没多久就喝醉了。

这是齐襄公想要的效果。

齐襄公说鲁桓公喝醉了，麻烦公子彭生送他回宾馆。他明天有公务缠身，就不再相送，请鲁侯一路走好。然后又吩咐彭生一定要"送好"。

公子彭生别的本事不突出，就是力气大，而且记仇。记得当年追随齐僖公打纪国，眼看就要攻打下来，就是鲁国串通郑国去救纪国，不但成功救下纪国，还射中彭生一箭。一"箭"难忘，所以是时候报一箭之仇了。公私两不误。

鲁侯就在眼前——一种充满死相的眼前。彭生果然不负齐襄公重托，用大力金刚指之类的"武功"直接把鲁桓公的肋骨掰折，做成死死的那种"死相"。

画面是不是有点"手撕鬼子"的感觉？

很正常。武将打文将，没难度；武将打娇贵的君王，更没难度；武将打一个喝醉的娇贵君王——绝对送分题。所以彭生肯定没问题，一拳就能打死人，完美拿分。只是堂堂的鲁国国君这种死法，实在有点憋屈。

公子彭生说，鲁桓公饮酒过量，猝死了。

消息传到宫中，齐襄公的感觉很轻松。他轻松地哭着，也轻松地说，去鲁国报丧吧！

报什么丧？鲁国不傻，但必须装傻：猝死就先猝死吧。

大夫申繻说，国不可一日无君，应先立世子同为君，再由新君主持丧事。

鲁桓公的庶出长子公子庆父说："齐侯乱伦，害死我王，不能就这么便宜他们，请拨三百乘兵马，我要去打齐国报仇。"

彪悍的人生就是这样，"一出场"就喊打喊杀。

谋士施伯不同意。他认为这种"暧昧"的事情，不能作为出兵的理由。先不说有没有把握打赢齐国？就说如果用这理由去打战，不等于宣传放大了这条狗血的剧情吗？不是让鲁国自取其辱吗？不如退一步，借坡下驴，将计就计谴责公子彭生照顾鲁侯不周，要求齐国杀掉彭生。彭生一死，便可以坐实"桓公去世就是一个意外事故"，避免被传成因为争风吃醋、红脸绿帽而暴毙路边。

大家觉得有道理，尤其是关于我们很可能打不赢齐国的看法，非常中肯。没错，这样"报仇"确实不刺激、不痛快、不致命，但有一报算一报，聊胜于无。

同样，齐襄公也觉得有道理。毕竟是自己下令杀人，能找个"替死鬼"就过去，已经是最好的结局。而且倒腾妹妹的事的确不光彩，现在"你愿意遮住，我也愿意遮住"，大家好才是真的好。

彭生：好个鬼。

那天彭生听说齐襄公要召见，就兴高采烈地小跑过去，以为要加赏自己，谁知道一上朝，就被抓了。齐襄公说："我嘱咐你要照顾好鲁侯，你居然还那么毛糙？弄出人命。现在鲁国来问罪，你就一命赔一命吧。"

彭生大骂："赔个屁，你奸淫妹妹杀害妹夫，到头来反而怪罪我？无道的昏君，我做鬼也不放过你。"

他说到做到。剑子手一刀下去，彭生的理想立即实现一半——做鬼了。

后来，鬼魂纠缠过来"不放过"，再助攻弄死齐襄公，理想最终全部实现。

文姜夫人

鲁桓公死了,但文姜没死。对出轨事件死活不承认的文姜似乎赢了。但鲁侯一死,文姜就成为寡妇。鲁国的寡妇,就必须回鲁国。而且,他的儿子鲁庄公也明确要求她不能继续赖在娘家。

全天下都没人能找到文姜继续留在娘家的理由。

没办法,只好回家。活的文姜和死的鲁侯一起回鲁国,但回到鲁国该如何面对那些臣民?

鲁庄公更难。这是天下最难堪的人生,母亲是间接的杀父仇人,舅舅还是奸夫。报仇可以,但怎么报?杀母亲不行,打齐国可以,那你打得过吗?

好在施伯他们已经研究过:没有理由打。

据史载,文姜离开齐国,到了与鲁国交界的地方就死活不肯继续走。理由很简单:未亡人就好清闲,不想再回鲁国王宫。要我回去,除非我死。

这招真厉害。一个看似无解的题目,居然被这个女人用"赖皮"的手段解决了。鲁庄公也乐于接受。毕竟,回到鲁国吧,母亲压力大,大家也很难忘记过去那件事;留在齐国吧,鲁国压力大,等于提醒全天下人不要忘记那件事。

所以留在"中间"最好。但如果没有正当理由,人家会问你为什么要把母亲留在边境?守卫边疆吗?现在好了,是母亲自己提出的要求,而且是强烈要求,根本不用解释的那种强烈——"我就是不回去"。

鲁侯"只好"命人在这里修建一座宫殿。

这样的结局虽说不完美,好在完成了。

鲁侯此后常常去看望母亲。文姜在治国理政方面很有天分,"学霸"真不是白学白霸。她的"真知灼见"帮助儿子做过不少决断。这也是文姜的故事为什么会流传下来的重要原因。春秋时,人们对两性作风看得比较淡,评断一个人主要看能力和道义的功德。有影响力才会被记住。

只是后人在讨论他们时,渐渐论偏了。大家喜欢两性的话题,就容易把关注的重点转移到"兄妹奸淫"上面。久而久之,他们的政务处事能力就被忽略了。

说真的，我们这些吃瓜群众就喜欢盯着看哪壶不开，看看里面是不是**煮着绯闻，熬着艳遇，炖着出轨**，然后提起来，再一起研究研究。

人家想送我珠子，但我就偏偏喜欢盒子。

诱杀姬亹

鲁桓公的猝死事件虽然解决了，但齐国却开始流传齐襄公的风流韵事。这种新闻好像有手有脚，能爬又能跑。诸儿心里有鬼，再自信也扛不住舆论压力，到哪里都觉得背后有人在笑他。齐襄公决定搞点事情，引导舆论，转移大家的视线。

他决定娶周王室的公主，想用"结婚"告诉大家，我和我妹妹已经没什么事了。但效果不好，大家又说他好色不改。

他决定再找一两件可以伸张礼仪、匡扶正义的事来做。大一点，比如说弑君废立。正好，卫惠公姬朔被黔牟巧占走卫国、郑子亹和高渠弥弑杀郑昭公自立等案例就在眼前。考虑到卫黔牟也刚刚娶了周王室的公主，连襟不好下手，就先搞郑子亹。于是就有了上一篇介绍过的故事。齐国诱杀来访的姬亹和高渠弥。齐襄公说，这是要警告那些不守规矩的人，要惩罚那些弑君的逆臣。

诸儿是顺礼继位，屁股很干净，确实可以在这点对别人指指点点。不过，好像到目前为止，他有也仅有这个亮点。

"惩罚弑君"的理由天经地义，但不该由你来，至少不该这样来。把人家骗来做客，然后车裂五马分尸。这不是处罚是胡来，用犯法的方式处罚犯法，不是拼道义，而是拼武力、拼欺骗、拼缺德。以后谁还去你家做客？**你用不守礼仪的方式惩戒另一个不守礼仪的人，这是在讽刺礼仪。**

郑国风光不再，已失去反击的能力，也只能成全诸儿如此随意的"正义"。

诸儿：就打你，就杀你，怎样？

无辜的郑国尚且如此，那有辜的纪国还想逃到哪里？

吞灭纪国

文姜住在齐鲁交界处已经有一段时间。鲁庄公可以去问候母亲，齐襄公也可以去探望妹妹。不同的是，鲁庄公是敲锣打鼓，明着去。齐襄公是去打猎，打着打着猎物就跑了，再追着追着就迷路了。然后"一不小心"发现有户人家，然后还是很面熟的人家，然后就有"进去坐坐，喝口水"之类。

然后就不说然后什么。齐襄公总说他第二天才找到回家的路。尤其是周王室的公主死后，齐襄公就更爱打猎。只是次数多了，流言蜚语也就跟着多起来。

舆论的压力再次形成。这个爱"打迷路猎"的诸侯，也担心自己变成别人的猎物。他决定再耀武扬威一次，向隔壁的鲁国秀秀肌肉。

齐襄公想到纪国。确切地说，他没有忘记，只是由于此前个人感情世界太丰富，需要处理的纠纷太多，耽误了。现在可以了，已经没有纠纷。

这是一个好梗。鲁国和纪国一直很友好，每次打纪国，鲁国都会出来和稀泥。现在再打纪国，一来可以试探鲁国，二来可以避免齐鲁正面冲突，留有余地。

纪国：我叫余地？

果然，齐国一围住纪国，鲁国就马上出兵去救。

但打仗是斗狠不是斗嘴，鲁人并不擅长这门功课。鲁国想找最近很擅长打仗的郑国来帮忙。闻道有先后，术业有专攻。

哪想郑国变了，姬婴并没有出马。上次郑厉公因为被宋庄公敲诈得没办法，拖着鲁桓公帮他主持公道，所以感觉欠着鲁国，才会主动要求帮助鲁国一起去解围纪国。姬婴没有这样的压力，不会没事找事给自己添麻烦。而且，他能当上诸侯，正是齐襄公杀掉姬亹才能腾出空位，搞不好还要道声谢。

但这并不是郑国拒绝出兵的真正理由。春秋"得了便宜还卖乖"的例子不在少数。如果姬婴真的想去，真有好处，那找一个漂亮的理由其实也不难，比如说齐国杀了他的哥哥，他要报仇。所以理由不是问题，关键看利益。郑国现在去打齐国没有一点利益。输了不用解释，就算赢了，不是又结仇吗？干吗要去惹他！

祭足也一直提醒姬婴，"你哥公子突还在栎地盯着郑国，逮到机会随时会杀回来，所以我们不要到处瞎跑。"

姬婴便拒绝了鲁庄公，说他最近拉肚子，请个病假吧。

鲁国不死心，还想继续找其他帮手。但齐襄公放出狠话：谁救纪国我就打谁。于是，那些小国们就相继宣布最近天干物燥，和郑国差不多，全都拉肚子。

鲁国便成了孤掌，难鸣，只好在纪国周边游荡一圈，讨个没戏，回家。缺乏救援的纪国，坚持没多久就顶不住了，只好投降。

所以**对付秀才的最好办法就是耍流氓**。对付鲁国这样礼仪之邦的最好办法就是不按套路出牌。齐襄公掌握了齐僖公所不具备的"技能"。

纪国这次能这么快就被玩完，除了没人帮忙，也有自己作死的缘故。纪侯此前因为受不了齐国的持续骚扰，就让弟弟守国，自己跑去另一个地方准备再建新都。但权力分配没处理好，反而和弟弟闹出矛盾，弟弟一赌气就带着封地"投诚"加入齐国。纪国便分裂了，实力也大大削弱。

灭掉纪国后，齐襄公就完成了老爸的最大愿望。之后，齐国再接再厉又把莱国灭掉，他们在沿海线的疆土就越来越完整。背后的仇家（隐患）消除了，没有后顾之忧，齐国更加专心守望中原，伺机称雄争霸。

以后卖盐再也不会有讨厌的对手冒出来，跟你恶性杀价。

回顾纪国

纪国已经灭了，就追悼一场，多说几句再送一程。

纪国也姓姜，只是不清楚他的"姜"和姜子牙的"姜"有什么关系，有可能是曾经的兄弟，爱得深恨得切的那种兄弟。纪国虽在齐襄公的暴力下灭了国，但因为有主动投降的诚意，所以还能保存宗庙，有点像商朝变宋国的意思，国土没了爵位还在。齐国又留30户人家帮着纪国扫祭祖宗。可以说，物理的纪国灭了，但逻辑的纪国又持续了10个诸侯120年左右，到纪哀侯手里才彻底离开史书。当时，在位的齐景公想恢复齐国霸业，可能在开展内部清理盘点工作时，发现怎么还有一个纪国，就给彻底灭绝。

纪国：这一次，我是真的离开。

没什么可以遗憾，在战争与争霸的年代，适者生存。

不过，史书上没什么戏份的纪国，文学上却有几个经典的成语故事。一个是"呆若木鸡"，它的本意是宠辱不惊、从容淡定，有点大智若愚的意思，但现在被演绎成傻傻地傻站。另一个是"纪昌学射"，有个叫纪昌的人为了学习射箭，天天看虱子，把虱子看得和车轮一样大，然后就射得极准。其实这是极不科学的训练做法，劝大家不要模仿。不要问我为什么知道。

还有一个"金壶丹书"的故事。传说齐景公在清理纪国后，有一次和晏婴在原纪国的土地上散步，捡到一个金壶。打开来，里面有一张布条，上面写着："吃鱼不要翻面，不要乘坐劣马。"景公马上嘚瑟识字，说："有道理！吃鱼不要翻面，是因为不喜欢它的腥味。不乘坐劣马，是因为它走不了远路。"

身边的晏婴赶紧解释说："不是的，吃鱼不要翻面，是说不要用尽老百姓的力气。不要乘坐劣马，是说不要让那些阿谀奉承的小人留在国君的身边。"

这个解释很合理，非常适合考试。但现实的关键不是要不要小人在身边，而是谁是小人，谁来定义小人？

齐景公感觉没面子，突然暴露出自己才疏学浅、没文化的事实，就接着问："纪国有这样深刻的谚语，为什么会亡国呢？"

这难不倒晏婴，他说："光有语言能做什么？好刀要拿出来用，有治国的好策略，就要实施起来。纪国把这么好的谚语，藏在金壶里，怎能不亡国？"大概意思是纪国的内政方针都很好，可不照着规矩来执行，最终导致灭亡。

没错，名人名言、人生格言全挂在墙上，有什么用？许多时候，我们总以为**买书就相当于看书**。我们指责别人，就默认自己一定比别人好。

其实丹书的字应该都是假话。齐景公都看不懂的话，写给纪国国君看，他一样看不懂。你要劝诫国君，不直接说，还文绉绉地打暗号猜谜语，你这是劝谏吗？不，你这是在炫耀自己有文化。

文化人就是有这般能耐，能自己玩自己，还能玩出各种成就感。

但不管真假，都是后来的事。现在的纪国已经被齐襄公灭国，什么鱼啊、马啊都不重要，重要的是齐襄公一样不看这些扯淡的话。他已经认真起来了，态度积极，工作热情，根本停不下来。

齐襄公：我认真起来，连我自己都怕。

在搞定郑国、纪国后，诸儿又把目光转向卫国。

再立姬朔

在"卫国的兄弟相俦"一章说过，文姜的姐姐宣姜，嫁到卫国生了姬寿和姬朔。姬朔杀死姬寿和急子，并顺便气死卫宣公后，继位诸侯，即卫惠公。

卫惠公的心老大了，抢来的诸侯不好好在家守着，居然没心没肺地陪着宋庄公一起去攻打郑国。结果人家郑国没什么事，自己的卫国却被黔牟端走。卫惠公只好跑到舅舅齐襄公那里，三天两头哭求。9年后，齐襄公趁着灭掉纪国的大好心情，联合几个小国帮助卫惠公打回卫国。黔牟是周王室的女婿，周王室的子突还曾带兵去营救，但一样被齐国打败。最终，卫惠公复位诸侯。

为什么要再复述这事？因为这个看似可以打包归档的故事将间接引来齐襄公的杀身之祸。没办法，它起的头。

齐襄公打败子突后，心里不安，认为得罪了周王室，担心被报复，决定加强边境防御，便派大夫连称和管至父去看守战略要地葵丘。这本是一次很正常的军事部署，哪想因为他的漫不经心，却变成"种孽障，养克星"的作茧自缚。连称和管至父最终变成杀死齐襄公的凶手。

风乍起，起涟漪，泛微萍，天下将为之震惊。

连锁反应

葵丘大概就在今天的河南兰考，那里出过一个叫焦裕禄的好干部。通过电影《焦裕禄》里关于兰考盐碱地和贫穷的讲述，我们可以推论当时的葵丘地理位置很重要，但自然环境很一般，甚至有点恶劣。齐国想派人去守葵丘，很多人都不愿意去。不过这个问题也难不倒齐襄公。大夫连称的妹妹是齐襄公的老婆。齐襄公不喜欢这个老婆，就准备用大舅子连称来做模范。

我先派我亲戚去。用不讨喜欢的亲戚来大义灭亲，一举两得。

那就去吧！大夫连称和管至父向齐襄公辞行，说"大家都知道戍边辛苦，但大王既然让我们去，我们也不敢推辞，这是本分。我们只想知道要守多久"？

铁打的营盘流水的兵，那另一波兵什么时候流过来？

齐襄公正在吃瓜,就顺口说,"今天是瓜熟的日子,明年瓜熟的日子,我就派他人去接替你们。"

那就是一年。

一年很快就过去了。某天,连称和管至父发现街上有人卖瓜,尝一口,很熟!这不就是截止日期的标志吗?

但期待中的调令并没有来。连称就派心腹回城去打听情况,原来齐襄公最近忙于外出打猎,忙于迷路,甚至已经不是第二天就回家的"迷路",而是个把月还找不到路的"迷路"。你说这么忙,哪里还记得什么瓜不瓜?

连称很生气,就派人送瓜给齐襄公,想提醒一下齐襄公,不要忘记还有不少人待在葵丘等你换防。齐襄公也很生气,"我是王侯,叫你守你就守,要不要换防是你操心的事吗?既然你们这么能操心,那就再等瓜熟一次。"

又一年?连称和管至父的一批人都快疯了。

说话不算话啊!你当个诸侯就这么不把吃瓜群众放在眼里?

连称说:"这个荒淫无道的昏君,不顾人伦。周王室的公主去世后,照顺序应该是我妹妹递补成为正室。但诸儿现在正事一件不办,天天就知道寻欢作乐。"

管至父说:"他自己快活,我们却要在穷乡僻壤守上一年又一年,天天喝盐水。"

连称说:"既然他不办,那就我们来办。"

管至父说:"大哥,我听你的,你说咋办就咋办。"

连称说:"如果要举事办掉诸儿,先要想好谁接齐侯。他没有想好谁来换我们,我们却要想好谁来换他。"

管至父问:"那你说换谁比较好?"

连称就提到了公孙无知。"善待无知"曾是齐僖公在临死前交代齐襄公的两件事之一,要诸儿按照世子的标准继续照顾好他。

齐僖公与弟弟公子夷仲年关系很好,夷仲年在攻打纪国意外过世后,齐僖公就把夷仲年的儿子公孙无知看作自己的儿子,并按照世子的标准安排各种待遇。但齐襄公不喜欢无知,因为无知是真无知,有天和诸儿比武,居然使坏伸脚把诸儿给绊倒了。诸儿很不高兴,上台后就随便找个理由，说无知和大夫雍廪一起走路时抢道加塞不懂礼让，坏了规矩，就把无知的俸禄品秩减半，还不如一个普通公子。

莫须有的处分让无知甚感憋屈，拿件芝麻的事就夺走我西瓜的待遇。无知一直想报仇，只苦于没有机会。

连称说他可以联系无知，志同道合，可里应外合。

管至父问："那什么时候比较合适？"

连称说："就趁他出去打猎的时候，我们也打猎。专打诸儿，这只猪儿。"

然后，连称又约他妹妹，要求她紧盯着这个"假"老公，只要他一出去打猎，就立即通知连称。并许诺事成之后，妹妹就是夫人。

连妃长久不被宠幸，一定恨透诸儿。嫉恨的情感战胜理智，她也没想清楚如果诸儿死去，自己都变成寡妇了，还怎么做正室？但"嫉令智昏"，她还是愿意相信自己的哥哥。

没多久，诸儿按捺不住对妹妹的思念，又出去打猎。

这次打猎开启了神话般的桥段。"猎队"到一个叫贝丘的地方，碰到一只大野猪，大家很兴奋，就拼命追，谁知快追到的时候，野猪一回头，大家一看，天哪，原来是公子彭生。

彭生：晕，我明明是说做鬼也不放过你，怎么变成野猪？

齐襄公的驭者吓一跳，保镖孟阳也不敢拉弓。齐襄公大喊一声，"彭生你狂什么狂？"便夺过孟阳的弓箭，拉弓一箭射出去。野猪彭生却突然站起来，像人一样走过来，还大吼一声。齐襄公也被惊吓到，从车上掉下来，一只鞋脱落掉了。那只野猪就把鞋叼着跑了。

真是邪门。**王子捡到水晶鞋是童话的爱情故事，彭生捡到诸儿鞋将是政治的恐怖故事**。

回到驿站后，诸儿才发现丢了一只鞋，就令一个叫费的小太监去找。费说，被彭生叼跑了。诸儿大怒，什么彭生？费赶紧纠正说，是那只大野猪。诸儿大骂，"你负责照顾我起居，为什么看见我的鞋掉了也不去捡，反而被野猪叼走？"骂完越想越气，又狠狠地抽了他几鞭。

连称和管至父因为有连妃的内线，能及时掌握齐襄公的行踪。为了防止齐襄公到时去别国搬救兵，两人商议要赶紧去猎场把他杀掉，就带着葵丘一班义愤填膺的留守吃瓜士兵立即赶赴贝丘。

突袭最好发生在晚上。事实如果不够戏剧化，我们一定要把它加工成戏剧。

于是，打探动静的连称就和刚被抽完正哭着出门的费碰个正着。费立刻被捉住。连称问："无道昏君在哪里？"费说："在屋里。"连称问："睡了吗？"费说："好像刚刚要入睡。"连称问完就准备杀掉费。费说："不要杀我，我可以帮你们先去打探，这地方我熟悉。"连称说："你想通风报信吧？"费就脱下衣服说："我刚刚被鞭打一通，心里都恨死他了。"连称一看，果然很血肉，就信了。

谁知道，费进去后，一遇到大夫石之纷就马上告知"连称作乱"的事。然后又一起去禀告齐襄公。

连称：这种人被打死都活该。

齐襄公听闻事变后惊慌失措，根本没有主意。费反而被打清醒了，说现在情况紧急，要有一人假扮齐襄公背朝门躺在床上，然后齐襄公躲到衣柜去，才可能蒙混过关。保镖孟阳说他一直受齐襄公厚恩，正好借此报答。齐襄公就把自己的衣服给孟阳披上去，准备躲到衣柜后面去，又回头问费："你呢？"费说："我和石大夫去门口抵挡一下反贼。"齐襄公有点内疚，问："你背还疼吗？"（如是港剧的话，可能就要煮面）费说："我死都不怕，还在意这一点伤？"齐襄公感叹，真是忠臣啊！

但忠臣也抵不住昏君。打牌不怕神一样的对手，就怕猪一样的队友。对费来说，诸儿就是猪一样的老板。

连称在门口等了半天，也没什么动静，感觉可能被费骗了，就冲进来。一不留神还差点被费给刺到，就大发雷霆直接带兵强攻进来。还探什么探，我带着一支部队来对付你们几个打猎的，还需要什么战术？

没几个回合，费和石之纷都被杀了，躺在床上的"襄公"也被杀死。但连称认得诸儿。我妹夫我还不知道？害我们喝饱一年西北风的人，我记得清楚，哪是九块九包邮的赝品可以忽悠得过去的？

连称马上叫大家找，既然孟阳在，齐襄公肯定也在附近。司机和秘书总会在老板旁边。大家正准备去窗户外面的后花园追寻，一般人都会认为，逃跑的路线一定是沿着敞开的窗户去。但就在这时，突然有人发现有只鞋子在柜子边上，大家就打开柜子，发现诸儿躲在里面。

神了吧，诸儿脚上还穿一只鞋，丢在外面做"信号标记"的这只鞋应该是被大野猪叼走的那只。

这个神话故事怎么有点"刻舟求剑"的痕迹?

连称逮住诸儿,背诵出内心怨恨已久的台词。说:"你常年穷兵黩武,连累百姓,是不仁;你违背父亲遗命,克扣公孙无知的俸禄,是不孝;你又兄妹相淫,毫无忌讳,是无礼;你不念边疆之苦,瓜熟不换,是无信。这样不仁不孝,无礼无信的人有什么用?让我们替天行道吧。"

听完这波"演讲",大家都觉得很有道理,逻辑清晰、层次分明、语言通畅,那就行道吧。于是齐襄公被杀,在位13年。

但"不仁不孝,无礼无信"哪能代表全部道理?如果齐襄公真是那么一文不值,为什么还有费、孟阳、石之纷等人的誓死效忠呢?

【好坏人】 每个人都有多面性。你说他施舍残疾乞丐是善良,那他杀鸡鸭为食又是残忍。他借钱给朋友是仁义,但他卖假药又是奸猾。道理哪里都有,都摆在超市的货柜上,你喜欢什么就挑什么。你说他减掉公孙无知待遇是不尊僖公的遗嘱,但人家还灭了纪国呢?你说他不换防是无信,可人家还真帮助外甥姬朔复国呢?这些都是充满标准又没有标准的道理。

我喜欢的人才是好人?所以好人坏人的概念本身就存在很深厚的悖论。一般来说,对我好的人是好人,按照我认可的方式做事的人是好人。然后,某人一旦被默认为好人,那他做的许多事情就容易被认定是好事。这叫人设,也叫好人好事。但是,好人办坏事也有理论依据,叫"好心办坏事"。

好人坏人并不是一个人的永久标签,而是临时的相对标签。他做的事情,换一个角度或者换一件事都可能出现不同的结论,更何况还有未做的事。所以要评价一个人没那么容易,古人常说盖棺方可定论。

等到批判的对象确定了,那谁来批判又是另一回事。所以在社会的"权力组成"中也包含了话语权。话语权的主要表现就包括认定某人是好人还是坏人?

历史都是偏爱胜利者的历史。历史对齐襄公的评价不高,一个主要原因是他让鲁国人抬不起头,而鲁国又是书写春秋历史的主要国家;另一个原因是诸儿被弑杀,上位的无知不可能说他好话。等他的弟弟公子小白上台后,又要称霸,又要结好诸侯,更不会为他这毫无价值的"荣誉"而去刺激各国的道德底线。

所以齐襄公也就这样的人设。好在"襄"算一个好词。

谥号：我只能帮你到这儿了。

政变胜利的连称、管至父、公孙无知等都很得意。按股分红，公孙无知当上齐侯，连称成为上卿，管至父是亚卿。连称的妹妹连妃真的当上夫人，但历史并没有明说，到底是不是公孙无知的夫人？我猜应该是。

不过靠做假账上市的公司也不要高兴得太早。所谓"螳螂捕蝉，黄雀在后"，证监会的审查组已经在路上了。

小白：我是黄雀。

雍廪：那我是什么？

十八、小白的渔利登场

强悍的齐国经过几代国君的隐而不发后，实力大增，妥妥的春秋第一梯队。传到齐襄公后，因为诸儿醉心于男女之事，影响了齐国的"国际形象"。此后接盘的公孙无知，马上用自己的无知与无辜完成一个过渡性人物该有的使命。他踊跃跳出，终结齐襄公的荒唐，不但为齐桓公的横空出世打造舞台，还将自己打造成舞台的支点。

这是一段耳熟能详的故事。作为春秋第一个真正意义的霸主，齐桓公小白成为文学艺术领域里一个重要的历史题材。几千年来，一批又一批优秀的文人不断丰富他的故事，增加他的内容，形象生动，深入人心，我们甚至已经不想去考究历史的真实性。

也不好考究。比如，在《东周列国志》里，齐襄公只在位 5 年，而且公子纠和公子小白是齐襄公的儿子。但在其他书籍里，又说齐襄公在位 13 年，公子纠和公子小白是他的兄弟。

时间已经过去很久，事实真相对平头百姓已经不重要，那是历史学家的事，是他们的饭碗。他们可以用来发论文、评职称，升职加薪。我们不需要，我们只要说得通就可以。

而且就算找到再多的证据也不能完全确定那就是事实，因为历史不能再现，事实只能靠相信，不是靠实验证明。这是文史的短板，郭德纲的相声说"文无第一，武无第二"。

大家的努力不过是增添故事的历史线索，多几种情况，多几份谈资而已。

无知无畏

"公孙无知"这名字到底是怎么回事？是文化的发展，还是记载的误会？我们是不是已经混淆了那个时代的文字？还是他们压根就想不到几千年后，中华大地会对文字的含义进行全新的注释？

公孙无知：公孙我认，但为什么要叫我无知呢？你们是预料到我什么，还是准备为我设计好什么？

公子小白：公子我也认。白就白，为嘛还小？

取名的人，你去哪里了？快回来，我们保证不打死你。

【取名】 古时候的取名有很多规矩，不像现在"什么有个性就来什么"。我们没有束缚，非常自由，所以已经很难理解以前的语言习惯，很难理解他们取的一些名字，甚至会认为很奇怪。当时人们认为新生儿三个月后，父母就要给孩子取名，取名要遵守"五法六不取"，五法就是信、义、象、假、类，六不取就是取名不用国名、不用官名、不用山川名、不用疾病名、不用畜生名、不用器币名。具体怎么理解，有多种观点，大家可以自行查找。

在齐国，谁都知道齐襄公再这样胡搞下去早晚会出事，会把齐国弄得乱七八糟。就算军事不被别人打败，经济也会亏空；就算经济不亏空，在文化礼仪上，齐国人也会抬不起头。每次去别的诸侯国走亲访友，人家都会有意无意地问"你家里有妹妹没有"？

这个梗让齐国人很羞恼。大家都认为最好的结局是齐襄公能安静地死去，但他身体健康，还天天打猎锻炼，所以大伙只能寄希望于他被人弑杀。

齐襄公现在是齐国政坛最大的老虎。这种老虎和现实的山头老虎不一样。如果一个村子里有一只老虎常常出没，大家都觉得要杀死它才安全。你去杀它，你就是英雄，多少人多少年都会记得你的好。人们希望齐襄公死掉，但谁都不敢去杀他，不只是怕被老虎咬，更怕被同行咬。大家心里会认可你，但面上不会说你好，反而会有一些人用"弑君"这个理由说你的不好。你给了他们一个名正言顺的理由来取代你，用你的命换取他们的名。

这叫政局的相互牵制。**螳螂捕蝉，黄雀在后，会有一堆黄雀在等螳螂**。

假设政局各派别都十分聪明理智，谁都不想先出手，都是黄雀，那就只有等。此时，昏君反而会在这种矛盾相持的局面里维持长久的时间。所以，有时候我们会看到某些人明明是身在绝境，却又能稳如泰山。**不是他厉害，而是局势厉害**。《让子弹飞》里面，县长问做官最重要的是什么，师爷答是"忍耐"。大家就拼谁比谁更能忍耐。

但就在这个时候，公孙无知说，"我受不了了，我不忍耐了。"

公孙无知早就受不了了，但他一直不敢说，说出来就等于公开反对。齐襄公对应就必须有新的动作，会有比前面削减待遇更极端的动作。公孙无知只能一直忍耐，直到边疆守将连称和管至父出现。他们是公孙无知的催化剂，他们的加盟和怂恿加快了无知突破自己的忍耐极限。

剑拔弩张，对峙的两军，有时候就是一次擦枪走火点燃战火。

很幸运，齐襄公这只大老虎只表现出让人对他产生畏惧的险要，连称、管至父的突袭没有给他表现出虎威的机会。举事的无知和连称、管至父几乎没遇到什么阻碍，一切都按照大家商定的方案进行，甚至没什么商量，就是一个极其简单的计划。事实也真就这么简单，政变搞得像过家家似的，说出来都没人信。

也许老天爷也不想再忍耐下去，他要看戏。

于是，主动站出来的无知替天演出两场戏：一场是杀人，另一场是被人杀。中间隔了两个月，算是奖励，有块糖吃。他只是公孙，不是公子，离正统比较远，当上诸侯的机会很小。

但无知愿意，过把瘾就死也痛快。反正有一个又好听又霸气又任性的名字。

前面讲过第一场戏。谢幕的时候，最佳男主角无知说感谢苍天有眼，感谢老爸夷仲年泉下有知，他一定会努力工作以报答上天对他的信任。

无知一登位，马上就宣布娶嫂子，也就是连称的妹妹，并封为夫人。两个重要的功臣，连称封为正卿，管至父封为副卿。

总之，高效的无知还是一个守合同讲信用的人。

但其他大臣都不满意。无知的爆冷逆袭对这些人没有任何好处。实在是冷，赔率高意味着买的人少。谁知道会是无知政变出来当上齐侯？公子都不是，还只是公孙。不要说董事会成员，连部门经理都不是，居然还能当上总经理？

男足居然冲出亚洲？是要去南极洲吗？

一直以来，很少有王公大臣结交公孙无知。大伙没有投资，就没有感情基础，没有拥护与支持的动力。现在无知突然与连称、管至父二人组成三个臭皮匠，强行插队并成功插队，贵族们表面理解，但心中多少有些不服。

你中你的彩票，我嫉妒一下总可以吧。

换句话说，公孙无知的政治基础很一般。

雍廪弑疑

公孙无知上台后的人事安排，也让大家很不服。

大夫雍廪在"口服心不服"的圈子里，心病最重。在无知面前，雍廪是属于有政治污点的人。前面说过，无知在齐僖公的爱护下享受着世子的待遇，习惯性嚣张跋扈。有一次，雍廪和无知在路上相遇，无知不但不避让，还抢道。这也不是什么大事，但此时的国君不是齐僖公，而是齐襄公。齐襄公很讨厌这个堂弟，就拿这事作为理由，小题大做削掉他不少待遇。

无知：我好像被碰瓷了。

无知知道应该恨襄公，但感情有连带性，直接间接一起来，顺道也恨上雍廪。关键是不管无知恨不恨雍廪，雍廪都觉得会恨，早晚会恨。这叫猜忌。这样，两人似乎开始暗自对上恨了。

原来的恨也就是"互恨"，半斤对八两。现在无知咸鱼翻身，"互恨"的平衡就被打破了。雍廪的嫉恨便裹挟着恐惧。他也没招，只好小心做事，每天上朝都准备去赔小心，赔不是。

无知说："没事，我原谅你了！"

对于无知来说，他应该是真的原谅。结局好才是真的好，自己都当上齐侯了，还有什么好说的？而且他还自信满满，认为自己一旦说"原谅"，雍廪就应该并肯定放下思想包袱，重新回到正常的工作轨道。

所以他才会放心地去雍林打猎。（有一种说法是无知去打猎的时候被杀——看来打猎真是个危险的活动。）

雍廪的心可能真的放下了，但没放在无知这边。他放在历史唯物主义那一边。雍廪的出现对于齐国来说，和无知差不多，纯粹就是为了推进历史。

如果你为某位公子抢位而弑杀国君，那是政变，如果你仅仅对国君不爽就把他弑杀，那是作乱。这一次，齐国好像还有不少人支持雍廪。说明无知、连称和管至父三人在齐国的人缘确实不咋的，而且政治智慧也很一般。

雍廪联合东郭牙和高傒，准备一起起事。他们仨也像无知、连称和管至父那样，臭皮匠一般随随便便就设计了一个圈套。

先是高傒出面请连称和管至父二人去家里吃饭喝酒。连称和管至父二人并不觉得这里面有什么问题，**拍马屁这么神圣的官场交际手段是不可以被随便怀疑的**。毕竟，他们已经是齐国的正副宰相，**享受各种马屁本就是他们生活的一部分**。

然后雍廪就去找无知扯淡说，鲁国带着公子纠来打齐国。无知问连称和管至父二人去哪里了，答说在高傒家喝酒。无知就要去找，但就在转身的一瞬间，雍廪从背后一刀刺进，搞定，办结。接下来就是保洁员洗地的事了。

高傒获悉雍廪得手，也马上翻脸。喝什么酒啊？我要摔杯！我像是那种拍马屁的人吗？我想做一个正直的人，哦不，我本来就是一个正直的人。

于是，埋伏的杀手突然出现，连称和管至父二人紧接着毙命。就是这么简单，分而治之。作乱的手续比报批杀猪都简单。

为什么能这么轻易成功？因为无知真无知，至少对政治无知。所以第一场戏，无畏，然后上台；第二场戏，无力，然后下台。

好吧，经过无知的努力，齐襄公死翘翘，经过雍廪的努力，无知死翘翘。齐国的大堂已经清场完毕，院子已经打扫干净，公子们，请亮出你们的绝活，奔跑吧！

姜纠憾败

雍廪早就想好了，准备迎接逃亡在鲁国的公子纠回齐国继位。

雍廪说："我为什么要杀公孙无知？很简单，他杀了襄公。我为什么要立公子纠？更简单，按照顺序接下来就是他。"

公子纠此时在鲁国，他的母亲是鲁国人。齐襄公在位时，喜怒无常，使得公子们严重缺乏安全感，都想出去躲一躲。一是免于行为出错被杀，二是伺机而动，等别人先出手打破局面，国中大乱后，再回来争夺君位。

【与世有争】 说到"争"常常会跟"斗"联系在一起，明争暗斗。但政治圈的"争"不一定要打到头破血流才算争，不一定要明，不一定要斗。

只要你是公子，你的身份就是最大的争。你做的事情"有没有针对性，有没有争"是显性的争，你的身份存在对他人的威胁，是隐性的争。你的王族血统能给你带来无上荣光，也携带着无上危险。你可能当诸侯，也可能被杀掉。无须讨论说你老不老实，是不是看淡人世，与世无争，你的存在，就是威胁，就是机会。身份是第一要素，是前提，也是内因，所以才有"生在帝王家"之类的感叹。这叫身不由己，树欲静而风不止。

帝王如此，官场职场亦如此。你不想争只是你个人的主观意识，你的存在才是客观事实。有人的地方就有江湖，你退什么江湖？

真正超脱的人，他做的事情其实都在"退出"，在努力摆脱掉客观事实对主观意识的影响，不只影响判断，更影响判断的实施。

既然身份就是资格，那么能和公子纠争夺齐国君位的公子应该不少。公子小白是其中最重要的对手，他除了身份，还有能力。小白也按照"公子哥"的套路在跑路，躲在莒国。公子纠是长子，身份有利，是天时；公子小白所在的莒国更靠近齐国，是地利。天时不如地利。公子纠有谋士管仲和召忽，公子小白有谋士鲍叔牙。双方的实力也算旗鼓相当。

棋逢对手，就有好戏看了。

公子纠首先接到雍廪的情报，明确邀请他回国继承君位。鲁庄公很高兴，重大利好，小纠纠的新三板可以上市了。谋士施伯却说齐国是大国，内乱起来"惯性"很大，一时半会儿很难能停下来。"来得早不如来得巧"，早起的鸟儿有虫吃，但早起的虫儿也可能被鸟吃。"我们最好再看一看。"

听施伯这么一说，鲁庄公就犹豫了。这是所有当不上牛人的君王都具备的特点——优柔寡断。幸亏母亲文姜的政治嗅觉敏锐，认为这是一个稍纵即逝的机会，铁要趁热打，面要趁热吃，一直催促鲁庄公赶紧带上兵马，出发去齐国。

英雄所见略同。管仲也去找鲁庄公，说公子小白在莒国，一样会知道齐国的情况。莒国比鲁国近，万一小白先到齐国，就可能抢先了。他想轻车简从，提前赶到齐国去下"订单"，拿号预约。

鲁侯跷起大拇指，说："好。"

管仲说得没错，小白也收到齐国的情报，而且在鲍叔牙的协助下，已经"秒杀"出发。正是鲁庄公的犹豫，让小白先进入齐国境内的"即墨"。他正准备赶往首都临淄。

管仲的策略是死磕。日夜兼程，总算在即墨过后三十里的地方追上小白。

管仲问："公子你去哪里啊？"

小白说："回齐国。"

管仲说："不用去了，你哥哥已经先回齐国继位了，你还是回莒国吧。"

鲍叔牙说："管仲你还是回鲁国去吧。公子纠要是在齐国，你气喘吁吁地在这里干吗？不要说那么多，大家都是明白人。"

管仲看到鲍叔牙，确实也不想再说，就直接拿起弓箭射向小白。这突然的一招让大家都吓一跳。管仲你也忒狠了吧，什么仇什么怨，一言不合就射贱（箭）？一出手就甩王炸？

这一箭真准。管仲看到射中小白的胸口，小白还吐血坠落下马。效果这么好，那就"见好就收"吧。管仲担心寡不敌众，不敢久留，赶紧开溜。

鲍叔牙及随从们却只能放声大哭。管仲你太无耻，不按套路出牌，明明说好的竞赛，你居然带枪，还暗枪。

不过，鲍叔牙也不要太悲伤，因为老天这次为齐国选定的人是小白。佩戴主角光环的小白只被射中带钩。带钩是一种装饰品，就像现在的大金链子一样，不过比大金链子更有文化内涵，它的主要功能是象征身份，而不是单纯地炫耀财富。春秋时期，带钩的形状有很多种，代表不同的含义，而材质一般都用青铜制造，所以正好可以挡住箭头。

小白只是白一点，并不无知。他知道管仲箭法准，如果自己不死，估计马上就会补上第二箭,所以情急之中咬破舌头,吐点血,装死。

文字是这么记载的,大家也都这么传说。不过,对于舌头能咬破到吐出血的程度,我是很难想象。他总不能说"管仲你等等,让我先口中含满血,一会儿再喷吐,效果会更好。"总之,这套瞬间完成的"自残",我除了佩服,实在没什么好表达。反正我们已经无从知道当时的真实细节。

就这样,小白把管仲蒙骗过去。当然,鲍叔牙们也不是吃干饭的闲人,所以管仲才来不及验证小白是否真的死去,就不得不先逃命去。

躲过一劫的小白马上学到管仲的重要招数——"死磕",就是日夜兼程地赶路。很明显,哥哥也在路上。

正是智者千虑必有一失。返回到鲁庄公、公子纠队伍的管仲,根据自己的判断说,小白被他一箭射中,不死也重伤。

鲁庄公称赞管仲果然料事如神,而且行事果断,快、准、狠,办事能力一流。现在可以放心地继续赶路,去齐国领奖吧。

但台下的观众呵呵一笑,你们高兴得太早。

他们还在赶往临淄的路上,突然听说齐国派来使者要求见鲁庄公和公子纠。**开始还以为是迎接,一问才明白是送客**。剧情逆转得太快,连广告都插不进。使者说:"齐国已经有国君,就是小白。谢谢你们报名参加本次面试竞赛,活动已经结束,你们可以回家了!"

鲁庄公听后大怒,"怎么搞的?黑幕啊!明明说好这次内定的人是公子纠,是大哥。还有,管仲你怎么回事,说好的双保险呢?"

国足:说好的踢平就出线?

管仲还能说什么?沉默是金啊!这世界咋了,我顶多就是心狠点儿,黑点儿,没想到他们这么阴?但现实已经成这样,已经轮不到他说话了。

鲁庄公说:"不要送客。"使者说:"那你自己走好。"

鲁庄公说:"我什么时候说要走?我带着三百乘战车不是来旅游的。"

使者只好跑回齐国报告"鲁庄公的愤怒、公子纠的失望以及管仲的蒙圈"。

刚刚继位的小白,屁股还没坐下(不是坐热),就收到哥哥在鲁国的帮衬下包围齐国的"特提"情报。形势非常紧迫,好在他有谋士鲍叔牙,就问鲍叔牙该怎么办?心想鲍同志一定会制订出一个完美的计划,集合外交、内政、礼仪、经济、政治等各种套路,各种排兵布阵。

但鲍叔牙却说："什么怎么办？打啊！他出300，我们出500。"

刚刚继位，正好可以用来立威，越是简单暴力，越是威风。

两军还真对垒了，在一个叫"干时"的地方干上了。

管仲不再沉默，终于忍不住又要开口。他对鲁庄公说："小白刚刚继位，人心未定，要趁他还未安营扎寨，直接干过去。"

黑，习惯性的黑套路！

但鲁庄公和历史上所有失败的君王一样，该听的时候不听，不该听的时候偏听。对于正确答案，他躲得相当准，他的判断力都是跟着感觉走。

鲁庄公说："你说什么？大声一点。按你说的，小白不是已经死了吗？"

管仲一时语塞，晕，还是沉默好。

鲍叔牙听说鲁庄公不听管仲的建议，非常高兴，就准备设个圈套智取鲁兵，尽量减小战争的代价。"小样，我玩不过管仲，还玩不过鲁庄公？"

齐国决定派雍廪去引诱鲁庄公，然后打埋伏。

鲁庄公看到雍廪，心里那个气啊，就算你在头上写着"诱饵"两个字也要过去杀了再说。就是你透露考题，还说内定，没想到居然提供假答案给我。

果然，鲁庄公轻易冒进，很快就落入齐国的包围圈。然后一切都按照教科书的样板和流程，鲁兵被齐军打得抱头乱窜，完美完败。

在退兵回鲁的路上，自家的国土还被齐国顺势给侵占了。

真是憋屈。除了会生气，鲁庄公是智不如人，技也不如人。要不是管仲死战，鲁庄公很可能又要彻底"做客"齐国，和他老爸鲁桓公一样客死他乡。

啥也不说了，从诸儿开始，鲁国这些年总是流年不利。所有公子，不管是公子纠，还是国际纠，以后只要是齐国的纠纷都不掺和，回家好好念书写历史吧。

但鲍叔牙说："不行，念书前还要帮我们再做一件事。"

鲁国说："我为什么要听你的？"

鲍叔牙说："你难道没有听说过'大兵压境'吗？请抬头看一下汶阳。"

原来，齐国赶着胜利的劲儿，趁热打铁，大举反攻、反包围过来。

鲁国说："怕了你，什么事？"

鲍叔牙说："杀了公子纠！"

鲁国说:"那是小白的兄弟啊,你也下得了手?"

鲍叔牙说:"没错,就是因为我们下不了手,所以才叫你下手。"

鲁国说:"好吧,那我帮你杀掉公子纠一伙。"

鲍叔牙说:"等等,管仲、召忽不要杀,给我囚禁起来,送回齐国。"

鲁国说:"为什么?一并杀掉,把人头给你,不也一样?"

鲍叔牙说:"管仲居然敢射杀我主上。我主上对他咬牙切齿,要取回来亲自杀掉,千刀万剐这不识抬举的。"

仇恨是可以理解的情绪,但鲍叔牙的咬牙切齿太卖力,演过了,鲁国的施伯感觉有点不对。他对鲁庄公说:"管仲是个人才,最好留在鲁国用,实在不行也要杀了再给齐国。听说管仲和鲍叔牙私交很好,万一他们不杀管仲,留下来自己用,那鲁国不就多出一个劲敌?"

鲁庄公说:"你说得很对,不过他没有管仲不是也一样把我们打得屁滚尿流吗?齐、鲁根本就不是同量级的选手,人家是'985'保底想冲清华北大,我们的目标就是想上个二本。而且,鲍叔牙不是刚刚还告诉我们什么叫大兵压境吗?"

鲁庄公这次是对的。好马要配好鞍,赤兔马跟着关羽才能跑出杀伤力,如果跟公孙瓒,估计也就是等红绿灯、买卖门票的水平。管仲如果留给鲁国,估计也就是个站在朝堂上天天喊到、负责点名的那个"谁",能发挥什么才能?

鲁庄公只好叫公子偃带兵到生窦,杀了公子纠。公子纠不是历史的主角,所以史官没有给他特写的镜头,我们也看不到他死前的纠结情节。

反正纠也是白纠,白纠结,白白纠结——小白把纠给结了。公子纠只能算史书中悲催的"主公",**有这个运,没那个命。**

但召忽是主角,管仲更是主角,他们必须有镜头,有特写。

召忽臣节

同样是公子纠的谋士,召忽的名气却远不如管仲。许多人都知道管仲,却很少人听说过召忽。但在当时,他俩的影响力相差无几。

召忽年少出名。他常常研究军事、治国、理政等大学问,**是一个光看他家的书柜就知道他是胸怀大志的人**。但他生不逢时,在齐襄公昏乱的年代里,齐国的气氛是娱乐至上,无须什么大志小志,所以召忽报国无门,整日无所事事。后来，公子纠听说了召忽的才华和豪情，就去请他出山，请他做老师。

管仲也很有才华，但没多少人知道，只有鲍叔牙慧眼识珠，比较了解他。那时，他和鲍叔牙一起做生意，一起当兵，到处赚钱谋生。管仲比较会思考，审时度势，加上一番分析，认定齐国一定会大乱，会出现"争储"的机会。他就和鲍叔牙商量，一个人去辅助一个公子，分别押宝下注。两人又约定不管以后谁辅佐的公子当上齐侯，都要负责举荐另一个人。然后"石头剪刀布"，管仲压上公子纠，鲍叔牙压上公子小白。这不是"一篮子鸡蛋"的问题，就这两个鸡蛋还分两个篮子，实在是深谋远虑，有心计。

后来小白当上齐侯。鲍叔牙便策划救出管仲，并推荐给小白。管仲从此辅佐小白开启齐国的春秋霸业。鲍叔牙也想营救召忽，但召忽没有这个心思。公子纠被杀后，召忽在"一生得一知己足矣"的刚烈思想影响下，万念俱灰，居然撞柱子自杀了。

于是关于召忽的政治水平到底厉不厉害，就没有机会证明了。历史不给他机会，他也不给历史机会。**他的价值观决定他只是一个践行"纯粹礼仪"的士大夫，不是一个能屈能伸的政治家。**管仲却找到舞台，那些忠义礼节在管仲的功业面前都变成小节。小节可以不拘。

后世文人会赞许召忽的节，崇敬他，但内心并不想成为他。文人更希望成为管仲，成为有机会施展才华，并能证明自己有才华的人。

【喜欢】 喜欢一个人，有很多层意思，是喜欢占有他，喜欢和他在一起，还是喜欢成为他，或者喜欢他成为别人的敌人？中国的儒家文人抱着"进则入仕为良相治国，退则从医为良医治人"的理想，总会喜欢和召忽做同事，喜欢与鲍叔牙做朋友，喜欢自己成为管仲。

正好，管仲也是这么想的。

所以在文化传承里，管仲比召忽更有市场。900年后的诸葛亮，常常把自己比作管仲和乐毅那样的人。他的"隆中对"和管仲的"强齐对"几乎是同一个套路的故事。

文人会写字，能说会道。今天关于管仲的故事记载、是非评价会比召忽多得多。毕竟几千年前的中国，敢死的人多了去了，而能苟且留下来又实现功名的书生不多。谁不想吃到羊肉又一点儿不沾膻？

能活下来，又有功名的"福利"，哪个书生不喜欢？

只是老百姓可能不感冒。

什么大志小志、功名利禄，小老百姓看不见，而且那些功名和小老百姓又有什么关系？反正**土地上总是有地主，城堡里总是有王侯**，反正都不是我的。你们说的政治，无非是把他换作你，而我还是一样的我，几千年来一样的烟火——满大街都能撞衫的爆款老百姓。但召忽不一样，他很单纯、很直接，忠贞公子纠而殉死，道理很简单，就是一个"义"字，做法也很简单，士为知己者死，你有我有，大家都可以有。普通人可以和隔壁邻居一起长大的兄弟讨论义，佩服义，还可以"义结金兰"践行义。

就像赌博一样。你能说出投资理财、金融杠杆的一堆理论，还可以在风险和利益的基础上衍生出一堆名词，但小老百姓听不懂，也不想懂。他们就喜欢把钱放在桌子上，比大小，斗地主，直观实在还很刺激。

当时的老百姓一定更喜欢召忽。召忽在鲁国自杀了，但在老家，人们还给他修了衣冠冢，并且自发为其守墓。守着守着一直守到现在，居然成为村落，名字就是他的名字，东召忽村与西召忽村，最后还形成一个镇，就叫召忽镇，这个镇好像就在今天山东省的安丘市吧。

一件简单的事能延续两千多年，就不再简单。召忽值了。

十九、管鲍的小白霸业

自尽的召忽过去了，但"投敌"的管仲刚刚开始。

他们是春秋的重点人物之一，重到必须为他们单独点开一章，既是给管仲点，也是为鲍叔牙开。

管仲治国的能力毫无疑问，我也站在书生这一边，喜欢成为他。但喜欢归喜欢，有问题一样要面对。在春秋的周礼时代，他对于中华礼仪的破坏（重构）也非常突出，甚至常常表现得比郑庄公们还厚黑。射杀小白，如果放在政治斗争的范畴内，无可厚非，但在常理上，就属于典型的歪路出牌。管仲出过这么一"奇招"，以后齐国的安保就要多花费多少钱？——连熟人都要防。而且，学坏容易学好难，这股风很快就会刮到各诸侯国去，家家都得成立安保公司。

是不是觉得这样说是小题大做？

举个极端的反例。此前，仇恨社会的人会做什么？骂社会，踢几脚垃圾桶，打一盏路灯，破坏公共设施，再不济顶多杀人放火。但几年前，有个"疯子"把这种仇恨"创造性"地对准小学生。在中华文化礼仪下，"尊老爱幼"是一项基本礼条，欺负老人、小孩会被全社会鄙视。人们会相互想当然，默认"你我有什么仇什么怨都要冲成年人来"。这个"疯子"却为"仇恨"突破新模式，拉低了社会的道德边界，同时也给其他人渣一种暗示：原来仇恨可以这样发泄？**原来我可以这样不是人。**

社会的安全底线被彻底拉低、破坏。政府也束手无策，唯有加大保护力度，强制每所小学、幼儿园都要配备保安。此时，谁还会想为疯子翻案？

在一些年轻人的眼里，创新就是不一样，就是和别人比不同。于是，别人不敢想、不愿想的事，他都去突破。很多时候，这不是创新而是破坏。**创新的前提可能包含破坏，但最终一定是确立。而他们的"创新"开始是破坏，最终还是破坏。**比如那些为博引眼球的视频直播，他们的创新其实就是变态，还变态得五花八门。

当然，管仲不能和人渣比。管仲的第一身份是政治家，他的阴谋只用于对付特定的人。什么叫特定？就是"成王败寇、你死我活"的特定人群。他们与老百姓的关系不直接，所以我们愿意原谅管仲的厚黑。

而且，管仲解放的思想和开阔的视野也不是一天就练成的，他的人生经历比召忽复杂，可能早就对生存和发展有了新的理解。

龙套起步

他有名有姓，姬姓管氏，字仲名夷吾——这一排描述下来，是不是贼有身份的感觉？没错，他出身贵族，是周穆王的后代，但也是很后很后的后代，家道已经没落。为了解决生计问题，管仲干起当时还未被人瞧得起的行业——经商。通过经商，他不但搞定生计，还赚到人生的第一桶金。

这桶金叫鲍叔牙。是个兄弟，不是金牙。

鲍叔牙的家境比管仲好很多。他是齐国大夫鲍敬叔的儿子，吃穿不用愁。他不喜欢做官，反而对其他事物比较感兴趣，尤其在经商圈钱方面很有天赋。他有把市场拿捏得死死的那种嗅觉，有囤啥啥涨、卖啥啥赚的那种敏锐。只可惜生错年代，要是搁在现在，分分秒秒就给你整个上市公司。

管仲看准鲍叔牙的经商天分,就和他一起做生意。每次到盘算利润分成的时候,管仲就要多拿一份。鲍叔牙也不在意,但身边的人看不下去。人们都说管仲是叔牙带着的"伙计",过来蹭蹭而已,反要分得更多,明显占便宜。

鲍叔牙却说:"管仲不是贪小便宜的人,他只是家里比较穷,要多分点补贴家用。那些都是我自愿给他的。"

谁没家?大家都觉得鲍叔牙仁义,说得有道理。

众人:*鲍老师,带上我呗!*

除了做生意,还有打仗的事。春秋时期,代表国家去打仗是贵族的义务,也是荣誉。没落的贵族也是贵族,管仲必须和鲍叔牙一起服兵役,去打仗。但每次进攻的时候,管仲都磨磨蹭蹭,而收兵的时候,他却跑得飞快。大家又说管仲怕死。

鲍叔牙却说:"管仲家有老母要侍奉,哪里是怕死的人?"

谁家没老母?大家还是觉得鲍叔牙仁义,说得有道理。

众人:*鲍老师,求带2.0!*

终于,在听到这些流言蜚语和鲍叔牙的解释后,管仲再也忍不住了,热泪盈眶大哭一场。他大喊:"生我者父母也,知我者鲍叔牙也。"他拉着叔牙不放,死活要一起结拜兄弟。

鲍叔牙也乐意。他看人(含自己)很准,知道管仲"博通坟典,淹贯古今,有经天纬地之才,济世匡时之略",也知道自己疾恶如仇不适合为政。他十分欣赏管仲的智慧、才情、性格和情商。

总之,你的一切我都喜欢。

我欣赏你,我欣赏你欣赏我,我欣赏你欣赏我欣赏你,这叫惺惺相惜。

不久,管仲感觉到做生意有钱途但没前途。当然,能产生这么有哲理又励志的念头,主要是经商几年后,家里有钱了。于是"饱暖思淫欲"的管仲就与鲍叔牙商量出来做官。鲍叔牙说他不喜欢做官,管仲说:"你说的那是小官吏,来得不刺激,做得不舒坦。"

鲍叔牙就问他,那什么叫刺激?

管仲说:"齐襄公这样闹腾,齐国早晚必生乱。到时候,公子纠和公子小白肯定会成为继位的热门人选。我们现在各辅佐一人,到时候不管他俩谁上去,谁登上大位,我们都互相举荐。这样就不用按部就班当什么士大夫、中大夫,一步一爬,很可能直接就当上宰相、上卿之类。"

鲍叔牙明白了,这是一场赌局式的游戏,大投资、大买卖。如果以个人去,那是赌局,如果以兄弟组合去,那就是游戏。

投资某家公子,类似今天打新三板,赚原始股。确实很刺激!

几百年后,也有个商人这样想。他玩得更大,操作更复杂,他的名字叫吕不韦。看来,古人制定限制商人地位的做法很有道理,这些人有钱又思维活跃,杀伤力太强,一旦去玩政治常常会强行插队,高位切入。

管仲这次似乎又耍了点滑头,他选择公子纠,让鲍叔牙选择公子小白。因为公子纠是哥哥,按顺序,他排在前面,上市的概率更大,而且公子纠的身边还有一个召忽。但人算不如天算,老天爷选择小白。

现在已经没有人再问鲍叔牙关于管仲选公子纠是不是占便宜的事,鲍叔牙也不用解释,因为阴谋只有他们哥儿俩知道。

关键是小白赢了,管仲都弄巧成拙了,说书的人也不好意思继续瞎编。

说书人:两个案例已经够说明问题。

小白赢,也就是鲍叔牙赢。此时,被鲍叔牙用计谋从鲁国救回来的管仲,看到兄弟真是又感激又无奈,老没面子了。这些年来,我几乎干什么都输给你,而你还每次帮我说好话。

我并非不努力,并非技不如你,奈何命不济,奈何运不如。老天爷啊!你为什么老这样玩我?不给我机会。

老天爷:开玩笑?你以为政治大咖的脸皮是一天就能练成的?

机会是留给有准备的人,但准备工作常常也是老天安排的。贫穷、误解、挫败、孤独、失去等,每一样都在淘汰人。

其实,管仲此前也有过机会,但他看不上。刚窃位的公孙无知就很想请管仲出来辅助自己。他的叔父管亚父也多次劝说侄儿出仕,但管仲一眼就看出无知的无知。他对叔父说,无知是个刀架脖子上的人,还要拉别人一起死吗?

他无知,我还能跟着无知?

一只靠走后门上市的妖股,又刚刚打开一字板,让我去高位接盘吗?

到时候盘接不住，我反会高位截瘫。

所以这种事是要很坚决地拒绝的，以不当它是诱惑的方式拒绝它。

人生转折

没去跟无知是明智的选择。但没有鲍叔牙的管仲也没什么实质性的改变，无非是避免一次劫难而已。躲劫难还不容易？我一个平头老百姓，老实在老家待着，京城什么劫难躲不过去？

所以，你除了会躲劫难，还必须会把握机会。这样才能叫管仲。

现在机会来了，但尴尬也来了。从鲁国全身退回的管仲，什么理想抱负都暂且别谈，先解决如何面对大家的问题。鲍叔牙好说，这哥儿们一直都是自己的黑锅大户，那其他人呢？自己前面太过急功近利，以为十拿九稳，就厚黑地向小白射了一箭，现在该如何面对小白？

大家都知道这叫各为其主。但实在是，确实是，好尴尬啊！

这可忙坏了中间人鲍叔牙。鲍叔牙是厚道人，**牌好技好，牌品更好，就是牌友不好，作弊被发现了**。但"计划"还要继续，一是按照约定要推荐管仲，二是他真的欣赏管仲的才华，于公于私都要极力促成好事。

此前诸儿、无知、公子纠为了齐国出个霸主，命都豁上了，现在鲍叔牙为了齐国出个中华第一相，累点、苦点难道不应该吗？

历史：感谢理解。

齐国：齐心协力，共创齐国美好明天。

现在已经不是"皇帝不急太监急"，而是皇帝（管仲）假装不急，太监（鲍叔牙）真的着急。

第一步，先要配合管仲帮他把面子挽救回来。

管仲回来后，成天要死要活，哭天喊地说自己与召忽一起辅佐公子纠，如今进不能辅佐他登上君位，退也不能为他殉节，一片丹心也无人可知，白丹了。侥幸能苟活回齐国，如果还要按照原先的约定做小白的臣子，服务公子纠的仇人，召忽泉下有知，不是取笑死了？

鲍叔牙知道这不是管仲的真实想法，但这种尴尬的局面却要真实面对。那就一起面对吧！

【**劝说**】 许多时候，去劝说一个人，并不是你看得比他深，比他远（他甚至比你更聪明），而是这些看似深远的道理必须由你来说，这层窗户纸要由你来捅。

窗户纸谁捅都可以，就是不能由当事人粘上去又自己捅，这叫人情世故。他需要的不只是你说的理由，更需要你说理由的态度。你的理由他也知道，但你的态度，他还可以用来做台阶，找到台阶下。

鲍叔牙说："管仲你错了！**从你个人来说**，你是一个有大才的人，多年来蓄志苦修，就缺乏一个平台施展才华。现在机会来了，岂能因为一点小事而自绝理想，埋没才华？**从齐国来说**，齐国想在诸侯国中脱颖而出，需要一个有远大志向的国君和一个能运筹帷幄、指天点地的奇才，相辅相成。现在国君有了，如果你再不出山，就是要眼睁睁看着齐国失去这样的机会。**从文人志士来说**，你是一个最好的楷模。有才华、有智慧就应该施展起来，不要辜负老天对你的恩惠，以后的士人才能从你身上获取文化滋养和精神力量。有这三点理由，哪还要抱着毫无所谓的节，而自缚手脚裹足不前？"

管仲又惊又喜，老鲍真是好，人品好，理论水平也高。这段有理有据的"出师表"，换个人稍加润色，随便说给谁听，都是一篇上等的马屁文。

管仲心中窃喜，台阶已经搭到他不下都不好意思的程度，但他还不能欣喜若狂，否则和前面要死要活的节奏对接不上，不连贯。所以管仲就用沉默的方式来表达（回复）——默认。

第二步，要游说齐桓公小白，让他相信管仲是千年一遇的相臣。

管仲牛归牛，不管多牛都是后世宣传的事。现在并没有事实证明他的牛，倒是有案例证明他的阴。鲍叔牙面临的问题非常棘手。小白和管仲之间的感情基础太差，负值。媒婆的钱真不好赚啊。

小白问："管仲？管什么？怎么管？就是那个射我的人吗？你帮我把他抓回来了，活的？很好，问一下厨师，是清蒸好还是油炸？这个箭头我还留着呢！"

鲍叔牙说："主上你这样就有点小心眼了。管仲是政治圈的人物，他手里的箭就是政治的箭。他作为公子纠的谋士，会把这根政治箭射到主上身上，如果他作为你的谋士，就会射到公子纠身上。"

简称各为其主。人家射的是身份，不是人。只要是对手，都射，管你是哪个阿猫阿狗，只不过这次卖力了一点儿。

小白说:"但他确实是公子纠的人,还特别用心。没有如果。"

鲍叔牙说:"现在就有机会'如果'了!如果你原谅他,他就会变成你的人。那他的政治之箭就会帮主上射得天下。"

"而且公子纠已经死了,不会有'一仆二主'的顾虑。"

小白说:"你说得有道理。好吧,看在你的面子上,我就饶了他。这个箭头就留作纪念吧!送到博物馆去,作为我们创业艰难的见证。"

鲍叔牙说:"……"

小白说:"你别说了,下班吧!"

几天后,为了让齐国早日走上康庄大道,维护并巩固自己的政治格局,小白准备任命一批官吏,其中最重要的一项是想让鲍叔牙出任正卿(相国)一职。

小白:你值得拥有。

现在终于印证了管仲此前与鲍叔牙说的政治赌注,无须从低级的小官吏开始,苦等苦熬,而是一步登天直接进入中枢。但鲍叔牙看重的是齐国未来,而不是自己的人生地位。**他是一个有理想的人,他的理想不是治国,而是让管仲治国**。他相信自己的眼光。他更喜欢做导师的感觉,**享受发现人才,培养人才,并让人才施展出才华的那种快意**。

伯乐:千里马常有,而伯乐不常有。

鲍叔牙:难道鲍叔牙就常有?

医生:鲍牙常有。

鲍叔牙说:"主上是英明的国君。因为我和你一起出奔,同受苦,共患难,你现在赏赐我鱼肉,赏赐我衣服,使我不会挨饿免于受冻就可以。至于治国理政,就不要找我,我并没有那样的才能。"

小白说:"爱卿不要客气,我很了解你的能力。"

鲍叔牙说:"是啊,主上你了解我能够遵纪守法做事,循规蹈矩,恪守礼仪,但这些都是自律的行为,并非治理国家的才能。"

小白问:"那什么才是治理国家的才能?"

鲍叔牙说:"所谓治理国家,对内能安抚百姓,对外能镇住四夷,能为王室建立不朽的功业,能将恩威广布到各国诸侯,能让国家像泰山一样的安稳。君王可以享受无穷尽的福气,可以把功业刻在石头上,能将名声传播到千秋万代,这才叫君王的辅佐之臣。我根本就没有这样的本事。"

我只会读读书、看看报，开开会，念念稿什么的。

当然，鲍叔牙提的"人才"要求太高了，不能作为现实中选人的标准，只能作为封顶的答案，几乎不可遇不可求。但鲍叔牙还是一直在拼命铺垫，其实就是为了暗示小白，你**遇到**了。

小白就问："哪里有这样的人？"

鲍叔牙说："主上不想要，我就不说了。如果要找的话，那便是你的运气，齐国的福气。管仲就是。"

哟，整了半天的吐沫横飞，原来在这等着我呢？小白说："你怎么又说他？我听说你们是好朋友。"

是不是有什么私心？有什么猫腻？

鲍叔牙说："正因为我们是好朋友，我才了解他。我有五个方面不如他：能宽厚对待国人，让国人忠于国君，我不如他；能治理国家，让官吏尽职尽责还不失国君的控制，我不如他；能用忠信教化百姓，让百姓安于生产生活，我不如他；能制定礼仪外交，让诸侯信服齐国，我不如他；能训练部队，使士兵敢战无退，我不如他。"

简称鲍不如，管五如？

然而又有什么用？直到现在管仲哪有什么治国理政的业绩？他只是一个政治圈的流浪汉，根本没机会表现鲍叔牙所描绘的那"惊为天人"的五个方面。但鲍叔牙的口才一流，就他俩那些过家家的往事，都能总结出这么有层次感的"辉煌"。而且，面容端庄，态度认真，言辞诚恳，一点不像是在卖皮包。

小白终于有点动心了。这么厉害？会不会是什么妖魔鬼怪？"那好吧，明天叫他来见我，先聊聊。"

是啊！现在见个面又不会死人。（上次是差点死）

第三步，要让齐桓公重用管仲。

小白终于愿意见了，但鲍叔牙又卖关子了！

鲍叔牙说"贱不能临贵，贫不能役富，疏不能制亲"。大概意思是说，你如果让谋士来投靠你，变成你的附庸，他只会畏惧你，以后就不能独立思考、出谋划策，容易影响他施展才华。

国君如果想要起用管夷吾，就应该给他宰相的位置，给他高工资、高待遇，按照对待"父亲兄长"的礼仪来对待他。宰相是国君最得力的助手。你如果只随便说"来见我吧"，便是看轻他，看轻这个职位。士大夫们也会因为你的不重视，跟着轻视他，就等于间接慢待你的指令。像管仲这样的非常之人，必须采用非常之礼。国君应该占卜挑选良辰吉日，亲自去迎接他。这样，一来你可以给大家一个严肃的信号，你信任管仲；二来管仲会因此感动得要死，一定会誓死效忠你；三来大家会说主上为了人才会尊贤礼士，为了齐国能不计私仇，以后，谁都想来齐国，想为你效命。

这套说辞有条理、有逻辑、有层次，"说者动情，闻者掉泪"。相信鲍叔牙一定在家里打了好几夜的草稿。这也是鲍叔牙比伯乐还伟大的地方。

伯乐只会发现千里马，鲍叔牙还能知道如何使用（提升）千里马。

鲍叔牙：一份《管仲使用说明书》送给你。

小白再次觉得有道理，"那就按照你说的做吧。"

那一天，小白把任职仪式搞得比娶老婆还隆重，因为他是娶了个"干爹"。具体的仪式如下（此处省略3000字）。然后，齐桓公再授管仲一个尊号"仲父"，明确只比父亲稍微差一点儿。这个称号后来也被许多君王借用，什么仲父、亚父等，非常有潮流，特别显风格。"仲"字后来是不是就这样演变成第二的意思，还是原来就是老二？

是不是也不要紧，要紧的是这一次"管仲股票"由差点跌停被鲍叔牙施展才华直接拉成涨停。管仲因此迅速占领齐国头条、春秋头条。

疯狂的齐国，疯狂的齐小白，他满仓管仲股。那管仲到底有多牛？

中华一相

管仲有着天生的政治敏锐性和局势透视力。天生的。

一个人的知识、性格和性情等可以后天慢慢培养，但类似第六感的悟性几乎不可能养成。这就是鲍叔牙对管仲佩服到五体投地的重要原因。

【天才】 人的才能包括几个层次，"天才"也有几种概念。

一种是可以通过努力、勤奋来弥补。比如学习能力，天才学习一天或者看几眼就可以考80分，我学了一个月才考78分。这也是经常被鸡汤文学断章取义所引用的"天才"概念，然后再拉出一堆"勤能补拙"的说辞。

另一种是与你的努力根本无关的资质。天才们的点子、灵感随便就有，你起早贪黑，想破脑袋也没用。比如未知领域、自然科学、社会科学等理论的前沿突破。其实每个人都有各自的资质，但特定的社会发展只需要特定的资质。正是需求的局限性使得许多人一辈子都没有机会表现出他的资质。比如有些钓鱼人，他绕塘走一圈就能知道哪里有鱼，但现代社会又不是靠钓鱼来区别划分"等级"，所以他的这份才具就只能成为一种兴趣爱好。同样，有人拥有天才的军事嗅觉，但他生活在太平社会，无须战争，终其一生只会落魄地为生计忙碌。

这两点是属于智力的天才，是狭义的概念。"天才"还有广义的概念，除智力外，还包含性格、性情等。有人天生专注，学什么都高效，干什么都有成就；有人天生坚毅，什么打击都顶得住，宠辱不惊，头脑时刻清醒；但也有人天生注意力不集中，学什么都慢；有人天生羸弱，动辄哭天喊地。

所以天才不是什么虚无的灵感，是实实在在的存在。

管仲所拥有的天分，就是我们再怎么努力也生不出来的资质，就算头悬梁、锥刺股，自残到住院也不行。

管仲有天生的政治判断力。

周王朝已经日薄西山，但他还是天下的共主。共主的军事实力和经济实力都大不如前，只相当于一个中等诸侯国的水平。从这个角度看，他已经不配做老大。那他为什么还会继续当下去？因为对手们的相互制约，因为有能力的诸侯不止一个，郑、齐、晋、宋、秦、楚都可以，但王位只有一个。

这就是前面说到的政局牵制。周王能继续当大哥不是他比其他人更有能力，而是比周王更有能力的诸侯压制不住其他诸侯，谁也不敢起这个头。只是大哥丧失权威后，容易造成小弟们打来打去。周王朝败落后，诸侯之间的争斗就控制不住了。

管仲明白这一点，明白齐国不可能取代周王朝称王，但可以依托周朝称霸。

【称霸】这是后来人对那段历史的总结。当时的齐国不可能站出来说"我要称霸"。他们可能会说"称伯"，就是排名第一，想做诸侯的领头羊而已！

管仲定位的齐国，不做礼仪文化的王，要做社会秩序的大哥。

这叫国策，不是努力学习就能学出来的，是天才的智慧。

既然认定只称霸，就意味着自己不是王。所以就要尊重周王，才能让称的霸，霸得合情合理。把王和霸分清楚，便有"尊王"的重大策略，进而成功解决礼仪的约束问题。**礼仪说只能有一个老大，管仲说可以分为道理的老大和事实的老大**。一个虚，一个实，虚的给周王朝，实的给齐国。

不是大哥还能做大哥才可以做的事，叫伯。

郑国没搞清楚这一点，所以称不了政治的霸业。**他们只是秀出武力，变成"恶霸"的霸**。他们甚至还直接和周王朝干仗，根本不把大哥当大哥。郑庄公雄才"武"略，善于攻城拔寨，就是缺乏一套完整的政治规划。我们看历史，也很喜欢看他们打打杀杀，但真实的历史，打杀只是很小的一部分。没有远大的政治理念，终究国将不国。当然，郑国作为新兴国家，底蕴和实力也不能和齐国相比，而且老天爷也不想给郑国足够的时间来试错、改革、提升。

郑国的失败给了管仲一个重大的启示：**感情上，秀恩爱死得快；武力上，秀肌肉死得快；政治上，图嘴快（称王）一样死得快**。

管仲和小白经过多次商议，终于制定出一套全新的基本国策。齐国不是要取代周王朝，而是要成为诸侯的"大哥"。**小白只要不说自己是大哥，就完全可以活出大哥的风采。这就是霸业**。

霸业，是政治和艺术的结合。

小白问："我喜欢打猎，喜欢美女，会不会危害我们的霸业？"

管仲说："不会。你可以去玩，去快活吧！"

小白问："那什么会危害？"

管仲说："不知谁是贤明的人，会危害霸业；知道贤明的人却不用，会危害霸业；用他又不信任他，会危害霸业；虽然信任他，但又让小人参与其中，会危害霸业。"

小白明白管仲这是在说他自己。他想要权力，还要专权。就表态说，这个要求没有问题。

小白又问："齐国是千乘之国，但被襄公胡乱倒腾，现在国势衰弱，人心涣散。我刚刚当上齐侯，要如何振兴齐国？"

管仲说："要从'礼义廉耻'四维入手，把它当作国家的纲纪。如果这四样没了,国家的秩序就会乱。我们要让国人回到正常的秩序上来。"

齐襄公诸儿:这指桑骂槐的说谁呢?

小白问:"回到秩序后,又该如何统治我的子民?"

管仲说:"统治子民,先要爱护他们,然后才能提出主张!"

小白问:"如何爱?"

管仲说:"公修公族,家修家族,同一个祖宗的人群整理出族谱,住在一起的人群(封地)整理出家谱,让他们有事时要互相帮助,有钱财时要互相济困,他们之间就会变得更加亲切紧密。同时,寻找姬姓、姜姓那些流落的老宗人,将他们重新登记纳入贵族,让没有子嗣的人找到对应的继承人。老百姓过去犯的罪,能赦免就尽量赦免。这样,国人就会变多。"

有姓名就等于有身份,有身份才是国人。国人有地位才能有义务,国家才能"征用"他们。奴隶没有户籍,随便取个9527的终身代号,附属于奴隶主,不算国人。奴隶的数量很多,但只能被奴隶主使用,国家很难直接管理。所以管仲把目光投向其他"阶层"。他提出"收拾遗民",把流浪的国人统一登记,以增加人口,提升国力。

管仲接着说:"减少刑罚,减轻赋税,国人就会富裕起来。尊重贤士,推行教化,国人就会懂礼仪。令行禁止,言出必行,国人就会守法守矩。"

让人民有地位、有财富、知礼节、守法规才是爱民之道。爱民是实实在在地做工作,不是每天"亲爱的,伟大的"整一堆形容词挂在嘴上秀恩爱。

小白问:"爱民之道如果施行了,后面该如何管理国人?"

管仲说:"按照士农工商的职业将国民分为四类,让士的儿子继续为士,农的儿子继续务农,工商的儿子继续工商,世代传承,不随便改变,国人就稳定了。"

你是阿猪、阿猫还是阿狗,出生那天就要确定。**"掐死"改变命运的机会意味"断掉"非分之念**。大家都老老实实在家把祖传的手艺打磨好。不要简单认为这是命运迫害,管仲推行的职业分工没有等级身份,他们都是一样的国人。

在生产力水平低下、社会分工简单的情况下,所谓"感受压迫,要求改变命运"只是极少数人的想法。而且,这还可能是我们以"革命"的指导思想给他们下的推论。行行出状元，你有能力在哪里都能受到肯定，能被压什么迫？

小白又问："民安后，但兵器铠甲不够怎么办？"

管仲说："好办，可以制定'赎罪制度'。让重罪的人用铠甲一副赎罪，让轻罪的人用盾牌一副赎罪，让小罪的人直接交罚金。再根据疑罪从无的原则，让道理差不多的诉讼双方各交一捆箭。等政府聚集了足够金属后，从中挑出成色好的制成剑戟，用于打猎打仗，成色不好的做成农具，用于耕地锄草。"

简单说，这也是惩戒矛盾纠纷的一种办法。看看谁家家门不幸，兄弟之间没事找事闹矛盾，政府就可以借机"敲"他们一竹竿。如果我们也给上访户设一道门槛，比如先义务劳动一个礼拜才可以上访，改变"零成本"的随意性，大概也可以减少一点没事找事、没知足的职业上访户吧？

小白问："那兵器够了，财力不够咋办？"

管仲说："挖矿产铸造钱币，煮海水生成食盐，这些都是通天下的利润。在百货价格偏低的时候买进来囤居，等待合适的时候再去交易。**还有（注意了，此处有重点）可以找 300 个'妓女'开启一项专门的行当（妓院）**，把过往的商人留住，让他们就在齐国交易买卖，我们再从中收税。这几个措施所得的财富就足够用于军费开支。"

解释一下，原来并没有妓女这个行当。贵族家有时会豢养女奴，在需要的时候负责为客人提供性服务，称私妓或家妓。管仲创造性地突破固定依附的思想，把私家推向市场，个体变群体，以共享经济逐步形成妓女的行当。她们在贵族家里只是性工具，走向市场自我谋生后就成为行业。

所以妓女行当的鼻祖是管仲。不是说管仲做妓女，而是他组织开妓院，首创妓女行业。这是经济行为，暂时和文明礼仪没关系。

小白又问："钱是够了，但军队不够多，也没气势，又该怎么办？"

管仲说："兵在于精，而不在于多。要让军人的内心强大，而不只是声势浩大。如果只扩充军备增加兵力，那么诸侯国见了也会效仿，最终将搞成军事竞赛，我们也不见得有胜算。要让军队强大，最好的做法是在不扩充数量的前提下提升质量。表面上，我们的军队还是那么多，但是战斗力却高出别人。所以请采用以内政改革的办法充实军队。"

小白问:"怎么改革?"

管仲说:"把全国分成21个乡,其中6个乡从事工商,15个乡从事士农,工商乡负责赚钱,士农乡负责输送兵源。"

小白问:"怎么输送?"

管仲说:"5户人家为一**轨**,选个负责人,作为轨长;10个轨组成一**里**,里的领导人称为司;4个里组成一**连**,连的领导人叫连长;10个连组成**乡**,乡的领导就叫良人。一个乡这么大,肯定能培养出优秀的人才。在乡里设立师(类似武装部的固定部门)负责军务工作,把"轨里连乡"的结构对应到部队的建制。一户出1兵,5人作为一个伍,轨长负责;50个人就是一个里,里司负责;200人作为一个卒,连长负责;2000人组成一个旅,良人负责,即'伍里卒旅'。5个乡就是1万人,叫万人之军。我们有15个乡,合起来就是三个军。"

"国君主帅一个军,称中军。高、国(姓高和姓国)两家望族各统率一个军。军队士兵的管理主要在内城,军队作战的训练主要在郊外。一年四季,你要带着部队去打猎,不一定要打多少野猪,主要是为了合天时训练部队。训练好,规定他们不要随便迁徙。五人为伍,要一起祭祀,祈求共同的祝愿,如果有死伤要一并抚恤。让他们人与人相傅,家与家相傅,世代居住在一起,从小玩在一起。这样,白天打仗一看就知道谁是谁,队伍不会散,夜里打战,听声音就知道谁在哪里,队伍不会乱。他们有好事一起享乐,有死难一起悲哀。打起仗来,守的时候牢固,攻的时候顽强。有这样三万军队,足够你横扫天下了。"

简单地说,就是把一个村子的士兵编排在一起。上阵父子兵,打虎亲兄弟。原来打战是贵族的"身份游戏",现在要把全国都捆绑进来。

小白问:"兵力这么强,就可以打其他诸侯国吗?"

管仲说:"还不可以,周王室还没给你做后盾,周边的邻居还没依附你。你如果想驰骋在诸侯之间,就必须尊重周王室,亲睦邻国。这样既可师出有名,也无后顾之忧。"

小白问:"那要如何尊王,如何睦邻?"

管仲说:"重新勘定齐国国界,如果有占据别国的地就还给他们,再带上礼物去言好建交。选派80个口才好的人,穿上华丽的衣服,多给他们钱,让他们出去宣扬齐国的政策,顺便招聘贤能的人(宣传兼职组织)。

同时，指派另一批人带着钱四处去打听消息（情报部），发现有犯了错误的小邦国，就攻打他们，灭掉并入齐国；发现有弑君作乱的人，就抓起来杀掉。一正一反，齐国的威望很快就会远播出去。诸侯们也会感受到齐国的诚意和实力，进而诚服并跟随我们。然后，你再带领这些诸侯朝见周王室，恢复王朝纳贡，这就是'尊王'。到时候'诸侯伯'的称号你想推辞都推辞不掉。"

小白听后十分开心，尤其是"诸侯伯""推辞都推辞不掉"，果然有一种相见恨晚的感觉。

等不了了，请立即开始我们的辉煌征途。

管仲又说："我听说盖一座大厦不能只有一根木头，汇聚成大海光凭一支溪流也办不到。如果你要想成事，就必须起用'五杰'。"

哪五杰？隰朋口才卓越，善于外交，请任命为大司行；宁（甯）戚擅长农业，知道天时水利，能开荒拓地，产出更多粮食，请任命为大司田；王子成父带兵打仗能让部队有序有力，士兵一往无前，请任命为大司马；宾须无善于断狱判案，不偏不倚，不滥杀无辜，请任命为大司理；东郭牙不畏权贵，敢冒犯君颜，国君有过错他一定会指出来，请任命为大司谏。

这些官职在当时都是部长，非常显眼。但管仲不管不顾，一点儿不低调，一次就把所有筹码要到位。如果一个一个来，反而容易让人觉得是拉帮结派，所以要趁热打铁，一鼓作气"组阁"到位。大家把"丑话"说在前头，满足条件后再开展工作。

小白：以为是一道菜，端出来才知道是套餐。

齐桓公也不介意，他要的是霸，道路怎么走并不重要，结果才重要。既然相信管仲，那就按照他的要求做。当然，以后慢慢任命这些部长也可以，但用人不疑，疑人不用，不如现在就给你管仲一个安心。

互相信任是最难得的君臣关系，小白和管仲是，刘备和诸葛亮是。这种关系，亦君亦友，互相成全，各取所需，是专制制度最理想的模式。

完善功勋

管仲提出的治国措施可以称为改革，涉及政治、经济、军事的全面改革。他的许多做法我们今天还在用，比较熟悉，有一种"理所当然"的想法，好像社会本来就这样啊？其实不是，这些措施在当时都是一种突破。在各国效仿后，春秋的模式就改变了，才慢慢变成战国的样子，所以意义重大。

管仲的改革，让国家的概念更加具体，让政治的内容更加饱满，使得政权的体系更加完善，意味着人类的文明更进一步。

如果说，**周公的礼仪让部落规范秩序，形成国家，管仲的改革则是让国家进一步完善，形成政权。**

管仲对人口的管理，从户开始到轨里连乡，虽然不是明确的行政单位，但已经开始对"分封制"进行修正。在士大夫的封地边出现另一股"力量"，等于减少割据的机会。以前有地就有主，要么是大夫的封地，要么是国君的家产，私人的味道很浓；管仲改革后，国家的概念开始渗透进每一块土地、每一户人家。此前大家只在礼仪中感受国家存在，现在工作、生活、交际等都出现国家的烙印。

国家概念的继续发展就是秦、楚的郡县制度。

从分封制到郡县制，管仲起到了类似文艺复兴对欧洲科技发展的那种作用。

管仲确立的行政单位后来将成为国家政权的另一套基础。

分封制的思想基础，王的威望和实力很重要。王朝的王位可以满血交接，但王权本身有一个不断削弱的过程，会逐渐变小变弱，大臣对先王的畏惧不可能完全过渡到下一任王的身上。如果中央缺乏对地方的有效控制，最终只能走向割据。但行政单位形成后，分封的领地外出现另一股直接代表中央的力量。换句话说，中央的信号可以不断传递到每个国人中。想要割据就必须先割掉这套链条，但中央对于各个诸侯国都有链条，你必须全部割掉才可以。

早期的"造反"只要一个诸侯就可以。比如前面说的郑国，只要自己足够强大，不爽周王就直接不爽，不用考虑齐国、晋国等其他国家。这也是周朝分封制在礼仪约束力削弱后，直接导致"王朝"解体的主要原因。到了秦汉，国家政权完善，实行郡县制度，虽然也有诸侯，但诸侯要想对抗中央就必须联合。你可以把自己王国的中央链条斩断，但其他诸侯国的行政链条还在，中央会调动它们来打你。所以后来的动乱都是"八王之乱""七王之乱",单独某个"王"的地方势力很难再与中央抗衡,国家统一的基础很难被破坏。

分封起于礼仪,表现为文化,无形地存在;郡县起于行政,表现为权力,真实地存在。各级官吏就在那里,你看得见。

当然,这套链条的具体内容远不止上面说的那些。比如,除了前面说针对国人地区的"21乡制",在城市周边的地区,也采用相应的制度分为五属,设立五大夫、五正官分管。属下有县、乡、卒、邑四级,分别设立县帅、乡帅、卒帅、司官管理等。这些改革统称为"叁其国而伍其鄙",国是中心区,鄙是郊区。

政府如此,军队亦然。管仲"五人成伍"的整兵模式,让士兵能在战斗中互相帮忙,互相呼应。后来也被进一步提升,不但要互相帮忙还要互相牵制,成为商鞅变法中"连坐"的内容之一。所以管仲也被列入法家的代表人物。

机构有了,相应的官员选拔也要跟上。在用人上,管仲打破身份界限,唯才是用,选出代表国家利益的官员。国中"慈孝""聪慧""拳勇"出众的人,由乡长推荐试用,称职的委任为吏。这套选人机制经过发展改良,就有了汉朝的"举孝廉"以及往后的科举考试。

行政管理建立后,有人还要有钱,还要发展经济。管仲开启国家经营模式,组建国有企业,改变财政只靠赋税的单一结构。赋税有重大贡献,但也存在一些问题。比如:一是给你的人不情愿,迫于你的权力。二是许多地被士大夫侵吞,税源容易流失。各家分配封地收成时,留给自己的肯定要多一点,成"地税"也或免税;三是收缴赋税还要看大夫的脸色。进贡也一样,毕竟有点"拿人家手软"的心理劣势。尤其是几代之后,士大夫们已经不对国君心存感激,认为财产都是祖上立功所得,凭什么还得分给国君?

这些问题,从无到有,从小到大,慢慢积累便会久病成疴。

传统的赋税模式的缺陷越来越明显,所以小白才会说到财力不足的问题。自己那点收入守城可以,要想攻城扩张就不够了。

管仲做过生意,知道会来钱的不止土地,不止人口税、土地税,还有许多别的渠道。一是扩充税源,鼓励经商形成市场,达成更多的交易,就有更多的税源;二是国家经营,在天下物贱的时候收买进来,再涨价时出售，赚到利差；三是国家专营，重要物资强制收为国家专门经营，个人不得争利，如，盐铁专卖。

这些措施，一方面为百业发展搭建平台，市场需求刺激行业进步；另一个方面国家从中获利，财政收入不断提升。在国家的框架里，此前礼仪是主角，到管仲手里就变成权力是主角，财富是主角。

齐国经过管仲的一系列改革后，很快强大起来。但任何事物都有两面性，现实中是没有两头都占好的事。管仲改革，让齐国"有钱花、有权嗨"的同时也改变或弱化了礼仪，加速了礼崩乐坏。

如果只有一个儿子，你的所有财富和感情都给他，都依靠他，他的地位也会水涨船高。但独子的稳定性很弱，万一出事夭折，游戏就结束了。所以你又生第二个、第三个儿子，你的家族越变越强大，别人都不敢惹你。但对第一个儿子来说，他的身份和地位也削弱了，现在苹果要分给兄弟一起吃。

"礼仪"曾是周王朝唯一的儿子，现在管仲建设齐国，弄出另外两个儿子，"权力"和"经济"。虽然历史多次证明这两个儿子都没有第一个厉害，但他们分掉帝国的精力和财富，减少独子的"资源"。权和财作为新的统治手段，让国君有感觉，很受用，就很难避免他俩侵蚀"礼仪老大"的地位。当然，对诸侯来说，"老大"现在有点病入膏肓，能找到新的统治方法，能取代他，正求之不得。新药治老病，可以解决耐药性，也可能发生并发的后遗症。管仲之后，中华文化开始走向多边，**"礼义廉耻"渐渐由信仰变成手段，变成"不择手段"里面的一种手段**。政治的内容更加丰富，同时也更加残酷，更加复杂。

管仲让坚守礼仪的贵族们全面接触到市场，一种商人天生携带的"见利忘义"病毒思想就开始渗透进大夫阶层。帝国无力抵制，必须进行一次思想解放。

管仲让坚守道义的读书人全面认识到实用，一种名利场里追逐的"急功近利"自私思想开始渗透进政治圈子。官场无力消化，必须进行一次价值吸收。

这些问题都是管仲改革的两面，双刃剑。有些是近期见效，长远见害。

二十、霸起的齐鲁相争

关于管仲的改革，上面说了很多，但事实更多。不能光看广告，还要看疗效。疗效是齐国开始强大，刺激了病恹恹的东周，是齐国开启春秋新秩序的霸业模式，是齐国提出的"尊王攘夷"成为诸侯"称霸"的标杆。

霸业机会

所谓霸业，不是打打杀杀。**虽然面上也有打打杀杀，但目的是不要打打杀杀。打杀是过程，不打杀是结果**。这是一种新的秩序规则。西周治理的天下，人们共同生活的秩序称为"礼的秩序"。幽王之后礼崩乐坏，礼的秩序破坏了，诸侯国之间打打杀杀，诸侯国内部矛盾重重。没有礼的约束，你可以随便说什么，随便做什么，意味着别人也可以随便对你做什么。互相伤害，大家都不安全。

社会需要新的秩序。

此前，郑庄公探索过"伯业"，探索建立某种新秩序，但失败了。一是郑国国家小，脸小，面子就小，拉不开大场面；二是太年轻，成立才三代，文化底蕴不够，威望还没建立起来；三是时机不对，周王朝刚刚"开闸"，礼刚刚崩，乐刚刚坏，你就过去，捡不到矿还容易被蹦。**人们还没有看到问题的破坏力，你就拿出解决问题的办法，太急促**。结果不但没人感激你，还可能推行不开，埋怨你。

张麻子：让子弹飞一会儿。

郑庄公知道这些不足，但没办法，岁月不等人，他就出生在那个年代。时间不给他机会，客观条件不允许，结果猴急了还强上，居然打周王，越打越乱。

可能是郑国与周王朝太亲密，郑庄公心里难于接受"尊王"的思想。如同"距离产生美"，身边的人你看不上，倒是经过包装的偶像，活跃在手机屏幕里，你看得见摸不着，便沉迷于他假装美好的一面，就崇拜得不得了。在郑庄公眼里，周王就是个傻瓜，所以心里鄙视他，无法掩盖的那种鄙视，还怎么"尊"？

小白没有类似的经历体会,他不了解周王。在他眼里,周王就周王,抽象的王,不恨也不敬。只要觉得"尊王"是必须的,他就可以马上启动尊王的态度。

没有心理障碍,没有思想包袱,像使用工具一样,好使就行。

"没有对比就没有伤害",齐桓公的"尊王"能好做好用,也有郑庄公的"打周王"打下前提的功劳。

这就是命,是命运,也是使命。郑庄公有也只能有这样的角色,要么演配角,要么演没角。"霸业"在郑庄公面前就如蚯蚓之于鲫鱼,看得见,够得着,但陷阱重重,得不偿失,鲫鱼一试探就可能丧命,郑国一操作就被迫停止扩张的步伐。而齐桓公不一样,他是老天15年后内定的人,是"真命天子"。

前辈人的不断试错,才有后来人的正确履职,所以科学家才会认识到自己的成绩都是站在巨人肩上。理工科这样,社会学也这样。只不过,**理工科的巨人是几个科学家加班加点在实验室里试验,社会学的巨人是一代又一代的中华儿女用生命在中华大地上试验**。

齐桓公和管仲看到郑庄公的"试错"。证明在当时的条件下,任何一个诸侯都没有资格独立扛起大旗,没有能力只凭拳头就可以横走在大旗下。他们站在"郑国"的肩上,创立了伯霸秩序的核心内容。没有礼的束缚,郑国只靠拳头来称伯,失败了,所以齐国要靠"拳头+馒头"。**拳头用来打不听话的人,包括外族,这就是"攘夷";馒头用来奖励听话的人,大家一起聚餐吃饭吃馒头,让周王和齐侯坐主位,这就是"尊王"。**

他们的霸业成功了,社会又有新秩序。人们似乎又找到一条可以一起相安生活的轨道。以后有什么事不妨先听听齐国的意见,让齐桓公出来说两句。

"拳头+馒头"的模式很有实用性。表面上推广并延续了礼仪,实际上保护并提升了齐国的利益,也让齐桓公的个人利益实现最大化。这是名利双收的好事。

但霸业秩序的本质还是周礼秩序的修复,不能称为一套完整意义的独立的新秩序。霸业同样需要个人的魅力,王的魅力。就像江湖大哥一样,大哥一旦确立,江湖就安静。这种安静仍旧是依靠大哥的能力压制着、平衡着大家的欲望,等到大哥老去,要"改朝换代"的时候,压不住了,小弟们释放出来的欲望又将是一场血雨腥风，相当于礼再崩一次、乐再坏一次。所以说，霸业秩序的模式只能算是礼乐秩序的升级版——2.0 模式。

几百年后，秦人终于在变态自孽下找到一条基于"法+礼"的政权模式，中华民族才进入战国时代，秦汉王朝。

齐国有备

历史发展到一个新的阶段，必然出现新的秩序。西周灭亡后，历史很着急，匆匆忙忙地选择郑庄公和祭足，但郑国最终没成功。历史就更着急，匆忙把目光转向齐国，这次比较稳，齐国很有诚意，拿出齐桓公和管仲。

齐国为了发展需要霸业，霸业为了成形也需要齐国。这叫内因与外因的统一，干柴烈火。风水上天时、地利、人和都来了。

"霸业"好喜欢齐国的小白管仲组合。

齐桓公小白是个有主见的诸侯。他在还是公子的时候，主见就是：**鲍叔牙，你说的对**。他在当上诸侯之后，主见就是：**管仲，你说的对**。

我们已经无法知道历史的真实情况，那就相信别人的记载吧。我们的主见就是：**史学专家们，你们说得对**。

在小说里，我们很难看到那些已经被神化的谋士会犯什么错误。管仲出任宰相后，小白只需要做对一件事就会全对——那就是听管仲的。所以在小说里，小白的主见没毛病。但历史又有一些难于回避的失败，怎么办？难道是谋士不行了？不是。这种情况一般总结为诸侯们居然在某个关键时刻脑子突然抽风，不听谋士的，或者谋士正好有别的事情，拉肚子耽误事，或者出差了没出现。

为什么？因为历史的"故事"都是文人写的，文人通常把谋士看作自己，自己人，所以有些黑锅就只能写给君王们，让他们去背了。

公元前 684 年的齐鲁长勺大战，也是齐桓公的处女战，齐国大败。前面铺垫了那么多，牛哄哄的样子，好像一开局就应该走巅峰的样子，哪里想到一出关就摔倒，就像《东成西就》的王重阳一样，好尴尬啊！为什么？管仲怎么会输给曹刿？当然不会。哈哈，原来管仲没去。

曹刿：没来就好，那我就可以论战了。

齐鲁矛盾

齐鲁是邻居，摩擦摩擦是很经常的事，但一旦有人心不平、气不和，就容易走出魔鬼的舞步。齐桓公说想伏妖降魔，要打打鲁国这个小魔鬼。

齐国为什么要打鲁国？纯粹吃饱了撑着了，根本就是齐桓公没事找事，估计是在找做诸侯的感觉吧。

心结还是源于上一场的君位之争。当时，近在莒国的小白先一步回到齐国，鲁国和管仲辅助的公子纠在抢夺赛中慢了半拍，但鲁庄公不爽，想霸王硬上弓，竟然带兵围住齐国，结果被鲍叔牙打败，史称"乾时之战"。接着，小白担心弟弟公子纠在鲁国始终是个威胁，就令鲍叔牙领兵去包围鲁国，逼迫鲁国杀死公子纠，还交出管仲。鲍叔牙的牙还在，但鲁国的牙却掉了一地。这样算，齐国对鲁国已经是2：0。

难道小白还不满意，就没有一点见好就收的意思？欺负人也不能专挑一个老实人欺负吧！但君主的心事你别猜，你猜来猜去就容易……挨揍。小白说他收到情报，鲁国心里不服正在酝酿报仇，他想先发制人。

酝酿也不可以？想都不能想？看一眼都有罪！人家进饭店不点菜还不能看菜单？那以后街上的美女还让不让人看？

《东周列国志》说鲁国因为齐国不杀管仲还重用管仲，欺骗鲁人朴实的感情，所以正准备派兵攻打齐国讨个说法。

可能吗？鲁国是不是想找死？但小白就用这个莫须有的理由宣布要先发制人，一副牢牢把握主动权的"死相"。

其实谁都看得出来，明显是小白对鲁国拥护公子纠，不投自己，心存怨恨，然后随便在街边墙角编个理由，就想揍人。很像现在论文的"据说"，其实就是你自己说的；与说相声的说"他有个街坊"，都是一样的道理。

而管仲确实是反对主动攻打鲁国。

从公事来说，出兵没什么可靠的理由，容易背上"好战"的恶名，万一输了更自讨没趣。而且打战耗钱，输了要抚恤，赢了要赏赐，都要花钱。齐国刚刚乱过，国库没什么钱。这种不赚钱还容易赔本的事，躲都来不及，你还去造？

从私人感情来讲，前几年他跟公子纠在鲁国避难，又吃又喝人家鲁庄公的，现在刚刚转身，虽然有点华丽，也不好立即翻脸吧！至少不能亲自去参加。否则，前天我才陪着鲁国在"乾时之战"打齐国，现在又要陪着齐国去长勺打鲁国？

我还能要点脸不？

当然要，虽然在商人的眼里，为了赚钱干什么都不寒碜，但这次不存在对等的赔率，所以还是要脸更合算。

不过管仲也没很用心劝住小白，可能是自己还没什么威望，也可能是厚黑，希望小白吃点苦头才能知道他的重要性。还有一种可能，就是小白考虑到管仲的出身问题，就一定要与鲁国打一战。输赢在其次，重要的是要把管仲和鲁国彻底对立起来，杜绝他的后路，不要拖泥带水，要把关系"亮清楚"。

把前任彻底扼杀在婚姻殿堂之外。

曹刿品德

我们现在都知道小白是春秋五霸之首，但说了这么久，为什么还磨磨叽叽，不赶紧霸啊？就像许多人第一次看《三国演义》，一直在找孔明，期待这一回，下一回该出山了吧？刘备都这么狼狈了啊，难道要出来收尸吗？谁知人家卧龙就卧着、躺着，硬是生生扛到第三十六回才出来。

现在小白、管仲都已汇齐，内政改革也开始实施，为什么还不召唤神灵？还不见霸业，不见"霸王"硬上弓？

其实，铺垫与调味口，不只是说书人会，老天爷也会。

老天爷：不急，马上到。

曹刿：小白，老天爷喊你回家吃饭。

曹刿这人很奇怪，来去非常突然。要不是语文课本把他列进去，再用"背诵全文"和无休止的考试进行加固，吃瓜同学哪会知道曹刿？曹操还差不多！

曹刿的故事很单薄、很孤立。他就像是一块石头，在齐桓公奔跑的路上绊一脚，磕破皮，流点血。然后齐桓公回家看医生，不久就好了，又活蹦乱跳去奔跑，但那块石头再也没有出现！

小插曲而已。疯狂不起来的石头。

为什么？因为曹刿在长勺之战表现出来的所谓"军事才能"**根本不是**

什么才能，而是破坏规矩的做法。不是智慧层面的运筹，只算道德层面的诡计。 就像律师行业刚刚兴起的时候，想去钻道德的空子，满大街都是，一钻一个准。等到像范大厨师这样的老实人不再相信卖拐时，忽悠就结束了。

同样结束的还有曹刿的论战。破坏道德的谋略生命期都很短，只能用一次。以后谁还用过？人们不再相信你，你怎么用？

春秋早期，诸侯之间打仗比较讲规矩。毕竟是贵族之间的对弈，大家都是场面人，很注意素质。击鼓的时候，双方默认要开拔，往前冲，很有可能昨天都派人来现场画好冲击线路了。如果你冲上去，看到对方没有动，你就会停下来。可能对方还没有准备好，或者其他什么原因，总之你会等一等。大家几百年来约定的战争就是这么打，比什么绅士决斗要强几个档次，绅士只是个人的素质行为，而我们是团队的自觉行为。

矛盾归矛盾，打法还是要客气一点。输阵不能输人。

齐国人在长勺对阵时也是这么想的。齐国的军队在鼓声的鼓励下，冲了出去。但鲁国的军队在曹刿的指挥下，一动不动。不知道曹刿有没有大喊"等一下"？就像打篮球的时候，你刚要突破，对方说"等一下，我鞋带掉了"，那你好意思继续冲到篮下得分？还是退回来吧！

接着，休整好了，齐国又开始第二次进攻，鼓声照样敲打起来，但鲁国军队还是一动不动，练王八拳呢？哥儿们是不是鞋带又掉了？不是，我接一下电话。还让不让人突破啊？好吧，那就又退回来。

第三次，齐国准备再进攻。像鲍叔牙这样的正人君子，是感受不到对方的恶意的，他本人可能还是认真地开展进攻，但此前没有遇到这种情况，不知道士兵的士气会变成什么样。士兵们完全搞不清楚，鲁国到底怎么回事？我们都在折返跑，是不是搞训练啊？还打不打？不打说句话，我还要回家，锅里炖着猪蹄呢。但就在这个时候，你的对手突然说开始，鞋带不掉，电话也不接，你还没有反应过来，球还在运呢，他就一手掏过来，抢走了！

有这样打球吗？

曹刿说，有啊。

鲁国终于也开始击鼓，鲁国的士兵可能也纳闷，是不是打鼓的人还没到？哦，终于到了，快敲啊！都被对方笑话两回了。

齐兵更蒙圈。他们被动了！怎么啦？对面的人怎么突然动了？前面不是都不动吗？怎么现在突然也敲鼓了，这算什么？我们哥几个这回都是走着过来的，怎么，你们又来真的？

就这样，齐国输了。

曹刿说："你们记住了，这叫一鼓作气，再而衰，三而竭。"

没错，哥儿们，你是打赢了这场球，但我就想知道以后还有谁和你玩球？你这么伟大的战术还有机会再用吗？

小白来打鲁国，是和鲁庄公撕破脸。而曹刿击鼓打齐兵，是和周礼撕破脸。

你们不按套路出牌，那以后还有谁会陪你玩？

曹刿的军事才能也就戛然而止。"长勺之战"就是他唯一的亮点。**成名作、首发作、封笔之作，都是一个作，相当做作。**

鲁国的形象可能因此直接扫地，鲁国人的信用也跟着扫地。总之，以后大家不要随便相信鲁国人。

不明白后世为什么对曹刿评价那么高？因为结局好才是真的好，他赢了？

春秋时期，谋士还有一定的道德底线，并没有完全缺德，所以曹刿的做法肯定会被人们所不屑。后世的谋士在求生的发展中越来越没道德，曹刿的美好结局正好迎合他们"只看结局"的观念。**他们用肯定曹刿的做法来肯定自己的做法**，于是按照以少胜多的案例把长勺之战列入教科书。

在农村，以前借钱就是直接把钱借，有就有，没有就没有，什么手续都没办。一个叫曹刿 A 的聪明人看到其中的漏洞，借了钱就不还，说没有证据不能证明他借，背地里还笑人家是傻子。农村人吃一堑长一智，以后大家再借的时候就被逼出写字据的习惯。不久，另一个曹刿 B 的聪明人又看到字据里面的文字游戏，他把关于茴字四种写法的智慧用在"欠条、借条"的区别上，又崴走人家一笔，背地里继续笑人家是傻子。

钱确实被你搞到，但这种聪明的曹刿，不管是 A 还是 B 在农村都不会有地位，也不会有好下场。

法律讲究事实没错，但不能断章取义，割裂事实。人有一辈子，一辈子不可能就只有一个事实。法律让你赢得一件事，缺德却可能让你输掉一辈子。

所谓"聪明或智慧"是你想到别人无法想到的事，而不是别人不敢想、不愿意想的办法。智慧高和脸皮厚是两码事。

【传销悖论】 传销组织里经常会用到一句话，"你身边的朋友和亲人就是你最大的财富"。这话本身没问题，但后面他们又说要把这些财富实现出来，就是纯粹扯淡。他们画个饼，说一个人来买你的产品，再到所有人来买你的产品，你就发了。然后你开始推销，半卖半骗，半卖半压，最后你发现产品卖多少不知道，但亲朋好友却已卖得差不多。朋友看见你都害怕，你没有朋友了。

为什么？因为"朋友"的财富叫精神财富，是不可以用来买卖的。

物质财富，你卖了还可以买回来，但精神财富，你卖了就再也买不回来。这是"一次性"的信用关系。爱情不是你想买就能买，友情、亲情也一样，甚至比爱情还难。

所以说传销都在骗人，他只跟你讲第一步，钱怎么来，却没有说第二步，人怎么没。吸毒的第一步也很舒服，那么第二步戒毒呢？

当然，直接说曹刿不道德还是有点冤枉，因为人家是在研究齐国管仲的事迹后，才钻到了战争礼仪的空子。

管仲二话不说射杀小白的案例给了曹刿"思路提升"的火花。

春秋虽然已经礼崩乐坏，但还有满大街的老礼仪可以"玩弄"。一批提前"开智"的人，看到破坏规则有利可图，就开始学，学着学着就学成职业谋士。

"作秀式"的贵族战争已经不合时宜，战争终究要以胜负作为标准。游戏规则里面的漏洞已经变成一个实实在在的诱惑。这次曹刿不破，下次也会有刘刿、孙刿来破。

所以无须过分谴责，但也无须抬高曹刿这样的人。

实际上，曹刿的最大贡献不是军事战术，而是理论解释。用那句闻名天下的"一鼓作气"解释了为什么"违背常规"能取胜。**老曹的亮点不是长勺之战，而是曹刿论战**。他的才华也不是运筹帷幄，而是策划实施。很多人都会有这样的想法，但能成功实现的却不多。就像网络上想要红而博出位的人很多，但最终真能红的人没几个。

我们要掌握他们的套路，但不要去学他们的做法。

曹刿论战

任何一件事都不是随随便便就能成功，曹刿的品牌也不是一天就能练成，人家也是起早贪黑地做了许多铺垫，才有机会成功拿下"套路"。

曹刿听说齐国又打过来，就预感老天好像要给他机会了。等到再打听到这次只有鲍叔牙来，那个不按套路出牌的鼻祖管仲没有来，心里就踏实了。很明显，这是一次铁板钉钉的机会，不是"好像"。

曹刿很高兴，他要去见鲁庄公。

大家说："曹刿，你家麦子长虫还没抓吧？打仗的事自有那些吃肉的人管？"

曹刿说："贵族大夫们眼光短浅，只好让我这个啃草的人多操心了。"

不知是通过大夫施伯的推荐，还是自己推荐。总之，一个原来毫无名气的曹刿居然能见到鲁庄公。

鲁庄公很烦躁："齐小白还没完没了了，不就押错赌注吗？都认输了还不行？放眼各诸侯国，公子哥抢君位到处都是，押错宝的事也十分平常。如今公子纠我也杀了，管仲我也给了，你们到底要怎样？"

"既然曹什么刿要来，那就来吧，多张凳子、多双筷子而已。开个会，大家说说有什么良策？"

那些吃肉的贵族果然都没什么话说。继续吃肉，加点盐。

鲁庄公只好再问大家："齐强鲁弱，我们能打胜吗？"

啃野草的曹刿不答，反问："你觉得自己做了什么事能让鲁国的百姓死心塌地为你打仗？"

鲁庄公说："我给各级官吏们开的工资很高，从来不拖欠。"

曹刿说："不错，但受益范围太小。"

鲁庄公说："我每次祭天，有多少祭品就报多少祭品，从来不敢欺骗神。"

曹刿说："这事有点扯远！"

鲁庄公说："我时刻想着百姓的疾苦，碰到有争议的诉讼案件，从来不敢根据自己的喜好来断，而是根据事实来作判断。"

曹刿说："这就够了，老百姓要的就是公平。看来，我们可以和齐国打一仗。"

鲁庄公突然感觉眼前一亮，没想到刚才聊天式的拉呱居然能被这个啃野草的谋士挖掘出什么重要线索？就问："那你有什么谋略打败齐国？"

曹刿说："打仗的事瞬息万变，哪有什么固定的打法？我跟你去战场，到时候根据实际情况再作谋划吧。"

这不明显是故弄玄虚吗？你那个不按套路的打鼓策略和现场有什么关系？你打"三鼓"的骗术是运用在战争几乎还没打响的时候，哪来的瞬息万变？人家一变都还没变，明明是你自己要变。

至于前面非要问天问地，无非是想给"谋略"做铺垫，就像玩魔术的演员，总喜欢用毫无关系的夸张表情吸引观众的注意力。让人感觉他的智慧很玄妙，居然能**从发工资、拜鬼神、判几个案件等破事中看到鲁国士兵的作战优势？**

这多半是想表达对自己多年来啃野草的一种不满。现在逮到机会，要出口气，就拿出一副居高临下的气势，教训一番。要不是厚道的鲁庄公现在精神恍惚，你一个小老百姓哪有机会对诸侯问这问那？

终于什么都铺垫好了，然后长勺战场的天空上就出现了四个字"一鼓作气"，鲁庄公念，再而衰？曹刿说，三而竭。

齐国倒了大霉，那就撤退吧。

鲁庄公看到齐国败走，心里的积怨一下子就释放开，大喊追啊。但曹刿说等等。他下车去，查看刚刚齐兵列阵的地方，然后又爬到车顶上，东瞅瞅，西望望，再对鲁庄公说，可以追了！

鲁庄公问："为什么啊？"

曹刿说："齐人多诈，我怕他们假败撤退，有埋伏。经过勘察，我发现他们逃跑的路线很乱，车轮的轨迹很杂，说明不是按计划撤退，而是真的败退，那就可以放心去追。"

齐人要是知道曹刿这么说，估计会晕死过去。他们根本想不出该用怎样的表情包回复你？我们诈？你们去问那几个敲鼓的伙计，到底是谁狡诈？

曹刿呵呵一笑，不好说。管仲祖师爷虽然没有出场，但也不敢保证他就不给鲍叔牙锦囊妙计之类的后手。

观车轮的细节确实是充满智慧的判断。说明曹刿除了会耍流氓，还有点文化。流氓有文化，于是长勺之战后，曹刿也开始吃上肉。

鲁庄公没什么头脑，判断事务也只看结果，头痛医头脚痛医脚。只要曹刿能打败齐国就可以，采用的手段和以后的影响也不细问。他大大称赞曹刿的智慧和功劳，一激动又把女儿嫁给他。但没用，曹刿并不感激，那颗不守规矩的心还在持之以恒地发酵着。吃草的家伙吃上肉后还不满足，20年后，他居然造反了。还好，鲁庄公的儿子——公子般平定了叛乱，逼他去了莒国。估计造反很简单，平叛很轻易，一次性的军事才能用完就再也翻不出波浪，所以并没有留下什么精彩的故事。

齐鲁四战

长勺之战后，齐桓公和鲁庄公之间的"比赛"变成2∶1，小白还占优，多得一分。但球场上除了看比分，还要看场面，先打成1∶1，再打入一球的2∶1，与先打成2∶0，再被攻入一球的2∶1，两种感觉完全不一样。

齐桓公：感觉很憋屈。

小白很气，觉得输给鲁国很丢脸，没面子，想报仇，想把丢的脸找回来。不过，鲍叔牙很理智。他说齐鲁的实力其实差不多，要不请宋国来帮忙？

齐桓公说："好！"

于是，请帖送到宋国。宋闵公说："好的！"

宋国的大力士南宫长万说："我去。"

宋闵公又说："好的！"

说来就来，很快，齐宋联军就干到鲁国郎地。

鲁庄公问："曹刿呢？"

是啊，曹刿呢？生病还是休假？好像联系不到，至少在历史书里联系不到，虽然刚刚还在嘚瑟啃野草、吃肉什么的，难道一吃上肉就躲起来吃？

还好，公子偃出来说："要不我试试？"

鲁庄公说："好兄弟，试试就试试。"（鲁庄公开始不想打，想求和，但是耐不住公子偃的软磨硬泡，一再请战，只好答应。）

公子偃很认真，到战场上很快发现南宫长万自恃其勇，不注重队伍建设，杂乱无序，而鲍叔牙带兵军容整洁，部队令行禁止。对比这么明显，短板这么"耀眼",答案肯定是从南宫这边入手。

没什么奇谋大略,鲁国一顿部署,也就打个埋伏。整套计划的最大不一样是公子偃的一次创新:他把虎皮蒙在马身上,马假虎威,增加马力。南宫果然被骗,冲过去进入圈套,还没回神,坐骑又被对方突然的半马半虎——马虎唬住了。结果队伍大乱,宋军大败,南宫本人还被生擒。

那么问题来了,鲁国最近从哪里收购这么多老虎皮?

鲍叔牙正排兵布阵,回头一看宋军已经被打败,太快了,半壁江山没了,心想没得玩,还是回家吧。于是,齐兵自行撤退回国。

很明显,鲁国大胜,中场公子偃又进一球,称**乘丘之战**。

公子偃:书生们,请开始你们的笔墨,像表扬曹刿那样表扬我吧!

公子偃甚至演讲稿都写好,准备接受采访,但是没下文。史官下班回家,还是辞职?反正没有表彰大会。晕,咋不说了?

史官:没亮点。

亮点确实没有,但有疑点。到底是什么仇、什么怨要让齐国如此锲而不舍地一而再,再而三要打鲁国?从齐桓公后来的表现看,他不像那种睚眦必报,还报个没完的人。退一步,就算是他想报仇,鲍叔牙肯定会劝阻,不会任由他胡来。而且,他们去请宋国参战,宋国也答应一起去打鲁国。

至少要向宋国解释为什么要打鲁国?难道就因为当初鲁庄公没有看好小白?——这算哪门子理由。

最大的疑点应该在鲁国。《左传》只说"十年春,齐师伐我",没说为什么伐我。这是鲁国人写的史,很可能因为**角度问题故意忽略了自己的某些过错**。

忽略后,久了就会忘记,忘记后就再也记不起来。于是,后来人只好推论问题在齐桓公,他想先发制人。

晕,然后就一制再制,制个没完?太牵强了吧!

二十一、霸继的九合诸侯

和鲁国搞成2:2后,齐桓公也安心了,对手实力不弱,再耗下去两败俱伤。于是,一转身就想通了——想到管仲,还是先回家和管仲搞建设吧。

这是管仲希望看到的结果。吃点苦头才能让你看清什么是真爱，真爱不是陪你天天在战场上跳广场舞，而是和你一起风雨同舟，共建家园，共同治理齐国。

鲍叔牙：不是说我吧？

治国为先

齐国是要治理，但怎么治？

齐桓公：主要让管仲治。管仲会做生意会赚钱，我不打仗、不花钱相当于赚钱。

夫妻档，老公负责赚钱，老婆负责不淘宝、不买包。这日子早晚要红火。

以后不管什么人来请示，小白说的第一句话就是，"你问仲父没有？"问完后，自己就回后宫找老婆们喝酒。或者找自宫的太监竖貂喝酒，或者找厨师易牙一起研究烹饪。竖貂负责倒酒，他负责喝酒；易牙负责烹饪，他负责研究。

700年后，蜀汉的刘禅也这样操作，不管遇到什么事，总喜欢提出那个触及大臣们心灵深处的问题："你们为什么不问相父呢？"但结局却完全不一样，小白成为明君齐桓公，刘禅成了扶不起的刘阿斗！

齐桓公：我们不一样。

小白老这样说，身边的人看不下去，说他什么事都让管仲做主，以后别人就不知道还有他这个齐侯。小白笑说："呵呵，管仲知道就可以。"

我知道管仲会知道我知道，这就可以！

管仲的身份、地位已位极人臣，换谁做齐侯也不会给他更高的位置，除非他自己做齐侯。但他做不了齐侯，周礼下的春秋，他们的故事边界是权臣们"弑君容易，称王难"。君位的血统要求远大于武力，贵族阶层绝对不会接受一支公孙以外的家族染指君位。管仲不傻，他不会走这条不归路。他连给"造反派"公孙无知当谋士都不愿意。另外，管仲已经背叛过公子纠，是运气好遇见小白才有机会洗白，如果再背叛小白，就再也不能洗白白了。而且，管仲主张的国策是"尊王攘夷"，连那个半条命的周王他都要尊，何况是九条命的齐国小白？

理由这么多，小白很放心。他透过现象看本质，所以是春秋霸主齐桓公；刘禅只会透过现象继续想象，所以只能是刘阿斗。

你可以和我撞衫，但不能和我对话。

三年后，齐国大治。什么叫大治？是王大治，更是管大治。就是按照管仲的治国思路，现在"要钱有钱，要人有人，要兵器有兵器"。

但有钱的齐国还只找到暴发户的土豪感觉。

【土豪】 从某个角度看，土豪其实挺郁闷。他突然变成有钱人，身边的人看他不再是他，而是"一堆钞票"。他已经脱离原来的圈子，但想进入贵族的阶层又进不去。贵族的圈子首先拼血统，然后拼知识涵养、道德素质和个人品位，最后才拼财富。许多因素都是土豪迈不过去的门槛，如果非要死磕的话，那就只能"装"。那一定非常吃力。

当然，如果就做个纯粹的撒币土豪，也可以很自在。他迟早会喜欢上别人瞧不起他又拿他没办法的样子。

齐桓公要做贵族没问题，本来就是，但要成为贵族的老大，沾上"王"的味道，一样要面临"土豪"的困境问题。齐国想要打破困境，走上称霸还有许多事要做。血统要去找周王朝"尊王"，能力要去找戎狄"攘夷"，素质要去调和诸侯，品位还要学点作秀。

想当大哥就要主持公道，在主持公道中展示能力，体现权力，最终变成诸侯的带头大哥。这条路并不容易。如果不靠血统继承，哪位大哥都不可能一天（年）练成，都要一步一步打出来。打架斗殴，请客吃饭，一样都不能少。但架不能无缘无故地打，客也不能无缘无故地请，你有这个能力，还要有这样的机会。

现在万事俱备，就欠东风，欠个傻诸侯出来起个头。

先等等看，实在等不到，也有办法，那就没事找事，搞事情。

警服都穿上了，马路上要是老没违章的司机，那不是很失望、很尴尬？难道要白晒一天太阳？

齐桓公叫小白，小白不白晒。没多久，宋国就来了。

小白处理宋国的方式比警察叔叔还温和。他把诸侯们召集起来，一起吃吃喝喝，开会研究宋国的事，然后他再拍板下定论。这套路有个专门的概括叫"合诸侯"。齐国此后经常用，动不动就合合合，就像郭靖的降龙十八掌，动不动就打打打。后人把齐桓公的"合合合"最终归纳统计为

"九合诸侯"。

"降龙十八掌"是真的十八套掌法，但"九合诸侯"并不是只搞九次诸侯聚会。"九"是概数，表示多，实际上齐桓公组织大大小小聚会有二十多次。这些聚会开头几次是形成权力，中间几次是确定权力，后面就全是行使权力。虽然三个阶段都表现为搞诸侯聚会，但齐桓公的身份、张力完全不一样。

他们组织聚会一般有两个目的：一是组成联合国军去打仗，二是请客吃饭拜把子，重温友谊。

齐桓公组织的第一次聚会是为宋国召开的专题会议，也相当于拜把子，就是有点曲折。曲折从宋国开始，也在宋国结束，齐国把他的"弯曲"掰直了。

宋鲁和好

宋国上次头脑发热陪齐国一起去乘丘打鲁国，结果因为南宫长万的笨拙和鲁莽，一不小心还抢戏了。

明明是张三和李四的矛盾，要打架，王五走过去说张三两句，结果被张三打个半死。李四倒好，溜了。

这就是隔离老王的下场，老宋的下场？

宋国很郁闷很生气，参与讨鲁原本就是热心观众，属于有则改之无则加勉，心照不宣的事。齐国和鲁国才是主角，宋国只是抱着"打赢的时候跟着冲，打输的时候抢着跑"的心态，充其量就是一个积极分子的角色。鲁国哪能这样，就光打我？看我不爽，软柿子？还臭不要脸用蒙虎皮来吓我的马。

这已经不是战争的问题，而是人格（国格）问题。当然，除了人格，还有人的问题，就是号称"宋国大力士"的南宫长万被俘虏了。

宋闵公要报仇。因为打扁南宫的背后是看扁宋国。

宋国出兵了。这次出兵在《春秋左传》里把原因说得很明确，就是因为乘丘之战跌跟头，要报仇。鲁人这次写史把对家来的理由说得清清楚楚，但做事却又做得很不厚道。两军对战，宋国这边还没有摆好队形，鲁国就干过来。裁判哨子还没响，他就发球了？

结果可想而知，宋国再次大败。大家看，就这么一个"时间差"的漏洞，硬是被鲁国玩出花样。上次是装死不动，让齐国白耗两鼓；这次是压线抢跑，宋国还在热身，他就跑。

宋国：说好的礼仪之邦呢？

鲁国：我先发制人。

兵败的宋闵公更憋屈了。输的结果让他愤恨，输的方式也让他愤怒，所以憋屈中还加点鄙视。鲁人也感受到宋人的气愤，**老实人可以欺负，但不能老欺负**，还用这么恶心的方式欺负，何况宋国还不是什么老实人。鲁庄公想找个机会和好，毕竟整人家的手段不厚道，也不光彩。

正好秋季时，宋国发水灾。鲁国赶紧派出使者，带上救济粮食去宋国援助，准备来一场"天灾无情人有情，鲁宋友谊患难见真情"的慷慨悲歌。鲁国的使者像拉家常一样，一来就开腔，说老天怎么如此不明，连续多天下雨，淹坏谷物，伤害平民。

"拉家常"是拉感情的利器，一起做好事也不如一起骂人更有效。就像市井的妇人一样，大家坐到巷子口、犄角里发发牢骚解解郁闷，把对婆婆、对老公的各种不满，通过闲话别家的家长里短排解出去，释放开来，这样就可以让友谊更牢固，心理更健康。

鲁国的牢骚有点过，居然"埋怨"老天。宋闵公不乐意，心里对鲁国还有怨气，但鲁庄公的心意他意会了。他说："上天这样做一定是我对他不敬，才降灾惩罚。现在还劳烦贵国来帮我们，实在感谢。"

这种素质教育的回答完全可以作为求职面试的范本，看似春风扑面，实则虚情假意。宋闵公不是不明事理的人，既然鲁国带着"假诚意"扑面而来，宋国就应该借坡下驴，握手言和，把酒言欢。

自此鲁、宋两家和好，南宫长万无罪释放，回家。

但宋国哪里想到，宋闵公的真正问题才开始。

南宫之乱

宋国那个三天两头找郑国麻烦，喜欢索贿的宋庄公去世后，儿子宋闵公捷继位。宋闵公一上台，"牛仔很忙"，马上就接个大活，跟齐襄公一起去打卫国，帮助卫惠公复位。事情很顺利，宋、齐两国的友谊也进一步加固。后来诸儿被杀，经过公孙无知过渡到了齐桓公。齐桓公因心存对鲁庄公的怨恨，老要搞鲁国，就发生前面"齐宋战鲁"的事。结果齐国主角变配角，宋国却连败两场，最后靠天灾做媒，宋、鲁两家才重归于好。

作为和好的重要成果，俘虏南宫长万被释放回宋国。南宫虽然被俘，但毕竟为公事，按道理勉强可算为"工伤"。宋闵公为人轻浮，要回南宫长万不安抚就算了，居然还三天两头拿人家被俘这事开玩笑，动不动就说"你个俘虏""你个囚犯"之类的刺激言辞。正所谓士可杀不可辱，"南宫俘虏"在鲁国没受的罪，回到宋国全都给补上，还是变本加厉、买一送一的那种"补"。现在已不用讨论有没有辱，直说到底辱人家多少回？天天打脸。

大家劝宋闵公说："你一个国君不能这样没心没肺地说三道四，君臣之交要按照礼节来。"宋闵公说："没事，我和他是朋友，我跟他开玩笑呢。"

有这样的朋友吗？宋闵公说："有！"

南宫长万：我没有。

不久，周庄王去世。南宫长万想借出差的机会去周王朝看看，去旅游一趟，就向宋闵公请求代表宋国去奔丧。

宋闵公又借题开他的国际玩笑，说宋国人死光了吗？要派一个囚犯去？

南宫长万说："你是在开玩笑吗？"

宋闵公说："是啊，我喜欢开就开，你管我？"

南宫长万说："我管，这是你最后一次。"

于是，南宫长万便和宋闵公打起来。他们直接上手，互搏互打起来，像市井的小混混为一个易拉罐那样扭打起来，场面的可观赏性很强。人要是恼怒起来，才不会管自己是不是受过高等教育，是不是贵族，是不是要注意形象。甩掉甩掉，统统甩掉，不要有任何偶像包袱，打他，"怎么痛快怎么来"。

南宫长万感觉还是直接揍他最痛快，至少比较擅长。

确实擅长，确实厉害，大力士的力气不开玩笑，宋闵公居然被打死了。

之后，南宫长万又连杀太宰华督等大夫，用独当一面的气势开启做大事的模式——杀杀杀。然后立宋闵公的弟弟公子游为新的宋国国君。

公子游毫无思想准备，"游"走在路上，看见天上掉金子，就跑过去接。不过还没来得及收好，就被第二块砸死了。不到三个月，宋闵公的另一个弟弟公子御说在大夫萧大心和戴叔皮的支持下，如秋风扫落叶一般，打倒了公子游的临时政府。

公子游到此一游。

宋国就过渡到公子御说，即宋桓公。

政变的主谋南宫长万也真冤，身为勇猛的将军，没有死在战场上，却被迫"造反"徒留恶名。也许"他只想做个好人"但始终没能做成。出去打个仗吧，遇到挖坑的鲁国；回来尽忠国君吧，遇到不靠谱的宋闵公。

南宫长万十分孝顺，在兵败跑去陈国的路上，突然想到八十多岁的老母亲，又折回去带上。他能这样孝敬母亲，怎么可能随便弑君杀友呢？羞辱，一定是宋闵公毫无底线的羞辱，只要是有血有肉的人，谁受得了？所以这次弑君纯粹是被逼出来的事故，比较特别。

士可杀不可辱。南宫长万认为自己不是士，所以他不可杀也不可辱，那就只能去杀别人。

宋闵公：大力士也可以是士。

宋桓公继位后，听说南宫长万兵败逃到陈国，偷笑了好几天。按照政权来源的潜规则，得了便宜一定要卖乖，所以他要求陈国交出弑君的坏蛋。陈国不得已，就找美女陪南宫长万喝酒，灌醉后用犀牛皮把他包扎捆住送回宋国。路上，酒醒的南宫长万居然还把犀牛皮给挣裂了，但没用，双拳难敌四腿，还是被抓住。

南宫长万再次回到宋国后，宋桓公把南宫长万剁成肉酱。多狠的心啊！

事后，宋桓公对国人说，这就是弑君者的下场。

注意：现在公子御说是你们的国君。

弑君者的下场确实都不好，他们闹腾半天常常只为他人作嫁衣。这次政变，宋闵公、公子游、南宫长万相继死掉，只有公子御说从中渔利，上位成宋桓公。但宋桓公也是不靠谱的国君，耳根子软，做事没准线，听风就是雨，比起隔壁的齐桓公差老远了。同样都带个"桓"字，此桓却远非彼桓，而且还有点"桓不跟桓"的感觉。这种感觉从第二年就开始。

第二年，宋桓公接到齐桓公的邀请，说是要请客吃饭，庆祝宋桓公继位。

宋国风头

普通人请客吃饭一般要具备两个条件：一个是有钱，另一个是有理由。客人们一般不会无缘无故来吃你一顿。虽然"吃货"不会排斥任何一场饭局，但正常情况下，朋友之间也要顾及脸面，不能为吃而吃地"纯蹭饭"。

"齐宋双桓"都是诸侯，有头有脸更不缺吃。不像我们有不要脸的人，也有很多脸的人。有钱的齐桓公还缺一个理由。

普通人好说，传统过节日，结婚、搬家、升职等喜事都可以。但国与国之间比较慎重，不能这么随意。

小白问管仲："最近诸侯国有什么事情可以让我们去主持一下正义？"

管仲说："有，宋国有事。"

小白说："宋国有什么事？"

管仲说："去年有事。"

小白说："现在去主持？人家已安定，没有乱去添乱？"

管仲说："不是，我们先去拜会周王，为宋君请命，给他一张任命书。"

小白说："然后聚会，庆祝他继位？"

管仲说："对，然后选举你做盟主！"

说到重点了，如果聚会能套用"挂羊头卖狗肉"的操作，就一样有搞头。

管仲算得很准，用"替宋桓公请来任命书"的理由搞聚会，宋国肯定会来。不管你继位是哪年的事，现在有国际大事，你不来就说明你没把自己当作宋君。你这么不自信，还想被人杀吗？而且，齐国这样的大国说要请你吃饭，就等于承认你，为你证明，给你撑腰。你一个刚刚借内乱渔利上来的国君应该是求之不得。甚至，按照常理，公子御说还要对齐国表现出"感恩戴德"的回报。

但事实是，求之不得有，感恩戴德却没有。

宋桓公和戴叔皮都不是省油的灯，猜测小白和管仲忙上忙下，一定有不良企图，因为齐桓公刚刚灭掉谭国。理由是在小白还是公子的时候，流亡经过谭国，谭人对他不尊重，等他继位后，谭国也不来祝贺。既然非要一副作死的样，那就只能让他真死了。

"不尊重"就可以把人打死？这样的齐国会那么好心为宋国考虑？

无事献殷勤，非奸即盗。

但人家还没奸，还没盗，宋桓公也不知道齐人到底要做什么，不知道葫芦里装什么，没有任何证据。至少到目前为止，聚会的由头还是为了宋国，所以宋桓公第一个到。

然后是陈国，然后是蔡国、邾国，然后是……没有然后。

怎么回事？请客吃饭都没人？我是在"北杏五星级大酒店"订了一桌的酒菜啊，大伙都这么不给面子吗？

鲁国、陈国、卫国、郑国、曹国等诸侯根本就没有什么回音。齐国可以尽情发你的请帖，我们就当什么都没有看见。

小白说："怎么办？还要不要开？"

管仲说："怎么不开，要想做大哥，最重要的事就是讲信用，言出必行。我们的诚意已经有了，来几个就算几个吧。古人说三人成众，现在加我们都五个国家了，完全可以！"

小白说："好。"

厨师下锅吧，服务员可以上菜了。史称**"北杏之盟"**。

小白说："我们边吃边聊。"

小白说："周王室现今比较疲软，华夏大地到处都有叛乱。远的就不说了，宋国就是个现成例子。前些日子我去周王室拜见周王，王指派我来主持这次会议。依我看，我们要推选一个盟主，以后有什么事，也好有人主持公道。"

小白继续说："这个人选很重要。除了他个人要有能力，他的国家也要有实力，还必须公正公道，不能动不动就喊打喊杀。"

小白继续不经意地说："这次聚会齐国就不带兵来。"

小白说了很多，就是没说"你们要选我。"

但陈宣公领悟到了。吃人家的嘴短，他站起来说："周王都叫你来组织聚会，很明显盟主就应该是你啊！"

是啊，这题目都提示得这么直白了，还解不出来吗？

其他三个人一看陈宣公这两肋插刀的架势，以为两家早就沟通好了，也顺势站起来擦一下嘴巴说，"确实非齐侯莫属。"

小白谦虚地说："我不行，我能力有限！"

但他又不说谁行。

推来推去一番,小白只好勉为其难。为了不辜负大家"如此殷切"的希望,齐小白就很委屈地接受了盟主的位置。

然后大伙一起拜天祭神。小白叫仲孙湫拿稿子出来念:"某年某月某日,齐小白、宋御说、陈杵臼、蔡献舞、邾克按照周王的旨意,在北杏结盟,以后共辅王室,帮助有难的诸侯,接济有困的兄弟……"

陈杵臼一听齐国念得这么有条理,心想幸亏没有选我做盟主,我连稿子都没有准备。

蔡献舞:对啊!

邾克:是啊!

宋御说:对什么对!

说好是庆祝我升职加薪,现在居然说你过生日?说好我是主角,现在变成你自己演。你个戏精,我不玩了。

戴叔皮说:"齐侯妄自尊大。齐国请那么多诸侯都不来,还好意思自己操作、自己当盟主?晋国、秦国、楚国,哪个不比他牛?他倒好,随便叫我们三四个'代表'就把选举定了,这不是自娱自乐吗?一个省的选民选出一个国的总统,不是搞笑吗?这个'游戏'早晚要玩完。而且,齐国称盟主对宋国来说也不是什么好事。"

宋御说说:"那就让他好事做不成,我们回家吧。宋国走了,那几个小国还玩啥?"

宋御说做事还真干练,"说走咱就走",甚至都等不了第二天,要立即出发,三更半夜摸黑也要回家。

宋桓公自己刚上位,但拆别人台却很到位。

齐桓公听说宋桓公逃跑后很生气。"小样,你就这样对待我?用逃跑的方式给新盟主贺寿吗?好惊奇的见面礼啊。受不了了,我要打他。"

但管仲说:"先不要打,还有更急的事。"

小白说:"什么事?"

管仲说:"宋国早退归早退,毕竟来参加了,鲁国连来都没来;而且宋国比较远不好打,鲁国比较近好操作。先让鲁国服我们,再说其他的诸侯。"

小白说:"好,先打鲁国,我早就看鲁庄公不爽了。"

管仲说:"让他服也不一定要直接打他。鞭子悬在头上,远比打下去更有威力。"

那好,齐国就按照管仲的谋划,先把鲁国的附属国遂国打趴下,敲山震虎。遂国的作用就成为管仲说的"不直接打鲁国"。

鲁国不一定是虎,但确实被震到。

遂国作为"假山",结局更惨。据说后面不服齐国,起来"造反",结果被愤怒的齐桓公屠城。

遂国:我到底做错了什么?

鲁庄公的弟弟公子庆父比较刚烈,面对齐国的敲敲打打,想来个"兵来将挡水来土掩"。齐鲁此前不是已经搞成2:2?谁怕谁,怕个屁?

但鲁庄公不同意,因为施伯、曹刿他们不同意。

这次是管仲亲自带队。原来挖坑、打鼓那些伎俩糊弄实在人鲍叔牙可以,想玩你管仲爸爸,不行。而且,人家问罪他们缺席带着王命的聚会,有理有据。

鲁庄公决定求和,答应齐国使者去柯地与齐桓公补签和平友好协议。但他心里又有点毛,担心会像老爸那样被齐国暴毙身亡。

曹沫说:"没事,我跟你去。"

曹沫放彩

曹沫很可能就是曹刿,也有人考证过。不过我说的"可能"是指两个人在赖皮方面有一样的操作手法,神似一人。

曹沫此前与齐交过手,打了三次败战,已经属于习惯性失败。现在他又主动要求去参会,鲁庄公就有点犹豫,想确定他是不是想凑个双数,就问:"你打了三次败仗,就不怕齐国人笑话?"

曹沫说:"就是因为有三次败仗,我才想找机会一雪前耻。"

确切地说应该是一雪前三耻,要1兑3,这仗一定要用黄金支付。不过,换个角度看,同样是对待败将,宋闵公比鲁庄公要差好几条街。

鲁庄公说:"好,机会我给你,'雪'你要自己带好。"

会议在柯地如期举行,称"柯地之盟"。

歃血祭神是仪式最重要的一个环节,也是齐国最重视的内容。管仲陪着齐桓公,曹沫陪着鲁庄公。就在准备歃的时候,曹沫突然上前一步,右手握住自己的剑，左手扯住齐桓公的衣袖。管仲吓一跳，大声呵斥："曹沫你要干什么？"

曹沫没有听见，就算听见，也假装没听见，因为他想到了前面那三次败仗。

曹沫问齐桓公："你说成立联盟要扶贫济困，现在鲁国就很困，都快亡国了。"

管仲问："怎么就亡国了？"

曹沫说："齐国侵占鲁国汶阳之地，让我们很'困'。如果今天能还给鲁国，我们国君就和你歃血。"

管仲对桓公说："还给他吧。"

桓公当然说好。虽然曹沫并没说桓公不还他会怎样，但这样的阵势大家也能猜个八九不离十，所以桓公必须说好。

"好"之后，曹沫就松手了。仪式继续，关于"一个不要脸和一个没面子"的这一页都自动翻过去。史称"曹沫手剑劫齐侯"。

歃血之后，齐国的王子成父、东郭牙、隰朋都不爽了。有这样和谈吗？"和"在哪里？我们带着诚意扑面而来，他倒好，握把剑横行霸道。就他有剑，会耍贱？我也有，我也会。

我们也去抓鲁庄公，打鲁国去。

齐桓公说："算了，既然已经答应鲁国，就把汶阳还给他们吧。匹夫都讲信用，何况我堂堂的齐国之君。"

于是，在"齐国信用"的外衣保护下，鲁国君臣得以安全顺利回国。

鲁庄公问曹沫："你的雪耻了吗？"

曹沫说："应该算吧！"

鲁庄公说："下次要再'雪'耻的话，我建议你去战场'雪'。我还想多活几年。"

不要这样"险我冒，耻你雪"。

齐桓公：你抱怨什么？我又没把你怎样？还把汶阳的田地还给你。

小白也很郁闷："我们这单是不是亏了？"

管仲说："不急，再等等看。"

管仲就吩咐"宣传部门"快把歃盟的事传开，让诸侯们都知道这条新闻。

果然,诸侯们听说后都纷纷赞赏齐桓公的仁义、信用和大度。至于鲁庄公,诸侯们普遍认为,鲁国要管好干部队伍,尤其是思想道德方面。吃饭就吃饭,还动刀子?

不久,卫国、曹国也相继来齐国谢罪,表示下次会议一定参加。齐国终于成为最大的赢家。在管仲的周密运作下,化害为利,扭亏为盈,成为真正的政治赢家。

整个活动,表面上曹沫雪耻,鲁国得地;实际上齐国的列车借此成功驶入霸业的轨道;而鲁国呢,离礼仪之邦又走远一步。

曹沫:"齐鲁齐鲁",齐和鲁本是一家人。

二十二、霸成的杀鸡儆猴

曹沫这一劫,按照"不打不相识"的套路,齐、鲁算是和解了。齐国掐指一算,鲁国、卫国、曹国已经可以列入降服的一批来管理。于是,小白和管仲按照最初设计好的路线图,继续霸业的下一步。

一口吃不成胖子,要一步一步来,现在踩到宋国的点。一个吃饭都能不辞而别的家伙,是时候要问清楚,这是为什么。

难道是为了逃避埋单吗?

宁戚谋宋

齐桓公对从柯地回来后的一系列动作很满意,想再往前一步,找宋国算账。

管仲说,算就要去他家门口算。

齐国就约起陈国、曹国,带上兵马去宋国,一副讨债讨不到就准备打砸抢的气势。但管仲的本意还是不想打。管仲就想秀肌肉,耍威风,不是打不过,不是怕耗钱,主要是不能随便打。齐国的目的是要宋国认自己做大哥,如果打得狠、打过了头就容易变成记仇。所以操作的时候,一定要灵活。

管仲说:"这种尺度我最懂,还是由我来操作吧。"

小白说:"不用。我们不是刚刚'捡到'那个叫**宁戚**的谋士吗?他说兵胜不如威胜,威胜不如德胜,他一直请求去试试。"

那就试试吧。（注：关于宁戚的记载有点乱，有说原来就是管仲推荐的部长，也有说是齐兵在去宋国路上遇到的农夫，他自己向齐侯"宁戚自荐"）

宋国听说齐国带兵问罪，立即感觉到兵临城下的压力，一副"说你胖，你就喘"的心理。刚刚不是还宣称为宋国专门组织一场庆功聚会，还叫人家小甜甜，现在新人胜旧人，居然180度转弯，兴兵问罪来了？

宋桓公赶紧开会商议对策，但对策还没出来，就听说齐国派宁戚来见他。

宋桓公问："宁戚是谁？"

宋国红人戴叔皮说："听说是齐侯在路上遇见的一个村夫，巧舌如簧的家伙，刚刚从齐侯那里忽悠走'大夫'的职位。他这次来，肯定要充当说客。"

宋桓公问："那要怎么对付？"

戴叔皮说："好办，不管他说什么，你就呵呵一笑不回答。只等他一露出破绽，说错话，我们就立即把他抓起来。"

宋桓公说："呵呵，这个容易。"

其实，这个不容易。说真的，你能忍住算你赢。

宁戚一进来，就45度仰望星空，配上一副哭丧的脸说："这么好的宫殿，危险啊，完蛋了，可惜了我的宋国。"

宋桓公很好奇，说："我宋国是公爵、诸侯之首，危什么危？"

戴叔皮立即一个眼神过去："主上啊，说好的'呵呵'呢？"

宁戚问："你感觉自己比周公如何？"

宋桓公有点得意："那哪里比得过？"

宁戚说："周公在周的盛世之时，天下太平还不忘招贤纳士。宋公你身处诸侯群雄角力的时代，因为长万弑君后，侥幸接替宋闵公的位置，就算效仿周公到处招贤纳士还要担心招不到，哪有像你今天这样妄自矜大，简贤慢客。这样的态度，就算我有忠言，恐怕也到不了你的耳朵里。"

宋桓公一听，佩服！这么一对比，还真是他不对。人家远道而来，他都没给人家一杯水喝，一张席坐。

宋桓公说："不好意思，我刚继位，不熟悉礼节，请多包涵，那你有什么指教？"

戴叔皮眼瞅这情形越看越不对，赶紧去拉宋桓公的衣袖。桓公你个猪一样的队友，你到底站哪边的？说好的不说话，你倒好，一句跟着一句，一个字都不肯落下。咋的，遇到老乡，要唠嗑啊？

不过，戴叔皮你也是真皮，人家名字都叫御说，哪里还能憋得住话？

宁戚说："现在周王室衰弱，诸侯离心离德，天下大乱，君不君臣不臣，动不动就发生弑君之乱。齐侯看不下去才站出来，请到王命，讨了这个费钱费力的苦差事，要为天下诸侯主盟。上次会盟就是为你而盟，想让你名正言顺，让宋国避免内乱。你倒好，一言不合就退盟。你这样做会让人觉得是心虚，没有信心主位宋国，那么诸侯国还要不要认你宋公的地位？如果你自己不愿意担当宋国，就让贤吧，诸侯国中还有不少宋国的公子呢。等到诸侯们有想法，想再扶持其他公子的时候，你就知道危险了。齐侯这次带着王命来问罪，还只问你退盟的事，没有说别的问题。你要珍惜机会，要不下回再来就不一定是追究会盟的事，而是要不要换人的事。说到底，你是不是想违背王命又要抗拒王师？"

宋桓公说："当然不敢，那么请教我该如何做？"

宁戚说："好办，你应该拿出诚意主动请诚，向齐国拜盟。这样不但能尊周王室，还可结齐国，你不费一兵一卒，宋国从此便稳如泰山。"

宋桓公说："我确实是一时糊涂，但我现在去找齐侯，他会原谅我吗？"

宁戚说："齐侯宽宏大量，不念旧恶、不记人过。宋公你没有听说鲁国的事吗？他连缺席的鲁国都能原谅，还能揪住你早退的事不放吗？"

也是哦！于是，宋公决定去找齐侯，就吩咐戴叔皮做好准备一起去。

戴叔皮说："我没空。我正在吐血。"

作为谋士，戴叔皮很清楚齐国的来意，本来还想周旋几下，为宋国多争点好处，鲁国曹沫不就抹到一块地吗？同时，也要让管仲知道宋国也有人有谋士，不可小瞧。谁知道，你个御说就那么喜欢说，底都被说破了。

也罢，天意，大势所趋，那就和吧。

最后呢，轰轰烈烈的"齐宋纠纷"就这么结束了。齐侯和宋公在宁戚的交涉下一起握个手，吃顿饭，喝个交杯酒什么，就发朋友圈宣布和好。

齐桓公：宋国也服了，下一站呢？郑国！

当然是郑国,难道是天后?

助突夺郑

此时的郑国正发生四子争位,轮到郑子婴主政,混乱期间难得的十年平静,国家也算稳定,没什么事!

没什么事?那可不行。在管仲和小白眼里,应该有事。

比如说,郑国居然依附楚国。你爸爸当年那么盖世英雄,轮到你小子居然给南方的蛮夷做小弟?

小白说:"我要教训他一下,让他改过自新,做齐国的小弟。"

管仲说:"教训的办法有很多。我听说郑厉公在祭足事变后一直躲在栎地,窥望着郑国国君的位置。如果我们扶持他,帮他登位,他肯定对齐国感恩戴德,就会背楚事齐,回到中原的行列。"

没错,比起用武力屈服郑子婴,不如用人情"温暖"郑厉公。

正好,让姬突一直嫉畏的祭足去世了。郑厉公就在齐国的帮助下顺利夺回郑国君位。

郑厉公一上台,立即宣布郑国不承认一切不平等条约,主要包括与楚国签的条约。他要重新签,和齐国签,签回中原,签到齐桓公的朋友圈里。

齐桓公:郑国也服了,那下一站呢?

那哪?那就不用下一站了。

踌躇满志

至此,在北杏、柯地邀请名单上的诸侯已全部搞定。他们是中原舞台上最主要的角色,是流淌着周朝贵族血统的一批诸侯。用这几个有分量的诸侯做代表,完全可以说明问题,可以满足齐国的称伯称霸。

不是还有晋国、楚国、秦国吗?

楚国虽然很大,按照周礼的观念,还不属于联盟的邀请名单。楚国的爵位是"子",但近百年在南方处处施暴,总给人一种"野蛮"的形象,已经引起公愤。

"尊王"都是讨论穿西装打领带的事,他脸都没天天洗,根本没什么好聊。

秦国在西北很少与中原交流，文明有差距，文化有差异，暂时也不用考虑。

理由都不错，形象解释掉楚国，文化解释掉秦国。最大的问题是晋国。

还好，晋国没空。晋国在齐桓公继位的55年前，晋昭侯迫于压力封曲沃给叔叔，使得晋国最终分裂成两个政权。在齐桓公上位六年后，晋国才在曲沃武公的浴血奋战下又重新统一起来。

实际上，晋国真正牛起来是从晋献公开始，但他继位的时间比齐桓公还晚8年。而且，晋献公之后又是三个兄弟的争乱。所以在齐桓公称霸的那段时间，晋国还算不上"大气候"，内乱刚结束，没想法也没实力和齐国争。齐国也不想去招惹山西人，只要不影响我称霸，你玩你的，我玩我的，有机会大家见面打个招呼，交换名片，留电话互扫二维码就可以。

这样算，齐桓公称霸的第一阶段工作就算完成了。

大家承认大哥，就等于大哥有了该有的名分。接下来就要做大哥该做的事。

如果没有家长里短的纠纷，新当选的家族族长就没机会臭屁。如果没什么事情来请齐国主持公道，小白这大哥当得也就没有意义。总不能天天就关心各诸侯国的天气预报吧？有力使不出，就会有锦衣夜行的遗憾。

小白很郁闷，他看着管仲，突然问："要不我们打楚国吧！"

管仲吓了一跳。

楚国地大物博，军事实力雄厚，而且楚成王和宰相斗子文都不是等闲之辈。双方斗起来属于高手过招、神仙打架，容易失控。只有等对方出错、失误，齐国才有机会赢下一子半子。这种意外是很难出现，可遇不可求。如果齐国主动带兵跟楚国真刀真枪，就变成齐国挑衅，道义上反而是犯错在先的。楚国主宰南方，已经经营好几代，根基很稳；齐国在中原新近称霸，并没有想象得那么稳定。楚国的版图是一块一块的，是几代君王打下来的土地；齐国的加盟商是一个一个的，是齐桓公通过请客吃饭、秀肌肉、讲道理谈出来的合作。所以，管仲认为要先把盟主的地位巩固一下再说。

先磨刀，磨刀不误砍柴工。

管仲建议，先把身上的倒刺拔掉，把身边的郜国磨掉。

收服郜国

桓公此前也干掉过几个小诸侯，比如藐视过他的谭国、遂国，这次轮到郜国。

郜国原本就是齐国的地盘。姜子牙到齐国后，把位于齐、楚之间的郜国收为附属国，然后封给自己的庶出儿子。但这家亲戚不怎么来往，过几代后就生疏了，居然和纪国搞在一起。要知道，纪国是齐国几代国君的眼中钉，当然也可能是眼中肉。齐国馋了很久，一直都想采用霸王硬上弓的手段把纪国拿下，三番五次，直到齐襄公才灭掉纪国，拿到梦寐以求的那块地。但齐襄公是一个爱好男女床笫胜过国家事业的国君，扩张国土的精力比较分散、比较随性，居然没把作为纪国附属国的郜国一起顺手牵走。

留到现在倒成齐桓公的机会。苍蝇腿也是肉。小白也想来一次霸王硬上弓。

管仲不同意："咱们这个霸可不是那个霸。要文明执法，不要随便动粗。"

"郜国虽是小国，但他也是吕尚的子孙，属于齐国同姓之亲。齐国一直在推销'尊王'，就不能随便欺负同姓。可派王子成父带兵去巡视纪城，假装要打人的样子，郜国惧怕一定会来投降。到时，我们没有灭亲的恶名，却有纳地的实惠。"

果然，王子成父出去一趟，在纪城搞一场阅兵仪式，郜国就服了。

齐桓公不得不佩服管仲。就一招"秀肌肉"还能屡试不爽，总能被他运用得恰到好处。所以我们健身是为什么？当然不能仅仅是为了晒朋友圈！

但郜国毕竟太小，好比你让一个亿万富翁请你吃一碗卤面，他会比你还着急。怎么表现我的经济实力？我的霸呢？至少要加份鲍鱼龙虾吧。

不急，龙虾来了。燕国来求救。

燕国夜话

燕国是召公奭的封地。召公奭、周公旦都是武王姬发的兄弟。在周还是商的诸侯时,召公奭就有封地,老爸姬昌把陕西岐山附近一个叫召的地方封给他。后来,他辅助周武王夺取天下,姬家的家底厚了,召公就鸟枪换大炮改封到燕国,但名字没有跟着改为燕公奭,这情形和周公旦差不多。这一变,地盘是变大许多,位置却也变远不少。燕国就在今天北京、辽宁一带,当时是比较荒凉的"边境地区"。按照"打虎亲兄弟"的原则,召公奭、周公旦是姬发的左膀右臂,所以两人还兼职在镐京出任最重的重臣,位列"三公"。

地位很重要,工作也很拼命,敬业精神和责任心让他们根本没空回家。

没错,上班下班,吃住就都在单位。当然,人家拼命是为了周王朝的明天,不是为了蹭电、蹭水、蹭空调。

换个角度,封地对他们来讲,就像周朝送一个企业,给他们控股,纯粹就是用来分红。

不止召公奭,西周早期燕国国君的主业基本在繁华的镐京,燕国就挂个名,让世子去监管。等世子继位成燕公时,也会同时继承在周王朝的召公,然后也去镐京上班,住京城去。

那段时间的燕国几乎是世子监国,这一点和鲁国很相似,只是鲁国的称号叫周公。但与鲁国相比,燕国地理位置的差异还会带来其他的差异。鲁国地处中原,燕国位在边疆,在交通不便的情况下,燕国几乎与中原没什么来往。两国国君都不在家,鲁国的文明还能紧跟着周王室,而燕国就落后许多。

天时不如地利。

再者,燕国还有一个头疼的问题:地处帝国的边疆,常常受到外族山戎的骚扰侵略。这些邻居很不文明,为此,燕国还把都城从蓟迁移到易。

关键是人也不和。

迁移到易是很容易,但要让山戎停止骚扰却很不易。

燕庄公很郁闷。听说最近江湖新起一个带头大哥,号召大家要"尊王攘夷",就抱着试试看的心态,向这位齐桓公大哥发出求救。

齐桓公收到消息后兴高采烈,很有劲头。终于有人主动想到他,总算来一单比较像样的活。而且,这很可能是一单有突破性的活。

"夷,我等你很久了。大家注意看,我要去攘了。"

驱戎救燕

齐桓公亲率大军直奔燕国。

大军路过鲁国时,鲁庄公表示愿意一起去参加这么有意义的公益事业。

小白却只微微一笑说:"谢谢,还不敢劳你的玉趾。如果我能成功消灭山戎,那也是你的功德;如果我无能失败,到时候再来向你借兵。"

说得这么客气,其实就是不想让鲁国掺和,齐国就想做一回纯粹的大哥,让诸侯们看看他的实力。拿任何一个诸侯来试手段,都容易伤感情;现在有机会打山戎,打这群大家都讨厌的家伙,是一举两得的好机会。**山戎的身份和体质,很适合用来做这种破坏性试验**。

这次骚扰燕国的山戎是一个叫令支的部落,他们的头领叫密卢。密卢听说齐国要来,当机立断,直接撤走对蓟门关的包围。

再见!我妈喊我回家吃饭,不玩了!

我叫戎狄,但我不傻。20多年前,齐桓公的老爸齐僖公在姬突的帮助下,把山戎打到遍体鳞伤,我们还历历在目呢。

好了伤疤,不能忘了痛。惹不起还躲不起吗?

这次真躲不起,因为管仲来了!

管仲说:"山戎捞一笔就回去,什么损失都没有。等我们一撤兵,他很快又会来。不如借这个机会,狠狠打一架,以除后患。"

齐桓公当然说好,小白也不想白白热身。

燕庄公更巴不得,这才是真正的救星,就主动献计说附近还有一脉山戎的分支叫无终(这名字取得,我都没法帮你解释)。虽是山戎的种,但不做山戎的事,是"文化人"。我们可以请他做向导。

这种部落在山戎那边应该叫戎奸,在周这边应该叫戎臣,有"弃暗投明"的性质。齐桓公就叫隰朋带点土特产和诚意去搞公关。隰朋不负众望,很快就带着无终国的大将虎儿斑和两千骑兵回来。

果然是五杰之一,隰朋的外交能力一流。一个隰朋进去,就一堆"隰朋"回来,一筐土特产进去,就一个虎儿斑出来。

密卢听说齐桓公不回家,心里很着急,就找大将买速来商量。买速好像学过兵书,所以每个动作都暴露出军事院校科班生的痕迹。他的第一个建议是劫寨,趁齐兵安营未稳,先干一票。

齐军这边安排的先锋是虎儿斑。小斑斑马虎了,没有思想准备,果然被买速得便宜,营寨还没有修好,队伍就被截成两段。虎儿斑的战马也受了伤,眼看跑不动只能束手待缚,这时齐侯的大部队正好赶到,人多势众,立即反客为主,最后不但救出虎儿斑,还把买速打跑。

"劫寨"的特点就是突然袭击,出其不意,能不能成就看"那一下",主要靠对方不知道底细,来个懵打猛打,所以虎儿斑一开始就在买速面前懵掉。后面齐侯的部队及时赶到,对买速来说也是"突然"。买速也不知道齐侯的军队到底有多少人,就轮到买速在齐侯面前蒙圈了。

买速想赶紧跑回家,至少可以保存实力,再做打算。

这个"打算"就是诱敌深入,打埋伏。

几天后,摸清齐兵底细的买速令主力部队埋伏在山谷中,再派一股小部队用极其鄙视的方式在齐侯营前谩骂。鉴于双方的语言不是很相似,所以骂的内容不是很重要,反正听不懂。鄙视的方式主要靠表现力,比如下马,坐在地上骂,然后配上夸张的表情、动作进行侮辱。

但这场戏演得有点过,连隰朋这个致力于外交的大夫都看出问题。他专门跑去提醒管仲要注意。

管仲呵呵一笑,"一群横店的土包子居然敢在我北影的研究生面前耍?我长这么大,从来没见过这么嚣张的人。"就转身问虎儿斑,"你想不想报仇?"

虎儿斑早就不耐烦了,"那班坐在地上的土人嘴上骂什么我可听得清清楚楚。无非是骂我虎儿斑为戎奸啊、畜生啊等等刺激类脏话。我这就出去杀掉他们。"

管仲又对王子成父和宾须无说:"你们各领一队人马从营后门走,两边迂回过去,各守一侧,专等追杀伏兵。"

果然,虎儿斑一出马,那些负责骂街的土人就跑掉。一边跑,一边开心地对自己说,"任务完成喽。"

虎儿斑哪里肯罢休?马上要追过去,却听到管仲鸣金收兵的信号。没办法,只好回来。这是管宰相一再交代的底线,"听到鸣金就算是地震也要给我回来。"

买速一看，怎么回事啊？鱼不是咬钩了吗？咋又脱钩了？赶紧的，抄网。就下令埋伏的兵马全线追击虎儿斑。

这回有好戏看喽！本来是来钓鱼的山戎，现在变成来打鱼的买速。本来是自己埋伏要打别人深入，现在斗转星移，自己反而变成深入。

管仲：对，现在是我埋伏。

买速带着部队还没追到虎儿斑，两边就突然杀出王子成父和宾须无。

买速又是一次蒙圈。还是跑吧，好在回家的路还熟悉。不过这次不比上次，兵马折掉不少，实力也损失不少。密卢问："这么回事啊？你不是我们最聪明的买速吗？还有招吗？"

还有！

啥招？

堵路！断水！

这路堵得确实准。齐军准备去打密卢的根据地黄台山，路程只有15里，原本很快就能赶到，但现在路上全是石头木头，根本走不动，只能且行且珍惜。路塞住，心也就塞着。管仲问虎儿斑还有没有其他路，虎儿斑说，有是有，就是绕道，都是山路，马不好走，要耗不少时间精力。

这水也断得准。被堵在山谷的齐军发现溪流没了，没水喝。齐侯说，这简单，挖坑啊，有坑不就有水？隰朋建议说，蚂蚁的巢穴喜欢建在有水的地方，先让士兵找蚂蚁看看。

但找不到蚂蚁。

隰朋又说，蚂蚁冬天喜欢暖，会在山的阳面，夏天喜欢阴，会在山的阴面。现在是冬天，到山的阳面去找找。

晕，不早说。

果然找到，然后一挖，果然有水。喝水不忘挖井人，谢谢朋朋。

齐桓公哈哈大笑，难题瞬间破解。隰朋同志，你百事通啊！

管仲说："有水就好办。我们还是兵分两路：一路由虎儿斑带路和宾须无一起走山路，迂回过去；另一路由王子成父带兵照原路上去，遇到坑就填，遇到石头就移。算起来，两边时间差不多，但王子成父这边的声音动静要弄大一点。没错，就是要让密卢快乐地以为我们正在傻傻地卖力气。"

6天后，王子成父带领"工程队"终于赶到黄台山。密卢和买速大笑说,就算老天帮他们解决饮水问题,现在这些疲惫之师还不是来送死吗?

伙计们上马,走,哥哥带你们杀人捡钱去。

但钱还没捡到,事情就先出了意外。虎儿斑这个鬼,怎么从我们背后杀过来?又是伏击,又是出其不意,为什么老是用这一招?他们什么时候过来的?

买速说:"小路啊!肯定是走小路。"

虎儿斑:恭喜你,答对了!

密卢说:"那现在怎么办?"

"跑啊!继续跑,他们只会伏击,我们也只会跑,要说'不要脸'也是他们先不要的。反正最近一段时间,大家都越来越熟悉这套路。"

那还啰唆什么?赶紧带上蒙圈的脑子跑吧!奔跑吧,一群傻兄弟。

跑路是一次比一次轻松,因为他们跑得越来越专一。马匹、兵器、帐篷、锅碗瓢盆等,女人、燕国的俘虏,还有一些山戎朋友等,都来不及带走。

逃命啊!大哥们,又不是撤退。难道还要带什么纪念品?

那往哪里逃跑?

密卢说:"去孤竹国,那里有我的好朋友。"

孤竹是个好地方,密卢想去,齐军也想去。

齐桓公说:"什么孤竹孤独?我们继续吧,不要停!"

管仲说:"不行,要停一下。"

因为不停就要淹死人!

灭孤强燕

齐军在赶去孤竹的路上,又遇到难题。一条溪河横在面前。竹筏船只早被孤竹的首领答里呵收走。听说齐兵被困在河对岸,答里呵笑着向密卢解释他的谋略,齐兵发现无法过河,自然就会回去,然后再乘机追上去打齐侯的屁股。

答里呵的大将黄花元帅还是有点担心,万一他们自己制造竹筏呢?就提议派人去河边巡逻,如果发现他们有渡河的迹象,可以马上截杀。

但答里呵拒绝安排值班,说"你傻啊,哪有竹子?他们想过河除非有神助"!

对，真有神助。

在赶路的时候，齐侯遇见一个半兽人。众人都很吃惊哪来的怪物，唯独管仲见多识广，说这怪物名叫俞儿，平时都躲在山里，天下要出霸主时才会出来。

管仲是真厉害，糊弄鬼就算了，还能借着糊弄鬼的时候糊弄人。他哪会知道什么俞儿俞孙？估计就是现场取个名，再忽悠一个故事，把动摇军心的梗变成鼓舞军心的点。

什么霸主，不就是你齐桓公吗？这马屁拍的，虽然点点滴滴到处都是，却又毫无痕迹；这军心稳的，不但步步为营人人可证，而且毫无破绽。一箭双雕。

就在大家一筹莫展的时候，突然有士兵报告说前面有个峭壁下的水很浅，只淹过膝盖，人可以直接蹚着过去。大家就过去一试，果然可以，而且不管腿长腿短都可以蹚过去。

燕庄公说："奇怪，我从未听说过这里还有可以直接蹚过去的水段，看来真的有神在帮助齐侯。"

切！切！切！明明是自己功课没做好，向导做得不称职，就赶紧现学管仲现卖脑筋急转弯，顺便拍一下马屁。

当然，马屁无罪，还常常有功。

至少齐桓公很高兴，说俞儿果然灵验。

现在轮到答里呵吃惊。晕，怎么过来的？既然齐兵已经过河，那就派黄花大帅去团子山拒敌吧。

密卢说："我也去。"

黄花大帅说："你不要去，屡败之人，晦气！"

"你们这些'客人'，请安心在山下等待我胜利的消息吧。"

但黄花大帅不知道，真正晦气之人，他人不去，晦气也会跟过去，江湖人称**"晦人不卷"**，晦你于千里之外。因为你的气遇见他的时候就已经被晦入，已经被传染了。

很快，这股晦气就要转化为事实。黄花大帅是个英雄，但也抵不过人多！硬碰硬，几千兵马没几下就被齐兵吃掉。黄花大帅只好放弃团子山营寨，假扮成樵夫逃走，兜兜转转竟然逃到密卢的大营。

密卢看着黄花大帅，心里很得意，逃跑谁不会？就故意问："黄花屡胜大帅你好,你不带半点晦气去怎么就一个人回来了?"大帅很惭愧。奚落后,密卢还在接待上故意撒气,大帅要酒,他就说没酒,"给你炒麦子吃吧";大帅说要马,他就说马都在战场上,"给你一只腿上有残疾的病马吧"。

大帅很恼火但也没办法,毕竟自己是明日黄花,昨日大帅,今天不帅,只有狼狈。密卢却更开心,"晦气"的侮辱一扫而光,但他不知道这是在给自己挖坑呢。为了这一点点临时得意,他将要付出生命的代价。

黄花大帅骑着病马回到无棣(dì)城,对答里呵说:"齐侯恨的人是密卢,我们没有必要帮他扛这口黑锅。不如杀掉他给齐侯,双方讲和不就好了。"

答里呵说:"那哪行?人家落魄来投靠我,我还杀他?那我们不真成那些文化人嘴里的野蛮人了?"

宰相兀律古说:"主上不要着急,我还有一个计谋。"

计谋就是把齐兵骗到孤竹国的北边砂碛(qì)一个叫旱海的地方。那地方又称作迷谷,里面道路曲折且雾气迷漫,因而难于辨认,沼泽水草里还埋藏着不少暗沟,而且毒蛇害虫比比皆是,人进去后基本出不来。到处都是白骨,白天都似有冤鬼,冷风嗖嗖。要是能把齐兵骗进去,他们还用去厮杀吗?天也会杀齐兵。

那么问题来了,如何骗?谁去骗?

兀律古说:"办法有,主上你带领城中百姓暂到山谷去躲避,把整座城市变成空城,再派一人诈降,骗齐侯说主上你去砂碛借兵。齐兵一定会追过去,然后就可以顺理成章地将齐兵带进旱海。"

黄花大帅说:"好计谋。"

答里呵说:"你也认为好?那你去吧。"

我愿意!

愿意的黄花大帅心里还盘算着为计谋锦上添花,顺便公报私仇。他觉得没有伴手礼,诈降就显得不真实,会影响欺诈的成功指数。至于用什么做伴手礼最好?黄花大帅立刻就想到新朋友密卢。

密卢的人头应该是最好的投名状。

黄花大帅就按照计划带领千余兵马来到前线。前线的密卢正和齐兵相持不下,看到黄花大帅带兵来,以为是助阵,很友好地出门迎接。谁知道，黄花大帅话也不说一句，直接就是一刀劈过去。密卢被杀掉。

买速眼看老大被杀，哪里肯罢休，就过来打，双方互相对打几十回合也没分出胜负。买速不明白老大为何被这样"突袭"，但这是人家的主场，没人给你讲道理，心想孤竹待不下去了，干脆投奔到虎儿斑的大营去。

买速是真投降！但虎儿斑不信，没有伴手礼，没有投名状，没有道理。为了安全起见，虎儿斑就直接把买速给杀掉。

呵呵，谁叫你一开始劫我营寨，差点要我命。

现在我反要你命，没有差点儿。

另一边，黄花大帅带着厚礼来到齐营，果然受到齐侯的亲切接见，毕竟，密卢的头造不了假。然后，黄花大帅又带齐侯进入无棣城，果然空城。

兄弟，你没有骗我，你是个厚道人。

那我们赶紧追答里呵吧。

就在齐侯带兵进入旱海地界后，孤竹的厚道人不见了。同时，这个鬼地方也果真开启它的传说模式。好在管仲不但听说北方有个叫旱海的地方，知道它的厉害，还提前做过攻略，知道如何走出这个迷宫。办法就是"老马识途"。

果然，几匹老马带着受到巨大伤害的齐兵走出旱海。实践证明，**人有时候确实是不如畜生**。

走出旱海的齐侯终于弄清楚答里呵和黄花大帅的计谋，管仲决定将计就计。因为答里呵并不知道齐兵已经安全走出迷宫，管仲就叫虎儿斑选几个亲信假扮成百姓一起跟着从山谷回来的孤竹国人混进无棣城。

毫无疑问，此时的无棣城中了木马。

半夜时分，木马发作。黑客管仲带领齐兵很快就攻克无棣城。对不起，不是"攻克"，是"暴走"进去。木马发作后，直接打开城门，齐兵轻松进城。

这是双方的明暗互制。齐兵打仗的计划是自己制订，属于明，心里明白；但进城打仗是躲起来突袭，属于暗，动作隐蔽。戎兵相反，计划没有，本来有但用完用光了，现在是在别人的计划中，属于暗，脑子蒙圈昏暗；等打起仗来却又暴露在外面，属于明，活靶子。这样一对比，双方还有什么好打的？

混战没多久，黄花大帅和兀律古直接死在战场。天太黑，看不清你是谁，就当作普通靶子杀掉。答里呵因为是头领，属于既定目标，所以被活捉。但活捉也是用来杀的。不为别的，图个"新鲜"，用来证明齐桓公是非分明，公正严明，顺便杀一儆百，用现场实例警告其他蠢蠢欲动的戎狄。

自此，燕国大庆，齐国大庆。

齐桓公说，我听说燕国形势危急，才赶过来帮忙。虽跋涉千里，但幸好成功。现在令支、孤竹都已灭掉，为我周王朝增添500里地。齐国不能越过燕国来管理这些地方，所以请燕国在这里建设吧。

燕庄公听到这话，真是眼泪流到流鼻涕，"我哪能占你这么大的便宜，还是请齐国来这里建都城吧。"

齐桓公说："你就不用再推辞了，北方比较荒凉，你如果不来管理，没多久又会变成戎夷的地盘。你现在应该继承祖上召公的业绩，赶紧修筑城墙，尊敬周王，为周王室守住北方。这便是齐国的幸运，也是我此行的目的。"

同时，更是他想做大哥的一种本分。

燕国已经很久没有好事，想不到磕磕碰碰到燕庄公这里，突然就中彩票了，而且还是借别人两块钱买的彩票。燕庄公感激齐国，正是齐桓公的不辞辛劳，才有燕国的"复国"成就。他决定听小白的话"高筑墙，广积粮"，死死捏住北方。

北方的天是冷冷的天，终于到了齐桓公要回齐国的那一天。

依依不舍的燕庄公送了一站又一站，倾诉着各种不一样的谢意。不知不觉，就已经送进齐国的国界里。事情变得有点麻烦。按照礼制，诸侯相送不能过国界，除非客人是天子。燕庄公很慌张，但齐桓公很镇定。他决定把燕庄公踏进齐国的50里地免费送给燕国。地皮划拨后，燕庄公就没有踩过国界，齐桓公也没有越过界。

齐桓公：我就不信感动不死你。

燕庄公：差点窒息。

在齐桓公的慷慨帮助下，燕国连续中了两次彩票，北增500里，东增50里，变成大国。他们的都城也再一次搬迁，由易回迁至蓟。

所谓江山，战国的秦国靠打，三国的蜀汉靠哭，春秋的燕国靠哭靠送靠……

燕庄公：你管得着吗？

燕国的事传开后，天下诸侯都非常吃惊也非常羡慕。小白这泡妞还真下血本，那么齐侯什么时候来我家做客？

齐桓公只能呵呵一笑。他长长地舒出一口气，齐国的名气、实力终于起势，得到广泛而坚定的认可，霸主的概念和自己的地位近乎同时确立。

燕庄公：深入人心啊。

齐桓公很满意。但中原似乎才找到感觉，"霸业"的秩序概念刚刚发芽，许多细节和规矩还不完善。"革命尚未成功，同志还需努力"，内定的齐大哥还要继续奋斗，才能让春秋走向历史该有的样子。

正好，燕国之行结束后，诸侯国之间的纠纷也越来越多。齐桓公出席各种活动，调节各种矛盾的脚步就越来越密集。

首先出事的是鲁国。

二十三、霸主的日理万机

鲁国和齐国是从小就一起长大的邻居。你屁股上有没有痣，痣长在哪里我都清清楚楚。所以鲁国一直不服齐国，但最近不得不低头。一是齐国出了小白这种变态子孙，考清华上北大，还保送直博；二是鲁国家门不幸，儿孙内斗，死的死，伤的伤，自我消耗严重。他们不得不把目光转向隔壁邻居，求救。

姬般遇刺

郑庄公时代，鲁国在姬翚的助攻下已从鲁隐公息姑过渡到鲁桓公姬允。

姬允这命，说啥好？他老爸原来准备给他哥哥姬息娶老婆，后来贪慕新娘的美貌就直接变成自己的老婆，然后生出姬允。等姬允长大后，在姬翚作乱的助攻下取得君位，成鲁桓公。不久，他又娶齐僖公的女儿文姜为妻。文姜是标准的白富美，就是与齐襄公有点说不清。鲁桓公也因为这事在齐国出访时，被齐襄公杀掉。

死就死了，他又给鲁国留下一份可怕的遗产——深度左右鲁国政局的"三桓"。

鲁庄公姬同是鲁桓公的儿子。鲁庄公有个同父同母的弟弟叫公子友，全名季友，还有两个同父异母的兄弟叫公子庆（庆父）和公子牙（叔牙）。

鲁庄公年轻的时候，有一回出去游玩，遇到一个美丽的女子，直接被迷上，就让人去打听，原来是党氏的女儿孟任，就想叫她过来喝一杯，一起谈人生，谈理想，顺便聊聊诗词歌赋。"喝咖啡把戏"后面要怎么发展，能怎么发展？你懂的！鲁庄公可能想玩一见钟情、一夜情，但孟任却是理智战胜一切。

管你什么王不王，我可是个正经人。

没办法，鲁庄公的大脑全是欲望，最后只好一咬牙下大注出王炸，说"如果你愿意跟我，以后就立你为夫人。"一出手就豪车豪宅，孟任姑娘的纯洁就被炸开了，但理智还在，说"这个可以有，不过你要盟誓言。"

鲁庄公立即在手臂上划一刀，又哗啦哗啦背出什么"天打五雷轰"之类小神仙听腻但小姑娘又听不够的誓言。

看来女人要求男人发誓，和男人在自己身上刻誓，两者都是人类爱情领域的本能属性，信手拈来。

但立夫人与娶老婆之间的差距，比娶老婆和找老婆之间的差距要远得多。鲁庄公很清楚这件事的难度。所以直到一年后，孟任生下儿子姬般，他才敢想借着儿子的名义，按照"母凭子贵"的潜规则，去找母亲文姜，请求立孟任为夫人。

文姜拒绝了。她想亲上加亲，要鲁庄公娶齐襄公的女儿为妻，并立为正室夫人。而且不管鲁庄公同意不同意，就把"生米煮成熟饭"。注意：看到这个词不要习惯性脑补画面。文姜和诸儿有这样的情色画面，但这次做"熟饭"是指派人去齐国下聘礼。

君无戏言，大国之间的严肃性不容亵渎。订单一下就等于确定齐国表妹为鲁国夫人，虽然表妹才只是幼儿。

鲁庄公说："妈，表妹还只是个孩子。"

文姜说："没事，孩子都会长大。"

鲁庄公没办法，只好劝孟任说"你虽然没有名，但可以有实"。表妹没长大还没过门，孟任实际上就是后宫之主。

后来小表妹终于长大，嫁来鲁国，即哀姜。但鲁庄公不喜欢表妹，许久也没生出儿子。不甘寂寞的表妹却继承了老爸和老姑的光荣传统，眉来眼去地和帅哥公子庆父勾搭上。她还斗胆包天，与庆父约定，要立庆父为鲁国国君，让牙叔做宰相。计划很丰满，但鲁国很骨感。

鲁庄公：所有勾搭着政治的爱情都是假爱情。权欲只会证明你们的性欲。

哀姜不受鲁庄公待见，陪嫁来的叔姜却意外吃香，与鲁庄公对上眼生了一个儿子，叫姬启。另外，鲁庄公和一个姓风的小妾也生过一个儿子，叫姬申。

这样，鲁庄公之后，鲁侯之位就面临四种可能。弟弟庆父、长子姬般、儿子姬申、姬启。现在就看谁的力气大，谁的运气好，大家掰掰手腕吧。

临死的鲁庄公问"假弟弟"叔牙，谁可以为王？叔牙说"庆父可以，因为兄终弟及"。又问"真弟弟"季友，季友说"必须是姬般，他母亲虽没被立为夫人，但与你有盟誓之约，已经算实际的夫人，姬般可以算嫡出。而且，姬般年长"。

鲁庄公觉得真弟弟说得对，假弟弟瞎说。说对的人就流传出来，说季友最贤，说错的人就让他错到底。鲁庄公令季友带上毒酒去给叔牙喝。叔牙说话没脑子，喝药却会认真过脑子，"你当我傻啊？"当然死活不肯喝。不得已，最贤的季友就上去灌给他喝。

你的弟弟，你也下得起手？不过这也没什么问题，政治游戏本就是成王败寇，关键是史书一直强调你最贤。一个最贤的人仅仅因为弟弟与自己政见不和，就在没有事实的情况下，强行杀害。

这种贤，想想都可怕。

但很奇怪，鲁庄公为什么不直接杀庆父呢？可能庆父的回答没有明确谁，滴水不漏，缺乏戏剧冲突的观赏性，抑或是记载的人忘记写进去了。

其实此时的公子庆父也不是你想杀就能杀的。姬牙会推荐庆父为君，说明庆父已有一党，有一股自己的政治力量。你去杀他，搞不好就是捅娄子，反给人家造反的理由。

最后姬般继位，拥立有功的季友在鲁国的名声就更贤了。

龙生龙凤生凤，老鼠的儿子会打洞。虎父无犬子，姬般不但继承了庄公鲁侯的君位,也继承了鲁庄公泡妞的本事。同样,姬般还是公子的时候,也是出去游玩,也偶遇到一个美女,是大夫梁氏的女儿,也是一见钟情,然后就偷偷地嘿嘿嘿。关键是梁氏并没提出什么"立夫人"的要求,姬般却像背诵老爸的"泡妞秘籍"一样,主动背台词说要立她为夫人。

此时,姬般和梁氏的事情并没有公开,还属于偷情性质,没有几个人知道梁氏是姬般的女友。所以掌管养马的圉(yǔ)人荦(luò)路过梁家时,看到美女,春心荡漾,就任性地放纵自己,不但对她吹口哨,还唱哥啊妹啊之类比较轻佻的歌曲。

要不是姬般在前,小荦荦的追求也可能成就一段美好的爱情故事,但因为姬般故事在先,圉人荦的行为就变成纯调戏。道德败坏!

姬般知道后很生气,叫人把圉人荦抓起来,抽打三百皮鞭。

鲁庄公听到儿子的事后,就问:"你这么恨他,为什么不把他杀掉?我听说圉人荦力大无比,如果只鞭打他,他必然会怀恨在心。"

姬般说:"他一个养牛的下人,怀恨在心又能咋的?"

呵呵,你还是太嫩,泡妞老司机的话你不听,就等于给自己挖坑。

果然,怀恨在心的圉人荦病一好就投靠公子庆父,并在庆父的悉心教导下,成功地刺杀了去外公党臣家吊丧的鲁君姬般。

吊丧、参加葬礼这类事情在春秋时期真是一项高危的活动。活动搞好了,你吊别人;活动搞砸了,别人吊你。

此时的姬般刚刚继位,也就屁股刚刚热乎的时间,就被庆父给杀掉,最后连个谥号都没有。

庆父难鲁

听到姬般被杀的消息,贤人季友立即做出正确的判断,一定是庆父干的。那个傻瓜替罪羊圉人荦,不久就会被庆父以弑君的名义杀掉。形势很严峻,季友必须快速做出决定:跑路,逃去陈国。

留得青山在,不愁没柴烧。

这就是智慧的贤者。姬般被杀,贤人自己就成为威胁公子庆父上位的人物之一,而且是分量最重的那个。

哀姜说:"亲,现在好了,你可以自立为君。"

庆父说:"还不行,不是还有两位公子吗?"

哀姜说："按照顺序，我们先就立姬申吧。"

庆父说："申年纪比较大，不好控制，不如立姬启。"

于是，8岁的姬启继位，即鲁闵公。

但庆父没想到，鲁闵公早熟。虽然只有8岁，他却能很清醒地意识到自己的处境。内廷怕哀姜，外廷怕庆父。为了摆脱这种困境，他居然能联系到齐桓公，向小白求救，希望齐国做自己的大保护伞。

他俩在一个叫落姑的地方悄悄会面。

齐桓公问："鲁国谁最贤？"

启说："季友，不过现在在陈国避难。"

齐桓公问："为什么不召回？"

启说："不行，都怕庆父。"

齐桓公说："就说是我的意思，谁敢违抗？"

这个主意不错，现在的齐桓公只要把自己的名字借给鲁国，就够他们耍一阵。牛人牛到一定程度，别说人，光名字就能辟邪。遇到困难，口中念"上帝与我同在""阿弥陀佛"等咒语就是耶稣和佛祖用（派）他们的名字来现场救难。当然，齐小白的名字还没有那么大的火候，不过在春秋某个特定时期，还算管用，可以灭掉对手的不少气焰。

鲁闵公就在回鲁国的时候，特地路过陈国，在郎地与季友会面，并带回鲁国。然后一路上"大声喧哗"，声称都是齐霸霸爸爸的主意，他也没有办法。

齐桓公也想好人做到底，不久就派大夫仲孙湫去鲁国问候鲁闵公和季友。这等于是为鲁闵公的宣传作证明，表达齐国明确而强硬的态度。

仲孙湫见到闵公启，启大哭。

仲孙湫见到姬申，申申不但不哭，还谈天说地，头头是道，亮出一个又一个绝活，成功地吸引仲孙湫的注意。仲孙湫因此判断申申才是个治国良器。

仲孙湫见到季友，问季友为什么不杀掉庆父？季友伸出一巴掌在他眼前晃了几下。哦，孤掌难鸣！

仲孙湫见到庆父，庆父要送厚礼。仲孙湫说："你只要好好做忠于社稷的事，就是送齐国最大的厚礼。"庆父讨个没趣，只好郁闷并羞愧离去。

仲孙湫回到齐国，齐桓公问这趟差如何？仲孙湫说出一个流传至今的成语,"庆父不死,鲁难未已",高度概括。

庆父:*春秋比我坏的人多了去了。*

齐桓公说:"那就让他去死,我们出兵鲁国。"

仲孙湫说:"还不行,他的反动只有动机迹象,没有明白表现,我们没有理由打他。我看这个人不安分,不会久为人臣,早晚会有动作。等他发动政变后,我们再出兵去救,既能灭他,还能彰显我们的霸业。"

对,救苦救难才是我们的本职工作,没苦没难怎么救?世间的雪中送炭一定会被认作好人,但排除隐患就要看对方(双方)的素质。不只素质和道德,还包括智慧。"雪中"是确定的事实,"隐患"是不确定的推测,推测容易受主观因素的影响。所以齐国的态度很明确,鲁国要先有苦难,实在没有苦难的话,你们也可以自己先制造,反正我们可以等。

也可以学学郑庄公对公叔段用的"欲擒故纵"。

反正鲁国要先有难才行。见死我们一定会救,但是,见你未死,我们也只能等你死。没办法,这已经是人类社会的人际规则。

那要等多久?

不久!两年!

鲁闵公二年,庆父又怂恿大夫卜齿奇去暗杀少年鲁闵公。卜齿奇曾与太傅慎不害发生过田地纠纷。但这明明是卜大夫和老师的矛盾,为什么要杀学生?

庆父说:"他的学生是诸侯,就会给他撑腰。你去杀学生,我去帮你杀老师,这样两边都可以回避忌讳。我们都不是公报私仇,我们是互报私仇。"

但你换身衣服,头发盘起来,我就认不出你女扮男装?

两线作战、交叉前进的形式确实很迷幻,有创新,但本质没变。卜齿奇杀掉鲁闵公,庆父杀掉慎不害。两人都以为自己的做法很隐蔽、很诡异,但国人都知道谁死的背后是谁在主使。利益关系太清晰,你俩纯属脱裤子放屁。

季友在庆父的"双线杀"后,又一次启动应急预案,跑。这次是跑到邾国,顺便带走一件(个)很重要的行李——姬申。

鲁国人彻底怒了,周礼的发祥地终于表现出对礼仪该有的维护。**国人开始罢工罢市**。看看,是不是再次证明,西方那些所谓的民主套路都是我们玩剩的？

罢几天后，庆父的政变已经变成民众的动乱，再演变成骚乱。虽然庆父一再说明，姬般不是他杀的，闵公不是他杀的，他有证据、证人什么的，但没人信。不要以为穿件马甲人民就认不出你，法律是你定的，衙门是你家的，状师也是你请的，你自娱自乐，过家家去吧。你玩你的套路，我们不按你的套路走。

【善尽天良】 一个人要是把所有好事（好处）都占尽，不管手段多么合法、合情、合理，本质都是一种残暴。过程不重要，结果才重要，结果是你不给别人任何机会。你是采用勤劳、智慧、机遇等合法手段，但你分配走几乎全部的社会资源。人们确实无话可说，问题是此后的他们可能就活不下去了。那么，他们只能不按规矩，不按道理，只能跟你说事实。这就是传说中的"造反有理"。

贪官A，成天就想着自己的利益，手段很恶劣，结果他赚10元，你只赚1元，但你有的是办法反整他。因为他吃相难看，处处都有污点，他丧尽天良，我们有的是法律对付他。

贪官B，成天就研究政策法规，几乎看不见他的手段，结果他赚5元，你却亏10元，但你拿他一点办法都没有，因为他遵纪守法，善尽天良，他不给你任何骂他的机会。

试想一下，20%的人占据社会80%的资源没问题，如果是10%占90%呢？如果是5%甚至1%占99%呢？

每一个社会都有承受的极限，数字的极限就是你善尽的尽头。

主宰社会的庆父，我们犯错的时候你讲证据，你反动的时候又玩证据，证据是你家开的吗？去你的证据，我们现在讲天理，要杀掉你。

庆父完全晕乎，明明已经请来专业人士指导，而且事情都不是自己亲自办的，完全是按照"法律外、礼仪内"的标准操作，国人怎么突然就不守规矩了？太意外了。没办法，玩火玩过火就要自焚，只好先跑去莒国躲一躲。

哀姜听说庆父跑去莒国，也想过去。情郎咋能抛弃我？但身边人说，外面都传你和庆父有一腿，如果你现在也去莒国，不是等于坐实这些传言？你最好去邾国找季友吧。

但季友没空。他听说鲁国人民群众的革命热情后，马上安排姬申回鲁国。同时，又派人去齐国求救。

齐桓公收到消息后，问仲孙湫："现在鲁国无君还这么乱，要不我们趁乱打劫，趁机吞下它？"

仲孙湫说："还不行。鲁国国人暴乱是因为恨庆父，他们的姬申很有能力，季友也很贤惠，两人一起复国的可能性很大，我们不如做个顺水人情，帮助他们。"

简单说，鲁国还有领导，群龙还有首。

齐桓公就派上卿高傒去鲁国。交代说，姬申如果确实是块料，就辅助他为君，如果是个脓包，就把脓包挤掉，直接并吞鲁国。

高傒一到鲁国，就去见姬申。姬申又通过了一场很认真的面试，成功地让高傒认为自己是个人才，并进而挽救鲁国。

那到底是怎么面试的，成效这么牛？古人面试的第一关是看面相，人可貌相。姬申是个帅哥。然后，高傒就说面试通过。

面试：就这么任性，一笑而过。

其实老祖宗们的颜值控比我们现在更严重。不过，人家控的不是奶油小生，不是娘娘腔，而是男子汉的气概，相由心生的气质。

于是，高傒和季友拥立姬申为鲁侯，即鲁僖公。

鲁立三桓

鲁庄公之后，论实力，弟弟庆父最强。三个儿子，论年龄公子般最大，论血统公子启算嫡出，中间的公子申最没条件。但历史就这样，选定的人管你是王侯将相，是亭长，还是和尚，都必须成。这段"姻缘"是天注定、上天安排的。上天最大嘛，还不够文人们臭屁吗？

姬申：你们先嗨，能回到家算我输。

因为叔叔庆父不死，鲁难就未已，所以哥哥和弟弟都变成姬申的挡箭牌。

庆父在莒国也不招人待见。莒人看到鲁国已经稳定，庆父不值钱了，就说"莒国太小，你还是去别的地方吧"。庆父就委托公子奚斯向鲁僖公说情。鲁僖公正在犹豫，季友说，如果弑君的人不死，以后还有什么能惩戒后人？

庆父没办法，只好自杀。他是被成语害掉一生（包括生前死后）。春秋弑君者多了去，唯独他搞得好像很职业似的。其实庆父最不职业，活干得很不好，无非是把野心和欲望暴露得太明显，并且与弟弟季友的对比度太大。

关键是季友最后还赢了，话筒被他捏得死死的。

没多久，在邾国的哀姜也在齐桓公的授意下自杀了。哀姜参与政变回不了鲁国，齐国又认为她是嫁出去的女儿，还破坏齐国的形象，影响齐国以后公主的出嫁。再这样下去，谁还敢娶齐国的公主？一代一个啊！所以无处安放的哀姜只有死掉才是最好的归宿。

物以类聚，人以群分，被庆父寄予厚望的莒国也不是什么好人。他们听说庆父自杀，居然想到一个不要脸的举动——到鲁国来索要钱财。理由是他们没让庆父跑掉，也没保护他，而是帮助鲁僖公消灭一个大政敌。勉强可以算助攻，助攻也要给钱。（另外一个版本是说鲁国承诺出钱请莒国杀死庆父，但莒国杀死庆父后鲁国又赖账不给钱）

季友说："怎么算？你现在知道不给他住，那前面还收留他，又怎么算？"

莒国说："我不管，你不给，我就让嬴拿（武将）带兵来拿。"

这个名字好，拿，还"嬴"，可惜这次不是拿回来，而是拿出去。

季友考虑到鲁国刚刚稳定，要修身养性，不想刀兵再起，就骗嬴拿说："事情是咱俩引起的，与这些士兵何干？我们出来单挑吧。"

这是两军阵前的喊话，谁也丢不起面子，嬴拿只好同意。

两人旗鼓相当，来去五十多个回合不分胜负。眼看就要平局，季友却使个诈，从腰间拔出一把鲁僖公赠送的匕首，突然刺过去，直接把嬴拿毙命。

有时候，贤人的做法也是响（贤）当当，可能是他又开始不拘小节吧。

那么哪里拘大节？有！季友对鲁僖公说："我和庆父、叔牙都是鲁桓公的儿子，我为社稷考虑，不得已毒死叔牙、逼死庆父，如果他们两家因此绝户的话，我死后有什么面目去见我的父亲？"

鲁僖公说："那是他们自己作孽，与你何干？"

季友说："他们有逆心但没有逆行。他们本不该受到这样的死刑。现在最好的弥补方式是给他们的子嗣也留个封地吧。"

鲁僖公没有什么考虑就同意，分封在春秋时期是常事。殊不知正是此次分封确立出的"三桓",为鲁国以后君权分散埋下伏笔。

【三桓】 庆父,字仲(后来以字为姓氏),后世为讳庆父的恶名,就改为孟,于是他儿子公孙敖就称孟孙氏;公孙兹继承叔牙,就称叔孙氏;加上季友的后世季孙氏,一共三家。此后孟、叔、季三家并执鲁国政治,因为是鲁桓公三个儿子拉起的由头,就简称"三桓"。但分封的时候,又到鲁桓公的孙子辈,所以每家都有一个"孙"字。称"孟孙、叔孙、季孙"。

"三桓"开始是政治的基石,后来是政治的绊脚石。

那么在本次的鲁国政变中,齐霸主主要做些什么事情,以体现出一个大哥该有的样子?一是他把自己的名字借给鲁国用;二是他没有出兵把鲁国吃掉;三是因为他没有吃,别人也不敢吃。

"别人也不敢吃"包含着非常重要的寓意——秩序,秩序,新秩序。

至于派兵与季友一道保护姬申回国继位的"功绩",只是诸侯国之间的基本动作,不值一提,根本配不上、体现不出霸主的气质。只有上面那三点才能真正证明齐国的地位以及发挥的作用。诸侯们已经在心里默念你的存在,默认你的地位,默许你的指点。

为了证明齐桓公走上霸主并行使霸业秩序,鲁国用两次政变的闹腾,提供出一个有力的证据,真够称得上"齐鲁兄弟"。

兄弟是够,但政治还不够,至少历史认为还不够。于是,卫国也站出来,表态愿意帮齐国再证明一次。

懿公好鹤

卫国国家不大,故事不少,在春秋绝对有故事等身的"显赫"。

卫州吁杀掉卫桓公后,继位的卫宣公又因为老婆宣姜的介入,再次动乱。经历姬寿、急子相继被杀,卫惠公朔、卫黔牟相继主位,卫惠公朔复位等火爆新闻后,终于告一段落。君位稳定过渡到卫惠公的儿子姬赤——卫懿公,卫人喜欢没事找事的毛病又开始了。

总之这些年,卫国时事政治的考题都比较复杂。

卫懿公是典型的作死。他不好大喜功,也不好酒、不好色、不好男人,他只是一个宠物爱好者,暖男,有一个前无古人,也后无来者的爱好——好鹤。

要说君王爱养宠物也不是多大的事，关键他不是一般的爱好，是痴迷。

传说鹤属于鸟类的仙物。它的形态、长相、活动、喜好等特点无一不透露出一股股仙气。它是7年一小变，16年一大变，160年才不再变化，1600年才形成如此轻盈婀娜的仪态，简直就是"老妖精"。对于凡人来说，接近它就是接近长寿，接近高雅，也可以接近装高雅。所以，鹤的形象历来都很生动，在中国的文化艺术领域，属于正面内容，松鹤延年。

但长久以来，道士、文人雅士对鹤的感情和态度基本是光说不练，呈现"叶公好龙"式的虚无。只有在卫懿公的卫国，鹤的荣耀才真正体现。

在卫懿公眼里，人是为鹤而生的。他按照爵位将鹤分出三六九等，冠名鹤将军。既然是将军，就要有对应的工资待遇。卫懿公参照大夫等级，鹤鹤都有一定的俸禄，并配有相应的仆人为其服务，而且还没编制限制，所以卫国那些年的鹤大夫比人大夫还多。

在今天，就算冠着国家×级保护动物的头衔，住着动物园的华丽别墅，吃喝免费，又能算什么？如今的鹤鹤们只能感叹，鹤鹤呵呵，生不逢时啊！

按照习惯推论，让一个狂热的宠物爱好者当诸侯，国家肯定不顺畅。毕竟国民是人，不是畜生，就算没有民不聊生，肯定也有"不管百姓死活"的问题。他让很多人觉得自己"连畜生都不如"。

不过人家是诸侯，你是百姓，天生的。这是"天注定"的身份，不服不行。

卫懿公好像也没有这样认为，因为他根本没有时间精力考虑这些事情合不合理，会有什么影响。他什么认为都没有。如同专注的科学家沉迷于学习和研究无法自拔一样，卫懿公在鹤的面前一样拔不出来。

专注的人本来可以继续专注下去，但现在不行，北狄来了，专注被打断了。

卫国悲歌

北狄是北方的少数民族分支，非常彪悍。听说山戎在燕国那边吃大亏，担心中原势头变猛，会小瞧他们，就想到另一边发起一场攻势，以保持对中原的高压态势。这是一份多么淳朴而粗暴的理想啊。

他们的头领叫瞍瞒。瞍瞒带领2万士兵去攻打邢国。邢国非常配合,不堪一击马上沦陷。然后,瞍瞒听说齐国要出兵来救,就立即调头去打卫国。

无辜的卫国,无辜的卫懿公,还有一群无辜的鹤。

正载着鹤群出游的卫懿公听说瞍瞒来袭,立即招呼大家准备集结部队,但老百姓听说北狄要来就都跑了,他们不肯为卫懿公出力。

卫懿公很奇怪:"什么素质啊?保家卫国啊,你们平时都怎么教育孩子的?"

老百姓说:"你要抵抗北狄根本不用我们,只用一物就可以。"

"什么物?"

"鹤!你的鹤不都是大夫啊、将军啊什么的?还能飞,翅膀很硬!"

卫懿公听后很惭愧,马上认错,表态一定会改过自新,当即命令这支近仙的鹤部队就地解散。但鹤也通人性,久久不肯离开。

废话,谁愿意离开?这里有吃有喝有人照顾,不要说鹤这种畜生,就算是人,也会一样恋恋不舍。

卫国老百姓看到卫懿公居然能拿出"挥刀自宫"的诚意,很感动,也就不跑了,表示愿意配合卫国政府打一战。

大夫石祁子头脑清醒,认为卫国根本打不过北狄。所以对付北狄的最好办法是一边坚守,一边赶紧向齐国求救,求小白大哥出手相助。

卫懿公心里没底,说他已经很久没有去参加齐国组织的会盟,上次齐国退兵也没去谢罪,现在又去请他肯定不来,也没面子。

来不来先不谈,但卫懿公为什么要说"上次"?上次是哪一次?难道有前科?

这笔账要算在卫惠公头上。卫惠公因为外出被公子黔牟夺走卫侯君位,后靠齐襄公的帮助重新夺回。黔牟是周的女婿,就被赶去周王室,遣送"入赘"。

这是一段老恩怨。周王室为此一直觉得没面子,耿耿于怀又无力报复。直到齐桓公跳出来想称王称霸,要拜会周王朝,周惠王才算逮到机会。周惠王借风造势授予齐桓公伯业的旗帜,说你可以代替周王朝去处罚那些不礼、犯事的诸侯。齐桓公听后很高兴。然后,周惠王就说出卫黔牟这档子事情。小白正在兴头上,当即表态说没问题,齐国马上就出兵去卫国。

这事也算齐国惹出来的,但卫惠公已经去世三年多,现在算账有点食品过期的感觉。好在还有"父债子还"一说,那就去找姬赤,吃鸡翅吧。"鸡翅"卫懿公也是初生牛犊不怕虎,不知道好歹居然也敢主动出来和齐国对着干。很明显,鸡蛋砸石头,砸得一败涂地。你一个养鹤的和一群养兵的比,哪里是对手?又不是搞养殖比赛,搞脱贫致富。

熊孩子调皮,你说什么都不管用,只有打一顿才能好。

卫懿公也是打一顿就好,立即派人去赔礼道歉,求和。这事源于他老爸的错误,现在打也打了,赔礼也赔了,喜欢作秀的齐桓公就原谅卫国,然后退兵回齐国。但卫懿公却没有按照约定亲自去齐国谢罪,也不去参加齐国组织的各种会盟,而是继续养鹤修仙,非常超脱。

所以,"鸡翅"才会说自己没有脸面再去求齐国。

其实"上一次"的故事如果从另一个角度来说,更没完。卫懿公自己是没出面,但也派出长子公子开方去齐国赔罪、谈判、求和。开方一到齐国就爱上齐国,沉醉于齐国的繁华和强大,产生一个"不做鸡头,宁做凤尾"的念头,心一横,干脆不回卫国,直接留在齐国做官了。

为什么要提到卫公子开方,因为很重要,他是后来乱齐的"三巨头"之一。

"开方"的事后面再说,现在卫国要赶紧做"平方、立方"的事。面对北狄的进攻,卫懿公权衡再三,**"老生的公牛也不怕虎"**,还是像当年一样,准备自己带兵出去与他们对干。

卫懿公想:"既然国人都恨我,那我就应该与北狄决一死战。"

他能想到挽回一点面子,也算是一个有骨气的诸侯。

卫懿公敢想敢干,立即安排宁速和石祁子守城,自己带着大夫渠孔、于伯、黄夷、孔婴齐等人出城应战。

面子是可以挽回一点点的,但实力的差距摆在桌面上。战争又不是熬鸡汤,鸡翅占不到任何优势。卫懿公想要的面子只能带着血去要,满脸是血,或许可以借机塑造出一张有血性的脸。

没几个回合,北狄用一个伏击战术,就把卫国军队分割包围住。卫懿公身处困境,大将渠孔建议姬赤把旗帜上的大斾(pèi)卸掉,装作普通士兵逃跑。卫懿公说,如果士兵还能想着他,愿意救他,"斾"是一个最好认识的标示，如果他们不愿意救他，那他就以死来答谢他的百姓。

悲壮！他一定是一个写满故事的男人，只是结局没写完，没写好。还有，他光顾着悲情，好像漏掉考虑其他情况，万一老百姓想救他但又没救成功呢？毕竟，救人的方式有很多种，不能只抱定一种，没实现就寻死觅活地自暴自弃。

可惜卫懿公最终还是没有听到百姓的回声，只听到北狄的号角声。

瞍瞒：你还是以死谢罪吧。

卫懿公死了，连累大夫渠孔、于伯、黄夷、孔婴齐一起陪葬，全军覆没。这是卫国的一部英雄葬歌。

此前，太史华龙滑、礼孔被俘，本来已经通过花言巧语，说自己是通鬼神的人，骗过瞍瞒，逃离死神的召唤。但回到卫国后，听说卫军全军覆没，卫懿公已经以身殉职的消息后悲痛不已，礼孔居然拔剑自刎。

华龙滑说，卫国不可以没有太史，只好让他留下来记载这事吧。

真想不到！卫国的臣子们，真是对得起你们的卫懿公。国破出忠臣，很符合历史逻辑，只是有些忠，还忠得很离谱。

大夫弘演先前出使陈国办理外交事务，在回来路上听到卫国的噩耗，就直接去找卫懿公的尸体。在那个没有拔掉的大旗指引下，找到线索。正好发现还有一个小内寺受伤没死，就问他知不知道主上的尸体在哪里。

小内寺指着旁边一堆血肉说："这就是。我亲眼看见主上被杀，但我受伤不能动。后来我想我就在这里守着，这样来找尸体的人才会找到。"

这哪是尸体啊？简直就是一堆肉泥。

弘演大哭起来，一边哭一边整理尸体，只有肝是完好的。（这都什么画面啊？）弘演就对"肝"行礼，下拜，然后说："主上死去连棺材都没有，就把我的身体作为棺材吧！我死后，你要先把我埋在林下，等待卫国新君来找，你才可以说出来。"说罢，就把自己的肚子破开，手捧着卫懿公的肝放进自己的肚子。不久，弘演也死去了。

这是什么鬼啊？这样的民族，你们怕了吗？看到这样的祖宗，我都怕了，敬畏的怕，信仰远高于生命的礼教。正是有一群不怕死、愿意死、敢于死的祖先，才有我们的今天，才有一直延续着文明的民族。如果我们现在只看重自己的生死，什么事都要谈人权、谈自己、谈家庭，那么自己的利益可能暂时得以保证，但民族离衰亡也将不远。

所以，这样的卫国，谁灭得了吗？

卫国人，活着的人做活着的事，将要死去的人做着将要死去的事，死去的人也会做着死去的事。

个体弱小需要建立集体保护，集体保护个体的方式有时候却是通过牺牲某些"个体"来实现的。如果大家都在讲究自己的"个体"，那就不要谈集体，只能解散集体。等到"个体"面临其他集体威胁，面临毁灭的时候，再想到已经消失的集体，才会领会到集体的真正意义。

卫人能够活正是因为他们不怕死。卫人是荒诞、无知，但在生与死的面前，他们还有勇敢和坚强。

面对紧张而危急的局势，宁速和石祁子商议，认为城市守不住，准备带着百姓出城逃难。这是活着的人要继续做活着的事。

他们逃到一个相对安全的地方，清点一下才几百人，虽然人数少，但卫国还有其他城邑。他们就到处找人，终于凑出五千多人，也就今天一个大村的人口。（这里的人口主要是指国人，即贵族、平民和居住在城里的贫民，奴隶等其他没有身份的人不统计）鉴于国不可一日无君，大家就拥戴姬申为君，称卫戴公。"戴"字感觉很不吉利，卫戴公，卫代公，未代公。可以猜测生前一定很不顺，才有这样的谥号。确实，卫戴公才"戴"个把月就病死了。

鲁僖公：你也叫申？

事情越来越糟糕。卫懿公的精力都用在养鹤上，没什么子嗣，"香火不旺"很影响卫国的发展。

幸亏爷爷卫宣公还留有一手。宣公的老婆宣姜在卫黔牟时期，因齐襄公的"强迫"要求，半推半就地与公子硕（卫宣公的另外一个儿子）再婚生出三子二女。一个叫姬申，就是刚刚死去的戴公。另一个叫姬毁，名字按现在的标准也不吉利，但为人比较贤惠，看到卫懿公沉迷养鹤，老早就跑去齐国找亲戚。算起来，齐桓公是姬毁的舅舅。

宁速因此跑去齐国，请姬毁回卫国继位，为卫文公。卫国暂时续血。

那么，齐桓公在卫国这次破灭里，到底做过什么？

几乎什么都没做，因为来不及。刚刚去救邢国的齐国军队还没回家，这边卫国就被灭成这样。所以说靠山是好，但自己也要有一定的实力，否则靠山还没有靠到，自己就先死掉。

桓公存卫

齐国其实早就收到卫国的求救信号，但太大意，没有认真研究形势，单纯认为卫国不尽力、不用心，就知道等齐国去救，又等又靠，依赖思想太重，所以就故意拖延一阵子。管仲原本希望用实践来锻炼（检验）一下卫国的卫国能力，哪想卫懿公如此冲动，卫国如此不堪一击，才几个月就把卫国卫没掉，全喂了北狄。

等宁速到齐国后，齐桓公和管仲才真正了解到卫国的惨状。按照现在流行的说法是：灾区现在不要捐款、不要钱，要物质、要人、要实实在在的火力支持。

齐桓公也很够意思，马上宣布给予物质支持，送去良马若干匹，牛、羊、猪、狗、鸡各三百头，还有衣布什么的日常用品。你还不要嫌弃少，要知道卫国现在是流亡政府，总共才几千人而已。然后，小白又派公子无亏带兵护送，护送物质兼顾保卫卫国的工作。这是最关键的援助。

但北狄又跑掉，他们把卫国的空城洗劫一场，满载而归。

北狄，你们就是风一样的男子，疯了一样。

现在没有北狄，没有对手，无亏把慰问品和救援物资送到卫国就等于完成任务可以回家。但齐桓公听说卫国弘演为卫懿公做人体棺材的故事后，突然对卫国的敬佩油然而生，认为这样的国家不会走下坡路，不会亡。于是他就听从管仲的建议，下令无亏带着士兵马上改行，由救援队变成工程队，帮助卫国重新修建一座城。卫国因此得以再造。

这是一批慷慨之士用生命的悲歌换来的尊重。

瞆瞒看到齐国这阵势，心里非常不高兴，"小白这是打算和我死磕？我来哪里，你就跟到哪里。好吧，我也死磕你到底，反正我已经洗劫完卫国，你的士兵现在在这里不走，搞建设，那不就是猫捉老鼠的游戏吗？我就不来卫国，我再去邢国。"

邢国：晕！我好像得罪了上帝？

北狄毁邢

那年，邢国的天空飘来五个字：今年真倒霉。

想当年，周王朝封建邢国，就是希望邢人能为朝廷顶住北狄。邢人也不辱使命，很好地恪尽职守400多年，其间还多次受到朝廷的表彰。谁知这几年画风突变，居然被北狄打得落花流水。

前阵子，北狄这群"风男子"又来攻劫邢城，好在邢人反应迅速，立即向齐国求救。但就算这么敏捷，北狄还是利用时间差攻破邢国的都城。听说齐国的救兵要到，他们小劫一番后，又马上跑去欺负卫国。

北狄：哈哈哈，齐桓公，你抓不到我。

邢人以为这波洗劫就这样，就应该结束了，正准备全身心投入生产自救，恢复家园，谁知道没多久这群鬼又杀回来。跟煎鱼似的，这面熟透，翻过来再煎另一面，一定要把邢人煎得透透的，揍得死死的。

果然是像风一样，一群疯跑的人。你们也不累？

不累，有东西抢，有糖吃，一点都不累。

邢人终于发怒了，"你们这样是不是太欺负人？当我们是软柿子吗？什么时候想来捏一把，就来捏。"

狄人说："对，以前你们不也这样捏我们吗？"

邢人说："不厚道，有种你别走。"

狄人说："不走，有什么人你尽管叫。"

为什么狄人这么自信？因为他们认为中原国家做事慢吞吞，不像狄人今天想要抢劫，明天就出兵，机动性好，高效。中原各诸侯国之间还要打招呼，选日子，拜天拜地什么的，啰唆得很。

而且，齐国现在不是在卫国那边搞建筑吗？工地也不能随便停工吧！

但狄人这回想错了。卫国那边的3万工兵对以齐国为首的多国部队来说，根本不算什么，洒洒水而已。至于集结，现在也不一样，有齐大哥做主。只要大哥说干，大家就立即回家抄家伙。

分析得这么好，狄人还有活路吗？论实力对比，狄人死一百回都不够。但戏剧的"冲突"从来就不曾让我们失望过，因为齐国除了论实力，还要论管仲。

管仲的心思和谋略远在常人之上，要不诸葛亮会那么容易被他圈粉？卧龙不傻，他那么崇拜管仲一定有他的道理。

齐国救邢

齐桓公问管仲说："要不要救邢国？"

管仲说:"诸侯们能认齐国为大哥,愿意追随我们,就是因为齐国能救死扶伤,能在关键的时候给他们一个臂膀做靠山。刚刚慢了一拍,结果卫国差点灭国。如果再不去救邢国,以后就不要再谈什么霸业了。"

齐桓公说:"好!那么赶紧去把卫国的那些军队拉回来,卫城可以慢慢再修。"

管仲说:"那也不用这么急,再说卫国那边也很重要,我们还是先集结其他诸侯国的军队吧!"

管仲想集结军队应该会有一段时间,哪想大哥现在的威力根本无法阻挡,宋国和曹国的军队很快就到了。齐桓公按照"兵贵神速"的指导思想,准备马上出兵赶赴邢国前线。

这下管仲就不得不透底。管仲说:"狄人当前的气势正嚣张,而邢人还没用力,他们优良的抗狄传统还没发挥出来,或者还没发挥尽。我们现在去救,花的力气大,得到的功劳反而小。不如再等一段时间,等邢人打不过,濒临溃败,而狄人也没剩多少力气的时候再出兵。到时就如秋风扫落叶一般,出的力气少,得到的功劳反而大,邢人更会对我们感恩戴德。"

齐桓公说:"管仲你好毒啊!不过,我喜欢。"

邢人:我能骂人不?

狄人:打完这战,咱俩一起骂!

管仲这一拖,居然能拖两个月。邢人也确实牛,硬生生顶住两个月。但邢人溃败的时候也出乎管仲的意料,疲惫的狄人并没有傻到坐在那里等齐国来杀,而是"三光政策"后赶紧回家。

说好的,要做一群风一样的男子,当然要继续做。

又是一个时间差,该死的时间差。齐国能想到事情的结果和过程的发展,但是"点"总是掐不准。

情况突变后,局面就失控了。没家的邢人生出许多难民,出来到处跑,跑到齐国联军的营寨,哭死求救。齐桓公发现这菜有点烧焦,就赶紧出兵。

但再"赶紧"也来不及,邢国几乎变成一堆废墟。邢侯跪在齐桓公面前,说现在除了有葬身之地,根本无方寸立足之瓦。

齐桓公大大伤感一番,想不到啊想不到,狄人这么快,这么没人性。

管仲啊，你这回玩过火了。下一步该这么办？

管仲说有现成的方案，就是参照卫国的处理方式。于是，大家就选一个叫夷仪的地方，为邢人重新再造一座城。

不用多说了，这几年在齐国当兵，还真学到不少本事。哪天退伍回家根本不愁找不到工作。打架做保镖，压货送快递，修城包工程，样样红。

选夷仪这个地方是因为许多邢人正好都逃难在这里。齐国人就按照当时的城市规划建造一座完整的城池。城池很漂亮，就是风水好像有点问题。可能时间太赶，忘记拜神问神。因为30年后，邢国居然又亡国。这回是被卫国灭掉。

这就有点奇怪，本是同根生，相煎何太急？大家都是姬姓，又都是齐国帮忙修建复国的难兄难弟，何苦呢？

问题就在这里，邢国因为有管仲的刻意培养，此后对齐国一直心存感激，非常敬重。历代邢侯娶的老婆也多是齐国的公主。卫国就没那么认真，在齐桓公去世的第二年居然参与宋襄公组织的联军去打齐国，干预齐国更换君王的事。

这事让邢人很不爽。

宋、齐两国的过往恩怨比较多，说不清楚。你说你卫国，还有没有良心？那年我们一样受难，一样存活，一起拜大哥，你现在居然恩将仇报，背弃大哥。

古惑仔：你们这样对南哥，山鸡不高兴。

义愤填膺的邢国就去打卫国，要教训不讲义气的卫人。打就打吧，关键是邢人怕打不过，居然联络狄人一起去。

这又是什么逻辑？卫国知道后更加生气。我恩将仇报？你倒好，你这是认贼作父，你知道吗？

我去打齐国？那是帮助齐国。你没有看懂吧，我和宋国一起帮助齐国早日确定国君，早日走向太平。你们瞎嚷嚷什么啊？回家温习你的周礼吧。

第二年，越想越不爽的卫国就反击邢国。本来只想复个仇、解个恨之类，没想到，邢国居然被打得落花流水（总之这些年，邢国的花特别多，水也特别多）。后来还是晋国看不下去，出手拉了一把，让邢国再次复国。

说真的，这复国的节奏比我们重装系统还频繁。

但也没用，邢国病入膏肓的颓势已经无法改变。再过几代国君，晋国可能反悔了，出兵去灭邢国，准备"自食其果"。这次是真灭，晋国出品，必出精品。晋大哥出手，就再也没有哪个诸侯敢说什么。

这些都是后话，最终是死是活并不影响当时的齐桓公到处臭屁自己的功劳，关于稳住鲁国、挽救卫国、保存邢国的丰功伟绩。大家也一致认同：成绩确实斐然，虽然管仲在中间黑掉不少内幕。

史称：立僖公以存鲁，城夷仪以存邢，城楚丘以存卫。

俨然是一副大当家的年终总结。

今年的总结还行，明年呢？那些容易的送分题、软柿子，今年都做掉，都捏掉，明年的工作就不得不面对一块硬骨头。

这就是楚国，相当硬的楚国。

楚国不完全接受周礼文化，不感冒周王，被中原称作蛮夷，视为"逆臣"。所以在搞定中原诸侯后，齐国就不得不面对楚国，解决"逆臣"的问题。大家都想看看齐国到底是不是真的"霸"，真能霸。

"尊王攘夷"已到深水区，还不得不蹚过去。

二十四、齐楚的召陵之盟

管仲为齐国设计的称霸模式叫"尊王攘夷"，通过周旋于诸侯国之间，各种救死扶伤，各种装模作样，然后再赢得信赖，取得威望，获得权力。

通过帮助燕国打击山戎孤竹，帮助卫、邢修筑城墙抵御北狄等一系列动作，齐桓公把"攘夷"做得很出色，拿出令人满意的华丽表现，取得令人羡慕的辉煌成绩。但"尊王"这一处，一直没给出一个比较有说服力的案例。能总结的内容也就是组织过几次诸侯会盟，通过搞聚会、请吃饭、唱大戏倡导大家要尊重周王，表面光鲜，但收效甚微。革命工作常常要请客吃饭，但也不能光靠吃吃喝喝。

而且诸侯们的嘴越吃越刁，都期待齐国赶快端出一道实打实的硬菜。

这道硬菜就是与楚国一战。

楚国必修

楚国是南方的大国，不论春秋战国都有十分重要的戏份，其第二十二代君王楚庄王也是春秋五霸之一。楚庄王出生时间比较晚，成功躲过与前面齐、宋、晋、秦称霸时的"硬碰硬"。但楚国的故事并没有因此变得单调，几百年来，他们凭实力单身（称王），一直都非常出彩。

别人是十年磨一剑，楚人是百年磨一剑。楚国从武王熊通"称王"到庄王熊侣，历六代君王百余年，才让中原不得不承认南方的野蛮人真的可以称王。因为此时没有人敢（能）站出来说，不能叫。

鉴于后面会有单独一篇介绍楚国及楚庄王，这里就简单带过，主要是配合齐国贡献一片绿叶的情怀。

楚国经过几代君王的努力，已经成为版图最大的诸侯国。扩大版图的过程就是欺负小诸侯的过程，吞并才能扩大，版图又不能像母鸡生小鸡一样生出小版图。所以楚国的行为让周边的诸侯国很没安全感。在齐桓公时，楚国的实力已经很强大，但只是身体强壮，文化学历还不高，对周礼不认同、不想学习、不愿贯彻，如同土豪家里有点钱，但志趣品位相对低俗，常常被同学暗地里取笑。

许多诸侯对楚国的感情是"面前畏惧，背后鄙视"，他们可能想**通过瞧不起你来弥补打不过你**。以楚国现有的实力，想打谁就可以打谁。他不打你就不错，谁还敢去惹他？所以能留给小诸侯发挥的空间不多，也就在心里骂骂娘。

终于，集体骂娘的小伙伴们等来了齐桓公。既然齐桓公口口声声要主持公道，那么可以先去主持一下楚国。如果你不做那个谁，就真没有谁能做；如果你不做掉那个谁，你的公道就不能保证谁都服。

齐国很清楚这一点，要想崛起称伯称霸，肯定绕不开楚国。他们老早就在准备，在规划。管仲甚至已经把理由想好、尺度捏好、手段把好，一副蓄势待发的样子。他确实有这个能力，看一眼美女，就能把孩子的名字都想好。

美女的最大问题是要钱，楚国的最大问题是要称王。这也是中原的最大怒点——齐国、楚国彼此都很清楚。

"称王"不是简单地加个称谓，名片多印一行，里面有大文章。如果楚国也是王，那么加上洛阳的周王，天下就有两个王。又不是打牌有大王小王，这是打天下，楚国与周王朝并驾齐驱就是大逆不道。齐国号召大家尊王，到底应该尊哪个王？如果是周王，就应该先罢黜楚国的"王"的称号。

事实证据确凿，要求合情合理，诸侯们就算嘴上不说，心里也这么想。

小白和管仲也没办法回避，只能迎风面对。

楚人也是气人，你闷声发大财就好，为嘛要在意一个虚名？你去偷去抢，你想要"公爵"什么，都可以商量，但你却啥也不提，就直接称王。你说你一个南方的蛮夷之人，要这顶帽子做什么？你们的国家套路是武力、武力、武力，又不像中原诸侯这么重视礼仪。你要"王"干吗？吃斋拜佛？

生活作风问题、工作纪律问题，甚至经济问题都好说，你却偏要触碰政治红线，这不是给大家出难题吗？

好吧，既然进了考场，发了卷子，也只能答下去。好在这种画过重点的卷子还难不倒管仲。管仲心里明白，诸侯对齐国的"臣服"还停留在武力与道义的层面，只有与楚国一战，才能破除诸侯对楚国的畏惧，齐国才能真正建立威望。做大哥必须有实力、有威望，讲出的道义才能让人心服口服。

天下能不能有两个王我不管，但绝不能有两个霸。很明显，楚国影响了齐国的称霸。

小白：看来我们要与楚国决一死战吧？

管仲：要战，但不一定要死。

成王敲郑

楚国最近很郁闷，再也找不到那种"欺负人"该有的开心。原来分散的诸侯国，现在被齐国七串八串聚集在一起，积少成多，聚沙成塔，把形势变复杂了。本来可以随便欺负那些小诸侯国，但现在有个齐国挡在面前，绕不过去，就成老鹰抓小鸡的阵势。

楚成王闷闷不乐，对斗子文说，齐小白到处沽名钓誉，把诸侯骗得团团转，天天跟着他到处瞎跑。楚国现在只能困在汉东这边，道德布施不出去，威力也不能震慑他们。看来现在天下是有齐无楚，他深感耻辱。

斗子文领会领导的意图，楚成王当然不是问他有没有耻辱，现实肯定有"耻辱"的梗，但背后的意思，是要研究如何应对。

斗子文说，齐桓公和管仲苦心经营齐国已经三十多年，他们提出的"尊王"口号很合时宜，为诸侯们解决面子和礼仪的问题。而且齐国现在非常富有，所以诸侯很乐意跟着齐国。楚王如果想要涉足中原，还不能与齐国发生直接冲突。郑国处在中原的要塞之地，可以从郑国入手，敲山震虎，试探一下齐国。

郑国：我做错什么？我都没说话，为什么是我？

废话，谁叫你和齐国好！

楚成王就派大将斗章带上二百乘战车去打郑国。但此次出兵的保密工作没做好，楚兵还在准备时就被郑国的"情报部门"知道了。郑国的厉公已经去世，现在主政的是他的儿子郑文公姬踕。郑文公立即开展反制，一边派人去齐国报信求救，另一边开始调兵遣将，动员国人开展自救工作。斗章到郑国后，发现没什么便宜好占，担心万一攻打不下，齐国救兵又到，还容易腹背受敌，所以一番纠结后，啥事没干就直接撤兵回家了。

消息传回楚国，楚成王非常生气，"玩呢斗章，我让你去旅游吗？遇到一点点困难就跑？楚国的光荣传统呢？面子呢？气势呢？"

楚成王又令斗章的哥哥斗廉去截住回国的楚兵，再把弟弟杀掉。

斗廉很为难，毕竟是亲兄弟。他很想救弟弟。既然弟弟是因为没有打郑国的缘故被问罪，那好办，打不就可以了？

斗章说："打起来很危险，容易腹背受敌啊。哥哥，这个成语你不怕吗？"

斗廉说："弟弟，你还是太嫩，上一次你要直接打，确实可能腹背受敌。但现在郑国看见我们已经退兵，就会放松警惕，不再防守，同样齐国也不会派兵。这个时候我们再回马袭击，郑国必败。出其不意啊。弟弟，这个成语你忘记了吗？"

斗章听完很高兴，哥哥的一席话，还真有拨云见日、豁然开朗的感觉。楚军马上回头打郑国。郑国果然没准备，甚至不知道是哪个国家的兵，来做什么。

郑国：打仗不先通报，相当没礼貌。

郑国的情报部门这次反应有点迟钝，还没等搞清楚什么战况，郑国的大将聃伯就被楚国给活捉走了。

斗章看到这么顺利，就准备趁热打铁再干一票，但被斗廉制止住。

斗廉问："你说过的'腹背受敌'呢？"

斗章反问："不是可以继续'出其不意'吗？"

很明显，出过了再出就不是"不意"而是"很有意"。现在小胜一场，也算完成任务，不如见好就收，赶紧回楚国。

楚王啊，我们兄弟没有给你丢脸。

楚王依旧不肯。"脸确实没有丢，但我叫你们去打郑国，是要打服、打疼郑国，不是叫你们去晒脸。"这俩傻瓜兄弟，完全没有理会领导意图。敲山震虎，敲山震虎，敲山震虎，知道吗？如果虎没震到，说明你没敲响，赶紧回去继续敲。

斗廉说："就二百乘战车，也敲不出大响，闹不出动静。万一不成功，齐兵一来，还容易被反敲。"

楚王说好："那就再多给你二百乘战车，再去敲。"

郑国：又来？我咋这么苦命。齐大哥，你倒是说句话啊！

齐国打蔡

齐大哥当然要说话，不过要商量好再说。

管仲说："齐国这几年，救燕存鲁，城邢封卫，功德无量，以大义布施诸侯，现在集合诸侯用兵，也算正是时候。如果要救郑国，最好的办法是伐楚。伐楚就必须大会诸侯，我们还是组成联合国军吧。"

齐桓公说："如果要组建联合国军，时间久，声势大，楚国一定会知道，会有所准备，会更不好打。"

管仲说："去打楚国，但对外不一定要说楚国。大王你不是一直想打蔡国吗？蔡国与楚国接壤，我们宣称去打蔡国，然后出其不意打过界，直接伐楚。"

不错，声东击西是个好办法。于是，齐国大哥振臂一呼，宋、鲁、陈、卫、曹、许就马上过来，等等，为什么没有郑国呢？

郑国不是在忙吗？楚国正在打郑国。

管仲派人跟郑国说："麻烦老郑再顶一会儿，我们马上救你。"然后就开始布置攻打蔡国的计划。

对了，齐桓公为什么想打蔡国？

原来早些时候，蔡穆公的妹妹嫁给齐桓公做第 N 夫人。蔡姬的级别一般，但个性鲜明，生性活跃，疯起来没大没小，非常"浪"。她有次和齐桓公一起坐船，突然心血来潮，明知齐桓公怕水，还一边嬉闹摇晃船只，一边往齐桓公身上洒水，把小白吓得半死。齐桓公一怒之下就把小蔡直接退货。

没办法，小姑娘还以为这是调情，想增加一点爱情佐料，哪知道，这是一本政治小说，不是琼瑶小说。不得已，蔡姬只好回到蔡国重新做蔡公主。

没想到蔡穆公也是个暴脾气，一言不合就硬碰硬，看到妹妹被退回，一赌气就又把她嫁到楚国。原蔡公主、前姜夫人、现蔡公主就变成了楚夫人。

齐桓公大怒："我是让你回家接受再教育，不是叫你改嫁。"

但楚成王大喜，呵呵，捡到一个老婆。

一喜一怒，三家的梗就种下了。管仲自然知道这档子事，所以他提议打蔡国，齐桓公很满意。公私两不误，家仇国恨一起来。

齐国"声东击西"的谋略本是一件很机密的事，但大军出发不久就被竖貂给泄密掉。竖貂是个自宫的太监，这家伙后面的戏份更"精彩"，主要精彩在缺德方面，现在先说说他的多嘴方面。

竖貂作为齐桓公的宠臣，主动请命带领先头部队去攻打蔡国。蔡国仗着楚国大舅子这层关系，以为别人肯定不敢打他，就没有什么防备，结果被竖貂打个措手不及。

蔡穆侯在对战的时候认出竖貂。他很了解这小子的喜好，就连夜派人带上一车金帛去交涉，希望求和。竖貂贪财，也知道这次的真正目标是楚国，蔡国只是佯攻，所以也乐于接受求和。君子爱财取之有道，小人贪财也贪之有道，都有原则，竖貂的原则就是等价交换。他看着这么厚的一车礼物，感觉要买一送一，不能光和解，还要给蔡侯的菜加个蛋，才算价格合理，童叟无欺，而且这种人图乐的嘴巴和嘚瑟的损色也藏不住话。所以那一夜，竖貂屁股一撅，哗啦哗啦就告诉蔡侯此次行动的真正目标是楚国。

小蔡你大可放心。你甚至还可以配合我一起作作秀。

原来是这么一出！蔡侯又惊又喜，惊的是居然有这么个惊天的大阴谋，齐楚要大战，喜的是自己先知道，可以拍个马屁。他连夜赶去楚国，告诉了妹夫楚成王。这世间，两人知道的秘密叫"秘密的秘密"，三人知道的秘密叫"公开的秘密"。于是，齐桓公的秘密谋略就变成"公开的秘密谋略"。

齐楚斗嘴

其实，楚成王、斗子文都不是傻瓜君臣，看到齐国搞这么大动静针对蔡国，肯定会有所怀疑。不可能拿炮弹打苍蝇吧？楚国应该早就有所防备，不会缺竖貂这只臭虫，竖貂的情报只是多一条线索而已。但历史上的坏人总是这样，除了要认真做好他们的坏事，还要随时背上好人决策失败的黑锅。

毫无疑问，偷袭计划失败了。不是计划不完美，而是对手不简单。

不过失败也不会对管仲造成太大影响，因为从后来的发展看，他本来就不想真打。什么"声东击西""攻蔡伐楚"都是噱头，声是有，攻也有，但击没有，伐也没有。管仲的目的还是秀肌肉，还是想文斗，斗才艺，斗法。

就像老板们跑业务要借奔驰宝马、戴大金链子，古惑仔谈判要叫一大堆小弟在后面跟着一样，都是造势。竖貂泄露消息，只会影响早知晚知的时间成效，不怎么会影响欺人唬人的造势成效。

只要楚国按照常规防守，齐国的联合军就不会真打。而且，长途奔袭楚国这样的大国，根本没有打赢的把握。

但分析归分析，事实才是事实，知道对手的底牌也要做好最坏的准备，因为你不知道人家会不会中途改变策略。而且你的充分准备也可以促使对手继续按照原计划进行。管仲的原计划对楚国最有利，就是不打。这叫心照不宣，看破不点破，继续做朋友。

楚国要认真对待盟军，至少要拿出态度来。斗子文知道管仲这种人是求财不求气，就请楚成王把围攻郑国的斗章斗廉部队调回来，四百乘战车不是小数目，慎重一点比较好。一来把部队集中回都城，补兵力，提气势；二来也是拿出诚意，满足齐国解救郑国的"要求"。

郑国看到楚国撤兵，心想齐大哥果然没骗人，就带上一支部队按照约定奔赴蔡国。吃菜去，担心来晚了连汤都喝不到。

汤还是会有的。楚国早早就派屈完作为使者在楚国边界等着，准备慰问一下远方的客人。当然也不能空手等，楚人已经烧好很多开水，白开水，白慰问。

齐国联军看到屈完，吃了一惊。

齐桓公说："楚国怎么知道我们要来?!"

管仲说："肯定是有人泄露消息。不过没事，楚国愿意派使者来，说明成王也是有心和谈。我先会会这个使者。"

管仲和斗子文都是谋略暗黑的高手，不需要说话，光站着看动作就能知道对方的真实意图。他们有点惺惺相惜的意思，准备一起默契地演场戏。

屈完说："楚王听说你们带着兵甲莅临楚国指导，就派我来问，你们齐国在北海，我们楚国在南海，风马牛不相及，你们那到底要来指导什么？"

管仲说："当年周成王封我齐太公时，说过要齐国协助周王朝对那些犯错的诸侯进行征讨。自周平王东迁以来，诸侯多有不尊王的行为，齐侯就奉周王的命，重新担起这份职责。楚国地处南方，为照顾你路途遥远，周王定你们的朝贡只是一车包茅，但你们却已经多年都不上贡。还有，周昭王南征的时候无辜身亡，你们至今也没有给出合理的解释。"

管仲的理由很充分。比如包茅，不是现在说的一车茅草，很有可能是酿酒用的催化剂之类，但也不会贵到哪里去。从内容上说有点小题大做，但从形式上看是义正词严。你不朝贡等于你不认周王，是态度问题。至于导致周昭王死亡的事故原因和齐国是否获得周成王说的征伐诸侯权一样，都有点扯淡，说不清楚。你说有或没有，大家信或不信，全靠你的实力和大家对你的感情。

屈完也很清楚管仲扯淡的重点在哪里，就回答说："没有朝贡确实是我们不对，主要原因是错误地认为东西太小又路途遥远，忽视了。没想到老周是个讲究人，还这么在意？那我们马上补交就是。至于周昭王，他是在回去的路上翻的船，那是河神的事，怎么能怪我们？"

屈完的解释很明确，有底气，也句句在理。管仲没占到便宜，但已经看出有不少谈判的余地，就下令联军就地扎营。

诸侯们很奇怪，为什么不直接打？都到楚国边境，再跨一步不就可以？

管仲说："大家不要忘记，我们讨伐楚国的目的是要楚国臣服中原王朝，不是为了打仗而打仗。不可鲁莽，不能粗鲁，不要和南蛮一般见识。楚国派使者来，而不是派军队来，说明他们已经意识到错误，有诚意悔过自新。我们驻扎在这里，制造声威，就是向楚国施加压力，相信屈完回去后一定会再来。"

管仲的解释冠冕堂皇，但诸侯们还在蒙圈。他们本来听说要打楚国，都认真准备，从出发那天就一直克制着内心的小激动，楚国这些年老是欺负我们，现在大哥终于来了。求死吧，告饶吧，有你好看的。眼下的情况却有点出乎意料。明明是楚国没事找事打郑国，我们才到这里讨要说法，管仲却不提打人赔偿医药费的事，不提他僭越称王的事，反去较真没有按时朝贡的事，还讨论历史研究周昭王怎么掉的河，这都哪年的事？

我们耗费这么多钱，又是动员，又是后勤，又是补给，辛辛苦苦来湖北就为这点东西？小白你是不是逗我？

不过齐国是大哥，大哥做事总是有他的道理的。诸侯小弟们只有好好领会的份儿，只能先按大哥的意思，回家搬个小马扎，坐看楚国的反应。

斗子文也是个顶级人才，与管仲棋逢对手。看到齐国的军队屯居在楚国边境，只看不打，又听屈完回来报告双方阵前扯淡的内容，他心里就明白了。

管仲，你演的哑剧我看得懂。

这是两颗智慧的脑袋在隔空下棋，有点孔明和司马懿的意思。

斗子文对楚成王说："管仲是个会用兵的人，没有把握是不会随便出兵的。他现在领着八国的兵马，只围观不进攻，明显有别的想法。我建议一方面我们也开始集结部队，另一方面要继续派屈完和他接触，到时是打是和都可以对付。"

有道理，你可以秀肌肉，我们也要撸袖子。大家都是煤老板，那就斗富；大家都跳广场舞，那就斗节奏；现在大家都是诸侯，那就斗军训吧。

能不打就尽量不打，斗完各自回家吃夜宵。

屈完说："我前次已经就缺贡包茅的事道过歉，这次如果是结盟，我可以去，如果是要打仗，还是请派别人吧。"

楚王说："是打是和，你可以现场裁定决断，我不会特别要求你。"

去吧，叫你去我还不知道你会说什么？你是鸽派，难道会玩老鹰捉小鸡？请开始你的表演吧，按照你的水平，正常发挥便是。

管仲看到屈完再来，心里就乐开，转身对齐桓公说请和的事要成。

确实成了，还很轻松地成。和谈的时候连桌子都没拍，气氛很友好，一边喝茶，一边就把合同签了。类似"郎有情妹有意"的事，中间人都是白赚介绍费。

在双方准备祭天结盟时，小白很得意，带着屈完到军中转一圈，观看军训，想让楚人领略中原的实力。让你们见见世面，我们是一群来自北方的狼。

诸侯们辛苦来湖北一趟，没有到真实战场上厮杀，这次表演就成为仅有的"用武"，所以军训起来，表现得特别卖力。毕竟，健身如果不是为了打架，至少也要想办法发朋友圈。

齐桓公很满意，等待屈完报以惊恐的眼色，跷大拇指鼓掌什么的。

但屈完并没有一点感到震惊，没有一句佩服的话，只有呵呵！

你呵什么？吓傻了吧！

齐桓公说："我有这些雄兵，打仗何患不胜，攻城何患不克？"

屈完说："齐侯你之所以能主盟中原，是因为你能宣扬周王的道德，能为诸侯'救死扶伤'。你如果以道德来引导大家，大家都会跟着你。你如果一定要用武力来逞强，那么楚国虽小，也可以以方城（依山建起的围墙）为城，汉水为护城河，城墙险峻，城河水深，那所谓的百万雄兵，我也不知道会有什么用。"

齐桓公听屈完这样说，自己反而吃一惊。楚国有人啊。来个求和的小屈也这么有气势，一点不屈。那大家就言归正传，和气结盟吧。史称召陵之盟。

楚国就准备好包茅，多送几车，快递过去，顺便再加一些土特产做伴手礼。就这么简单！周朝再也不用担心你的朝贡！

同样，齐国也带着联军回家。大家各自回家，散了吧，游戏结束。

郑国：晕，刚来就回去？谁给报销一下路费？

呵呵，等着吧，路费的问题又不是你一家的事，一会儿就有人找你。

郑国悲催

齐、楚矛盾的大戏暂时落幕，但郑国的倒霉却没有跟着结束。

这次齐楚之争的直接原因是郑国被楚国无辜围攻，被当山来敲。斗章兄弟解围后，郑国的戏份就可以结束，但郑文公激情澎湃，非要加磅加戏，紧跟着出兵来到楚国边境，汇合齐国盟军，生怕来不及参加对"南蛮"的历史性打击。郑文公表面上是遵守盟主的统一调度，内心也是报仇心切，想对楚国反客为主。没想到不管是蔡国边境，还是楚国边境，都干干净净，啥事没有。郑国浪费精力不说，还在盟军回途的路线上耍花招，给自己埋下不幸的伏笔。

陈国的大夫辕涛涂找到郑国的大夫申公说，八国军队回程是一笔十分浩大的军费开支，如果从陈国、郑国这边撤兵，路上的开销不管多少，他们作为沿途地主都要出一点。不如建议大部队从东边走，从徐国、莒国过境，让他们出这些钱。

申公说："有道理，你先去和齐侯说，我后面也去说。"

申公这人很奇怪，明明是个大夫，却好意思在名字后面公啊侯的自我加冕？

涛涂就去找齐桓公说："你北面抵御山戎，南边威震蛮楚，现在集合着诸侯联军，不如趁机去东边走走，从东边回家，可以顺道威震沿途的东夷。"

齐桓公一想，也对！既然是秀肌肉，完全可以搞个巡回展，连环秀。

过一会儿，申公进来说："盟军这次出兵虽没和楚国打起来，但来来回回兵马也很困乏。现在是春夏之交，从陈、郑这边回去，路上的粮草有保障，还很安全。如果从东边走，道路不熟，东夷不服，万一出什么差错，我们容易吃亏。"

齐桓公一想，这才对！秀完肌肉就跑，见好就收，不出意外才是正道。

面对两种截然不同的意见，细心而好奇的齐侯派人一了解，立即真相大白。原来涛涂仅仅为了省点米饭钱，就昧着良心把我"中原联军"暴露在危险的境地。齐桓公很生气，一面下令把辕涛涂抓起来，另一面又大大赏赐申公。你仗义执言，不以一己利益而忘八国大义。

赏！那就赏块地吧。大家要向申公同志学习。

但郑文公心里大骂，学个鬼啊。好人？好的是他申公，亏的是我郑国国库。齐桓公赏地是要求郑国把虎牢关赏赐给申公。

确实倒霉，郑文公是怎么躺都中枪。申公对齐桓公做好人，他的钱没了；齐桓公对申公做好人，他的地没了！

郑文公：谁能告诉我，我来这里干什么？

楚国打郑国打那么久没有占到丝毫便宜，你们倒好，我饿着肚子火急火燎来参加聚会，一口水没喝，你们不安慰我，居然还叫我去埋单？什么大义、什么礼仪都先靠边去，割肉是实实在在地疼痛。

郑文公心里开始不爽齐大哥。这是伏笔，伏笔将让郑国再次卷入战争。

总之，春秋的郑国，自郑庄公之后就没有春，只有秋，多事之秋。

管仲秘密

在盟军回国的途中，鲍叔牙再也按捺不住内心的困惑，好奇害死猫。管仲到底在搞什么，搞笑吗？兴师动众组织诸侯联军真就被一车包茅打发了，放几声空炮也不行吗？

战争需要理由，但那些宣称的理由从来都不是战争追求的真正目的。所以还怕没有理由？还能被理由反绑住？

你比我聪明，我听你的，但你至少要告诉我为什么。

管仲解释说："齐国和楚国都是大国，真要打起来，双方都不会好过。杀敌一千自损八百，如果战后我们国力衰弱了，还怎么回去做大哥？那些阿猫阿狗当然巴不得我们打，好坐收渔利。同样，楚国也不会那么傻。所以齐、楚之间默契地把对话做足，把道理辩清，尊重围观的诸侯们。如果要说'僭越'，那是楚国的底线，是撕脸，是死罪，人家肯定不同意。如果要死磕周昭王遇难的事，那是刑事案件，追究起来就是谋反，也是死罪，一样不好收场。所以选择说茅草的事，合理不贵也好收费，楚国人的面子也好下台。"

"为什么要叫这么多诸侯来，目的有三个：一、召集中原主要的诸侯国，是给楚国一个威慑，重点不只在于今天有多少人来，而在于我们能随时叫出多少人，这是齐国的实力；二、楚国可能敢于对抗一两个诸侯国，但面对八家诸侯，他是不会随便开启矛盾争端的，不说今天打仗或赢或输，而是'打'这事就等于和这些诸侯都结下矛盾。楚国再厉害也没有与天下对抗的实力和勇气。所以重兵之下，他们求和的可能性很高；三、把这些诸侯召集来打楚国，就等于断绝他们的退路，'逼迫'他们与楚国撕破脸，以后就只能安心跟着齐国，如有哪家诸侯想叛齐归楚，就等于背叛八国联盟，齐国带上其他诸侯去问罪也就顺理成章了。"

"楚国地处南方，齐国地处中原，确实如屈完所说的风马牛不相及。天下的蛋糕这么大，我们也没有实力独自吃掉，最好你吃你的，我吃我的。但是如果我们一直不正面面对楚国，诸侯们的心里就会有个梗，认为齐国和楚国没摊开，没有对比，强弱未知，态度未明，他们就不踏实。现在好了，楚国已做出形式让步，不要介意是让一子还是半子，他愿意朝贡，说明承认周王朝的天下秩序，尊重中原的文化礼仪，成全我们的'政策末端'。从此，我们就可以安心在中原打着'尊王攘夷'的旗号主持公道。"

"总之，我们'尊过王，攘过夷'，就可以公开主霸中原。"

太厚，太黑了，但也太有道理。鲍叔牙一咬牙，这才是真正的考试重点吧？你这张卷子的题目真是出其不意啊！

没错，题目出其不意，解答也"死气沉沉"，就像和稀泥一样。

和完楚国的稀泥后，管仲接下来还要进一步走出老司机的"不意"，准备陪着齐小白管起周王朝的家事。

管仲吗？管众，不管白不管。

二十五、齐霸的指点江山

与楚国"吵架"成功后，齐国的霸业已完全成形，在中原确立不可撼动的地位，如日中天。不久后，有点飘飘然的小白居然想把"霸业的秩序旗帜"插到周王朝去，过问人家继承人问题。

按理说，周是王室，齐是诸侯，如同父亲与儿子，父亲有干预儿子婚姻的权力，儿子哪能对老爸娶后妈的事说三道四？当然，那是以前的封建糟粕，现在儿子与父亲的关系已经非常平等。

以权力的范畴来说，只有周王朝才有权干预诸侯国的继承人问题。但齐国现在鲤鱼跃龙门牛气了，通过活学活用周礼，可以一手拿着皮鞭，一手拿着《周礼》干预起周王朝的人事问题。在董仲舒们提出"天人合一"的儒家学说前几百年，小白已经开始尝试给周王加一加紧箍咒。

当然，干预的前提还是实力。有实力叫指点，没实力只能叫指指点点。周礼的关键是解释权，因为书生制定的规矩多有文字游戏的嫌疑，他们总会有千百种自圆其说的套路。**谁掌握解释权，就等于掌握周礼的权力，谁就可以对别人要求遵守，对自己解释原谅。**

周王幺儿

这本是周王室的舞台，但戏却总被郑庄公、齐桓公他们抢着唱，人们似乎忘记洛阳还有一位真正的主人。主人现在不想被继续喧宾夺主，他们终于憋不住了，从抽屉里拿出自己的剧本。

周平王建立东周，在位50年后去世，其孙子姬林继位，为周桓王。周桓王在位22年去世，由其子姬佗继位，为周庄王。周庄王平定了弟弟王子克（周公黑肩）的动乱，在位14年。周庄王去世后，其子周厘王姬胡齐继位，4年后去世，其儿子周惠王姬阆继位。

周惠王是真惠王，真会玩。他刚继位不久，因为强行征地被弟弟姬颓利用，姬颓联合5位大夫整出个"子颓之乱"，周惠王丢了王位，两年后在郑国、虢国的帮助下才得以复位。（故事将在秦国的篇章详细说）但经历兄弟动乱的周惠王并没有痛定思痛，励精图治，反而模仿操作，还有模有样，甚至变本加厉。

周惠王与王后姜生的儿子叫郑，被立为太子，称太子郑；周惠王又和妃子陈妫生了一个儿子叫带。姬带比较会来事，很讨惠王喜欢，惠王就想改立姬带为太子。按照规矩，带只能叫王子带，但惠王为给姬带造势，称他太叔带。

什么意思？周王的儿子，如果不是太子，就都是一样的王子，但姬带现在却和太子郑一样，享受与其他王子不一样的待遇，突显不一般的地位。"周会玩"玩这种暧昧的动作，心里怎么想，大家都清楚。

出使周王朝的隰朋一下子就看穿这位老父亲的良苦用心，回家后立即把这事告诉了齐桓公。

在齐桓公眼里，不是周王最大，而是周礼最大。因为周王最大，就比自己大；如果周礼最大，自己掌握周礼的解释权，就等于自己最大。

按照周礼，这种"废长立幼"的隐患要排除。那就找管仲商量吧！

管仲说："这事好办，下次再会盟时，我们先请示周王，请求太子参加并主持会议。太子郑与天下诸侯照会见面后，就等于界定君臣名分，得到诸侯的认可，地位也就巩固了。生米做成熟饭，熟饭压成干饭，惠王再想换掉就没那么容易。"

这个办法好，帮助姬郑把太子的位置焊死。

周惠王也不傻，很清楚会盟的威力，也明白小白的用意，心里老不情愿。但小白的理由名正言顺，齐国的实力笑傲群雄，周惠王没有机会，也不敢有机会用"生病"之类的理由搪塞回去。

周惠王只能在心里骂娘骂小白，"你管得也忒宽了。"

好吧，姬郑儿子，你去吧，快去快回。

"快去快回"不是表达老爸舍不得儿子的父子情深，这一点小白也懂。所以姬阆让姬郑快去，小白却不让他快回，还故意拖延时间，让姬郑和诸侯们充分接触，从混个脸熟，到身熟，再到心熟，变成"快去慢回"的事实。

太子郑因此感动得一塌糊涂，干脆就把这层窗户纸捅破，哭诉齐桓公，说自己现在的处境十分危险，随时会被老爸和弟弟灭杀。

齐桓公说他知道这事，所以才搞这场聚会声援他。等到秋天后，他再让各诸侯国派使者一起送太子郑回洛阳，把诸侯们的态度暗示、明示给他老爸看。

齐侯的态度，把太子郑再次感动得"二塌糊涂"。

看到姬郑老是不回来，周惠王却已经气得"三塌糊涂"。都是小白搞的鬼，不要以为天下只有一个齐国，不是还有楚国吗？看来还要扶一扶楚国，不是因为楚国来朝贡就说明他会对我好，而是楚国强大起来可以掣肘齐国。对，就这样，你不是在搞聚会吗？我让你聚不成会。

周惠王就写信给正在聚会的郑文公，跟郑文公说："太子郑不听父亲的话，不孝顺，擅自在外与齐国眉来眼去，培养党徒。我还没有死，他就想另立门户。我决定废掉这个不听话、大逆不道的儿子，另立太叔带为太子。但齐国却在干预我的家事，助太子为虐，希望你能背齐依楚，辅助太叔带，带带姬带。"

郑文公收到来信很高兴。他的脑子里立即浮现出爷爷郑庄公辅助周王朝，威震诸侯的辉煌形象，既而他又想到眼下的委曲求全，对比真的很强烈，甚至会影响到睡眠质量。尤其是上次"齐楚打假战"后，被申公一顿倒腾，自己又赔钱又搭地，物质损失，精神打击，处处留痕。郑文公的理智就这样抵挡不住周惠王的"引诱"，他再也不想压抑内心的小宇宙，"酱爆"要爆了。

大夫孔叔严重不同意。齐国正是因为郑国才和楚国干起来，管他俩是什么真打假打，楚国从郑国撤兵是真的就可以。而且自古立嫡立长，太子郑按礼就是太子，哪是郑国一家说辅立太叔带就可以立的？

郑文公反驳说："齐国是霸主，但也要尊王不是？现在王和霸的意见不一样，我们当然要听王。"

"齐楚怎么干起来？不说我不气，你一说我倒是想起来。他俩就聊几句天，什么都没打，顶多算玩一回石头剪刀布。我郑国呢？不但被斗章打、被斗廉打，还花钱、还赔地、还赔好。这种躺在地上中枪，还连续中枪的感觉你知道吗？"

申公也说："太子郑有齐国支持，太叔带有周王做靠山，谁笑到最后还不知道。而且齐国的盟主之位，说白了也要我们愿意承认他才是，如果我们不玩，他的'霸主'就没有含金量。"

从理智判断，申公说的是狗屁道理，因果倒置。但从感情论，申侯说出了郑文公的心里话。否则申公这个"吃里爬外、背信弃义"的王八蛋，烦他还来不及呢。

这是马屁的原则，**红人的成功之路是投其所好，绝不是投事之真实。**

于是，郑文公就跟组委会说国中突然有事，提前回家了。

齐桓公知道后，非常生气，遥想当年初走霸业路线，第一次会盟的时候，也没几个诸侯参加，宋国也是这样跑掉。昨日再现，被"遗弃"的情感是一样一样的；但时过境迁，处理的方式却完全不一样。

当年，小宋妹妹玩的是小脾气，齐国看着看着就咽下去；现在，老郑同志玩的是老火气，齐国瞪着瞪着就咽不下去。又迟到，又早退，这是在挑衅小马哥啊？

你到底是一脸的"忘夫相"，还是一脸的"欠揍样"？

郑国反复

郑文公也是三天不打就上房揭瓦。别的本事没有,没事找事的本领一流,而且一找就能找到事。

没过多久,齐桓公就彻底查清郑国提前回家的真实原因。在送太子郑回到洛阳后,齐国一转身就无缝对接开始攻打郑国。

申公对郑文公说:"齐国围攻郑国,形势紧迫,我们既然选择站在周王这边,就应该支持到底。而要对付齐国,非楚国不可,我去请楚国帮忙吧。"

楚成王正在为包茅的事郁闷,就像妇人吵架没吵赢一样,暗恨现场没发挥好,有一句非常有杀伤力的话忘记说出来,过后憋在肚子里没有地方发泄,非常难受。现在天上突然掉下一个郑国,可能就是一次翻盘的机会。

郑国也是真好玩,好也郑国,坏也郑国。

上回是楚国打郑国,齐国救;这回是齐国打郑国,楚国救。从现在开始,郑国将开启一段只有相声演员才能背清楚的"被打绕口令"。反正多事的郑国不是被动演戏就是主动抢戏,否则就是在准备演戏。

楚国决定出兵救郑国。借鉴齐国的做法,他们现学现用,不直接去救郑国,而是去打齐国的好弟弟许国。

果然,齐国为救许国,撤兵了。郑国自动解围。

从楚国回来的申公非常得意,觉得正是他的谋略加勇敢拯救了郑国,那么郑文公就应该感谢他,赏点什么。郑文公却认为:"上次给你虎牢关就可以算我赏你,这次就不用了"。

"上次确实是齐侯要求我赏给你。但现在我与桓公已经撕破脸了,他的'指令'就应该作废,我的虎牢关就要收回。正好,你去楚国又有建功,那我再把它赏给你,不就顺了?为了提高办事效率,中间换来换去的手续能省就省,虎还是你的虎,关还是你的关,牢牢的,还能免掉交易税。"

免个蛋。申公很气愤,"免来免去等于我白忙?"申公就到处发牢骚,说自己功劳这么大,文公居然没有赏赐,这不公平。

公什么平?郑文公听到牢骚也不高兴,"没有我哪有你?"

原来申公本是楚国人，当时也叫申侯。在楚文王的时候，因为会逢迎文王的心意，所以很受领导待见。许多大夫却很厌恶这样的小人。楚文王要去世时，担心申公会被人清算，就让他去外国避难。申公就去栎地，遇到也在栎地避难的郑厉公。他再次亮出马屁绝活，成功获得郑厉公的好感。后来郑厉公复位，申公就一起去郑国。凭着马屁天赋持续吃香两代诸侯，直到作死跳进齐楚之争的旋涡中。

"旋涡"不是他想玩就能玩的。宫廷里的"马屁道行"让他误以为自己是一个不世之才，指天指地，盲目自大。等遇到管仲、斗子文这些吨位大咖后，分分钟显出原形，他才发现玉石有别。

没多久，齐国再次兵临郑国。郑文公开始反省自己的错误决策，心里有点厌恶这位来自楚国的申公。

对啊！他是楚国人，不会是个奸细吧？难怪劝我背齐事楚。

正好，陈国那个被申公挖坑坑苦的辕涛涂写了一封信给郑孔叔，说当前的郑国问题都是由申公引起的，像这种不考虑自己国家利益的人早就该死。他上次是得罪了齐桓公，但他是为了陈国的利益，所以陈侯向齐侯赔罪后，齐侯也会原谅他。齐侯其实最讨厌申公这种反复小人，自私自利，人前一套背后一套。如果他们能杀掉申公，再向齐侯赔罪，一定可解郑国之围。

孔叔把信给郑文公看。郑文公觉得来信用词严谨、层次分明、鞭辟入里，而且字里行间还透露出情真意切的良苦用心，有点不把申公杀掉都不好意思的"胁迫"。郑文公突然很有共鸣，就把申公杀掉，并宣布郑国弃暗投明，背楚事齐。

郑国：大哥，我回来了。

文公杀子

郑国的这波劫难是一场由周王室子嗣问题引起的"循环背叛"。那么，郑文公为什么会这么容易卷进来？很简单，从郑庄公开始，郑国关于子嗣的戏份就不会比别人少。这叫同感，感同身受的触景更容易让人彼此接受，相互欣赏。

周惠王：我更看好你。

郑文公与先前的夫人生了世子华和公子臧（zāng），后来又与南燕姞

（jí）氏之女生公子兰。郑文公比较宠幸南姞，世子华担心地位不保，怕被废掉，就向"三良"请求帮助。但这三个人都叫他做好本职工作，以孝为先。世子华便认为"三良"根本不想帮忙，还有可能害他，心里就由尊敬变为嫉恨。

正好，郑国准备与齐国重新修好。郑文公感觉自己没脸去，就让世子华去。世子华见到齐桓公后，说郑国的政权都在"三良"手里，上次文公逃盟，又和好楚国等事其实都是出自"三良"的主意。只有杀掉这三个老家伙，齐、郑的友谊才会永固、永久、永恒。

齐桓公就问管仲，到底怎么回事？

管仲急忙解释说"三良"都是贤良之人。郑国的国政确实是由这三人在负责，但他们一直都主张和好齐国。再说，这是郑国内部的事，齐国主持正义怎么能去干预别国任命内政大臣的事？管仲认为世子华才有问题，来参加盟会，怎么会说这些不利于自己父亲的话？

管仲说得很准，准确的准，而且做得更准，准时的准。

管仲和齐桓公一解释完，就马上把消息透露给郑文公。果然，姬华一回去就被老爸大骂一顿，然后被关起来。姬华很不甘心，就想翻墙逃出来，但没成功又被抓住，这次老爸不骂了，直接把世子杀掉。姬臧吓得赶紧跑去宋国，也没跑成功，在路上被追兵杀死。

公子臧：谁能告诉我，我犯什么罪？

杀人，杀儿子啊！哪有这样的老爸？看来，姬华的预料并没错，只是无力回天而已。要恨就恨自己的野心太大，或者牌太好，所以一开始就胸怀大志一定要做诸侯。否则你安心做个公子哥，按照标准的纨绔子弟路线发展，没事就吃吃喝喝，上街调戏民女什么的，也不用身首异处，还能快活一生。

至于姬臧，应该是参与世子"谋反"的某些事情败露了。但历史没有说为什么，没有记载，只能说在史书里白死了。

杀掉儿子的郑文公也毫无压力，居然还感激管仲没有听信姬华的话来找"三良"，找自己，找郑国的麻烦。想想有这样的老爸，也是醉了。有这样的老大，郑国三天两头被齐国、楚国揍一揍，还真没必要同情。

然而，就是这样不靠谱的郑文公，周惠王居然还指望他来支持自己。

周惠王：我有得选吗？

人生巅峰

最终,周王朝在齐桓公的干预下实现政权的顺利过渡。周惠王的理想还在,但直到去世都没有机会,更没有胆量敢像郑文公那样杀掉世子替换成小儿子。太子郑继位,为周襄王。弟弟王子带只能继续带着,待着;但又待不住,不肯一直做个安静的美男子,死活要闹点幺蛾子,最后里通外敌,政变未遂,被崛起的晋文公"替天行道"给杀掉。

晋文公的平叛之功后篇再说,齐桓公的稳周之威现在继续。

从救燕存鲁的"攘夷"到盟楚安周的"尊王",一路走来的小白确实已经成为春秋最亮的那道白光。不管是谁,什么时候,在哪里,都会感受到来自齐国的那股神秘力量——建立新秩序的力量。

小白认为那是他的力量。他开始飘飘然,有一种走上人生巅峰的感觉。

这种感觉容易让人忘乎所以。

新上任的周襄王十分感激齐国,特地派太宰周公孔带着胙肉来赏赐齐桓公。

【太宰】 原先的职责是"掌管国家的六种典籍,用来辅佐君国治理国家"。六种典籍是治典、教典、礼典、政典、刑典、事典。可见当时的太宰是百官之首,相当于后来的丞相。但由于王室衰落,太宰的重要性在春秋时期就每况愈下,以至于被排除在三公(太师、太傅、太保)之外。

另外,各诸侯国后来设置的官吏职位也不尽相同。

来齐国的太宰,爵位是周公,名叫孔。胙肉是古人用来祭祀的"供品"。现代人祭祀比较随便,是因为我们不再虔诚,搁在春秋,谁敢糊弄鬼?当时神仙和祖先吃的肉必定不是普通的肉,除了好吃,背后还有巨大的象征意义,是一种包含福气的食物。

既然如此,能得到胙肉的赏赐就没有理由不炫耀一下。齐桓公就按照惯例,通知各个诸侯一起来齐国,见证历史,见见那块肉。

小白:请大家尽情地崇拜我。

聚会中的赏赐仪式便成为最重要的活动,可以把"炫耀"推向高潮。周公孔读完宣命后,又特别指出,周王考虑小白伯伯年纪大,加赐一级,可不用下跪接受胙肉。

诸侯们惊呆了。不跪,意味着平起平坐吗?

小白很受用,准备直接走过去。这时管仲提醒他,"周王可以谦让,但我们不能不敬。"

哦对!尊王攘夷,尊王攘夷,尊王攘夷,重要的事情默念三遍。

于是,小白客气地说自己也没有尺寸之功,完全是周王的错爱。只是考虑到天下的安定稳定,还是勉为其难地接受这份责任和赏赐。

周公孔很满意,小白懂礼数。

诸侯们:感动中……

但会后膨胀着的齐桓公还是忘记放气。头脑一热,就问了太宰一个十分大胆的问题:听说三代有泰山封禅,是怎回事?

泰山封禅怎么回事你不懂吗?

太宰掌管礼仪工作,业内人士,别人可以懂装不懂少说为妙,他就没办法回避,只好背一回书说:"古者封泰山,禅梁父。封泰山者,筑土为坛,金泥玉简以祭天,报天之功;天处高,故崇其土以象高也。禅梁父者,扫地而祭,以象地之卑;以蒲为车,菹秸为藉,祭而掩之,所以报地。三代受命而兴,获祐于天地,故隆此美报也。"

说得非常好,一句没听懂。

【泰山封禅】 通常是两件事情,封泰山是祭天的仪式,禅梁父是祭地的仪式。泰山在北方齐鲁平原的地位十分显耀,所以古人赋予它非常高的神话地位。梁父,也做梁甫,在泰山附近。泰山封禅是帝王祭天地的最高规格,只有帝王才有这个资格,而且只有很牛的帝王才能去。

齐桓公说:"夏朝的都城在安邑,商朝的都城在亳,周朝的都城在丰镐,这些地方离泰山、梁父都很远,他们还不辞辛劳来封禅。这两座山就在我齐国的境内,我想替周王举办祭拜的旷典,你看如何?"

如什么何?这是地理上远近的事吗?中国银行就在我家门口呢。

太宰孔:别在我面前装,好吗?!

太宰孔看着齐桓公趾高气扬,只好应声说道:"你说行就行,你高兴就好。"

齐桓公一听这味道就不对,只好"呵呵,那我们有空再聊"。但太宰孔不再呵呵。他感觉势头不对,就找管仲说:"你是明白人,就不劝劝桓公吗?"

管仲说:"你怎么知道我不劝?我正在找机会呢。他正在劲头上,我去说,万一被拒绝,就没退路再提这事了。"

从管仲的话可以得知,齐桓公是真想搞封禅。因为按照往常,这样的大事,小白都会主动找管仲问情况。但管仲这次并没有等来小白的开口,没办法,只好自己主动找他打破气氛。

管仲说:"主上,外面怎么有人造谣说你要封禅泰山?"

小白说:"不是造谣,我就是这样想的。"

管仲说:"古时候能封禅的帝王都是得到天命的授意,才能有这个资格。"

小白说:"我也有啊!"

不就是讲功绩吗?我也有,我可以举例说明。

小白就把此前的那些工作再复述一遍,无非是燕国、鲁国、邢国、卫国等,还有楚国、周王朝,以及刚刚那块嘚瑟得半死的胙肉。

总之,我的功劳也很大!

管仲说:"错了啊!封禅不能单说功劳的事,还要讲风水。受命于天,要有祯祥的瑞兆。比如,鄗上这个地方会长出最好的黍,北里这个地方会长出最好的禾,说明万物茂盛。比如,在江淮地区,会长出三条脊线的茅(灵茅),东海会发现比目鱼,西海会看到比翼鸟。现在我们这里连凤凰、麒麟都没有看见,反而有不少鸱鸮(chī xiāo),嘉禾长不出来,到处都是蓬蒿。此时去封禅,我怕列国的有识之士会耻笑我们。"

总之,现在还不是时候。

齐桓公被管仲这么一说,就不吭声了。这些有文化的人真可怕,我以为封禅就是权力和威望的事,哪里知道还有这么多考试重点?云里雾里绕出那么多听没听说过的地方,还有完全不了解的植物,读都读不出的动物。你们到底是卖弄知识,还是瞎说一通?

管仲:主上你还记得救燕路上的俞儿吗?那才是我编的。

小白:好吧,你赢!

子嗣留恨

小白的封禅终究没成行,依据的理由实在不足。帝王是天的儿子,或者是天派来的人,他们祭天地和我们拜祖宗就成了一个道理,就是格调高一点。小白是侯,不是天的儿子,别说封禅,连天他都祭不了。所以大家稍微一反对,小白也就理解了,一次试探而已,不成就不成,这一页可以翻过去。

真正翻不过去的事是继承人问题。

郑庄公:也算老问题了。

问题是老问题,但考生是新考生。管仲说:"太宰来齐国,说到底还是周惠王子嗣问题的延续。这已是各国都要认真研究的普遍性问题。如果没有处理好,很容易酿成祸乱。"

齐桓公说:"是啊!我的孩子有二十来个,其中六个比较有名气。如果按照长幼顺序的话,就要立无亏;如果按照才能的话,就要立昭。卫姬伺候我最久,我答应过她立无亏为世子。而且,竖貂和易牙他们也一直劝我立无亏。可我内心还是比较喜欢昭。你有什么想法?"

说真的,管仲就等你这个问题,现在正好,你自己还分析上了。

管仲很清楚,竖貂、易牙都不是什么好人,长期得宠于卫姬,如果哪天无亏为君,必定会被这三人里应外合乱了齐国。姜昭是郑姬的儿子,郑国刚刚与齐结盟,姜昭为君正好可以巩固这层关系。但这些真实的理由不能说。

管仲只能说:"天下这么乱,只有有才能的君主才能延续霸业,我赞同你。"

齐桓公说:"就怕无亏不服,容易生乱。"

管仲说:"这也好办,你可以参照周襄王的做法,在诸侯里面找一个比较贤能的国君,然后将公子昭托付给他。"

齐桓公说:"谁啊?"

管仲说:"宋桓公御说刚刚去世,世子兹甫自觉能力不行,想把宋国让给哥哥目夷,目夷坚决不受,兹甫才勉强接受。而且,他刚刚即位就赶来参加我们的会盟,这是对齐国最诚挚的尊重。这样的人,似乎可以托付。"

齐桓公说:"好!"

好什么啊?全错了!

这次管仲真看走眼了。他的上策如果不能借鉴周王朝,就应该借鉴郑文公。郑文公为了爱子姬兰,竟找碴杀死世子华和公子臧。倒不是说齐桓公也要杀儿子，而是要从中看到压制儿子的思路。做父亲要狠下心来，才能教育孩子，没有棍棒很难教出孝子。**道理不痛，记忆不深**。

宋襄公确实是个好人。人好，品德好，但能力一般。他确实帮助公子昭继位齐孝公，但中间引起的齐国大乱，让齐国和齐桓公都遭老大罪了。

虽然那时的齐桓公已经是个死人了，但死得很没尊严。

英雄末路，竟然没有善终。为什么？

因为管仲先死，这颗智慧的脑袋没了，剩下小白就是一团白糨糊。

二十六、小白的霸业消沉

天下没有不散的宴席，也没有不散的王朝，更没有不散的霸业。万物都在更替，前面郑庄公是，现在齐桓公也要面临这个问题。越是强大，越是集权的王，在人亡后政就越容易息。高潮之后是无尽的空虚，疯狂之后需要冷静的反省，是个体的情感平衡，也是人群的正常表现。

上一代能量强大，能集聚大量资源为王朝服务，那么下一代呢？资源可以过渡到下一任，但人心和凝聚力一定要面临一次洗牌。

庄还是你做，但牌要重新抓。

再无管仲

人固有一死，不轻也不重，谁都有。这次死神来到管仲的床前。

哪怕是什么"法家先驱""圣人之师""华夏文明的保护者""华夏第一相"，哪怕是中国古代著名的经济学家、哲学家、政治家、军事家等，管你什么称号都不能阻止死神的到来。

这位陪伴齐桓公41年的春秋顶级宰相，一生值了！

老天给他卓越的才华。能运筹帷幄，能决胜千里，懂经济，懂政治，会打仗。对外，辅助齐桓公在诸侯之间建立一套"类帝国"的新秩序，霸主伯业秩序。秩序的规则，影响往后200年的春秋历史；对内，制定齐国政治、经济、军事等改革措施，确立新型国家的模式，为各个诸侯国参照学习，引领着春秋的发展方向。这是一己之力的丰功伟业。

老天给他恰当的时机。春秋的诸侯国开始逐步摆脱周王朝的控制。周礼维持的秩序面临瓦解，但又未完全失效。"政治上的周礼"已过黄金期，但"文化上的周礼"还在壮年期。诸侯国之间的纵横捭阖给了他大可为的空间。

老天给他合适的搭档。在他贫穷的时候，一个会经商、有眼光，懂自己、敢出手的朋友鲍叔牙来到他身边；在他要起势的时候，一个有远见、不记仇，深信任、会克制的国君姜小白接受他；在他施展宏图的时候，齐国的人才济济，棋子丰富，相互信任，让他内政外交的深谋远虑都能得到顺利实现。

最重要的还是他的坚韧与自信。在贫困时，不忘记学习，才有丰富的知识；在位卑时，不放弃思考，才有通盘的谋划；在受挫时，不接受失败，才有小白的赏识。所有的坚持，让偶然的管仲变成必然的管子，让平凡的小白变成称霸的桓公，让灰暗的东周变成生机勃勃的春秋。

但这一切终究要过去。老天给他41年的政治舞台，现在到期了，死神来了！作为最信任的领导，最忠厚的朋友，齐桓公来到管仲的床前。

弥留遗言

那一夜，他们一定谈了很多事情，没有君臣，只有伙伴，除了政治，还有生活，聊到过去，还要嘱咐未来。

老人齐桓公的语气很慢，问："仲父还有什么教诲我？"

管仲说："齐国的乡下有句谚语，说'家居的人不用准备外出时车上装载的东西，行路的人不用准备家居时需要的东西'。我将要离开人世，哪还值得询问？"

桓公说："都这个时候了，仲父就不要再谦让了。现在只有你我二人，如果你不幸离去，齐国要委政给谁？"

管仲感叹道："可惜了，宁戚。"

宁戚和宾须无在管仲之前就已经病逝。

桓公问："宁戚之后难道就没有其他人？鲍叔牙呢？"

管仲说："鲍叔牙是我一生至交，我完全了解他。他是个君子，但不能主政，因为他爱憎分明，是是非非，疾恶如仇，太过快意恩仇。对讨厌的人，看一眼就会记恨一辈子。"

桓公又问："那隰朋如何？"

管仲说："隰朋能不耻下问，勤劳工作，在家还会处理公事。但他样拼命，身体也好不了，我怕他也将不久于人世。"

隰朋：乌鸦。

桓公再问："那易牙呢？"

管仲用力说："主上你就是不提这些人，我也要说，易牙、竖貂、开方三个人千万不可以亲近啊。"

桓公说："易牙不惜烹煮自己的儿子以满足我的口味，这样的人还要怀疑吗？"

什么意思？原来齐桓公有次吃饭的时候随口说没吃过人肉，易牙听见了，就回去把儿子杀掉煮给齐桓公吃。

管仲说："人的本性难道会不爱自己的儿子？自己的儿子都忍心煮死，对国君又会有什么爱心呢？"

桓公说："竖貂阉割自己以便能侍奉我，这样的人还要怀疑吗？"

竖貂原是齐桓公的外廷陪侍，因善于阿谀奉承，深得齐桓公的信任。齐桓公吃喝玩乐、散步休闲都喜欢找他陪，但他不是太监，有些地方进不去。为了解决这个问题，为了能够24小时无间隙地服侍吕小白，竖貂一发狠，就阉掉自己。这样，**身体里面少了一件器官，身体外面就多了一件通关**。所谓"欲练神功，必先自宫"。为什么叫"宫"？就是从此可以自由出入王宫的意思。真佩服古人的用词智慧。

管仲说："人的本性都是爱惜自己的身体。自己的身体都忍心残害，对国君又能会有什么爱心呢？"

弘演：说清楚，我们不一样。

齐桓公说："卫公子开方侍奉我15年，他父亲去世都不回去奔丧，这种人还要怀疑吗？"

卫公子开方是养鹤专家卫懿公的庶长子，按照传统习惯，很有可能继承卫国君位，但这家伙是个怀抱诗歌的文艺青年，向往春秋大舞台，向往诗和远方，出使齐国后就赖在齐国。何止父亲去世，卫国差点要亡国他也没回去，说明他真的不贪恋卫国的君位，也说明他已经完全把自己当作齐国人。

齐国：齐国是一个来了就不想走的地方。

今天的某些人也和开方公子差不多，甚至病得更严重，死活要去外国拼个身份，就算不是美国，只要不是中国，他们都很激动。他们应该认开方为鼻祖。

管仲说:"人的本性哪有不热爱自己父亲的?父亲去世都忍心不回去奔丧,对国君又会有什么爱心呢。卫国也是大国,他愿意放弃卫国的君位,说明他看中的是比卫侯更大的'期望',这样的人早晚会生乱齐国。"

按管仲这么解释,小白这几个贴心小伙伴都是坏人,一个不爱惜父亲,一个不爱惜自己,一个不爱惜儿子,上、中、下三代全齐了。

齐桓公就问责道:"那这些人跟我这么久,你为什么都不说?"

管仲说:"因为他们服侍你的时候,你很快乐,所以我不说。他们对于齐国就像洪水一样,但有我这个堤坝在,洪水也不可能泛滥。现在堤坝即将溃败,我担心将会有横流的祸害,必须提醒你远离他们。"

老实说,管仲这种智慧和勇气着实让我钦佩。掌控自如,放任自由,多像一个父亲在守候孩子。我知道你这么跑会摔下来,但我自信会及时扶住你,所以就放任你继续跑。**默默掩藏下的保护更值得尊敬,因为他可能永远看不见**。可惜现代社会比较浮躁,大多数人做过一件事情,无关大小,就赶紧唱功邀赏发朋友圈,喊苦喊累,谈感受讲意义。

管仲还是太温和,不够狠,局限于站位臣子的思想,缺乏帝王的坚决,没有在临死前设计杀掉三人,自然也不敢建议桓公直接杀掉他们。

我终究只是齐国的臣子,只能谋一时,不敢谋万世。齐国的未来走向应该是你齐桓公考虑的事。

小白也只是霸主,终究不是君王。他和其他诸侯一样,缺乏对"稳霸"的规划思想,他们还活在周礼下,只把自己当作周王朝的一方诸侯。

这种观念直到战国,才由秦国开始萌发改变。

楚国:其实我也想过。

孤独小白

管仲离世后,齐桓公就任命隰朋为相,想不到又想得到,隰朋没两个月也跟着去世。被剧透的人生,总是这么准确地表达。

齐桓公便想到鲍叔牙。易牙获悉消息后,就想领导之所想,急领导之所急,提前去找鲍叔牙,要拍牙牙的马屁。

易牙对鲍叔牙说:"你不是管仲的至交吗?而且还是你举荐管仲,可管仲死前不但没有举荐你，还说你不适合做宰相。我真是为你感到不平。"

但鲍叔牙，以牙还牙，还你个易牙，说："这才是我推荐他的原因。管仲是忠于国家为先，然后才是忠于朋友。他让我当司寇，是考虑到我疾恶如仇的性格。如果让我当宰相，哪里有你们这些人的容身之处？"

易牙很惭愧也很气愤，"大家好好说话，你怎么骂人？"

骂你咋了？鲍叔牙本来就不想做宰相。

齐桓公反问："你不想做宰相，那你看看整个齐国还有谁合适？"

鲍叔牙说："我这个人好善恶恶的性格你也知道，如果要我做宰相，就请你远离易牙、竖貂、开方这些小人。"

"为什么你们都讨厌他们？好吧！为了齐国，我忍痛割爱。你们三个，晚上一起吃场散伙饭，各奔东西吧！"

于是，一番"谈判"后，鲍叔牙接受了"宰相"的任命。

但**吸毒有毒瘾，喝酒有酒瘾，想不到齐桓公一生英雄，原来有人瘾**。

离开竖貂、易牙、开方"兴趣三人"组后，齐桓公是吃饭饭不香，睡觉觉不眠，口无戏语，面无笑容。

卫姬说："你驱逐他们三个人，也不见得齐国大治，反而是你自己容颜日渐憔悴。你都一把年纪了，何苦这样为难自己。鲍叔牙自己难道就不用人伺候吗？怎么就光让你远离什么'小人'？"

齐桓公想想也对："我这也没几年好活。一生霸业换来无伴终老吗？那我还霸啥？"于是没多久，"兴趣三人组"又相继回到小白身边。

鲍叔牙发现后，就问："你忘记管仲的嘱托了吗？"

齐桓公说："他们就负责在内廷伺候我，不会干预你的国政。你完全可以安心地做你的宰相。"

这就不是安心不安心的事，这是你小白说话算不算数的事，这是我明显干不过三人组的事，这是预示我政令将要不畅通的事。

这……，太多"这"需要说明。白杨树一般的鲍叔牙，终究不是柳树，承受不了这种气愤，没多久就半气半病、半老半衰也去世了。

管、鲍两个兄弟，**不求同年同月同日生，但求隔个一年一起死**。

鲍叔牙去世后，易牙、竖貂、开方终于松了一口气。我们默默无闻地熬过管仲，熬过隰朋，熬过鲍叔牙，现在，属于我们的春天终于来临。

齐国的政治正式进入"兴趣三人组"的掌控中。

苍白末日

前年（公元前 645 年）管仲去世，去年鲍叔牙去世，今年的齐桓公也渐渐感觉到自己的老去。

不只是他本人感觉到，他的"闺蜜"三人组以及他的儿子们都感觉到了！

齐桓公有二十来个儿子，比较出名的有 6 个：长卫姬生的公子无亏、少卫姬生的公子元、郑姬生的公子昭、葛嬴生的公子潘、密姬生的公子商人、宋华子生的公子雍。

齐桓公在位已经 43 年，这几个儿子都已年长，都有自己的创业小团队。"团队"开始可能是为了学习，为了做事，但随着小白年纪变大，变老，变糊涂，尤其是对继承人问题含糊不清后，就慢慢转变成争夺君位的团队。同时，各团队根据"市场"变化和业务需要，还要进一步扩招。易牙和竖貂支持长子公子无亏；开方支持公子潘；公子商人比较喜欢施舍，颇有民心；公子昭又是齐桓公喜欢的人选，有受托付的宋襄公做后台。总之都有招牌菜，都有撒手锏。他们让齐国的天空乌云滚滚，让齐国的大海暗流涌动。

齐桓公越来越糊涂，不管哪个老婆过来找他，说立世子的事，他都说好，说立谁也都说好。一世霸主的雄心早就被岁月耗光，现在也没什么理想信念，无非就是酒肉声色。这样的生活又加速了他的糊涂劲道。

终于，齐桓公病倒了。

易牙和竖貂判断这病治不好，当然也不想给他治好，他们就把持住宫门，除了公子无亏，不许其他公子进来探望。过了三天，进去看看，发现齐桓公还没死，他们就索性把齐桓公身边的侍卫全部赶走，再把宫门封死，围筑起三丈高的墙，只留一个狗洞一般的小口。小口不是用来送饭，而是供内寺每天去看看齐桓公死了没有。王宫已经变成孤岛，完全与外界隔离。

老不死，老是不死吗？好，就算病不死你，还饿不死你？

齐桓公躺在病床上已经不能起来，就呼唤人，也没有人应答。过了一阵子才听见有声音，小白睁开眼睛一看，原来是小妾晏娥儿。

齐桓公说："我感觉很饿，有没有粥喝？"

晏娥儿答："没有！"

齐桓公说："那有没有热水喝？"

"也没有！"

齐桓公问："为什么啊？"

"因为易牙、竖貂他们把宫门全封了，不许任何人进来，哪会有粥水？"

齐桓公问："那你怎么进来的？"

"我翻墙进来的。"

齐桓公问："世子昭呢？"

"也被挡在外面。"

齐桓公感叹道："仲父真是料事如神啊，是我不明事理才有今天。我有那么多妻妾儿女，临终却只有你晏娥儿一人，我好后悔以前没对你好。"

晏娥儿说："没事，如果你去了，我会以死相送。"

没错，去那边后，你不就有机会了，到时候看你会不会真的对她好？

齐桓公叹了口气说："我死后如无知也就罢了，如果有知，有何面目去见仲父？"

说完，小白吩咐晏娥儿把他的衣服盖在头上，接着连咳数声，一代枭雄，春秋首霸，就这样去世了！

晏娥儿也说到做到，撞柱子自杀了。

齐桓公死后，类似易牙、竖貂建立的"公子团队"们就开始了争夺君位的斗争。亲兄弟，算明账。兄弟们斗来斗去，算了60多天的糊涂账，才想起那个封闭的宫殿里，还停留着老爸的尸体。

齐桓公的尸体横在床上无人照看。就算是冬天，血肉也生出虫蚁，撕咬得狼藉一片，尸气冲天，一直散发到墙外。大家开始还不知哪里来的虫，直到拆破围墙，进入齐桓公的宫殿，看到虫蚁在吃着尸骨，才发现原来问题在这里。实在凄惨！

此情此景，触景伤情，儿子们放声大哭，赶紧将齐桓公与晏娥儿一并下葬。

谁能想到，生前风光无限的春秋霸主齐桓公，死后居然如此狼狈。虽说是子嗣问题而招惹的祸害，但也不致于此。分封制度延续到春秋，子嗣继位的规矩缺陷已完全暴露，哪家诸侯国没有经历过政权交替的混乱？但再混再乱也是身后之事，很少有像齐桓公这样曝尸冷宫。

这将是封建专制社会最难解决的课题。以后的朝代，继承制度践行越来越严格的规定，但每次政权过渡仍旧是一场难于避免的腥风血雨。

　　值得一提的是，晚年的齐桓公遇到落难来齐国的晋公子重耳。他很欣赏重耳，隆重接待这个来自晋国的流浪汉，还把某个女儿嫁给他，并允许他们永久居住在齐国。两大巨头的惺惺相惜似乎暗意着霸权的交接。重耳也一定看到、学到齐国的国家治理，并在潜移默化中形成了霸业的思想意识。

　　但在重耳之前，还有一个人要在接力棒中跑一圈，瞎跑。

　　他叫宋襄公。

　　宋襄公：瞎跑也是跑。

　　好人宋襄公借瞎跑的机会也开启了一段很假的霸业。虽然在影响力上比不过小白、重耳，但是在故事情节上却丝毫不肯逊色。他对霸的理解有偏差，但对霸的执着却非常正统。许多人会笑他，但笑过之后想想，其实我们还不如他。

齐霸桓公：富X代

守\攻	周朝	齐国	鲁国	宋国	卫国	郑国	陈国	楚国
周朝	惠王溺幼，襄王继位	葵丘会盟，赐胙肉						
齐国	洮盟之会，力挺太子	1. 僖公强齐，屡次改纪 2. 襄公继位 3. 消灭纪国 4. 瓜熟不换，连称弑君 5. 无知继位，雍廪弑杀 6. 小白胜纠，继位桓公 7. 召忽殉节，管鲍之交 8. 打山戎，灭孤竹，扩燕地 9. 城存邢国 10. 晚年昏庸	1. 僖公强齐时 2. 奸杀鲁桓 4. 报复乾时 5. 先发制人 7. 报复曹刿（乘丘之战） 8. 齐鲁会盟，曹沫放彭	1. 北杏之盟 2. 问责逃盟，宁戚说客 3. 托孤宋襄	修城存卫	2. 诱杀子亹 3. 厉公复位 4. 问责早退		1. 雨蔡罢楚 2. 风马牛不相及（召陵之盟）

续表

守\攻	周朝	齐国	鲁国	宋国	卫国	郑国	陈国	楚国
鲁国		1. 鲁郑救纪 3. 争位失败,乾时之战 6. 曹刿论战	1. 庄公托孤,庆父不死,弑杀闵公 2. 申定三桓	2. 捕获南宫 4. 友好建交				
宋国			1. 乘丘之战 3. 报复乘丘之战	1. 南宫弑闵,子游一游 2. 箫戴桓公				
卫国					1. 懿公好鹤,北狄亡卫 2. 弘演剖肝,戴公临国			
郑国	退洮会盟	1. 鲁郑救纪 5. 背楚事齐				追杀世子		召陵之盟
陈国		北杏之盟					归途矛盾	
楚国	盟齐贡周							

第三篇　宋霸襄公：礼想主义

为了厘清春秋各诸侯国之间的恩怨，春秋故事爱好者假想在宋襄公的自我推荐下，同意由宋襄公在宋国主持召开**第三届诸侯国秩序委员会**。

会议在**争议中**确定本届诸侯国秩序委员会常任国、成员国，**勉强**选举产生出第三届秘书长、理事以及一批委员代表。

会议肯定宋襄公在齐国实现政权过渡中所起的积极作用。

会议回顾上一届齐桓公秘书长带领大家"尊王攘夷"的美好经历。为进一步完善该理论，宋襄公提出一个试错机制，用亲身经历反面证明基于书面的旧文化难于架构出新的社会秩序。

会议讨论楚国在诸侯国中的形象和地位。周襄王亲自参会并做重要陈述，各成员国也纷纷表示愿意与楚国和平共处。代表们要求楚国不得仗势欺人，不能动辄发兵，但楚成王并未明确表态，故该议题将留至下一届会议继续讨论。

会议认为晋国是一个好地方，"人说山西好风光"，重耳同志综合素质高，处事能力强，领袖气质突出，理想信念坚定。会议议定，下一届会议的选址在晋国，由晋国负责召集并主持。

最后，会议在周礼与楚辞的交互声中闭幕。

本届时间跨度：公元前643年—公元前637年

主盟国：宋国

常任国：楚国、郑国、齐国、卫国、鲁国、邾国、蔡国、陈国、许国、滕国、鄫国

成员国：秦国、晋国等

秘书长：宋襄公兹甫、楚成王熊恽

理事：[郑] 文公踕；[齐] 孝公昭；[鲁] 僖公申；[其他] 曹共公、滕侯、鄫君

代表：[宋] 公子目夷、公子荡、公孙固

[齐] 公子无亏、公子元、公子商人、公子潘、易牙、竖貂、开方、高虎、国懿仲、公子硕

[楚] 成得臣

工作要点：兴灭继绝、宋承商祀、襄公让国、目夷逃国、齐桓六子、易竖作乱、无亏拒守、四子占殿、无亏主丧、宋襄辅昭、无亏丧命、孝公得国、齐国再乱、宋襄再辅、三子离奔、孝公复国、宋襄练霸、囚禁滕君、诛杀鄫君、攻打曹国、郑亲南楚、鹿上会盟、衣裳之会、楚兵劫盟、目夷掌宋、鲁国和事、襄公回宋、宋攻郑国、楚攻宋国、泓水之战、仁义兵败、卧榻会晋

二十七、宋国的贵族血统

宋，无论是宋国还是宋朝，都给人一种文弱的印象。春秋的宋国，说是名门之后，又没能像齐、晋、秦、楚那样取得"丰功伟绩"。唐后的宋朝，说是天下的王朝，又是遇到谁就打不过谁，辽、金、蒙古，甚至西夏都可以揍他。非常矛盾的小宋老宋，一边是各种无能，一边是家里有矿，就是这么气人，这么急死人，一副败家又老败不光家的样。

宋朝不说，我们就聊聊宋国，一个实力不强，故事不少的诸侯。

如果你了解同期的秦国，你就会发现，秦与宋简直就是一对反义词。一个是地主家的傻儿子，赏花赏月赏秋香，坐吃山空；一个是农夫家的苦孩子，勤劳勤奋勤苦练，翻身逆袭。

为什么会这样？是老天无眼吗？不，恰恰是老天有眼。一只眼看到地主也不是一天就可以练成的，一样要辛辛苦苦地逆袭，这叫创业；另一只眼看着地主家的傻儿子，他们将是农户翻身的机会，这叫轮回。

商朝衣钵

在正常情况下,大家都说"无功不受禄";但在不正常的情况下,别说有功没功,甚至"有过"都能受禄。

殷商:你看不见我的努力吗?

宋国是周王朝灭商之后为商的后裔保留的诸侯国。很奇怪,为什么国都灭了,还要留下一支血脉?周人是不是没走过江湖,没听过斩草除根?

周人只能呵呵,这里是朝堂,还真不是江湖。朝堂讲究"兴灭继绝"。

【兴灭继绝】 当一个国家快要灭亡,或者已经被灭亡,比如前面说的卫国,快要被北狄灭掉时,齐桓公就帮他们修建都城,并找到卫国的公子,让卫国继续存在,这是兴灭国。如果一个诸侯没有生儿子,或者儿子没有活过自己,总之要去世时,没有直接继承人,这时要在侄儿中选一个过继过去,给他做儿子,继承大统,这叫继绝世。民间也有同样的情况,一个家庭有几个兄弟,如果其中一个没有生儿子(或者夭折),就会在侄儿中选一个过继过去。

在我老家,上门女婿入赘后,要在儿子中选出一个不随妈妈的姓,而是过继回父亲家族那边,负责父族的香火。

当然,实施计划生育形成独子后,"兴灭继绝"的文化就自然消失。

国如此,家亦如此,这便是我中华文化的伟大之处。美国的国是国,家是家,完全不搭嘎的两个单词;我们的国就是家,家就是国,是一个词语。许多学者很搞笑,不看这个最重要的基础差异,就开始大谈外国什么制度,对比我们什么制度,比来比去断章取义的学术论文就出来了。

按现在的观点,人死就死,为什么还要兴灭绝、继绝世,还要顾及什么"香火",要这么复杂吗?要!因为要祭祀。联系生与死的祭祀文化,深深影响着我们的民族、老祖宗的"三观"。

祭祀有一个很严格的规定,只有自己的子孙才可以祭拜自己,或者说只有自己的子孙"邮寄"的祭品,才能对应投递给自己。老百姓纪念屈原,做粽子丢河里的本意并不是给屈原吃,而是给鱼虾吃。当然现在主要是给自己吃,送朋友吃。

古人视死如生,认为活人要吃,死人也要"吃",如果祖先一直没有收到祭品,就会挨"饿",就会找回我们的世界,查明到底是子孙不孝,还是谁杀掉他的子孙，就会干扰活着的人。

周王朝不想惹这种麻烦。

周人巧妙地借力发力，利用商纣王的败家自毁，以蛇吞象的气魄夺走商人的天下。这只是商纣王一个人的错误，商朝的列祖列宗并没有罪，他们理应保持"死人"该有的待遇。

待遇由宋国负责落实。宋是商的后裔，负责祭拜殷商的先祖。因为宋国要祭拜的是一群天子级别的"死鬼"，所以宋国的地位也要高，公爵，而且还可以用天子的礼仪。

不然那边还是收不到"祭祀"。

宋国的第一任国君叫武庚。武庚不是无根，是有根，是商纣王的儿子。周武王知道武庚的能力很强，也很得殷商遗民的民心，就顺应民意，让他主政宋国。

商纣王被宣传为罪有应得，但并不代表武庚就会甘心赎罪，就会安分守己。为了遏制武庚，周武王在宋国边上封建了"三监"，相当于安装三个摄像头并配有三把狙击枪。但姬发万万没想到"三监"居然被武庚策反了，周朝初年发生了前面说的"三监之乱"。

武庚的能力还真不是吹，居然让批判的武器自身被批判。

不过人算不如天算，"兴灭继绝"的思想似乎真的得到鬼神的庇佑。周人出了一个能文能武的周公，周公旦人如其名，不但能挽救成王于危难，还能巩固周朝于延祀。800年的周朝，靠的就是"周礼"约定的华夏文明。

周公用7年的时间平定"三监之乱"，然后诛武庚，杀管叔，流放蔡叔，废霍叔为庶民。周公并没有以此为由注销宋国，而是遵守"兴灭继绝"的规则，让殷纣王的庶兄微子启作为宋国的新君。

经过武庚叛乱后，殷商遗民的气势被打压不少。关键不是你叛乱没有成功，而是周公的出现让他们相信天命在周不在殷。失败不可怕，失败了可以再来，但出现周公，失败就变得很可怕，说明老天不会让你成功。殷商的心败了。

作为惩罚，也是为了预防，宋国的军事建制受到周王朝的严格限制。许多殷商遗民贵族被迫分流迁移，他们的信心没了，力量也分散了。宋国不再、不敢也不被允许崇尚武功武力。所以终其春秋战国，宋国一直都是公爵大国，但没打过什么大仗，出过什么大彩，根本比不过名气相当的齐国、晋国，甚至新生的郑国也比他们狠很多。

周王朝严格限制宋国的军事，等于倒逼宋人向其他方面寻找进步空间。东边不亮，西边亮。就像"二战"失败的日本，接受美国大兵的占领式保护，国际事务彻底失败，就安心在家里搞经济，硬是搞出世界第二号经济强国。

殷商曾是华夏第一家做生意的部落，这项手艺既是传统美德又是生财之道，所以延续到宋国也不会丢。现在既然不让搞政治，那就安心做生意吧。正好，周公的遗民分流政策也有助于他们开拓更加广阔的市场，建立更高水平的贸易。

另一个悄悄发展的项目是文化。周公限制了宋国的军事建制，但提升了宋人的礼仪规格，属于另一个概念的"参公单位"，他们的祭祀可以假借参照周王室。宋人因此有机会掌握与周人几乎同等水平的礼仪，成为第一批有文化的人。

从西周到东周，周王朝国势衰微，周礼在周王朝缺乏后继之力，开始走下坡路。宋国却因为诸侯的身份，反而在春秋的黄金时代里，从另一条道路强化了周礼。他们培植着礼仪文明的土壤，孕育出不少杰出的"大家"，比如，孔子、墨子、庄子、惠子等，他们的祖籍都是宋国。

襄公继位

在前面的章节介绍过，宋国从微子启开始，传了十三代到宋宣公子力。子力不知道哪根筋突然抽抽，不把位置传给儿子，而是传给了弟弟子和，即宋穆公。宋穆公之后也不把位置传给儿子公子冯，而是传回给穆公的儿子与夷，即宋殇公。

宣公和穆公应该都是厚道人。但在政治圈，你厚道并不代表大家都厚道，所以他们**不按照规矩的厚道就破坏了可以约束不厚道人的规矩。**

有借有还，人品没问题，但再借就难了。

宋殇公一直防着出逃在郑国的堂弟公子冯。心系堂弟的生死就有意无意地数次卷入对郑国的战争。但他万万没有想到，真正的"癌症"在后院发作。太宰华督作乱，一阵闹腾，弑杀宋殇公和孔父嘉。这样一来，与夷的预料反而又准了，公子冯果然回国继位成宋庄公。真是担心什么，就来什么。

"果然"的蝴蝶效应是源于他的预料。他没有预料就没有冲动，就不会打击郑国，就没有反被华督弑杀的事发生。

【预感】 预感就是"信则灵"的一种表现。人生中许多事情都是这样。你预感的问题之所以能实现，并不是因为你算得准，而是因为你的心理暗示一直在潜移默化地促成它的发生。你认为某某是坏人，就一直把他当作坏人防着，没多久他就能感觉到你在针对他，自然也会进行相应的回击，真的对你使坏了。

宋殇公死后，做庄的宋庄公倒很正常，什么哥哥弟弟统统闪一边去，只把位置交给儿子捷，即宋闵公。

宋闵公又没正经，喜欢三天两头和大力士将军南宫长万嬉闹，没大没小地开玩笑。南宫长万被鲁国俘虏过，宋闵公就常常拿他被俘的经历开玩笑，终于在某一次量变达到质变后，被南宫长万激情犯罪给杀掉。

南宫长万紧接着立公子游为君，但小游游根本控制不住宋国的局面。各方势力风起云涌，宋国再次经历一场大乱。最后，在萧叔大心和曹国的帮助下，宋闵公的弟弟御说继位，即宋桓公。

齐桓公组织的第一次会盟，挂的羊头就是宣称为宋桓公确立宋国国君的名分，但宋桓公感觉自己被利用，中途逃跑了！此后的宋桓公就在齐桓公的阴影下磕磕碰碰度过余生。

送（宋）来送去，公公婆婆的，终于到了故事的主角，历史上最充满"愚昧"与悲情的宋襄公兹甫（兹父）。

宋庄公的儿子不少，公子兹是嫡子。他有个哥哥叫公子目夷。目夷的母亲是一名普通的小妾。按照周礼继位制，嫡子排在长子前，宋国的君位应该给世子兹甫。但宋国"兄弟连"的基友情基因又发作了。公子兹在病重的宋桓公面前，竟然恳求老爸把世子之位让贤给庶兄目夷，理由是目夷的年纪比较大，比自己贤仁。

宋桓公就把兹的想法说给目夷听，征求目夷的意见。目夷说："能把国家让给我，这本身就是最大的贤仁，我再怎么贤仁也赶不上弟弟的这个举动。"说完之后他就逃去卫国。你不是让贤吗？我直接逃国。

于是，兹甫的世子之位想让也让不出去，只好继任为宋国国君。

十分为难、十分勉强，勉为其难的样子。事实真的这么和谐吗？

某主持人：我不信。

我有一个大胆的怀疑。

厚黑设想

我的怀疑也可能暴露出我的厚黑思想。

假设公子兹甫身边有一个智囊，一颗顶级的智慧脑袋。智囊问兹甫："现在宋桓公快要去世，你作为嫡子将继承宋国的君位吧？"

兹甫说："是的，本来就是这样。"

智囊问："现在外面好多人都说你哥哥目夷是贤明仁义之人。你又不如他，那你以后如何服众？"

兹甫说："我向哥哥学习，起早贪黑，努力工作。"

智囊说："那不错，到时候你作为国君就要事事小心，如果有一件事没做好，或者损害了谁的利益，他们就会说如果目夷在位就好了，目夷一定会做得比你好。"

是的，**潜在的对手，如果一直潜，就一直是对手。**

智囊继续说："你们都是公子的时候，目夷的名声比你好。你成为宋君之后，你和他的位置不一样，没办法再比较，也没办法更新人们的观念。那么，目夷就永远比你好，你将一直被目夷的光辉形象所笼罩。"

兹甫说："是啊！那我该这么办？"

智囊说："不如你现在就把位置让给你哥哥。"

兹甫说："要我放弃掉吗？"

智囊说："不是放弃，是以退为进。如果你让位，你哥哥一定不会接受。他不接受才能保住他的贤名，而你却因此也获得了让贤的美名，这样今后就不会有人再说目夷比你更贤、更适合的话。"

"哦！那万一他接受了呢？"

智囊说："他不是嫡子，不合礼制，以他的智慧和德行应该会明白，他上台会比你上台更加不稳定。他如果接受了，人家就会说他的贤名原来都是伪装，是为了获得君位，他就会失去贤名。这样，就算他真的做宋侯，没有贤名和制度的保护，只要稍微出点差错，我们再把君位夺回来也是轻而易举的。还有，你要趁现在，趁你父亲还没死，就把让贤的想法说给他听，让他来调和，你就更有余地。他不会随便做主真的给你哥哥。如果能再经过这样的一次'约谈',你的位置就再次得到确认,以后上台就更加稳定。"

"说得对,有道理,这样好!"

好什么?这只是好听的故事,我瞎编的故事。没有任何的历史依据。

我只是感觉有点不可思议。齐桓公组织**葵丘之会**期间,把世子昭托付给宋襄公时,管仲说宋襄公人品好的依据有两点:一是他让国的事;二是父亲刚刚去世,他还亲自赶来参会。很奇怪,为什么"让国"的事这么快就在诸侯之间传开了?是不是有故意发朋友圈"秀恩爱"的嫌疑?原来只是一家父子三人之间的对话,是宋国的内政之事,为什么这么快就传到齐国?是泄密,还是故意?

是宋桓公叫史官把这事情记录下来,并主动公开?还是兹甫在背后推波助澜,故意传播给宋国的贵族群?

宋襄公后来确实帮助齐世子昭当上齐侯,但他并没有支持齐孝公继续做春秋霸主,而是借着拥立齐侯的功劳和影响,想自己当霸主。

奇不奇怪,一个有欲望当霸主的诸侯,此前居然没有欲望做国君?他还是公子的时候,知道自己不如哥哥贤仁就想让国给哥哥,但他做宋公后居然会不知道宋国的"贤仁"(实力)远不如楚国、齐国,而非要逆流称霸?

或许是人真的会变。就算有不少怀疑的理由,但我仍旧愿意相信他是真的"仁义让国"。因为这种仁义很宝贵。之所以让人产生这些疑点,之所以还有后来被楚国羞辱,全是因为他傻,蠢直。**害他的不是假仁假义,而是欲望。权力有时也是毒品,吸了之后(当宋君),上瘾了,就只能加大剂量(做霸主)**。

权力:那是欲望好不好?是得陇望蜀。

目夷的让贤也是真让。就像吃饭埋单一样,兹甫只是一直说要埋单,甚至还拼命挡住别人,但目夷早在中途就找服务员付了钱。他跑到卫国去,用实际行动证明自己是一以贯之的贤人。等到弟弟顺利继位后,他又听从召唤,回到宋国安心做弟弟的助手,没有赌气,没有怨恨,无怨无悔。

宋国在这对兄弟组合的治理下,国力增强不少。所以在8年之后,齐桓公去世时,宋国才有一点底气对齐国的群公子争位"说三道四"。但宋国的进步是假象。在时间上,现在的宋国对比过去的宋国更强大,是自己比自己;但在空间上,宋国与列国的较量,还有很大的实力差距。

进步快是因为基础差。这一点,目夷比较清楚,兹甫应该也会清楚,但他不愿意相信。这才是酿成宋国悲剧的重要原因。

二十八、兹甫的丰功伟绩

网络上归纳了一种想象,叫"自我感觉很帅"系列。这都是视频软件造的孽,一定是一些看热闹不嫌事大的煽动者在背后瞎起哄,让"帅哥"误解,或者是反话被他听成正话,然后就开始各种自我陶醉,各种做作。总之,他的自信也不是无缘无故而来。

宋襄公:是,绝对是有缘故。

"是"的语气为什么这么坚定?因为有齐国的故事给他做背景墙。

齐国危急

齐桓公去世后,身后留下一个混乱的齐国。几位公子为了争夺君位而置齐桓公的尸体不顾,令其腐烂生蚁,似乎极大地讽刺着齐桓公一生带领诸侯行走在"尊王攘夷"旗帜下的文明礼仪。

人的一生真的捉摸不定。**特定人生的最大意义其实就是未可预知**。如果什么都摸透了就没有意义,什么都看破了就可以出家去。

齐国的内乱是从长公子姜无亏的不服开始。无亏吗,一定是个不肯吃亏的人。在获得易牙(雍巫)、竖貂以及母亲长卫姬的支持和鼓励后,无亏认为自己的人生应该更加精彩,不能只是长公子。

在齐桓公病重时,易牙、竖貂就串通无亏对外封锁一切关于小白的消息,在齐桓公的住处围上一堵几丈高的墙,让他完全与世隔绝,不给他吃喝,比活埋只多一样——自由呼吸。大家坐等他死,死后就可以起事。起事的第一件事就是杀掉世子昭。

如果世子昭死掉,最合理的继承人就没了。按照长幼的秩序,"备胎"转正,无亏就成为最合理的齐国君主。

但齐桓公可以被坐着等死,世子昭才不会坐着等死。他也通过眼线获得一些内幕消息,并推测出老爸已经去世,只是宫中没有明确公布,自己就无法得到贵族的拥立继位（父亲未死，君位未空，"继"的逻辑不成立）。最后听从上卿高虎的建议，他决定先去宋国找宋襄公，避一避风头。

【上卿高国】 是齐国贵族中的传统强队，包括高姓和国姓两家。最初是周王朝派驻齐国的监国官吏，类似某个专项的特派员，封上卿，后来就世袭上卿。身为"铁帽子王"的他们德高望重，经常会出现在齐国的政乱中，但从来不是动乱之源，都是负责戡乱扫地，任劳任怨，属于齐国政坛的基石。

在许多重要的历史节点上，比如上次齐襄公被杀、公孙无知作乱等，基本上这两家支持谁，谁就能笑到最后。

那么问题来了，为什么两家这么团结，总是意见一致，他们没有分歧吗？这我也不知道，老师没说，历史没写，我们能知道的就是团结。

齐桓公对外把世子昭托付给宋襄公，对内应该是托付给高、国两家。就算他不直接说，只要确立世子的身份就等于获得高、国两家的支持，因为高、国是秉承周礼来到齐国的，他们当然要按照周的祖制办事。

易牙、竖貂发现世子昭已经跑掉，就商量先回宫去。刺杀世子昭本来就指望靠"出其不意"来消除大患，如今大患找不到，就应该赶紧回去，保住阵地要紧。否则到第二天，其他公子知道老爸去世，也会跑到朝堂去争夺君位，那无亏的信息优势就没了！所以为今之计是先回去，宣布长子无亏继位。至于公子昭，跑了就跑了，先按照失踪或者潜逃处理。

果不出所料，百官们听说易牙、竖貂带兵出宫，料想事态有变，纷纷来到朝堂打听消息。获悉齐桓公已经去世后，他们马上开始"交头接耳"。人们普遍认为当务之急就是赶紧找出世子昭，不能等到天亮。

岁月不等人，政变更不等人。

历代王朝的政权更替主要发生在宫廷之中，总是瞬息万变，连背景音乐都要播十分紧张的那首。谁能第一时间掌握老君王的死讯，谁能待在临死老君王的榻前床边，谁就能获得继位优势，获得主动权。

百官问："世子呢？"

易牙说："世子无亏在宫中。"

"你傻啊？当我傻吗？亏什么亏？我问的是世子昭。"

"公子昭已经跑了，我们奉先王（齐桓公）遗命，立长子无亏为君。有不服的人，可以直接杀掉。"

不服。不是"有谁"不服,而是全不服。你俩这些年借着齐桓公的老糊涂劲,翻江倒海,把我们这些革命老同志欺负惨了。扯淡的遗命你自己去服吧,口服,一天三次五次,饭前饭后,你们自己定。

【遗命】 这是很随机的事。一般都是几个大臣围在老皇帝身边,大家一起听一下,像大学英语四、六级听力,是谁,那就是谁。关键许多时候所谓的"几个"其实只有一个,或者两个。临死的老皇帝也不是那么配合,会说得不清不楚,什么是四阿哥啊,十四阿哥啊,直接收听的人有极大的操作空间,间接听到的人也有极大的怀疑空间。

在这种前提下,常常要靠"结论"支持者的数量和实力来证明遗命的真实性。

那遗诏呢?一样啊,遗命的文字版本就是遗诏。

无亏主丧

易牙、竖貂说遗命是让无亏继位,大家都不相信。因为"无亏"这个结论我们不满意,传达这个结论的易牙我们更不满意。如果出来说是公子昭,大家就会认为肯定是遗命,所以易牙、竖貂才(也、都)不敢改了。

没办法,"人设"太差,说啥人家都不信。

既然用伪造遗命的办法糊弄不了朝臣,压不过反对者,易牙、竖貂就只能尝试抛出第二张牌——实力。

实力的体现有很多种方式,这一次的方式叫"打架"。

于是,齐国朝堂上就出现一场非常市井的斗殴。参与此次斗殴的都是平时管理、教导别人不要斗殴,要有话好好说的官吏们。

我们是官吏又咋了?不能打架吗?兔子急了还咬人,我们官吏打架,不能说我们没有素质,只能说这事实在太气人。我们在为真理而奋斗,为帝国的未来而斗殴。性质不一样,明显比普通群众斗得更高尚。

废话,齐国都归你们管,你们这样说当然有道理。不过道理真不能当饭吃,这些人对打架是真不行,哪打得过带兵的易牙、竖貂?所以不管多么气人,在被暴揍一顿后,大家也得散去,带着更多的气先回家。

打架本是为了消气,但如果打不过,反而变成充气。

看来冲动绝对是魔鬼。

易牙、竖貂虽然打赢了这场群架，但他们面临的局面将更加困难。政变又不是过家家，大家都不服的话，就等于自娱自乐。好在不管怎样，主动权还在手里，那就继续往前走，立即举行登基仪式。

等明天一早上班时，钟鼓敲完，大臣们上来一看，上面坐着无亏不就可以了？这叫生米煮成熟饭。

无亏也认真做好准备。洗过澡，穿好衣，拿着稿子就等做齐侯。

但没想到第二天又出现一个十分尴尬的场面：大臣们居然不来，不上班也不请假。没有领导，老油条们就这态度？

无亏坐在上面，下面士兵有两排，但大臣只有两个，一个是易牙，一个是竖貂。

玩呢？过家家就算过家家，群众演员也这么缺吗？

易牙说，解决当前问题，最好去请高、国二老入朝，只要他俩愿意进来，就可以号召百官，压服众人。

这个主意不错，但国懿仲、高虎也不傻。

他们穿着麻衣，说先君还没有出殡，就开始拜新君，完全不合礼仪。先君的子女那么多，但他们也不会挑剔，谁能主丧，他们就愿意考虑谁。

这一招确实狠。无亏不是不想主丧，关键是自己一旦站起来，屁股下面的这张椅子就容易被别人抢走。最好是大家先确认一下，明确这张椅子归他，然后该干吗再干吗，这样操作才比较稳妥。

现在麻烦了，这边说先有鸡，那边说先有蛋。

死循环解不开，那就不解了。无亏决定就坐在朝堂的主殿上，吃喝拉撒全部叫外卖，看谁耗得过谁？

但上天对无亏并没有特别的恩惠，上天的原则是"把机遇留给有准备的人"，管他是谁，几个谁。现在好几个有准备的人都看到了机遇。

齐桓公还有一个宠臣叫开方，他支持公子潘，就让公子潘也去找一张椅子坐上去，自带酒水自带椅子，抢占右殿。公子商人与公子元感觉自己实力差一点，两人就商量决定搞个组合，一起占据左殿。

公子雍看到这阵势，心里很害怕。教科书上根本没讲还有这样争夺君位？静坐示威？抢办公桌，赖办公室？几个哥哥也忒狠了。"有今生做兄弟，没来世再相遇。"算了，今生也不要这些兄弟，赶紧奔跑去秦国吧。

现在，齐桓公六个比较有出息的儿子都开始各自的各种出息。一个躲在宋国，一个奔向秦国，还有四个留在齐国的王宫，为齐国造就一种最难于描述的画面。**要是按照位置来判断，左边、中间、右边是三方，有点"斗地主"的阵势；但是按照人数算，四个兄弟又有点"打 80 分升级"的意思。**不管哪一出，反正都不肯认输。

四只王八一样的公子就这样相持两个月，一动不动，比耐力。

最后，大臣们认输。经过两个月，伤养好了，气也消了，他们开始考虑齐国的未来。四个败家的公子哥还不知道要撑多久？虽然不管多久都只是四个王八蛋而已，但那个春秋的霸主，那个给齐国带来无上荣光的齐桓公现在在哪里？尸体在哪里还不知道呢。

一直耗下去也不是办法，丢人要丢出几个朝代。现在只能按照长子继位的规则先承认无亏为君，把齐桓公的丧事办好再说其他的事。

国、高两家就联系百官，主动找主殿上的钉子户公子无亏。

无亏当然愿意。"我的本意也是由我来坐庄。幸亏你们妥协了，要不然我的屁股都快磨出茧子。"

那就开始主持丧事吧！齐桓公，生前把活人活出极致的荣光，没想到死后也把死人死出彻底的悲催。经过 67 天弃尸式的放置，尸体早已变成虫蚁们的天堂乐园。血肉模糊，尸气熏天，男默女泪。

葬礼仪式按照诸侯的规格进行着。其他三个公子看到这个场面一是触景生情，二是感觉没戏，也不再"占中"，不打牌，不死磕，一起跑去灵堂哭灵。至此，天下独一无二的"齐国悲伤 67 天"终于结束。

但争夺齐国君位的故事却刚刚开始。躲在宋国的世子昭得到宋襄公的支持，准备回家找兄弟算账。然后呢，几个兄弟就一本账算来算去，非常糊涂。

剧透一下：公子无亏、世子昭、公子潘、公子商人、公子元居然先后都做过齐侯，就知道这场动乱有多乱。

郑国：能有多乱？

打牌的人都坐过庄。真的是爱拼才会赢。

赢根毛。远在宋国的世子昭对此真的很不爽。

世子昭：我们的父亲我的国。你们算哪门子庄？

宋君兵齐

宋襄公很想出兵帮助公子昭回齐国争夺君位。"受人之托，忠人之事"的小白之约，未曾相忘。而且齐国是诸侯的霸主，如果能挽救齐国于危难，平定动乱，顺便再举行个会盟，那不就可以顺手接过齐桓公的基业，走上当大哥的道路？

盟主家的家事都要靠我来处理，想想就开心。

但公子目夷严重不同意。"我们宋国根本不可能像齐国那样成为霸主，当上大哥。理由有三个：**一是要钱没钱**。我们虽然会做生意，但齐国更会。齐国靠近海边，有天然的渔盐资源，管仲善于经营，有汇财的各项措施，齐国的国库远比宋国丰满。**二是要人没人**。齐国有高、国这样德高望重的世袭上卿作为稳定的基石，还有管仲、鲍叔牙、隰朋、宁戚等一批干将。我们什么都没有，好不容易出个大力士南宫长万，结果还是个造反的主。**三是要神没神**。齐桓公将要崛起的时候，齐国出现许多吉祥迹象。宋国不但没有祥瑞，还尽是陨石、台风等自然灾害。这三样，天无时，地不利，人不齐，我们宋国能做到自保就不错，哪里还顾得上管别人家的闲事？"

目夷的解释很有道理，但宋襄公不满意。"我是个仁义的人，如果不救公子昭，那就是不仁；答应别人的事又不去做，那就是不义。"

宋国：就你仁义，你十年前让位你哥哥的时候，不是说目夷比你还仁义吗？

其实，这事还有一个深层次的理由，宋襄公没有明说。目夷估计也猜得到，所以他不敢太坚持，那就是"物伤其类"。齐公子昭是嫡子，宋襄公兹甫也是嫡子，齐公子无亏是长子，宋公子目夷也是长子。

这就不只是"人家的事情"那么简单，而是"我要维护这个规矩"的事。因为我也是这个规矩里的人。

爱你就等于爱自己。

说干就干，宋襄公立即号召诸侯行动起来，一起去齐国帮助公子昭讨回公道。

卫国说，好。曹国说，好。邾国说，好。

但鲁国说，不好。

鲁僖公很不爽，齐小白怎么回事？居然托孤给宋国，那就是不信任鲁国，就是不给我面子，枉费我这么多年对你忠心耿耿。既然你不托付嫡子给我，我就只知道长子，长幼有序。如果宋国要讨伐无亏，我就出兵保护无亏。

宋襄公：鲁国这种坏人就算了，我们不提他。

但响应的国家确实不多。一是宋国的威望不够。二是宋襄公带头去救齐国，成功了，功劳是宋国的；失败了，与齐国结下的仇恨却是我×国。三是宋国的兵威从来就不强，能打败齐国的可能性很小，小伙伴们不看好。

目夷说的没错，齐国的实力远在宋国之上。按照国家战略和利益最大化来考虑，宋国最好不要去蹚这滩浑水。但老天似乎故意要把剧情安排得跌宕起伏，要培育各种意外逆转。在各位"有识之士"都不怎么看好的情况下，这次宋伐齐的结局竟然是宋襄公赢，而且赢得很轻松，还真的是用仁义赢，不是兵战赢。

因为此时的齐国处处暗藏杀机，宋国的出兵只是点着这堆干柴火而已。

无亏有亏

宋国来了，该来的总会来，宋襄公带着兵马的诚意"扑面而来"。

无亏哥哥根本不怕，派易牙带兵迎战。兵来将挡，水来土掩，没什么特别。但他没想到的是，问题的重点竟然不是城外，而是城内。

齐国百官在高、国的带领下确认无亏为齐侯，不是因为他们真的认为无亏适合做齐侯，而是他们想让无亏早点出来给齐桓公出殡。现在殡出完了，可以回来继续讨论无亏适合不适合做齐侯的事。

易牙、竖貂这些人的智慧用在拍马屁、自残自宫还行，说到政治谋略就远没有达到一个合格谋士的水平。在这种形势下，他们还高高兴兴地分开，迎敌的迎敌，守城的守城，在家打麻将的打麻将，还指望能平平安安地再会合？而且，在城内的竖貂居然毫无戒备地接受高虎的邀请，去他家喝酒，结果酒没有喝成，直接被杀，倒在酒宴现场。

外患哪里是心患，内忧才是真忧啊。竖貂的心也真是大啊！

竖貂为什么会信任高虎？因为他口碑好。他是周王朝派来的监国，正常情况下是不会过深掺合齐国内政的，所以竖貂、易牙们才会放心，尤其是在管仲、鲍叔牙去世后，他们做什么事就都很放心。事实上，在易牙、竖貂把持齐桓公、齐国朝政的这些日子，他们与高虎、国懿仲两家确实也是井水不犯河水。

但因为他们的作乱让一世枭雄齐桓公 67 天未能入土，这件事触动了高虎、国懿仲的底线，这已经不是正常情况。所以他们的妥协不是真的妥协，而是一直以退为进。

老狐狸的谋略。

另一边，国懿仲直接去找无亏，摊牌逼宫，说"齐国国君本来就是公子昭，宋国现在带兵逼近，人心思变，国人已打开城门去迎接他，你还是让位吧。"

无亏哪里肯，就问竖貂呢？

国懿仲直接回答，死了。

无亏大怒。"你怎么知道死了？你一定是他们那边的吧？士兵们，出来给我抓住这只老狐狸。"

恭喜你猜对了，我就是那一边的；恭喜你做对了，你可以来抓我，但我也可以跑。国懿仲这种老油条也真不是吃闲饭的，他一边跑，一边大喊易牙、竖貂已被杀了，公子昭马上要回齐国继位。

也是平日里易牙、竖貂、开方他们习惯性作恶，结下的仇人实在太多，国懿仲这样一喊，宫中那些早就不爽的士兵马上犹豫了，内心的小宇宙被舆论引爆了。结果一阵乱战后，无亏反被杀死。

无亏：晕！明明是我喊你们出来杀人。

其实，我们可以肯定"杀人"的背后就是国懿仲的指使。他这种老狐狸，不想留下骂名，绝对不会自己动手，但动手的"关键士兵"肯定是他的人，可能早就在宫中卧底。因为那些士兵就算再不爽，**打狗的鞭子有，打死主人的胆还没有**，除非他们的真正主人另有其人。

开方、无亏和竖貂被杀的消息很快就传到易牙的前方军队中。这个经不住推敲的"政权"，在舆论的攻势下瞬间瓦解。混进队伍的卧底们已经开始策划兵变。易牙见势不妙，就跑去鲁国。

宋襄公哈哈大笑，"我说嘛，只要我走'仁义'的路线，什么都挡不住。你们看看，我一出兵，无亏就马上亏得裤子都没了。"

一切反动派都是纸老虎。

很明显，这份功劳缘自我宋国的威力，更缘自我宋襄公的仁义。

公子目夷：真邪门。

齐乱朝堂

按照常理，无亏已死，树倒猢狲散，公子昭就可以顺理成章地继位齐侯，宋、卫、曹、邾四国任务完成就可以各自回家。可他们不知道一个事实：当时大殿上"占中"的是打牌四人组，除无亏亏死外，另外三个还在齐国。

公子商人说："我们在齐国奔丧哭灵的时候，公子昭不回来，今天却借着宋国的兵威，想要强夺齐国。没有这样的道理。宋国的兵现在已经退去，倒不如我们三个联合起来，杀掉公子昭，然后请大臣们在我们三人中间任选一个。齐国以后也不会被宋国要挟。"

有道理啊！兄弟们都觉得很有道理。尤其是"不会被宋国要挟"这句话点得非常到位，毕竟当年郑厉公就被宋庄公索贿索到怀疑人生。

但三个中间任选一个，怎么选又没说明白。是石头剪刀布，还是摇色子？这不是问题，他们本来就是激情打牌的投机分子，到时就算玩彩票玩抽奖也不奇怪，确实无须说明白。三位公子本质上和赌棍是一路货色。

那就来吧，三家公子的家丁，加上要为无亏、竖貂、易牙报仇的反动派残余，四处兵马拢在一起也不算少数。乌合之众只要有利益驱动，再打点鸡血注射一个瞬间劲头，其短暂的凝聚力、爆发力也非常惊人。

公子昭很快就没招，招架不住，只好与高虎再次跑回宋国。

宋恩公啊，你好，我又回来了。

回来答谢吗？

不是啊，我兄弟太多，事情出现反复，还没搞定。

原来如此啊！以"仁义"为标杆的宋襄公知道缘由后反而自己感觉不好意思，大喊失误，认为好事没做好。第一次做好事没经验，只看账面，没有落到实处。所以立即表态再来一次。重启，再次出兵去齐国。

哪里不会点哪里，这次就点公子商人他们仨。

宋国这次出兵就没有上次那么顺利。部队刚刚到齐国，以为还会像上次那样，只要把仁义的大旗立起来，就能坐等齐国自己反省，自觉内乱。

上次可以羞死你，不等于每次都能羞死你。

老实说，公子商人看到宋国再次到来也吓了一跳，完全出乎意料，想不到宋襄公这么有耐心，居然摆出一副"勤能补拙"的姿态，把齐国当作女朋友来关心。公子商人是个冲动型的倡导者，就是赌宋国不敢出手。现在宋国出兵了，他就不知道该如何应对，心里没底，说要趁着宋军人心未稳先发制人，攻打进去。如果赢了好说，如果不幸输了，就各自逃命吧！

晕，有这样奇葩的计划。面对国家、政治、打仗啊什么，这几个人不管不顾，就是这么任性，硬是把心态停留在打牌抽签上。

看来《西游记》的猪八戒一遇到困难就喜欢提议分行李散伙，也不是没有历史依据的。

也是，形势这么急切，快刀斩乱麻，赌一把。

实践再次证明，宋国的部队真不经打。就这样临时拼凑的队伍，居然还能把宋国的先头部队公子荡打败。好在后面的公孙固及时赶到，稳住阵脚，否则宋国就游戏结束了。这俩公子的名字也十分应景，公子荡做先锋，一冲就荡，公孙固做后军，一来就固。早知这样，公子们就应该取名叫公子稳、公子赢什么的。

当然，宋军的最大利好肯定不是名字。毕竟靠名字赢球太荒唐，如果真可以，国足们早就拿出户口本去派出所了。实际上，这次最大的利好是"天黑"。

想不到吧。因为造反派的举动见不得光，所以有光就会拼命。一旦天黑，就不用拼命——就容易想着跑路的事。天黑了，大家互相看不见，就开始互相怀疑，互相担心，队伍的心里就开始发虚。赌徒式的冲击力很强，打顺风球很厉害，但有一个致命的弱点，就是不能被阻碍。如果他们遇到战胜不了的困难，一次两次都不行，**信心不足就会表现出耐力不够**。于是，那一夜，漫长的一夜，心怀鬼胎的公子们就像崩盘股市中的散户，谁还给你说护盘？谁还给你提反弹？哪怕是一个响一点的屁都可能把他们吓散掉。

慌乱的乌合之众真就在某个"响一点的屁"触发下，分崩离析。宋国因此稀里糊涂再次占到便宜，再次胜利。虽然他们再次没搞清楚为什么又胜利，但这不影响宋人欢天喜地的心情。赢总比输好。宋襄公的自信倒是一贯"勇猛"，他一样归功于自己的正义和宋国的实力。

宋襄公：一定是仁义，必须的。

必须的仁义带来的必然成效越来越明显，除了能让公子昭登上齐侯的君位，还能让宋襄公造成"万物皆可仁"的错觉。他从包治百病的"仁义"中，悟出了"霸业"的道理，并酝酿着树立了一个远大的理想。

理想虽好，但不要贪杯。理想可以让你避免成为咸鱼，但也可能带你进入老天欲擒故纵的圈套。

襄公香功

助齐的成功让宋襄公感受到走上人生巅峰的飘飘然。趁着这份感觉，他要再接再厉，赶紧策划出任CEO，当上总经理，迎娶白富美。

宋襄公扶正齐孝公后，宋国在诸侯中的威望确实提升不少。齐国刚刚还在齐桓公的带领下叱咤风云，现在遇到困难居然要靠宋国出面摆平，说明宋国已经都牛成牛顿了。当然，"摆平"有点干预内政的嫌疑，不过宋国也不是没有理由，毕竟江湖上盛传着关于齐小白托孤的故事。而且，最关键的是，人家赢了。**干政失败才叫干政，干政成功那是纠正。**

爆个冷门。

不过，宋襄公可没有这样想。他认为正是自己对"仁义"一以贯之的坚持才使得人心所归，天命所归。自己修行这么久，胜利是必然的结果。现在齐大哥的困难都要靠他解决，说明他比大哥还大哥。所以，再不往前一步，他担心未来的自己都会嘲笑、愤怒当时的自己眼光短浅，不思进取。

从此，一颗不安分的心在宋襄公的胸膛里跳动着，以心律不齐的方式跳动着。

1996年的NBA，巅峰的公牛队一个赛季才输10场常规赛，其中，居然有一场输给猛龙。那么问题来了，猛龙是强队吗？

那时的猛龙，除了名字威武，战绩也吓人——东部倒二。

历史就喜欢开这样的玩笑。实际上，宋襄公不可能不知道宋国有几斤几两，哪能和齐国对比？但有一个成语叫"利令智昏"，他之所以想称霸，根本就不是因为实力，不是因为政治，而是因为欲望。然后呢，历史居然还给了他理由和机会。

这世间，理智清醒的人认为很可笑的理由，一旦被掺和进欲望的诱导,就会变成一往无前的信仰,比如,传销。齐桓公一定是把霸主的权力荣耀传销给宋襄公。所以再次从齐国回来的宋襄公,就走起他人生的亮点,也走到了人生的拐点。

二十九、宋襄的礼霸测试

许多菜品,比如说卤肉,各种调料下锅后要文火炖到一定的时间,才能入味,才好吃。这一点我不是不知道,但有时候为了赶时间,只能开大火力,最后味道没进去,肉还烂掉。没办法,许多事情就是这样,摆在我们面前的条件根本不好,不够,但我们渴望胜利,渴望成果,就必须去尝试,去奋斗。**成功了就是一篇鸡汤,失败了就变成一碗鸡汤。**

再比如创业。有些农民家的孩子,大学毕业了,什么条件都不成熟,都没有,就打着鸡血开始创业。他们创业成功的概率极低,大多数人都变成社会发展的分母,变成没有任何声音的"宋襄公"。

岁月催人

盟主的头衔不是一天可以练成,需要时间"炖",经历"熬",但宋襄公等不及。关键是按照宋国的实力,很有可能等到死都等不来。所以宋襄公决定走一条捷径:报名"盟主速成培训班",弯道超车。

可以这样想象历史的画面:宋襄公自己跑去刻个章办张证,再回来盖个戳,自己就把自己任命为盟主。

盟主是需要小弟的,但大国都实力超群,管你真证假证,只要不是本国出来的证就会一概不认。宋襄公决定先找几个小国试试,速成也有路线图,也要一步一步来。先找小孩玩过家家,扮皇帝;然后到戏台上,演皇帝;最后到现实中,当皇帝。过程很清晰,过渡很合理。

理想也很美好,所有为美好理想而奋斗的人都不可以被嘲笑。

信心满满的宋襄公就约了滕、曹、邾、鄫四个小国去曹国的南边会盟。面对宋国的约盟,这些小国却表现出人穷志不短、国小谱子大的各种不重视。毕竟,人家也是个正经人,不能随随便便谁来约一下,都会兴高采烈地跑出来。你买个宝马的车钥匙,就敢假装富二代,你刻个萝卜章,就敢叫我们去认盟主,太不正式了吧。

思想散漫的滕国国君婴齐尤为过分，一路游山玩水，磨磨蹭蹭，很迟才到曹国。

宋襄公也不省事，一怒就把小滕关起来。鄫国的国君本来还不想来，听说滕婴齐因为迟到就被关起来，吓一跳，赶紧赶过来，就更迟了。待遇自然也一样，宋襄公秉承"公平正义，一视同仁"的原则一样把他抓起来。

恐怖会盟

滕国和鄫国都吓蒙了，不是说好的会盟吗？那不就是聚会吃饭喝酒吗？按照惯例，迟到顶多罚酒三杯而已，怎么的，这回迟到不罚酒？

罚酒？还想喝什么酒？

宋襄公认为第一次会盟就有人迟到，这么不重视以后还怎么继续？所以一定要重罚，以儆效尤，杀一儆百。第一次，绝不能输在起跑线上。

公子荡说："齐桓公把'尊王攘夷'搞得轰轰烈烈，实际上只打败北边的山戎，和谈南边的楚国，却没有征服过东边的夷族。听说东夷人信奉睢水之神，一年四季多有敬拜。我们把鄫国国君杀掉做祭品来供奉睢水之神，不但能让睢神感动降福，东夷人知道后，也会因为我们敢杀诸侯而畏惧，会因为我们这么隆重祭拜他们的睢神而主动投诚。然后，我们就可以借东夷人的兵力征战诸侯，弥补宋国兵力不足的问题。霸业自然也就成了。"

嗯，在公子荡的眼里，东夷人就不是人，简直就是一群猪。

因为在猪的眼里，看谁都像猪。

没想到，宋襄公也觉得有道理。我用这么重的牺牲来祭拜神，神确定、一定以及肯定会感受到我的仁义和虔诚。按东北话说：必必必须的。

但如此一来，你们有没有考虑鄫子的感受？仁义是正经仁义，是不是也不能太偏？对神，对东夷仁义，那对鄫国呢？就不考虑把"仁义"平摊一下吗？

宋襄公：神呐，救救我吧！

鄫国君：神呐，也救救我吧！

神还没来，公子目夷先来了。目夷坚决反对。"从来小祭拜都不用牲口，何况是人？祭祀求神，本来就是为人祈福，**你们用杀人的方式为人祈**

福，神哪会享用这样的供品？ 一方水土养一方人，一方神灵保一方平安。宋国有自己的祭拜之神，各国各地都有自己的神灵和祖宗，不说'一夫一妻'制，至少也是'有夫有妻'制。睢神对我们来说不过是妖魔一样，你祭拜，东夷人也祭拜，人家肯定先照顾他自家人，也不可能变更来庇护我们。再说了，我们这样三心二意乱祭祀不等于得罪自己的本地神吗？"

本地神：你出轨，脚踏两只船？

目夷这话很在理。虽然表面上看，有点像是和神讨论如何做一个好神，但实际是为了和弟弟讨论如何做一个好人，好侯。

"你看人家齐桓公做盟主40余年，兴灭继绝，每年都会到诸侯中去做几件好事，从诸侯中来，到诸侯中去。国君你才第一次举办盟会，就杀诸侯给什么河神献媚。鄫君也是诸侯，不是猪，不是猴，哪能说杀就杀。我看诸侯只会因此感到害怕而远离我们，根本不会服我们。"

宋襄公：你是在说隔壁邻居家的小孩吗？

公子荡认为目夷的言论很谬误。"齐桓公前面苦心经营20年后，盟主的地位才获得诸侯认可，那是齐国实力和齐桓公耐力的完美结合。我们的国君可以等那么久吗？如果有时间是可以慢慢用'德'来，如果没有时间就只能用'威'，快和慢要区别对待。不和东夷奉同一神，东夷就会怀疑我们，不肯借兵给宋国；没兵就不能让诸侯畏惧，他们就会看轻宋国。这样内轻外疑，如何称伯称霸？"

这套分析听起来也很有道理。以前科技不发达，大多数人的脚步有限，一辈子就只能和一些特定的人接触，人和人之间的交流有的是时间，所以人品很重要，一旦品德败坏，就会被大家抛弃，就等于被世界抛弃；现在科技发达，一生可以走很多路，做很多事，遇到很多人，但人与人之间交流的时间比较短，所以外在很重要。大家都没有足够的时间让对方了解自己，只能通过打扮、化妆、整容以快速获得视觉上的肯定，只能通过开豪车、带好表等最直接的财富表达、外挂辅助来获得意识上的认可。

所以慢与快还真的要区别对待。

听起来这么有道理，那么问题出在哪里？其实，这根本就不是办法和手段的问题，而是目标的问题。你就不该去称霸，自己几斤几两心里没点数吗？你的目标错了，后面的理由和办法再怎么对也是错的。**方向错了，方法对得越合理就等于错得越离谱。**

我的目标是清华北大，然后我最合理的手段是作弊，这不扯淡吗？我的目标是白富美、高富帅，然后我的最佳手段就是靠幻想，这不荒唐吗？

睡神也会觉得这事很不靠谱。你们人比我们神都能牛，我们做了几千年神，也只敢倡导善有善报、恶有恶报的因果循环，而且要时候到了才可以报。只有你们，给点祭品，就啥事都敢要求立竿见影。

臣妾做不到，神仙办不到。

公子荡却认为办得到。他说："当年武王斩下纣王的头，天下就瞬间呼应，然后不要说称不称霸，直接称王都可以。所以类推下去，我们杀一个鄫君，一个小国又算什么？"

这就扯远了。人有时候真不能表扬，刚刚还说公子荡说得有点道理，他就骄傲上天。纣王和鄫君一样吗？你杀纣王，一个罪恶滔天的人，那是替天行道；你杀鄫君，一个默默无闻的无辜的甲乙丙丁诸侯，那你是……犯罪了！

再说了，你是宋国，你拿自己的祖宗（商纣是你祖宗）做比喻，还是很不好的被比喻，一个反面案例，你觉得这样合适吗？

合适！宋襄公觉得合适。因为他的眼睛斜视了，现在只能看到霸主的荣耀，别的什么都看不到。公子荡的"霸主速成论"完全吻合宋襄公的品位和迫切需求。

心若在梦就在。不过，梦老不醒的话，心就会受伤。

传销也是这样的，99%都在描述你成功的样子，只有1%鼓动你努力去做，放开手，放开脸，不要脸去做。

宋襄公真能做到。他在霸主速成班里成绩优秀，马上就要毕业，鄫君就是他的毕业论文。他做得很认真，把人杀了后，还真的像牲口那样烹煮了。

说好的仁义呢？

鄫国人惊呆了，你宋襄公是不是把"仁义"写在风筝上，然后断了线？

滕国人吓蒙了，赶紧送钱，保释老滕回家。

曹国人也傻了，这是哪一出啊？这样也行？这明明是犯罪，不能这样吧。我不能参与这样的犯罪团伙，简直就是邪教、恐怖组织。

曹侯就说他家自来水忘记关，要先回家看看煤气关了没有。

关键是东夷人。这原是一场专门为他准备的盛宴，花血本的秀场，宋襄公还专门派人请他来参加，来见证，但东夷人根本就没有来。被公子荡当作猪的东夷人还在蒙圈中：你们是谁？你们找谁？你们会不会讲国语？我听不懂。我还有许多正事要做，哪有时间去那么遥远的宋国看你们跳大神？

东夷人没有来，那睢神肯定也没有来。

宋襄公和公子荡似乎有点白忙乎。

鄫君：你们白忙？那我不是白死？谁更白？

但迷途中的宋襄公和公子荡并未气馁，反而找到新的自我安慰的切入点。他们很认真地断定，虽然东夷人没来，但立威的效果已经达到，起了个好头。

是的，起了头就根本停不下来。宋国下一步要找故意早退的曹国算账。叫你吃顿饭，还老出去打电话，打就打吧，还跑了。跑就跑吧，也不说一声，不说就不说吧，份子钱也不交。

攻打曹国

曹国是姬姓诸侯，很有"槽点"。老祖宗是周文王的第六子曹叔振铎，国家不大，爵位不低，伯爵。曹国的地理位置也很优越，处在春秋各诸侯国的中心，CBD，有点类似今天的城市黄金地段，齐、鲁、卫、郑、宋都围在他四周。

曹国国家小，故事戏份也不多，一直到十世祖才有故事冲突。此时，西周已经结束，东周刚刚开始，社会秩序很混乱。大环境这样，你要不杀一两个公子世子什么的，都不好意思以春秋诸侯的身份在历史上留痕。九世祖曹惠伯去世的时候，曹国的公子武杀掉哥哥石甫，自立为君，而且擅自更改爵位，不再叫曹伯，开始称曹公，公子武就是曹穆公。

曹穆公之后再传五世便到曹共公这里。

曹共公是个不靠谱的诸侯，除了这次与宋国会盟一半就开溜，还有更出彩的戏份在后面。晋文公重耳在19年流浪生涯中，有一回路过曹国，借宿一宿，好奇的曹共公居然带人去偷看重耳洗澡，还摸人家肋骨。这是一次严重的偷窥偷袭事件，重耳回晋继位后，差点因此灭掉曹国。

但账要一笔一笔算。重耳等一下，宋襄公的账先来。

宋襄公认为这次会盟，曹国也算半个东道主，就这样中途走掉，早退，非常没礼貌，完全不把宋国放在眼里。

曹国：晕！人家什么时候说要做东道主？

宋国：咋地，不服啊？

宋襄公决定立威，打服曹国。

曹国似乎也早有准备，抑或是宋军的战斗力实在太弱，总之公子荡围打三个月，一点进展没有，曹国还是曹国，"我还是原来的我"，但宋国却不再是宋国。

宋国有了新的顾忌。喜欢抢戏的郑国在楚国的威逼利诱下，权衡再三，决定第×次投靠楚国。齐桓公已经没了，但楚成王还在，而且身体健康，每天坚持锻炼，活得溜溜的，孰轻孰重已经很明显。郑国就主动邀请齐、鲁、陈、蔡一起去楚国边境，觍着脸去找楚国会盟。

这马屁拍的，宋国都能闻到味道，恐惧的味道。

宋国觉得很不爽，心里严重不平衡。我这边围城累得够呛，你老熊家居然有人帮叫外卖，请吃鸡腿饭。

还是先回家吧，万一被曹国打败，不是被人笑掉大牙？还怎么做盟主？回家再考虑，再细化下一步计划。齐国、鲁国这么不安分是不是也想做盟主？在追求盟主的道路上，宋国当然不希望有太多的对手。但齐国、鲁国等实力派老干部又老在身边晃来晃去，总是让人心里不踏实。

公子荡又替宋襄公想出一个办法。他打仗不行，办法倒是很多。

这个办法俗称"永动机"。既然这些诸侯都怕楚国，那我们就去找楚国帮忙，无非是多送点钱。楚国是蛮夷，见钱眼开就会帮我们撑腰。这样就可以借着楚国的威力集聚这些诸侯。**然后呢！注意，注意，注意，关键是然后，然后再借着（带领）集聚起来的诸侯反过来制衡楚国。**

【永动理论】 眼熟吧，永动机理论的物理模型就是让一台发电机发电，把电通到电动机，让电动机转起来，再用转起来的电动机带动发电机继续发电，如此周而复始，永远都不会停止。

小时候，我的脑子也曾突然灵光一闪，发现这个可怕的秘密。我一度误以为自己掌握了自然界的最大财富，看谁都瞧不上。那段时间，我一般不怎么主动接触物理老师，生怕一不小心说漏嘴，暴露了永动机的发现。直到有一天考试的卷子出现了这个题目，这让我很失望，居然作为题目，那不是很多人都会知道？更让我失望的是这个题目居然是要证明永动机不可行。

这个世界怎么可以这样对我？真的，我只能化力量为悲痛了。

这一定是我那次物理没考好的原因。

借夷制夷

林则徐：师夷之长以制夷。

宋襄公：买楚之力以制楚。

话说回来，永动机这种理论不只是我曾相信，宋襄公也曾深信。他力排众议，下定决心，心中那股熊熊的盟主烈火突突上蹿。他果断派公子荡带上钱财去楚国。楚成王果然见钱眼开，答应先和宋襄公到鹿上小聚，商议一下。

公子荡：一切尽在我掌握中。

宋襄公说："鹿上在齐国的边境，我们要把小齐也叫上。"

小齐是吃了人家的嘴短。齐孝公是在宋国的帮助下才登上齐侯之位的，所以这几年对宋襄公总是保留着配合的态度。

鹿上的会商整体还算顺利。宋国说愿意拿出祖先立商的"厚德"（财物）与楚国一起分享。楚国当然乐意，毒誓也发，字也签。在宋人看来，楚人非常爽快，但在楚人看来，这事非常随意。楚成王心里想，大家信仰不一样，无所谓什么盟誓。既然不是一样的天，也就不用担心什么五雷轰。就像渣男嘴边的海誓山盟，不管涉及哪个领域，身处哪个场合，只要小姑娘的情绪有需要，他就能相应地背出来。

就是齐侯有点不开心。宋国此次的主宾是楚国，宋襄公就知道成天围着楚成王转，套近乎都套到接近哀求的口气。而齐国因为有前面的"恩情"，所以在宋国人眼里，"配合"是理所当然的应有态度，宋襄公跟齐侯说话都不客气，总是一副分配工作的口气。

这便是宋襄公的仁义。他只是背书的时候仁义，做事的时候就不知道。背书的声带只能背到咽喉附近，还没到心，那就不走心，就不能理解"仁义"的真正心意。不过也没什么大不了，不走心并不影响他们有信心。

公子荡：一切尽在我们掌握中。

为什么要加一个"们"字？因为也包括宋襄公，二人都这样认为。

宋襄公：哈哈！

楚成王：呵呵。

楚王强吃

按说见过大世面的楚成王不可能这么傻，为这点钱就能呵呵。令尹子文跟楚成王说："宋君狂妄自大，大王你何必去答应那些要求？"

楚成王说："我早就想踏足中原，一直苦于没有好机会，现在宋襄公要搞什么'衣裳会盟'，正好可以帮我召集诸侯，到时我就可以借力发力问候中原。"

按照鹿上会商的约定，自信并心情舒畅的宋襄公坚决拒绝公子目夷提出带兵参会的建议。虽然后来证明这是一个错误的决定，但宋襄公的做法我还是有点赞同。因为要对比军队战斗力，宋国根本就不是楚国的对手，刚刚一个曹国你都搞不定，还要跟楚国干？要和别人比拼就不要采用肯定赢不了的科目。那么，和平商议、民主推举就是一个不错的选择。如果你要指望"民主推举"能得到认可，首先你自己要遵守。这是起码的态度，冒险也要表现出来的态度。

只是诚意和态度都需要能力做前提。鸡汤只有碗就容易玩完，还要有**调羹汤匙，民主和平一样要建立在实力相当的基础上。**

果然，郑、曹、许、蔡、陈都按照先前的通知约定，穿着便装来参加盟会。观众很配合、很诚恳。宋襄公又特意问一下楚国的情况，探子回报说，楚国也穿着休闲服，只是来的人有点多。

人多没事。他们一定是仰慕我中华文明，想借此旅游，参观学习，很正常，很好理解。

到目前为止，每一个迹象都证明着宋襄公的正确。目夷虽然判断这是个坑，但缺少说理的事实依据，也无可奈何。

许多事情总是这样。明明是错的本质却总能表现对的现象，非常倔强。

天气预报说有雨，但这几天老天也是玩狠，死活不下雨，只有乌云来来去去，自由又自信，偶然还拉出几道阳光，雷也不打一个。于是，带雨伞的同学就被嘲笑成胆小鬼。

宋襄公就对目夷说，用略带嘲笑的那种语气说："你看，楚国没有欺我吧？幸亏我们没有带兵，要不现在'打脸'多尴尬。"

不尴尬的会盟地点在盂。虽然发给各诸侯的"邀请函"只说请大家来聚会，商议一下选盟主的事，但心里藏着"自我黑幕"的宋襄公一直就把它当作自己的事，老早就派人来修房子，修圣坛，看风水。

没错，宋襄公是一个用心的人。做事认真是他的优点。

楚成王说："对，我没有看错人！"

宋襄公：机会是留给有准备的人。

楚成王：对，一定要给有准备的人。

宋襄公的准备工作做得非常到位，会议进行得很顺利，只是到"**选盟主**"这个要害的环节卡壳了。宋襄公很希望楚成王能站出来说句"公道话"。虽然大家都知道你想当，但如果硬是由自己说出来就会显得很难堪，毕竟当时的文化环境还不是很认同自我推荐，到时候场面不是又变尴尬？人们一定会认为你是在吹牛皮，自我膨胀：难道认识你的人，就没有一个愿意说你好？

如果在这样的场合做这种事，民间版的"周礼"简称它为脸皮厚。

一直倡导仁义的宋襄公是要脸皮，但不能厚，他必须忍一忍、等一等。但对面这位说好"见钱眼开"的楚国，为什么还不开口，怎么还不推荐我？

楚国：就是不开口。

宋襄公用力看了楚成王一眼，意思是"该你说"。楚成王也用力回看宋襄公一眼，意思是"我不说"。

双方互相坚持着，场面最终还是走向尴尬。看来"尴尬"这词是看上宋襄公了，"尴尬不是你想逃就能逃的"。习惯被潜规则的小诸侯们也不得不跟上尴尬的节奏，一时不知道说什么，不知道这两位大佬是什么约定的戏份。看到他俩眉来眼去，他们就更不敢说什么。他们来这里就是来假装不知道有黑幕。他们也都站到道德仁义的台上，高喊要坚决反对黑幕。但如果有一天，真没有黑幕，或者黑幕演砸了，他们反而不知道白幕是怎样，该如何在白幕下生活。

【黑幕】到底有没有潜规则在背后为组织者捞取各种利益？

你当那些活动就真的如同宣传说得那么阳光，那么公益？就算有这种活动，那还能坚持多久？谁都知道股票上市就是为了圈钱（黑幕），但是面上都说是为了企业的发展（白幕）。如果我们打击圈钱，打击万恶的黑幕，股市干净了，只剩下为企业发展的白幕，那么接下来还有几个企业会去上市？连续几年利润都有几千万，我为什么要去上市？为什么要分一部分利润给你们这些只在家里玩手机的股民？如果不能更快更多地拿钱，我为嘛要把钱分给你们？

所以，没有黑幕就没有白幕，正是黑幕养活着白幕。

多说一句。疯狂的"股民"为什么要去股市？因为此"股民"不是真股民，他们没有投资的心态，只有赌徒的心理。他们是在赌博，不是在投资，他们把股市看作合法的赌场。所以在股民眼里，投资是白幕，赌博是黑幕。他们的黑幕养活着白幕。

封建王朝的父母官，为什么不在家做父母，非要跑千里之外去给别人做父母？这是白幕。实际上做官还有权力、利益等好处，这是黑幕。如果你把这些黑幕全清除，只留下白幕，要当官就是父母官，否则就没有官，那么官僚体系就会散掉，水清无鱼。所以还是黑幕养活着白幕。

这个结论有点惊悚，但不可怕。问题出在我们的纯粹，人生如棋，是如棋局，不是如黑白棋。我们只要把黑幕和白幕都理解为活动的组成部分，事情就不会那么可怕了。

但宋襄公现在感觉到害怕，他策划的黑幕卡壳了。如果黑幕没能实现，那玩个啥，还搞什么"衣裳会盟"？不如直接裸体派对。宋襄公最终还是忍不住，他的欲望要求他变得"有担当"。这个担当就是打破尴尬。

宋襄公不得已只好自己拉开幕布，报开场白说："今天把大家请来，主要是我想继续倡导齐桓公的伯业，尊王安民，息兵罢战，给天下人一个共享太平的福分，大家看如何？"

按照惯例，诸侯们要回答说好。但这次出了意外，大家还来不及开口，另一个大佬，楚国就先说话了。

楚成王说："宋君说得很好，但不知道这个盟主是谁？"

宋襄公说："有功劳就论功劳，没有功劳就论爵位。"

屁！论爵位，你宋国是公爵，全天下人都知道的事。这样的黑幕也太黑了，伸手不见五指的黑。开卷考试就算了，辅导老师居然还给他画重点，送答案。

楚成王：重点有个鬼用，我要保送。

楚成王说："爵位是吧？你是公爵，不过我一直都称王。你问问他们，他们都叫我楚王，王比公大吧？"

宋襄公气得吐血，有你这么不厚道吗？礼你不是都收了？好吧，没有道义的野蛮人，那就只好与你撕破脸。

宋襄公说："我这个'公爵'是周王封的，你那个'王'是自己封的，属于僭越，冒牌的假王。"

楚成王说："假王？那你请我过来做什么，做假？"

宋襄公说："咱们不是在鹿上约好才来的吗？"

诸侯们惊呆了！黑幕怎么可以说出来？宋襄公也是"仁义"太久，有点老实人被逼急的样子，容易破罐破摔，乱咬人。他也不管是不是杀敌一千自损八百，只要能对上的话都可以不过脑子嘴快直接说出来。遇到这种事，围观的人最带劲，他们完全一副看热闹不嫌事大的心态。赶紧的，你们继续吵，继续爆料吧。

这时，楚国的成得臣站出来说："今天这事也不要多说其他话，我们只问诸侯们，是为宋国来，还是为楚国来？"

陈、蔡这些诸侯，早就领教过楚国的威力，很明确地表态说是为了楚国，语气非常坚定，非常自信。

宋襄公没法接招了，心里只剩恼羞成怒，悔恨没有带兵来，否则真想马上杀掉这群说话不算数的楚国人。然而，更令宋襄公意外的是成得臣大旗一挥，楚国的游客们竟立即脱掉休闲服。

成得臣：你没兵，我有。

现场的画风立即变味，说好的会盟已变成劫盟。还好，目夷趁乱跑回宋国。为什么乱？因为大家喊打喊杀要抓宋襄公就乱作一团。

楚成王：没办法，为什么非要逼我呢？大家讲道理嘛，为什么说我是假王？

总结起来，楚成王此行的惊喜那是相当意外。原来只想来割草，谁知还能逮一只兔子；原来只想来抓一只兔子，谁知还能打一头野猪；原来只想借宋国的局，抢一回盟主的戏，谁知连宋襄公都抢走了！

诸侯们也吓傻掉。早就听说楚国野蛮，但亲身目睹后，内心的震撼还是超乎想象。刚刚还以为宋襄公是内定要上位的"盟主"，现在居然变成被俘虏的"想盟主"。这鸡杀的，诸侯，猴子们能不怕吗？

楚成王说："大家不要怕，我抓他是有原因的，宋君有六罪该死。一是没大没小，居然去干预齐国的国事，擅行废立；二是他召集诸侯，滕国国君只迟到一天，他就把人家关起来；三是为了拍东夷人的马屁，他居然把鄫国国君杀掉做牺牲，祭拜鬼神；四是曹国参加聚会，只是有事先走，他就发兵攻打人家；五是他不识时务，商朝是上天抛弃的王朝，他还妄图凭借微弱的实力争做盟主；六是他想做盟主不脚踏实地地努力，还想邀请我为他震慑诸侯。借刀杀人还是狐假虎威？"

诸侯们听楚成王说得这么有条理，再看看那些刚刚脱掉休闲服的甲兵，就纷纷附和，说幸亏楚王及时出来主持公道，识破诡计，把他们从被蒙骗的道路上拉回来，挽救了一群迷途的羔羊。要不然，坏人的阴谋就得逞了。

楚成王又说："这次也是上天帮忙，让这个不知天高地厚的宋公单车赴会，我才能兵不血刃地把他抓住。你们先在这里等着，我去为大家讨个公道。"

讨什么公道？明明是讨便宜。什么为大家？明明是想为自己。

这种话也只能听破不点破，谁不知道你楚国想讨什么公道？一个地主家的傻儿子，你让他去干农活根本没用，随便一个穷小子都比他好用，都能获得更多的工资报酬。但在绑匪的眼里就完全不一样：这个傻儿子比那穷小子值钱多了。

所以物尽其用，不管什么东西都可以找到他的价值所在。

宋襄公：你才是东西，你们全家都是东西，都不是东西。

目夷救宋

在楚成王看来，不管宋襄公是不是东西，现在人在楚国手里，就一定要换点东西才行。这才叫"公道"，价格要公道。

"绑匪"很高兴，开门大吉，一开张就抓到地主家的傻儿子。

在去宋国的路上，楚成王心里就一直在盘算着赎金，是要哪座城池好，还是再捞点珠宝玉器什么的？

然而出乎意料，赎金还真没那么容易讨。因为宋国还有一个公子目夷。

目夷头脑清醒，处事果断，在盂地会盟时看到行情不对，就趁乱跑回宋国，**什么包裹都不带，包括那个带不走的包袱：弟弟宋襄公。**

回到宋国后，目夷和公孙固一顿商量，立即做出重大的人事决定。为了避免宋国被要挟，就由公孙固推荐，公子目夷出任临时国君。这波操作没有黑幕，只有白幕，就是要给楚国一个信号：我地主家的儿子多得是。

理论上，此时的宋襄公就变成前宋襄公，就是一只脱毛的凤凰，没什么价值，宋国被要挟的概率就变小很多。但宋襄公能活着回来的概率好像也起伏不定，很难说楚国会不会恼羞成怒，也把他当作牺牲来祭鬼神？宋国也不用太担心这个问题，因为风险是宋襄公惹出来的，就应该由他担着，反正他仁义。所以**公子目夷不担心，公孙固不担心，历史记载说宋国人民也不担心**。

只有楚国人最担心。抓宋襄公变成炒虚拟币，昨天还价值连城，今天一崩盘，就只剩一堆二维码。

宋襄公：我不要你担心。

楚成王还想至少能换几箱玉器珠宝什么的，没想到宋国说毛都没一根，国君我们已经有了，多一个反而麻烦，你们爱怎么处理就怎么处理吧。宋国对此事表示极大关注。

这下楚国人反而麻烦了。杀掉宋襄公吧，不但没有意义还会结下宋国的恨，惹出诸侯的怨。好比一个坏蛋，都说他很坏，你出手打他一顿，大家会说你为大家出气，是英雄；但你如果每天都打他，还打残废了，那大家就不会说你英雄，只会说你太残忍，就算人家有罪，罪不至死，你也不能把他打成这样。所以如果"度"没有把握好，物极必反，自己可能会由英雄变成残忍，而他反而得到大家的同情与谅解。

你的过分行为可能接力了大家对他的仇恨感情。

楚成王不想接盘，就不能杀宋襄公。那么带回楚国吗？他能做什么？感觉这头猪还特能吃。还给宋国吧，宋国说已经另有国君，你爱咋咋的，拒绝谈判。

真为难啊，真郁闷！活脱脱一根鸡肋，还是被啃过的鸡肋。

这时成得臣突然想到一个办法，建议把宋襄公送给鲁侯。

这个主意很不错。此次会盟，鲁国和齐国都没来。齐国因为宋国老在自己面前摆功劳，产生逆反心理，已向楚国暗送秋波。鲁国还没什么态度。听说鲁侯是个厚道人，和宋襄公关系不错，那就送份礼物，送个人情给鲁国，顺便也让鲁国欠楚国一个人情。

楚国说："宋襄公不知道天高地厚，企图骗取盟主。我已经把他抓起来，但我不敢擅自处置，还请鲁侯一起来商量商量。"

鲁国说："你千万不能这样说，我马上去。面议！"

宋襄公：什么意思，当我是个球吗？

楚成王：算述！

鲁侯一见到楚成王就一个劲儿地夸他长得帅，衣服穿得得体，举止谈吐气宇不凡。虽然都是些口是心非的"家常"马屁，但你一个鲁秀才遇到楚兵，还是要先顺着人家心情，做好"口是"吧。

等马屁铺垫完，鲁侯又说："宋襄公这样做确实不对，但他毕竟也是一国之君，我在此替他请罪，就请楚王给我个面子，放了他吧。"

楚成王要的就是这句话，但他仍旧要做出一副痛苦状。"本来准备要替天行道杀掉宋襄公，既然鲁侯出面了，就当交你这个朋友，放了就放了。"

楚成王的这种"痛苦"使得我想起大学时去买衣服的故事。商贩出价280元，我还价140元，他说最少200元，我坚持说140元。然后他一咬牙说他们做生意很辛苦，不容易，看我这么有诚意，就凑个整数吧，150元！我还说140元。最后他十分痛苦地说"小兄弟你太能砍价，140元就140元，就当交你这个朋友"。我心里很得意，一副看破世间百态的得意——"想骗我？NO，NO，NO"。

关键是几天后，我与隔壁班的同学撞衫，一问才知道人家花了110元。我只好忍痛说："差不多。"是的，楚成王的"痛苦"和那个小商贩的"痛苦"差不多，我的痛苦应该和宋襄公的痛苦也差不多。

痛苦的宋襄公像球一样被踢了一圈，还不得不起来谢谢鲁侯，谢谢诸位诸侯朋友。然后他又听说宋国的国君已经被哥哥接替，自己已经由宋君变成前宋君，心想只好去卫国躲一躲，把丢人丢脸的事交给时间，好好消化一下！

对比之下，兴奋的楚成王还要继往开来，还想更进一步。他立即召集各路诸侯回来继续开会。大家该吃吃，该喝喝，忘记这段不开心的小插曲吧。

我们不是来会盟选盟主吗？来啊，不要停！

结果，宋襄公一场空忙白忙，竟然让楚成王过一回盟主瘾。典型的为他人作嫁衣。螳螂捕蝉，黄雀在后。

从事实看，楚成王比宋襄公更有实力，做盟主更有说服力，但他用这种不道义的霸道方式，欺负一个爱道义有贪欲但也有进取心的老实人，就太没底线，太没内涵，一样得不到中原文化的认可。所以，诸侯们事后很快就自愿、默契地忘记这次会盟的事。迫于淫威的屈服都是一种耻辱，诸侯们就不要互相五十步笑百步，赶紧回家洗洗睡吧。

记载历史、传播文化的知识分子们也很辛苦。我们不能一味指责他们有一出、没一出瞎记载，闹着玩儿，其实他们也有责任有义务要"断章取义"，取其精华，去其糟粕。尤其是共同打脸的事，更要简单一点，一笔带过。

"春秋五霸"里面，比宋襄公更像霸的楚成王为什么没有入选？因为他"霸"得不标准。

那楚成王冤不冤？说来也冤，他玩的只是会盟的黑幕，而文人们有时玩的，可是历史的黑幕。

宋襄公：那玩我怎么算？（说过了，算述！）

不过，宋襄公的"仁义"好像真的被老天下过赌注，感动了上天，也可能是"赌神"觉得赢面还不够大，不够刺激，所以如此败家的人，居然还能继续有家。

无语问苍天的宋襄公准备跑路去卫国，但在路上就被目夷派出的使者拦住。

目夷：弟弟，哦不，宋公，我们回宋国吧！

兹甫：怎么？我还有宋国吗？

公孙固解释说这是公子目夷与他商议的计策，为了使宋襄公能顺利回国，又能保证宋国不受损失，目夷才暂代宋君的位置，罢了楚国人的念想。这只是一种方法手段，不是目的。目夷只是过程，结果还是你兹甫。

兹甫：要不，你继续做吧！

目夷：哪里，我们年轻的时候不是让过一回？

上天：襄公，请继续你的表演。

三十、宋楚的仁义之战

有时候,人一旦感觉自己丢了面子,就容易认死理,无论如何一定要把面子找回来,甚至有点不择手段,然后越赌越大,越输越狠。而且死理里的"面子"好像物品一样,**哪里丢的就一定要在哪里找回来,谁让他丢的,就一定要从谁身上找回来**,非常有针对性。

是楚人要刻舟求剑吗?不,是宋襄公要泓水之战。

郑国挑头

现在说起楚国,大家都很害怕,也很无奈。实力悬殊,技不如人,如果话没说好,事没做对,搞不好就容易被他揍。通常说,避免被揍的最好办法是"惹不起,但躲得起",尽量少搭理他,少让他注意到你的存在。反正你也不是真心敬畏,没必要时刻念着,只要在他拿起鞭子时,你再说"楚王帅,楚留香"就可以。

郑国却觉得不可以这样,不能这么虚伪,要做真实的自己。他主动去找楚国,行朝见的大礼,自认作臣,一步走到底。在中原的视觉里,这是十分过分的行为,"认贼作父"说明郑国眼里已经没有周王朝。人家楚国什么动作都没有,你就屁颠屁颠跑去喊帅哥,这不是无奈,这是纯粹的拍马屁。

【拍马屁】有人说,我拍我的马屁,关你屁事?是的,还真关系到我的屁事。你拍马屁之所以有效,是因为我不拍。

本来,你不拍,我不拍,事情该如何还是如何。现在你拍我不拍,那我就摊上事了。相对来讲,我这叫不进则退。但我的"不进"是因为你的马屁造成的。

比如,郑国此次主动向楚国示好。

这个马屁最大的影响是把诸侯与楚国相处的代价(起步价)提高了。原来大家口服心不服,对楚国也只在有事的时候喊喊口号表表态度,现在郑国跳出来打破规矩,在没事的时候(人家没打你)也出来表忠心。那些没有表忠心的诸侯,相对就有不忠心的嫌疑。以后,就不是有事的时候再喊楚大哥好,而是没事也要定期喊大哥帅,谁不喊就等于得罪他。以前不喊，默认是承认，以后不喊，默认是不承认。

一个单位、一个公司也是这样。拍马屁的家伙常常会得道。他一个人得道，背后却会拖垮一堆人。他拍马屁，拍着拍着就抬高同事与领导相处的基本代价。

一将功成万骨枯，一屁拍成万人嗅。

大家越来越讨厌郑国，但谁也不敢站出来公开指责他。因为郑国的背后是楚国，如果谁要说郑国是马屁精，楚国就会出来打谁。楚国正准备提倡大家向郑国学习。

最狠的马屁是双方都不承认这是马屁。

此时的楚国与郑国，很有捧哏和逗哏的默契，他们好像写过剧本，串过台词，一唱一和，落实着很合理、很周密的计划，只留给小伙伴们羡慕嫉妒恨的表情。郑国可能很享受，但他低估了一个人的追求，就是宋襄公想要称霸的野心；同时，他又高估了一个人的性情，就是楚成王毫无章法的任性。

郑国：我可能又要成为焦点了。

宋襄公很快就查清郑国无事献殷勤，主动拍马屁的事实，又想到上次盂地会盟的时候，郑国为楚国忙上忙下，表现得最积极、最卖力。为什么会这样，会有这样的郑国？无非是中原缺一个主人。没有齐桓公的霸业，**郑国的廉耻就没人管，才会毫无顾忌地到处释放**。宋襄公越想越气越激动，还有上次称伯不成的羞羞事件，各种新仇旧恨、各种恼羞成怒加在一起，促成一个决定：打郑国。打，打，打，公仇私仇一起来。

但目夷和公孙固都不同意：你可真会挑时机，郑国现在和楚国正和睦，我们去打郑国，楚国一定会出兵相救。郑国是长得欠揍找抽，但如果我们真出手去揍，搞不好最后被揍的人反而是我们。

其实目夷和公孙固都想多了。从以往的交战记录上看，就算楚国不出兵，宋国也指不定就能打得赢郑国。

此时的宋襄公已经魔怔了，根本不会听目夷的。这是一种共性，**历史上被确认为昏君的人，总能在关键时刻很巧妙地避开那些正确的建议**。买个筛子筛都不会这么邪门，筛得这么准？不过我听说，能把箭把把都射入圈子的办法，除了你是神射，还可以先射箭，后画圈。同理，这叫先下个结论，再去找证据。

宋襄公没去找证据，反正目夷不去，公子荡也愿意去，一样可以围住郑国。

郑国果然第一时间向楚国求救。大哥叫了这么久，是时候拉出来当靠山。

郑国：你看！幸亏我早就拜好大哥，现在才有大哥为我撑腰。

宋国：扯淡！你不拜这个大哥，我就不会打你。

那么，到底是鸡生蛋还是蛋生鸡？答案要交给拳头硬的人来揭晓。

楚国：鸡拿去炖汤，蛋拿去泡茶叶。

楚国派大将成得臣去救郑国。成得臣在遇到山西的克星之前，完全有老司机的能耐，非常狡猾。他并没有带兵去郑国，而是去宋国。**这种救法在春秋很常见，后来被总结为"围魏救赵"**。魏、赵都是战国时代的诸侯，因为孙膑、庞涓的个人出彩和历史意义，使得这套战法反被他们成功抢注版权。

宋襄公带兵轰轰烈烈地围住郑国，然后就……继续围着，相持着，也只能相持着。你一个曹国都搞不定，还能把郑国打下？不久，宋襄公又听说楚国出兵去宋国，按说这是两面作战，对战事极其不利，但宋襄公心里一点也不慌。

这么镇定，一看就是"做大事"的人。当然，前提是你要有实力、有准备、有计划，否则再看一下，就会看出你一定是"被做大事"的人。因为，无知者也无畏。

宋襄公应该不是无知，而是"无理取闹""无能取闹"。

他讨厌楚成王，嫉妒加仇恨早就想与楚国人决一死战。打不死你，也要闹死你。本来想着双方都到郑国这边来打，单挑、群殴、碰瓷都行；没想到，楚国人胆小鬼，不敢来，那就只能回去跟你死磕。

嗯，反正怎么考都考不上，西农考不上，西大考不上，那我干脆就报名考北大。"实力已经没有，如果气势和自信再没有，做人还有什么意思？"说好的小资还怎么精彩？说好的人生还怎么豪迈？

为了精彩与"好卖"，也为了理想与抱负，宋襄公主动解开对郑国的包围，带领兵马来到泓水边，准备做一件连齐桓公、管仲都不敢干的事，直接对战楚军。

来啊！谁怕谁？喝了"仁义"牌鸡汤的宋襄公刀枪不入。

泓水之战

泓水之战在历史上很有名。这是一次关于**仁义和盗义**的矛盾、**理论和实践**的矛盾、**道德和利益**的矛盾等各种矛盾交集一起后,进行的最为直接的碰撞试验。此后,历史再也没有这么"明目张胆"的仁义。

宋国人用血的代价告诉大家:战争非儿戏。此后,不管多么有道义有品德的人,打起仗来都不讲道义、不讲品德。**战争的过程是实力加智慧,结果是成败与生死,其他什么都不是。**

解围郑国回头的宋国军队来到泓水南岸,那个不讲道义的楚南蛮就在对岸,宋襄公恨不得咬死他们。

谁说楚国人不讲礼数?这不,成得臣首先下了战书。大家按照程序办,办得很有素质的样子。

公孙固说:"楚国只想来救郑国。现在我们不打郑国,和他们解释一下,大家握个手,拍照留念,楚国兵马也就退了。"

宋襄公根本不同意。"你这是完全没有理会领导的意图,齐国就是打楚国后才称伯称霸。现在楚兵就在眼前,如果我们退缩,那还算什么中原诸侯的大哥?"

公孙固:晕,大哥你还在那个梦里面啊?还在做盟主、称大哥的春秋大梦里?

公孙固说:"我们的条件不成熟啊。宋国的国力还远不如楚国,'兵不如楚利,甲不如楚坚,人不如楚强'。宋人心里都害怕楚国,如何打胜?"

宋襄公说:"就是因为宋人怕楚人,才更要打这一战。不胜利一回,这种颓势就变不了,气势就夺不回来。再说,我兵甲不如楚国,但我仁义比楚国足,昔日周武王三千虎贲就打败商纣王百万之师,靠的就是仁义与正义之师的威力。"

纣王:拜托,不要老说我好不好。

宋襄公:反正我已经站到道德的制高点。

成得臣:现在中原打仗都先骂人吗?

然后,为了能把自己的优势发挥得淋漓尽致,宋襄公还特地叫人拉出一面大旗,上面写的不是"宋",不是"周",而是"仁义"二字。如同有才的书生要才气侧漏,有钱的土豪要半夜炫富一样,有德的宋襄公也要仁义外溢。

公孙固：怎么回事？谁能告诉我这是打仗还是祭拜？开晚会吗？

公孙固暗暗叫苦，看来老天是真要夺我商人。

成得臣也蒙圈，对岸在干什么？闹元宵还是跳大神？不管了，渡河。

但楚国人也担心：现在渡河，万一渡到一半，他们开始射箭攻打咋办？让他们渡过来吧。要不，等晚上我们再渡过去？

成得臣说："不会，我了解宋襄公。一个非常迂腐的官二代，哪里会用兵？我们上午渡河上午打，下午渡河下午打，早点把作业做完，也好回家。"

渡河！继续渡河，不要停！

公孙固发现楚兵居然敢这样明目张胆地渡河，根本不把宋军放在眼里，盲目自大，狂妄至极，好机会啊！他就赶紧跑去找宋襄公，建议现在就打过去，一定可以乱箭射他们个半死。

感谢老天给我宋国这么好的机会。

宋襄公白了公孙固一眼，指着大旗说，看到字吗？念一下！

仁义！继续仁义，不要停！

没多久，楚军全部渡过河。楚兵开始还担心宋国突然下毒手，现在安全过河，证实了成得臣的判断。于是，士兵们就干脆把湿答答的衣服鞋子整理一下。个别注重形象的干部，发现头发有点湿，还请旁边的朋友帮忙扇一扇。

公孙固再次发现楚人居然敢这样明目张胆地放松，根本不把宋军放在眼里 2.0，盲目自大 2.0，狂妄至极 2.0，又一个好机会 2.0。他又赶紧跑过去找宋襄公，建议现在就打过去，一定可以乱刀砍他们个半死。

感谢老天再次给我宋国这么好的机会。

宋襄公：你不识字吗？

公孙固：老天啊，收回你的机会吧！

老天：好的！

终于，宋襄公硬是等到楚国什么都准备好了，双方才开始正面对战。但不好意思，实践只会证明：**内心强大的仁义之剑是砍不死人的，反而容易被人砍死**。

战争本来就是全方位、全力量的对比，一切谋划铺垫的目的是要实现

"把自己最强最擅长的一面去攻击敌人最弱最笨拙的一面"。士兵直接硬碰硬本来就是宋国的弱项,如果要考这一门课,胜负结局谁都知道;也正是因为谁都知道,就会加速这个结局的出现。宋人哪里有心恋战?宋兵开始还在猜测宋襄公各种不启动、各种谈笑风生是不是在装死,希望用时间换取空间,出其不意攻其不备?或者是用天时换取地利,好好把握老天给他的机会?谁知道他是作死,就真的只是迷信自己的隐形武器——仁义。

最后,公子荡战死,公孙固和宋襄公受伤跑回宋国。宋国完败!

楚兵:打完,收工。

仁义不败

仁义没有错,用来作为争霸的武器也没有错。但不能直接用在战场上,尤其是不能被单独用在战场上。它出来"帮帮忙还可以",挑不了大梁。

宋襄公看的书可能有点偏科,只学习周礼,不学习兵法。虽然那时兵法书籍还没有"出版",但他至少可以和别人聊聊天,听听诸侯国之间的打仗战略。所以读书一定要读透书,不是读一半就出去炫耀。为什么要多读书?因为读多了就会知道有各种不同的意见,就会知道世界真的很大,人真的很复杂。

我们可能会问,到底是什么让宋襄公把仁义变成迂腐?除了前面一再强调的贪欲和权力欲望,还有一个重要原因就是齐桓公的示范效应。齐桓**公的尊王是礼仪**,在尊王的大背景下,提倡兴灭继绝,救死扶伤;齐桓公**的攘夷是武力**,在齐国强盛军事实力的背景下,才有资格和别人说不战,在打败山戎,表现出实力后,才有资格与别人说罢兵。所以在对阵楚国时,齐桓公只是做做样子,但仍旧没人敢怀疑他的实力。

可是宋国呢?没有军事实力的背景,总是事与愿违。宋襄公看到齐桓公做的事情,就感觉他也会。挥挥手他会,平易近人他也会,作秀他更会。他没有考虑到在这些平淡无奇的水面下其实还暗藏着诸多关于实力的隐忍。

我念书是为了和你讲道理,我练拳是为了让你愿意和我讲道理。

宋襄公不练拳,以为讲道理就是讲道理,就天天练习口才入门法则,结果不但没有人听,还被人笑。

我们也常常觉得领导的决策平淡无奇，好像他能做的事，我们也能做，他能想到的问题我们也能想到。然后你我就开始各种不服，凭什么他就是领导，凭什么他就要领比我高的工资，凭什么我要听他的？

确实应该听他的。

因为他还有你我所不知道的实力。同样的决策，你说出来，没人愿意理会。如果没人理会，就算大家都觉得有道理也不会有人去做，更不要说实现；领导说出来有人理会，他一路走过来，知道哪个问题的解决方案最好。他见过不好，而你没见过。你是从教科书出来的知识自信，他是厚积薄发的内心自信，所以那些人会服他，不会服你。

嘴上没毛，办事不牢。同样是做对选择题，你只是知道 A 是正确的答案，他还知道 B、C、D 为什么错，为什么会出现在这里，还知道会有多少人选 B、C、D。

这不仅仅是一个得分的问题。

当然，用钱买官和裙带关系生出的假领导除外。

所以实力这种东西，一般人看不见。如果你看见了，可能就是你被揍的时候。

宋襄公的失败不是仁义的问题，而是实力的问题。 如果是几百年后的秦军，你试试看。白起就写"仁义"了，你过河试试看。我就仁义，等你列好队，等你准备好我再打，一样打你个落花流水，那时的"仁义"就是锦上添花的胜利。

当然，战场上能不用仁义还是尽量不用仁义，非要用，那就用假仁假义吧。职场也一样，开放的竞争不存在仁义。**所有非胜即败、你死我活的斗争领域都不存在真的仁义，如果有人在说唱仁义，那一定是权谋。**

权谋的仁义不属于道德问题，而是对仁义做的一种新定义——利益。如果仁义能换来更大的利益，更持久的利益，更远大的利益，我当然会选择仁义，比如一路仁义的刘备。如果不仁义最后能取得更大的成就，只要你能成功，就没人说你是不是不仁义，只说你有智慧，犹如欺骗故人蒋干的周瑜。

可怕的是，把仁义用成权谋的某些人根本不把仁义当作道德。他们都知道仁义的真正含义，在敌我之间默契地谁也不去点破。他们把仁义当作一种工具，以仁义作为门面，去争夺民心，高呼仁义是每个人内在的道德范畴。他可以耍流氓,但要掩饰流氓的行为,这是对社会负责任的权术。高手过招,不要伤及无辜。他不可以一边耍流氓,一边又说"我是流氓,我怕谁",这是对社会极不负责任的践踏。**黑幕终究还是要在桌子底下交易,如果拿到台面上说,整个社会的道德体系就会崩溃**。

有时,文人会批判这种"责任"为"愚民",认为是上层人士在欺骗人民去遵守道德。那"愚民"就一定不好吗?要看愚民愚在哪里。

这可能是善意的谎言,是教化的一个过程。正是"愚民"才能让社会持续传承正向的文明,才会有基本的道德秩序。如果庙堂上的贵族明目张胆地玩弄仁义,摆出一副"我就不仁义你能把我怎样"的嘴脸,那么问题就会很严重。

他们如果毫无畏惧地任性,肆无忌惮地放纵,缺德就会迅速传染社会。人们被欺骗被玩弄的怒火就会变本加厉,社会的道德约束将会加速消失。人们就会"自残求关注",就会做出各种没有底线的恐怖袭击。接着,底层人"同归于尽"的想法和实践又会反影响到上流社会。恶性循环的上下互动会让社会迅速沦陷。

愚民可以让老百姓坚守"仁义"。上流社会也会畏惧"愚民"养成的道德。最终让全社会的人们做什么事都会有底线。这是社会形成正常秩序的"三步走"。确实,相对来说,老百姓的付出会更多,所以"伟大"一词也常常留给人民。

道德破坏后的社会,要想恢复将远比战争破坏后的社会重建难得多。**如果你们穿我们的鞋,走我们的路,就不要再嘲笑我们无路可走**。要知道,光脚的汉子生气起来、愤怒起来,从来就不怕穿鞋的贵族。

那些自以为是的成功者,还是对光棍们好一点吧!该收敛还是要收敛,该伪装还是要伪装,不要一副得了手的骗子的嘴脸,不要狂妄嘲笑失败者的悲惨,不要拼命挤压他们的生存空间。如果再无死角地杜绝他们发泄的机会,那么就不好说是净化社会环境还是积压社会怨气。

话说回来,宋襄公的问题其实就是知识踩过界的问题。他把本该用在与楚、齐、鲁之间争夺诸侯选票的仁义,用到了战争的士兵身上。政治的事情,你用到战争上,而且还很直接、很暴力地使用。"仁义"肯定严重水土不服。

士兵:我没念书,臣妾做不到。

宋襄公的迂腐对宋国来说是灾难，但对春秋、对中华文化来说，却是宝贵的财富。他以身作则，做了一回破坏性试验的底线测试。

宋襄公：我不入地狱，谁入地狱？

在齐桓公身上，人民看到兴灭继绝，看到仁义，但还有许多事情难于理解，或者会隐隐约约感觉到仁义背后隐藏着抽象的文章，描述不出来。此时，宋襄公用一个真实的案例告诉大家：教科书式的"纯仁义"行不通。**如果有谁的纯仁义能行得通，说明他有不纯之处，有假的地方**。宋人用血的教训告诉世人，仁义有真假，**一件事物里总包含有仁义的明规则所表现的美好，也有不仁义的潜规则所暗藏的龌龊**，不要傻傻分不清。

在恰当的时候恰当的地方，人们不会笑你的不仁义。

没人会说楚成王不仁义，只会笑宋襄公是假仁义，是无知。

实际上，离开战场环境，仁义确实能表现出它的道德力量。宋襄公在泓水之战没有被打死，很大程度与他平时用仁义结交身边人有关。将士们用生命回报宋襄公平日给予他们的"恩典"，否则拉大旗的宋襄公，目标那么明显，不被打死才怪。

宋襄公的结局，是因为心态上急于求成，实力上捉襟见肘。他把一种正确的办法用在不对的场合上，做出一件错误的事。

仁义不败。仁义本身是一个很好的权谋手段。宋国的失败是因为他想去争夺与自己实力完全不相配的"霸"。酒是好酒，但他贪杯。

暗香残留

泓水之战后，得胜的楚将成得臣还没回到楚国，就遇到出来迎接的楚成王。不过楚成王不是把楚兵迎接回楚国，而是把他们带到郑国。

楚国：不要忘记，是我们救了你。

郑国：没有忘记，毕竟他们打我也是因为你。

楚国：我带兵来了。

郑国：谢谢，屋里请，请喝茶。

喝茶只是起个头，事情根本不是那么简单。郑国为了表示对楚国的谢意、敬意，也包括马屁意，用接待天子的礼仪接待了楚成王。

哪承想这是引狼入室。

这就是我前面说的郑文公在马屁运动中"**高估了楚成王的性情**"。

按照婚姻关系，郑文公是楚成王的妹夫，所以郑文公可能想"**成王称王**"也算是自家人"肥水不流外人田"，但楚成王对"肥水"的理解似乎更加深刻。

毫无防备的郑文公让两个女儿出来叫舅舅，结果舅舅看上这两个外甥女，并且直接给睡了，然后呢，带回楚国填充后宫。

禽兽，相似的马屁文化，却有不相似的礼仪文化。

楚成王：谁骂我？

躺在床上的宋襄公其实一直都想这样骂楚成王。

这位泓水之战的败家，屁股受伤了只能躺在床上。他是楚成王道德沦丧的见证者。从鹿上会盟开始，从说话不算话开始，到现在欺负外甥女，那是一以贯之的不道德，传统性地耍流氓。可能也正是这种纯粹而深不见底的仇恨，"三观"完全相左的对立，才会让宋襄公死活也要立起"仁义"大旗。他希望用触摸天际的方式嘲笑南方的野蛮人，彰显他的禽兽属性。

仁义：可惜天不遂人愿。

当然，躺在病床上的宋襄公不只会骂楚成王，还在不断地反省思考。不过他不是反省自己的过错，而是反省如何胜过楚国，因为他见到了晋国公子重耳。

是的，就是那个开创晋国 N 世霸业的晋文公重耳。

宋襄公虽然在抢到霸业接力棒后，不能握紧，但他一样做出了重要贡献，他没有把接力棒给别人，没有丢掉，而是留给了晋文公。

宋襄公：其实，我只是替你保管一段时间。

重耳：真的？但我现在比你惨得多。

晋献公晚节不保，导致晋国大乱。儿子重耳已经在外流浪了 18 年（左右）。他刚刚离开住了 5 年的齐国，亲眼见到齐国的强大和衰败。来到宋国后，面对宋襄公的努力，心里也百感交集。

宋襄公慧眼识英雄，用最高规格的礼仪招待重耳。当然，他只能躺在床上指挥，具体接待工作主要是吩咐公孙固去办。公孙固用诸侯的标准对待重耳。在接待之余，他私下对重耳的追随大臣狐偃说："如果你们只是流浪累了，想找个地方歇歇，哪怕是养老，宋国都可以提供足够的财富；如果是想带兵复国，那你们也看到了，宋国刚刚被楚国打败，底裤都破了（宋襄公屁股都伤了），根本没有力量帮助你们。"

于是，重耳一行只能离去。

望着离去的重耳，宋襄公对儿子说："此人一定会称霸中原。只有他可以抵挡楚国，你继位后一定要和晋国搞好关系，以便制衡楚国对我们的威胁。"

在文学故事里，能说这么准、这么有哲理的话，一般都是要死的人。没错！宋襄公的伤养不好，越来越严重，在交代完重要的遗言后，故事就把他写死了。

故事说，宋襄公在位14年，儿子王成继位，是为宋成公。

人生舞台

从时间看，宋襄公遇到一个十分难得的机会。老霸主齐桓公临终失政，导致齐国大乱而霸业消沉，新的霸主又未形成，中间挤出的时间缝隙足够让一个中等且有野心的诸侯翻江倒海。

但机遇有时候也是陷阱。机遇不是留给有准备的人，而是留给准备很久，很充分且有实力的人。很明显，宋国和大多数诸侯国一样没准备好，"翻江"就成为翻车，"倒海"就变成倒车。

许多人都预料到齐国会乱，但没想到会乱得这么迅猛，居然连霸主的基业都丢掉。经济实力、军事实力还好说，多少还在，影响不大，但文化实力以及意识上的权威实力就突然没了！

于是华夏正如曹操所说，如果没有他，天下不知道会有几人称王称帝。

在这样的背景下，宋襄公的欲望被勾起。如同一个小偷，眼前的东西值不值钱是一方面，加不加锁又是另一方面。你让他认为可以顺手窃得，你被贼盯上。但他没想到，这把锁也可能是衙门用来钓鱼执法的工具，是上帝在钓宋襄公的用意。

宋国的实力虽然不强，但肯定比滕、曹、邾、鄫等诸侯国厉害。不过威信是一种对质变的要求远高于量变的东西。其他诸侯都是五六十分，宋国是70分。但60分的人只会承认自己的账面分数比70低，不肯承认自己的素质、内涵、人品等其他属性会比你差，他会认为只要稍微努力或者细心一点就可以达到，甚至超越你。他们只佩服95分以上的学霸。那是一种质的尊重、仰望、无法企及的情感。

"信服"不是你的数量比我大，我就一定要服你。

所以就算楚国不出来干预，不来玩弄，宋国也不可能像齐国那样称霸中原。

机会确实是一等，但宋国的国力和宋襄公的才华却只是二等。

不过，努力的人不应该被不努力的人嘲笑。我这样的"散人"，连奋斗都不敢，又有什么资格去嘲笑他？我们看似比他聪明，其实很大原因是**缺乏一个舞台将我们的愚蠢与贪欲放大出来**。

他是一个诸侯，所以一错就是一国错，人人关注。我就一介平民，一错也就错过自己的人生，谁知乎？谁在乎？

只有自己在乎了。"在乎"不是为愚蠢和贪欲找理由、找安慰，而是要反省。所谓利令智昏、色令智昏，想想我们有限的智是如何被利和色带走带昏？

有人做官，为了升官，居然被人骗走几千万；有人做生意，为了一夜暴富，居然家破人亡。我们有许多地方还远不如宋襄公，我们的动机不仁义，做法也不仁义。

从结局看，宋襄公不是成功的诸侯，但为什么还有人把他列入春秋五霸呢？

我想了一些理由：一是他一直在努力称霸，而且一直把自己当作霸主在努力"工作"，如同"楚国称王"一样，记载的人也会套用习惯说法，约定俗成他是"王"。二是他的努力完善了霸业文化，即春秋的"中原霸业"一定要有与楚国一战。他用事实证明楚国确实不仁义，不尊周礼。中原与楚国的文化冲突已经摆上桌面，明确对立，以后谁想称霸都绕不开楚国。三是宋襄公帮助齐国实现齐桓公托孤公子昭的愿望。实现托付，兑现诺言。

宋襄公不是军事实力的霸，而是揭露春秋礼仪沦丧的"霸"。他为晋文公能深刻地体会并修正春秋秩序、传承霸业，起到一个很好的过渡作用。**试错的过程和成功的结局一样宝贵**。

大家都是为了春秋秩序，社会秩序，中华秩序。

宋霸襄公：贵 X 代

守\攻	周朝	宋国	齐国	楚国	曹国	郑国
周朝						
宋国		1. 兄弟相让，襄公继位 2. 曹南会盟，扣滕诛鄫	两次助齐，昭公继位	1. 鹿上会商，宋楚相盟 2. 衣裳会盟 3. 泓水之战，仁义兵败	问责退盟，围攻无果	问责事楚
齐国			1. 桓公病世，无亏主位 2. 四子相争，孝公继位			
楚国		1. 鹿上相欺 2. 盂地劫盟 3. 索取无果，释放襄公 4. 泓水胜宋				兵宋救郑
曹国			拥立昭公			
郑国				主动盟楚		
卫国			拥立昭公			